教育：一场惊人的旅行

史金霞 著

中国轻工业出版社

图书在版编目(CIP)数据

教育：一场惊人的旅行/史金霞著. —北京：中国轻工业出版社，2017.10（2018.3重印）
ISBN 978-7-5184-1564-9

Ⅰ.①教… Ⅱ.①史… Ⅲ.①中小学教育—教育研究 Ⅳ.①G632.0

中国版本图书馆CIP数据核字（2017）第206918号

总 策 划：石　铁
策划编辑：孔胜楠　　　　　责任终审：杜文勇
责任编辑：孔胜楠　　　　　责任监印：刘志颖

出版发行：中国轻工业出版社（北京东长安街6号，邮编：100740）
印　　刷：三河市鑫金马印装有限公司
经　　销：各地新华书店
版　　次：2018年3月第1版第2次印刷
开　　本：710×1000　1/16　印张：27.25
字　　数：262千字
书　　号：ISBN 978-7-5184-1564-9　　定价：62.00元

读者服务部邮购热线电话：010-65125990，65262733　　传真：010-65181109
发行电话：010-85119832　传真：010-85113293
网　　址：http://www.wqedu.com
电子信箱：1012305542@qq.com
如发现图书残缺请直接与我社读者服务部（邮购）联系调换
151214Y1X101ZBW

代序一　我的老师

蒋筱寒

她不仅是我的老师
也是我的妈妈
她追求自己的潮流
不跟随任何形式
无论教学与穿着

她的生活犹如江河，不停地：
奔流——汇合——奔流
渔人，划船老夫，戏水孩子
都受她恩惠

倘若她仅是我的老师
——没有那份血缘
空缺的田野依旧遍地芬芳
奔腾的骏马披着血红影子
直击西沉的太阳

我仍然爱戴、追逐着她
像往常的周末晚上——
洗净水果，拉出座椅，摆上餐具。

2015 年 5 月 9 日
全国创新作文大赛江苏赛区
总决赛现场命题作文

代序二　想念史老师

朱怡宁

一

大学一年级上学期的寒假，我还趴在电脑前想念高一语文老师，真是件很神奇的事情。我似乎有满脑子的话，但却乱作一团，想要定下心丝丝理清，又被想要倾吐的冲动和即将交"作业"的急迫所干扰。大概想念人是如流水划过岩石汇集到深潭里那样自然而有迹可循的，但写想念人的文字却是艰难的工程。

这一篇文，可以说是披着"奉命写作"外壳的自发之作，因为我想我是早晚会写的，只不过动手的契机在这寒假出现了而已：我开了个微信公众号，几乎是不假思索地给它取了个"航海笔记"的名，可惜这名字已经被注册过了，我于是把它变成了"航海笔记和狗"。

为了解释这个公众号的初衷，我去翻了高一的随笔本。在这之前，出于对过去没来由的恐惧，我从来没有再看过它。可是这次一翻开，我被自己当年的温情、幽默、耐心给惊到了。当初我写下那些文字时，大概从不会想到，未来的自己会带着怕怕的心理重新回来，却受到莫大的感动和安慰吧。原本只计划看序言的我，把整本随笔翻了又翻。那之后，我向史老师发了段文字，"推销"了公众号、表达我的震惊和兴奋、对时间变化的感叹与对她的想念和祝福。史老师看哭了，同时我领了"旨意"，于是现在我坐在了电脑前。

抓着耳朵、咬着嘴唇，我似乎发现，对史老师的记忆，分成"记"和"忆"两部分，是最合理的。"记"的部分是我当时上课和平时相处时，因为感到一些内容对未来有用处，或是印象特别深刻的，我认下它们并收入自己的脑中的。而"忆"的部分，是我在今天，因为当前的需要而回忆过去，那些当初没有特别注意但现在想来颇有意思的事情，被我努力地找出来了。

而把想念变成文字写下来的时候，"记"和"忆"常常杂糅在一起，不能分离。很多时候，我眼前是曾经记下的史老师的话，但某个突然被想起来的史老师的眼神也同时叠加在上面。所以，我为图省力，像先列大事记表一样，从最中心的几个回忆出发。

二

在读随笔本的序言时，我自然就追溯到和史老师的初见。那一天，教室光线不是很充足，我可怜的视力不足以看清她的细节，现在记得她穿着一条她称很"卡哇伊"的蓝色连衣裙，头发卷卷的，站在教室靠门处不怎么"卡哇伊"但有趣地向我们介绍自己。不少老师被包围在新班级几十双无知而好奇的眼睛中做自我介绍的时候，多少都有点尴尬和不知所措的意味。但是，史老师的眼神很温和，语气劲拔而亲切，听起来就像在欣赏一块魏碑，毫无尴尬感，甚至让我一开始就有了良好的印象。接着她踏上讲台，用PPT介绍她的语文课，关照每人准备好一本随笔本、一本摘记本。这之后，她仿佛早有预料似的，带着一丝预见未来的神秘微笑，放出了几张引起众多同学"哇哦"的PPT，让我们介绍自己。我看到那几张PPT，对于"谈过恋爱否""犯过戒律否"等问题也很惊讶，但是天真地以为"哦，大概高中就是这个狂放不羁的样子"，就把这些欣然接受了。直到后来我才知道，原来史老师在高中能算得上是一个"异类"了。那个我隐约记得的微笑，很像是自信的流露。因为她说她的每届学生都会有相似的反应，所以大概她预见到了我们也会。而从那以后，学生们慢慢被带上"史老师的语文课"这条船上，变成更好的人，也是她自信能够做到的。

现在我能对史老师打十万个包票，但一开始可不这样。换了个新环境上课总要经历一个适应的过程。适应史老师的过程是比较长的，不仅因为她的语文课和我以前上的那些很不同，还因为其对思考力的较高要求，让我这个初中因为叛逆而从不读书的"小盆友"感到大脑的窘迫。

我们从上诗歌课起，一两节课以后，我感到被带入了一个神奇的世界。高一以前，诗歌对我而言是陌生的，无论古诗、现代诗，我都因为读不懂而畏怯。但是史老师从课文出发，通过大量地引申、介绍各种各样的诗歌，先让我对诗歌熟悉了起来，让我看到揭开诗歌看似吓人的面纱后呈现出的那十分亲切的模样。我开始了解，诗歌不是飘在空中难以触及的东西，而是关乎我们每一个人的生活细节、能够精准地触动各自内心的守护神般的存在。学习诗歌不是件容易的事，最常用的方法是，史老师点同学起来，反复地朗读一首诗，从中品悟。我通常都埋头看文本，偶尔抬头，史老师要么也在看文本，要么就是很认真地观察同学朗读的神态，她不做什么太大的动作，最多也就一边走一边点点头，但是她的眼神，仿佛有时候说："这一句真的是这么处理的吗？"有时候又像是在说："掌控得很好。"总之看上去很智慧。当然，有时轮到读什么都温吞的"孩纸"时，她虽一脸懵却似乎又能马上找到办法似的，因此看上去也是很智慧的。在同学读完诗以后，她从不吝惜自己的点评。她的点评都是根据同学的不同表现而不是参照教学指导书这种标准来做出的，而且我感受到，把一首诗读了N遍，却每次都有新的体悟，史老师是真的很认真、很投入地在与我们分享诗歌。像我这种被动的人，如果老师不点我，我是绝不会主动回答问题或者起来朗读的。我似乎只在教室里读过两次诗，还读得疙疙瘩瘩。再后来，我自己也能试着去探索诗歌中的思维，从字句分析中把握它的思想和内涵了。再到后来，我就被诗歌的美迷得团团转了。高三暑假听史老师的网课，上美国诗人罗伯特·弗罗斯特的诗，我竟然主动要麦克风读了诗，读得也不疙瘩了。

我毫不害羞地承认，我的诗歌启蒙是在高一的时候开始的。虽然为之前很多年在诗歌的大门前徘徊感到略微遗憾，但是我依然是十分幸运的。开启诗歌的世界，真可以算是史老师给我的第一份"礼物"，值得纪念。当然，我这里说的诗歌自然都是优秀的作品，史老师一开始给我的深刻印象之一，也有教学材料的高质量。从这里，我很容易地验证了，我的语文老师真的像家长开学前传的那样，"很有本事"。不过，"很有本事"在我日后的体验中，实在不是一个全面的形容词。它把老师匠人化了，把教学过度技术化了。教学当然需要技术，但是它绝不仅仅是一门技术。

我喜欢上史老师的课，在习惯她的课之前。诗歌课每次都令人惊喜，不过从初中过来的我，"分数""应试"的概念依然霸占我的脑袋，所以一次跟亲戚吃饭时，被问到语文老师如何，我的回答既肯定又带了些许困惑，因为我们都上了两个多星期课了，第一单元怎么还没学完呢。这时候，我娘说："你要相信你们史老师，她这么上课肯定是有她的道理的，每个老师的方法都不同，而且人人都说你们史老师是好老师。"这句话给了我很大的信心和鼓励，扫除了我很大一部分关注上课进度、考试大纲之类的想法。自那以后，我越投入语文课，越觉得"分数""应试"是最次要的东西，不到考试关头根本不会再刻意想起，而且在经历了第一次充满焦虑不知道这样的语文课上下来我应该怎样答题的考试以后，我越发不担心了，因为我考得不错，平时课上课下的努力，最终都会变成额外的分数的收获。

消除了担心后，我仿佛卸下了一个大包袱，而且单一用成绩衡量学科水平的标尺在我自主粉碎它的时候，真有种莫名快感。虽然有时候考得不好很伤心，但是我伤心的是接下来不能刷剧看手机了，而并不是我的语文真的很不好了，也不是因为考不好史老师就不爱我们了。语文带给我的不仅仅是分数，我一直都清楚这一点。直到六月的高考，成绩出来以后，我的语文分数是我高中史上从未有过之低，我先是失落，但是平息以后，我神奇地发现我最深处的自信并没有受到动摇。因此，现在我重整旗鼓，开启了自己的公众号。

上史老师的课，收到的"礼物"简直比电视里派的大奖还要多。看电影一直是我们班的巨大福利，我记得第一部在教室看的电影是《天堂的孩子》，看得好几个同学都哭了。那之后，作为语文课代表的我在黑板上写下的非周末的800字影评作业把所有人吓了一小跳，哭的人把眼泪都吓回去了。自那以后我明白了，电影课伴随着艰难的任务，我们要沉浸于凑字数的痛苦才能感受到电影的真谛。

一直以来，我专注于电影，没有怎么注意过史老师放电影时的神态，很多都是听别人观察以后说的。不过开头有几次，我们看见正片的部分放完了，开始准备搬椅子回到自己的座位上时，史老师会不急不缓地提醒我们电影还没有正式放完呢，希望我们把滚动字幕和音乐完整地看完、听完。还有几次，我看见史老师上讲台关播放器的时候，眼睛依然是红红的。往往这时，台下一定有各种抽泣的男生女生。我可能因为泪点高的缘故，看电影从来不哭，有时候还不太明白同学们的泪点在哪儿。不过每次电影放完以后，史老师依然存留着电影带来的情绪，带领大家讨论的时候，都能解决我们的很多疑问。放完《天堂的孩子》，她的语气是压抑的，说话时的停顿比平时长，因为影片结尾真的叫人想哭又哭不出来。放完《勇敢传说》，她就像讲完一个奇幻故事以后总结哲理的部落长（我原本想说讲故事的老妇人，但是显然霞姐姐那么年轻美丽怎么可能用老妇人来形容）。放完《死亡诗社》，她似乎也受到了基汀老师的鼓舞般，同时也不忘了死去的尼尔，又兴奋又哀伤。放完《浪潮》过后的讨论是我印象最深的，她与詹逸针对"加入一个集体是否真是好的"问题进行了激烈的讨论，引用电影中的例子，使我深感说理的魅力。那时候，我对集体主义、纳粹这些不很明白，这场讨论激起了我的兴趣，让我探索了一些相关的知识，以至高三重看这部电影时，我有了更加深刻的体会。

史老师不是那种特别健康从不生病的"完美老师体质"，有时候她会感冒咳嗽，还会过敏什么的。偶尔因为生病而上不了课的时候，电影课便会被灵活地调上来，有时候在看电影的过程中，还能听到后排史老师的咳嗽声，这经常引起我的分神。真希望老师多多注意休息，保养身体。

另一大礼包，是春天诗会——我盛装打扮，来到春天面前。我记得诗会那天，我们特地挑了个不错的地儿，在山茶花、白玉兰和香樟的簇拥下，大家一个接一个上去朗读自己喜爱的诗人的诗歌，或者自己创作的诗。史老师那天打扮得特别好看，涂了口红，穿了大裙子。她上去读了波兰女作家辛波斯卡的诗，一边读一边转着小圈，那条宝石蓝的长裙，裙摆摇来晃去，很吸睛。读完诗以后，还有即兴的唱歌表演，几个"活宝"蹦蹦跳跳，笑倒一片人。在我们的欢呼声下，史老师也一连唱了好几支歌，我记得是《黄土高坡》《回娘家》这样大家都熟悉的歌曲。史老师唱歌很好听，嗓音嘹亮，中气十足，瞬间吸引了一大批迷妹迷弟。她唱歌也打着小圈，只不过比读诗的时候更像打醉拳，因为一边唱还要一边努力回忆歌词，每次想歌词的时候，她都把一只手抬到额头前边，这个诗歌会前我从未见过的小动作不知道为什么叫我记得很清楚。史老师还为我们邀请了嘉宾肖璐姐姐（注：另一位女神级语文老师）同我们共享春日好阳光，真是快乐极了。我读了美国诗人惠特曼的小诗《我在春天歌唱着》，竟然把声音放得很大，语调也很轻快，不似平日的紧张，大概是春天的暖意把我全身的毛孔都舒展开了。直到现在，我的微信头像还是那天，我将拾来的山茶花放在我的惠特曼诗集我读的那一页上，拍的一张小照。

演话剧是我最喜欢的一个礼包了，当时嘻嘻哈哈的气氛，现在在我脑中重现起来一点不吃力。这原本起源于一项艰巨的任务，即是全班分组，各自抽取一首诗或词，将诗词改编成话剧，并把它表演出来。我们组很幸运地抽中了最不知所云的李商隐的《锦瑟》。为了编剧，我们可谓是煞费苦心，课间讨论还不算，连上通用技术课的时候，我们也在讨论。话剧的基本框架就是在通用技术课上成形的。而排练，在操场、在教室，活生生把学校变成中国话剧院的节奏。在准备期间，史老师似乎退到了场外，看我们哈哈哈地闹腾，静候我们的成果。等正式成果排练出来，她坐在后排观众席的最当中，看我们演戏。虽然要求是必须演悲剧，但是全场我们笑得肚子都发酸。史老师必须是人群当中看得最认真的一个，因为我们的浮夸演技和奇葩剧情，她也笑个不停，一边笑还要顺带维护场内外的秩序。鉴于史老师独特的声线，她的笑声总是在同学们的笑声之上飘荡。我上场反串一个书生，全程紧张得没敢正面瞧观众一眼，也因为背错台词拿错道具出了糗，不过内心丝毫都不介意。话剧让我彻底发现，史老师早就慢慢同我们打成一片，俗套的观念中那老师必须高人一等的形象遭到了完美的反叛。

三

说到这一点上，我不禁要引申开去了。我们与史老师的师生关系是十分融洽的，不是上下级的关系，而是平等友善的。我想了想，我们如此喜爱史老师，很重要的原因就在于此。上她的课没有压力，与她相处可以敞开心扉。史老师通过平等与开放式的实践，创造了令我们喜欢的师生关系。从第一天上课，她说不喜欢班长喊"起立"，然后"同学们好老师好"这样，我就开始暗喜。从小学我就很不喜欢这种无端端的问好。我那会儿是她的语文课代表，可是惭愧的是，如果不是刻意的"忆"，我根本不会想起来我是个语文课代表，更多的记忆则是，我是她的一个学生。本来我当谁谁老师的什么课代表，我记得清清楚楚，因为课代表经常被老师用作管理和限制班上其他学生的工具，有种诡异的感觉。但是在史老师那里，没有等级式的一层一层的管理，所有人都是平等的，我干的活，仅仅是发挥联系的功能，因此它很淡、很自然。

于是，我又不自觉地想起当课代表时的一些有趣经历了。上《赤壁赋》的时候，史老师问我们"则天地曾不能以一瞬"当中的"曾"字怎么读，并让我回忆初中课文《愚公移山》当中的"曾"。初中因为考纲里没有《愚公移山》，所以课文几乎没怎么上过，我只好说不记得了。于是，史老师笑着调侃我说："哎呀，课代表朱奶奶的记忆力不行啊，才初中的课文就记不住了。"上《孟子》中那篇《寡人之于国也》，我恰好没预习，又恰好被点起来朗读全文。里面的生词我一个不会，于是又被冠以了"课代表不好好预习课文"的名号，我只好在心中喊三声"史老师我错了"，再心疼地抱住难看的课文认真听讲。还有一次冬天，我刚刚结束阳光体育跑步，浑身热烘烘的，把衣服敞着，围巾不想拿手里就耷在脖子上，这样去了办公室要当天的回家作业。史老师看了我似乎很狼狈的模样，小小地嫌弃了一下，"这是什么打扮？"我当时很懵，现在想来，嫌弃有理。史老师喜欢穿各种不同常人的衣服，有几件我记得特别好看，一件是蓝色带刺绣的，一件是春天诗会的大裙子，还有一件是米黄带点棕色，飘逸的连体衫。史老师还喜欢戴帽子，花花的鸭舌帽。我觉得，艺术家的那种贝雷帽，可能戴在她头上也蛮好看的。有了这些很显个性的衣帽，身材虽然不高的史老师，在人群当中，总是能被一眼认出。

当时的另一位语文课代表朱奕菲，是个小个头的可爱妹子。我们两个有时搬着大山般的随笔本加摘评本加同步探究之类，嘿咻咻地上下楼梯，眼前除了本子什么都看不见。史老师有几次以怀疑的目光看着我们两个孱弱的身体，问我们能不能搬，好像也帮我们搬过几次。我还记得似乎有一次我俩打鬼机灵，以哀痛的语气和绝望的眼神，成功说服善良的史老师减掉一项作业（不过忘了是什么作业了）。

回到师生关系上，"开放"也是史老师的一大特色。她有时候把事情留给我们自己去做，好像她只是给出了一些基本的要求，之后主动退到后台，并不干预我们接下来的做法，以给予我们巨大的创造空间。我们也因此放得更开，尤其是在史老师的宽容态度下，我们不怕犯错误。上课读错了字、理解错了没关系，都可以改正和进步。不过宽容不是纵容，比如不写作业、屡教不改这种错误，就是要纠正的了。但是我通常看到的版本，不是史老师穷凶极恶的"你再不交作业你就别上我的课了""你再不改好我要去叫你家长来",而是依然不紧不慢似的,以讲道理的语气,来催作业或是要求改正纠错。在这方面,史老师也是开放的,根本不会强迫人。不过这也诞生了少数"老赖"。再到后来,我们熟悉了以后,就变得更加肆无忌惮,可以随意与老师开玩笑,老师也喜欢和我们开玩笑。史老师是一个紧跟潮流的老师,虽然和我们的父母年纪差不多,但是头脑依然是我们这样的年轻灵活,词库也是与时俱进,什么"狗带"啊、"然并卵"啊,我爹娘完全不懂的词史老师都知道。所以同史老师交流起来,毫无代沟感,甚至我在网课上还看见有学生质疑老师用太先进的网络用语对语文课是否会造成负面影响的,这反倒显得史老师超越时代了。史老师确实拥有着幽默,比如"买书就像女人买衣服一样,永远买不够"这样的金句,又生活又逗乐。我想,宽容、不断学习新事物的动力和敢于创新的勇气,是史老师能够开放的主要原因,因为她通过这些,知道了我们喜欢什么、想要什么,并为我们做了努力。

四

目光再转移到我的最后一个礼包,一学期一次的读书报告会上。这是很有趣——史老师的每一种教学实践都注重有趣——的一个活动,每个同学上台,介绍自己寒暑假读的书,分享自己的读书体会。读书报告会上,我被"安利"了很多书,对书的痴迷得到了升华。最吸引人的是,很多同学平日不为人知的一面在读书报告会上被展示出来,令我刮目相看,自惭形秽。我从来都不知道嘻嘻哈哈没心没肺的同学原来读过那么多的书,对某一时间段的历史有那么深刻的研究,以及有那样宽广的关切和真挚的同情。史老师会录音,对于每个人的发言都听得很有滋味,同时她也是计时员,不然有些同学讲得动了情就根本停不下来了。最巧的一次,是史老师生日,我们为她开了一场惊喜派对以后,再举行读书报告会。她手气极佳,上午刚在2班抽中俩课代表一头一尾,下午又是我和朱奕菲一头一尾，真有意思。

收了史老师这么多的"礼包"，我们自然不能不"回礼"。平常我们每周都会写随笔和摘评，反思、整理上课的内容，进一步地读书，也向史老师展示自己的思考、表达疑问和回复上周老师的评语。我翻随笔本的时候，也把每一条评语看了，不仅是满满的回忆，有些更激起了我新的思考。见字如晤，我常常看着文字想象史老师的情态。比如有些很简短的："是啊！"——史老师捂嘴笑；"哈哈！"——史老师张嘴大笑；"有道理"——抿嘴；还有些是"思考这里为什么要这样改？""是不是应该再写两段以收尾？"——智慧的眼神碾压。当然还有很多是"此文很好，打出来发给我。"——坏笑的星星眼。我真是喜欢死这些评语了，因为它们让我的随笔本拥有了更强大的生命力。而且一直以来，随笔本都是我和史老师交流的最主要的渠道，我刚收到她的评语的时候，很惊喜，因为之前没有老师会这么仔细地写评语（之后也没有），更因为她的敏感和睿智让我吃惊。有些小地方，我也就是随手一写，但是受到提问以后，我会努力回想当时的语境，然后诚惶诚恐地写上回答。慢慢习惯以后，我就不惶恐了，每次都像智商在线的聊天一样，轻松愉快又很有收获。史老师很重视我们的随笔和摘评，把它们当成宝贝一样。也正因如此，我不能辜负她的爱意，从不赖账。有一次没写，后一周实在受不了"良心的谴责"，还是补上了。

写随笔和摘评从来不是一件容易的事情。除了上文说的影评之类，随笔布置的题目通常都要想很久才能动笔。想起以前坐在窗边，将笔转来转去搜索枯肠的景象，真是美好。做摘评则是在一本书当中挑挑拣拣，然后并不知道要怎样把自己的感想变成文字。不过有了史老师，似乎写东西不是那么煎熬的事情了，因为很有盼头。一个星期后，一份有着满满红色评语的作业发还到自己手中时，很多同学都会第一时间打开看，露出各不相同的复杂神情，我也不例外。史老师有次还在全班同学面前读我的随笔，是名著题那篇，十分小得意。

五

我从来不是一个喜欢对时间流逝表示哀叹的人，但是现在看来，虽然当中夹了那么多的事情，但却老感觉分别那天，仿佛就是初见那天后的第二天似的。那是夏天当中不算热的一天，即将分班的不舍充满了教室。本来这不舍大约还能在同学的交谈打闹中被掩盖，但是史老师的高一分班前最后一堂课，让我们很多同学包括我都落了泪。她回忆了我们一年中一起做过的事，语气是平静而深情的，不过听着听着，大家被慢慢调动起情绪，班级里开始有低低的抽泣声。接下来，班上的情绪就同涨潮一般，史老师开始回忆每个同学，说每个同学都有不同之处，我记得她也举例说到我，说我喜欢写议论性的文字。我当时一直低着头，都不敢去看她一眼，因为那个时候我的泪水已经忍不住了。史老师的声音里也有了一丝哑，我听出来她也快哭了。后来下了课，我好久都回不过神，不相信一年的课就这样结束了。

我们会时常想念起史老师，说话时也会谈论到她。不管是以前在校还是现在的很多时候，大家可能因为害羞，不想过度流露对史老师的热爱，常常压低嗓音，拿出一副正经学术讨论的腔调来，以十分客观的语气，来谈论史老师的各方面。偶尔也会吐槽，比如阅读课扔下来一堆文章看也看不完，或者看到一半教室里寂静无声太容易睡着了，文言文课好无聊啊……但其实谁都听得出来，这叫欲盖弥彰、欲扬先抑。所以很多次讨论到后来，就变成了欢乐的"史老师哪里哪里好"。

不过我们确实思考过一个问题。我简单把这个问题叫作"史金霞崇拜主义"。我和其他一些同学发现，有些同学，特别是上过几节史老师网课的同学，似乎有着我们不能够理解和达到的热情，对史老师百般赞美，并且不容许别人说她的坏话。这就让人困惑了，为什么会这样呢？史老师一向理智平和,并且对类似的事情保持着相当的谨慎,其上课的内容,很多都是教学生如何成为一个理智和明辨的人。所以我一开始便认为"史金霞崇拜主义"可能是个伪命题。学生对老师的崇拜,大抵能联系上令人悲哀的社会教育现状。很多同学在史老师之前就从来没有遇见过一个好老师,他们的性格被打压、个人价值只被成绩衡量,因此学习得很苦闷。见到史老师以后,他们被给予了表达的机会,学生和老师之间的思想有了互动,个人价值得到了新的阐释,等等。所以他们觉得兴奋,并且对此有了依赖。也有可能一些同学看到史老师网课的宣传以后,上了史老师的课,发现世上尚存名实相符、不存虚假的广告,感到惊喜和难得,但是还未能辨清广告与现实之间实际存在的细微差别,变成了"自来水"。还有可能,便是现在年轻一代对于喜欢的人主动去"粉"这样的心理机制,是现代学生表达爱意的一个偏极端的方式。这个问题,我相信在史老师的带领下,她的学生们会逐渐变化的,而这个问题终将不是个问题。真正的教育不像功利化的教学,它看上去"对以后没什么用处",而它实际上能以一种农业的方式、潜移默化地、慢慢地解决很多的问题,改变很多的人。

史老师的课,有反对功利化的勇气、创新的理念、农业的耐心、对人文无远弗届的关怀、对智慧的呼唤、爱的传播,这一切的一切,我既感到列举不完,也不知道如何总结。粗劣地说,这些都给我了无限真诚的力量。真诚的力量是足以影响一个人命运的,我们生活在这个世界上,对人对己,都应该怀有真诚的心。史老师每次上课都不重样,讲到动情处,她的声调会变得非常高。她也对我们说过,她看有些同学的随笔会感动得落泪。我知道她用心上好每一节课,用心批改每一份作业,真诚地对待她的学生和她自己。她用真诚感染我们,带领我们领略人文的魅力,甚至科学的魅力和未知的魅力。在她的影响下,我发现,做每一件提升自己的事都需要真诚的力量。当我阅读,我如果不真诚地对待那本书,而只是走马观花一般乱翻一气,是绝不会有收获的;当我写作,如果我不真诚地面对自己的内心,不对世界上的事物做出认真的思考,不深刻地反省自己,那么我写的东西绝对是虚假的、讨人厌的；当我发展自己的爱好比如烘焙时，如果不是一心一意，那么做出来的蛋糕十有八九是失败的。发现了这一点以后，我似乎更有责任感了，仿佛我如果不真诚，就是亏待了自己的生命。为了不让自己被亏待，我从不停下阅读、思考和写作，也从不放弃对自然、社会的观察，我珍惜我的智力并希望将它最大化地利用和发展，我培养我的全部人格去爱。这些听上去空洞的尝试，史老师给了我很多具体的范本，也为我自己探索自己的路提供了想象力。虽然有了这些尝试，我依然不能够摆脱我生活中的许多烦恼，但是我并不是为了脱离痛苦而做这些事的，痛苦是避免不了的。对于我的尝试是否能把我带向我想走的路的怀疑也时常出现，正如我不敢翻开我的随笔本。可是通过思考的尝试，我竟然解决了不敢回去看自己随笔的问题——不敢面对过去的我，是因为我正在质疑现在的我是否虚假、是否为真诚尽了自己最大的努力。而一旦翻开了随笔本，发现过去的我为真诚尽了十足的努力，我感到安慰和无比愉快。因此，与其说史老师让我生活得更快乐，不如说史老师让我生活得更顺利。她不会要求她的学生"成功"之类，也不要求学生像她，她要的是拥有自由灵魂的独特的个人。我相信她造就了一大批这样的人。至少，清楚自己不用"成功"、不用像任何人的我，免于了陷己于困境的苦闷，能自由地感受生活的乐趣，并且相信内心真诚的人是会受到祝福的。

上了大学以后，我越发感到史老师赋予我这些品质的重要性。即使是我们这种纪律要求高的大学，除了警容风纪以外，也不会有人来管你。这个时候，生活是要我们自己做出选择的。有的同学选择了认真学习，扩充自己的专业知识；有的热衷于锻炼，只能在健身房和操场才能找到他的人；有的同学闲下来就打游戏刷剧混淘宝；有些干脆成天睡觉；还有些从早到晚秀恩爱、全身心扑进恋爱的情侣。总体而言，在我们学校，由于以后职业的明确性，同学们的目标和自我定位似乎比我预想的要清晰得多，反而我倒显得很流动、很模糊了——我似乎什么都做一些，除了学习以外，我也看看闲书，没事出去跑两圈，闲暇就瘫着刷剧，不过我写作的频率下降得极大。不过我自己内心是很清楚的，我正在并且一直在朝我想要去的方向迈去。看书和跑步最让我想念史老师。因为看书的时候，我会联想到很多高中的内容，想起史老师解释文本的思路；我在一个人跑步的时候，插上耳机听了两节音频分享平台喜马拉雅电台上的课。但总之不是很直接的想念，而是史老师就像站在我身后的某个地方，陪伴与鼓励着我。有的时候我会沮丧和压抑，老有种自己的能力得不到充分发挥的憋屈，或是某方面能力欠缺的着急，不过每每想起史老师，我就定下心来，真诚地告诉自己再多多努力便是。

而且我上文提到的"史老师让我生活得更顺利"，在大学得到了更完美的验证：我对新环境适应良好。原本我不太能想象我们这种大学的生活，对它抱有矛盾的心理，一方面以为那是个人间地狱，去了以后就万劫不复，另一方面却又觉得可以接受。但是现在看来我想多了，在非正常的条件（比如不能放假、不能出校门、按时列队点名等）下，虽然我关于自由的呼唤之类似乎显得有些迂腐，但其实不是这样。通过持续地阅读、思考、分辨，我能很好地适应，因此环境并不能打败我，我能接受一切安排。

——唯独除了机械的、反智的、愚昧的轻视人格的无聊。我拒绝无聊，反抗无聊，我的适应良好和生活顺利是我作为人努力而自己得来的奖品，而不是做一条狗妥协后受的施舍。

现在停下来看看字数，竟然快要敲满一万字了，真是不可思议。我觉得我还有好多好多的话都没有说，可是也忘了要说什么了。在电脑上，我能够轻而易举地敲出类似上一句这样的废话，不感到吃力，这是媒介和工具的进步给我们带来的便利。我不敢想象，如果要手写想念史老师，我估计只能为了保全我可怜的手而吃掉更多的文字。一直以来我都对媒介有兴趣，而史老师开了网课带给我莫大的惊喜。因为这很有可能意味着，将会有不同的新讯息通过新的媒介被传递给更多的人。至少现在看来，史老师已经突破了课堂有限的空间和相对强制的时间上的局限，并且收获了一大批新的学生，还开启了从小学读到大学的伟大计划。这一切的变化可真大。

最后的结尾难想极了，如果要再次总结一遍我对史老师的想念，恐怕又有一篇万字长文要诞生了。不如说点有的没的。我这标题或许起得有点平庸，但是我一开始费力想的"燃灯"啊、"空气"啊、"闻香识女人"啊、"真诚的力量"啊都被我一一否定了，只有这个才最符合我的主旨。或许有人会问，既然每天都能关注到史老师的动态，当然也可以随时交流，说不上分离，那为何还叫"想念"呢？上大学后，每天关注父母的动态，也可以随时与他们交流，难道就不会想念父母了？每天关注男/女朋友的动态并可以随时与之交流，难道就不会想念彼此了？对史老师的想念也是这样，大概和亲情、爱情相似，因为史老师对我而言足够亲切，足够熟悉，我一直被她所吸引，并且我一直爱着她，所以我想念她。

（2017年2月8日）

代序三　请陪我慢慢长大

杨静娴

我和史金霞老师认识快十年了，那时她的网名叫"沧海月明"。虽然我们真正在一起的时间不到一年，然而，她对我的影响巨大而深远。我曾经在很多文章中都提到，如果没有史老师，我可能早已从一个对自己的工作充满憧憬的小姑娘变成了混吃等死的怨妇。而更重要的是，我没有成为疲于应付生活的人，而成为了现在能主动反省自己、积极生活的瞳妈。

罗曼·罗兰说，世上只有一种英雄主义，就是在认清生活真相之后依然热爱生活。我当然不是英雄，但是这种生活的勇气和热情，是经由史老师传递给我的。

一

只要自己愿意，所有的相逢都是恰逢其时。十年前，我大学毕业五年。五年，只要不是很懒惰，要对付日常的教学工作已经不难。因为熟悉了教材、教学、教育学生的那些套路，接下来就是积累经验和资本的阶段了，可是，我开始对自己的工作和生活感到厌倦和恐惧。没有任何创造性的工作只能借由和学生之间并不平等的感情交换来开展，生活的单调乏味与内心的反抗挣扎产生的无力感让不到30岁的我莫名的恐惧和忧伤——我仿佛看到了自己的一生。

荣誉有时让人仰慕，也让人主动拉开距离，这当然是那仰慕之人的感觉。那时，我的女儿瞳瞳刚出生，我到了学校便听到各种关于史金霞的传闻，怯生生地去找她。在简易的学生宿舍里，她一个外地来的单亲妈妈，身材瘦弱，除了满屋的书，还有一个可以做西红柿炒蛋的电磁炉……但是，我，我们几个年轻的姑娘，喜欢她，需要她，而我，对她还多了一分敬畏之情：我不知道这样一个生活可以称为清贫的女人，为什么能那么快乐、那么勇敢？

最初的讨论当然是从上课开始的。史金霞是为数不多的喜欢上课的老师。我也喜欢上课，但那更多是一种激情，是年轻人对理想的不舍与回首。而史老师，把上课当成了自己生活中不可或缺的组成部分。她的两本书《不拘一格教语文》和《重建师生关系》中的大多数文章都是在这段时间和此前完成的。一个三十出头的女人，一个人带着刚满9岁的孩子，从河北来到江苏，她当然有足够的勇气，也不缺信心和实力，但或许她也更需要证明自己。她的才华，不，应该说才情，光芒四射，犹如沧海月明。有时我去向她请教问题，就像一个犯了错的孩子一样难为情。后来我才知道，这其实源自内心只希望要答案而拒绝思考的懒惰与自卑。那些夜晚，在张家港常青藤实验中学的办公室里，我有些局促地跟史老师咨询第二天上课的内容，她9岁的女儿筱寒圆圆的脸蛋上总是挂着婴儿肥的笑容，让人渐渐安心。

人无须为自己所知有限而羞涩，然而，若是自觉屏蔽求知的欲望，便是那装睡的人了。在与史老师相处的短短几个月中，我仿佛就是那梦中被叫醒的人。她从不以炫耀自己的知识来提醒他人的挫败感为荣。她把那些熟悉而陌生的古今中外的名人，那些哲学科学艺术文学类的名著都介绍给你，仿佛在说："来吧，我们一直等在这里。"一切都正好。

我们随时可以到她的课堂，她从不故说惊人之语，也绝不吝惜自己的才情。有一回她上苏轼的《赤壁赋》，讲到"桂棹兮兰桨，击空明兮溯流光。渺渺兮予怀，望美人兮天一方"，便情不自禁地唱了起来。她聊苏轼的"乌台诗案"，学生们兴趣正浓，她却说，你们去看林语堂的《苏东坡传》啊。薄薄的一本语文书被她上成了厚厚的一本文学史加人物传记，甚至还有科学发展史。教材在史老师那里成了百变魔方。

我记得有一次她接受苏州电台的采访时说，每一届学生，即使使用同样的教材，她也决不去简单重复以前的课堂，她担心一家子兄弟或姐妹若都是她的学生，遇到了说，"哎呀，史老师怎么还在重复以前的课堂"。这个类似开玩笑的朴素的理由，或许正是史老师对自己职业的敬畏。一个好老师，无论是对教学内容还是对学生都会自觉地尊重，她绝不是教材的传声筒，不是"教参"的俘虏，也绝不会把学生当成填鸭的工具。这种课程意识在史老师离开体制、开设网课后得到了淋漓尽致的体现。

二

2016年年底，史老师从体制学校辞职的消息振奋人心，甚至成了某省高三期末考试作文试题的材料。我们都知道，相对开放而宽容的社会，史老师机会众多。看到朋友老殷发给我的史老师给他的微信留言——"不会也不能离开课堂"时，我颇多感动。离开是因为更坚定的守候，这就是一个把教育当成人生理想的真正的教师的坚守。

这个时候，她的网名叫"莎乐美"，更多的人可以跟她一起学习。瞳瞳10岁，小学四年级，刚刚好。她大概不知道，即使在她没有认识史老师之前的那些年，她对妈妈的信任与尊重，妈妈对她的理解和宽容，早在她刚出生时就已经悄悄萌发。妈妈终究没有忘记自己年少时的痛与恨。就在今年的母亲节，我和瞳瞳母女大战，瞳瞳写下一首长诗声讨妈妈。没想到史老师像是早有准备似的，在她的微信公众号"体验大地"里发了一组筱寒10年间写给妈妈的10首诗作为母亲节的专辑（《10年！女儿写给妈妈10首诗，见证母女10年共同成长路……》）。恍惚间，我才想到，筱寒已经长大。可又怎么能说是恍惚间呢？这些年，我们看过多少筱寒的画，读过多少她写的诗啊，这个小女孩从从容容地生长，仿佛有着与她的年龄不相吻合的智慧与镇定。即使面对失败，她也没有恐惧，或许是因为她知道自己想要的是什么。她不像"莎乐美",也不是"沧海月明",更像她喜欢的里尔克——一位以沉思的形象屹立于文坛的诗意哲学家。"让瞳瞳向筱寒姐姐学习。你也不是圣人,但有一点千万做到,保持言论自由。"史老师叮嘱我。

线上课堂让史老师如鱼得水,她更注重不同年龄阶段孩子的心理认知特点,科学地选择和编排课程内容。在即将结束的《跟史老师从小学读到大学》第一期的课堂上,围绕成长的话题展开的专题学习包括了"自爱、成长、感恩、亲情、善良、责任、挫折、勇气、读书、人生的意义、敬畏、良知"等,这一方面体现了孩子成长的认知顺序,最重要的还是史老师课堂的"于朴素中见奇崛,于平实中显机锋"的特点。

一个人的开蒙可能是顿悟,许多人生的道理、教育的规律我们都懂,但是人的成长真的是"最遥远的路",一天天的陪伴,一步步的扶持,经历无数次的失败挫折,还有那看起来枯燥、单调、重复的日子以及不可预知的未来,甚至还包括许多难以解释的"身不由己"……正是这些,让许多教育理论和教育理想不是昙花一现,便是水中月镜中花。前两天在可二老师《摔跤吧!爸爸》的影评中看到了引用德国女作家赫塔·米勒的话——"对世间一切事物报以虚无的态度其实是轻松的,真正的困难是如何勇敢地介入其中",这正是这些年史老师教学的印证。无论是在学校上课还是在网上教学,史老师精细化的教学管理不仅让人敬佩,更让人感动。我本想说这需要坚强的意志,但作为她的好友,我觉得这其实源自爱,她不是苦行僧。二十多年的教学生涯,每次你听她的课都有"人生如初见"的感觉。

三

这世上,她最爱的人应该是她的女儿筱寒。为了筱寒的健康成长,她付出了一个母亲所能够付出的勇气和智慧,她同时爱着那些被她称作"孩子们"的孩子们,她以最温柔的爱与最强的大脑,陪他们慢慢成长;她也深爱她自己,始终追寻那让自己喜欢的自己。

我有时怀疑,每次她把那本该一个多小时可以结束的课上成两个小时、三个小时,甚至更长的时间,以至上到平台的录课极限被踢出教室,是因为她舍不得下课。而那些孩子们在下课之后还留在课堂上读诗、讨论,要她催着赶着去睡觉。她一路上捡拾孩子们丢下的珍珠,即使是混在砂砾里,她也会捧在手心。就在《人生意义》这节课里,史老师展示三年级一个小朋友的文章:"我觉得生活的意义就是把功课学好,吃好、喝好、玩好,运动然后健健康康地活着。"这真是一次极为成功的教学案例。首先,孩子的父母并没有将这篇文章枪毙,然后史老师给了这个可能刚刚开始写作的小朋友鼓励与指导。正如她自己说的,教师如能发现孩子简单文字下的潜在逻辑,并帮助他们将这样自发的状态转化为一种自觉,让写作由无心到有意,进而使孩子成为自己,就是一个好老师。史老师显然也是一个"自觉""有意"的老师。

有一次,瞳瞳问我,为什么史老师在课堂上那么正式呢?

史老师就是这样,即使面对小学生,她也总是理智、客观地跟他们交流。给小学生上课时,课堂评价非常重要。一味的表扬或许能使一堂课看起来热热闹闹,但是史老师在意的是孩子们对问题的理解、思考的角度、课堂讨论的基础、对客观事实的关注,还有对他人的倾听,要知道史老师的网络课堂聚集了来自天南海北、性格各异的孩子。习惯了表扬、急于表达自己的小家伙们可能一开始会不习惯,然而这对于他们深入思考问题、与他人观点求同存异非常关键,也为以后参与社会生活的讨论奠定了基础。在《疯狂动物城》的电影赏析课上,对于自然生成的问题——"狮子市长为什么把食肉动物关起来",孩子们虽然七嘴八舌,但是大都是"我觉得"狮子市长为了保住自己的位置。史老师提醒孩子们,影片中是怎么交代的?孩子们这才想到"怕引起恐慌""想找到动物野蛮化的原因"等。怎样培养学生的客观态度以及对人的理解与宽容?不去臆测他人的想法,理解狮子市长作为市长希望为市民负责、解决问题的用心，而那"别有用心"正是一个正常的人难以克制的人性。这样的提醒相对于一堂课无数次的"你真棒""你真聪明"这样的评价，不仅是教学的智慧，更是对孩子们的尊重。

与上面所述的"表扬课堂"相似的，还有"幽默轻松课堂"。

瞳瞳曾经有过一次网课试听经历，确切地说是网络讲座试听。她被老师的幽默逗得哈哈大笑，加上老师引经据典，说了许多历史故事，她非常喜欢。等我和她讨论时，她觉得史老师上课总是提问，从来不给大家答案，总是和学生讨论，而这位老师的课让她觉得很轻松。我当然理解瞳瞳的感受，当年我不也因为只想要答案、拒绝思考而羞涩且自卑吗？这表面看起来是孩子懒惰，其实是他们曾经一次次的思考被否定、被拒绝之后对智慧的麻木与冷漠。网络讲座的方式，或许可以给有一定思辨能力的成人提供更多的思考角度，但是，在这个你想获得知识随时随地都可以的时代，在这个日新月异、人工智能"阿尔法狗"横扫棋王的时代，保持对知识旺盛的热情和兴趣，获得获取知识的能力，具备创造力、独立思考力和创新精神，对于孩子而言，尤其重要。还好，这些将睡欲睡的孩子，有幸能遇到史老师这样一位苏格拉底式的老师。

古希腊的教育家苏格拉底教育的方式便是与学生对话，《论语》里也记录了大量的孔子和学生的对话。对话是探索真理与自我认识的途径。只有通过人与人的交往，才能了解事物的本性，才能获得真理。在课堂里，教师、学生阅读文本，师生、生生的互动，话题的自然生成，正是思想本身的实现。然而，苏格拉底和孔子的不同在于，苏格拉底从不给学生现成的答案，完全开放的对话式教学中从没有真理在手的倨傲。这可能也是苏格拉底有柏拉图那样的学生的原因。孔子弟子中虽贤者七十二，却难出其右。

瞳爸说："上史老师的课会越来越聪明。"这是对史老师网络课程最朴素的评价。然而，或许"聪明"是一个过于浮华的词，生长在"大地"的我们唯有"脚踏实地"才更有安全感。所以，不论怎样的上课形式，如果仅仅是对学校教育的补充和拓展，那么都不过是变形的"学而思"罢了！

通过近半年的学习，孩子们的语文能力提高了吗？许多人说，瞳瞳是不是有写作方面的天赋？她总是能用恰当的文字表达许多人内心有却表达不出来的思想情感。还有人说，瞳瞳是不是读书特别多？然而一个没有自觉意识的人，读再多的书往往也是徒劳的，任何一本好书无不是对"我"的关注。就像很多爸爸妈妈，在陪孩子上史老师的电影鉴赏课时的感觉一样，看电影时我们忽略了很多。更多的人说，因为瞳妈是语文老师，所以瞳瞳的语文才学得这么好。但是，瞳瞳可从来不承认，她说她只是她自己，不是别人的附属。

语言概括能力、词语的选择和整合、问题与回答的贴切与否、文言文初步理解与训练，甚至是字词的认知、标点符号的运用等这些语文能力与素养的训练与培养，史老师从来没有越俎代庖。这与她在体制内高中任教24年的经验有关，更源自她在这些年帮助孩子们顺利升学取得大学敲门砖的实战方略——用史老师自己的话说，面对考试，要做一个将军，运筹帷幄，指挥千军万马，而不是做一个囚徒，坐以待毙，随时引颈受戮。

这些年，"沧海月明"成了"体验大地"的"莎乐美"，亭亭玉立的筱寒，依然在读书、写诗、画画，思考人生。我成了瞳妈，瞳瞳一天天长大，并且有了一个和她手牵着手的弟弟。我们互相陪伴，慢慢长大。

那个天天向前走的孩子，他正在走，他将永远天天向前去。

（2017年5月29日）

目　录

第一辑　如果我会发光，就不必害怕黑暗

第一章　一棵树栽在溪水旁　　　/ 003
雪泥微痕——十年磨剑路　　　/ 003
教书育人——我的课堂和我的学生　　　/ 016
我认出风暴而平静如海　　　/ 031
一棵树栽在溪水旁　　　/ 041

第二章　读书这么好的事　　　/ 050
孩子们，我们一起读"莫言"　　　/ 050
读书这么好的事　　　/ 061
培育思维，教学生爱上阅读　　　/ 075
教师应该怎样读书　　　/ 093

第三章　创造属于自己的世界　　　/ 100
怎样做一个出色的语文教师　　　/ 100
谁有权规定语文课该怎么上　　　/ 109
教师与课程　　　/ 118
汪国真：以汝之名封缄一个时代　　　/ 124
创造属于自己的世界　　　/ 130

第二辑　通向一切高度和深度的东西就是爱

第一章　对得起生命的礼物　/ 139
首先是一个母亲　/ 139
对得起生命的礼物　/ 161
哦，亲爱的，我的小莱莉！　/ 170

第二章　再不要义愤填膺吃孩子　/ 178
一个超越创意写作的教育者　/ 178
成功的毒药　/ 187
教育的温暖与明亮　/ 194
再不要义愤填膺吃孩子　/ 198
每一个有良知的成年人，请勇敢地保护我们的孩子　/ 205

第三章　与更好的自己相遇　/ 209
歌哭《色·戒》　/ 209
我读《史记》六则　/ 217
小于一的傲慢与偏见　/ 246
汪国真：一个时代的青春符号　/ 255
历史的 A 面与 B 面　/ 261
鉴往知来，以人为镜　/ 267
读书，与更好的自己相遇　/ 271

第三辑　谁此时孤独，就永远孤独

第一章　为什么需要批评　/281
"语文味"是个伪命题　/281
背诵和默写：古诗文教学头宗罪　/290
那些反智的作文题　/298
为什么要批评高考作文题　/306

第二章　教师的尊严与幸福　/315
为什么需要班干部　/315
该取消的何止是"三好生"　/320
为什么越来越多的老师不愿意评职称　/323
也说教师的尊严与幸福　/328

第三章　为了生活是桩美好的事而生活　/335
寻找生命的意义　/335
"人文讲座"，通向何方　/344
为了生活是桩美好的事而生活　/354
山长水阔知何处　/362
父亲周年祭　/366

后记　我追求拥有诗意的世界　/395

第一辑
如果我会发光,就不必害怕黑暗

在冥想之中长大了以后，我开始喜欢诗。我读过很多诗，其中有一些是真正的好诗。好诗描述过的事情各不相同，韵律也变化无常，但是都有一点相同的东西。它有一种水晶般的光辉，好像是来自星星……真希望能永远读下去，打破这个寂寞的大海。我希望自己能写这样的诗。我希望自己也是一颗星星：如果我会发光，就不必害怕黑暗。如果我自己是那么美好，那么一切恐惧就可以烟消云散。于是我开始存下了一点希望——如果我能做到，那么我就战胜了寂寞的命运。

——王小波《我在荒岛上迎接黎明》

第一章 | 一棵树栽在溪水旁

雪泥微痕——十年磨剑路

> 把过去种种做个总结,把未来种种做个安排。
> ——傅雷

公元 1993 年 6 月 13 日,我在日记本上写道:

风风火火赶回了县城,局长一席话犹如当头冷水浇得人顿时清醒明白,一点糊涂劲儿也没有了。有一时我的泪水欲出,深深埋了会儿头就没关系了,继而就感觉非常可以了。也算是对于我来说的,一种非常不错的了结吧。不签就不签吧。路还远,正须走呢。坐在南去的汽车上,望着北去的列车,我的心一刻也平静不下来,石家庄的梦碎了,再也不能圆了,我只有勾画起自己在大王店的未来生活了。不得不跃出梦幻、面对现实,我必须要面对现实,无益的感伤、痛惜都无济于事。我心中很平静,也很不平静。我的五年目标和二十年计划,我相信自己会为之而奋斗的,至于成功与否:事事我曾抗争,成败不必在我。但我必尽力!

那是一段灰色的日子,由于家境拮据,县教育局也拒绝担保,无奈之下，我放弃了保送师大的机会，极不情愿地告别了自己的学生时代。那一年，我 19 岁。谁都知道，专升本之后，还可以考研，考研之后，还可以读博，困难只是暂时的，而且我年龄小，成绩好，机会难得。可是我却只有放弃。我的大姐姐一样的宿舍长张惠对我说："小妹，你去上吧！我们每个人（宿舍姐妹）每个月拿出一部分工资来给你助学！"我微笑着拒绝了，心里在哭泣，是感动，也是悲伤。一个宿舍七个人，四个留在了保定市，没有我，因为我家里即没有钱也没有人。20 世纪 90 年代初，内地几乎没有招聘之说，工作是要分配的。就是在这种情况下，我在自己的日记本上，写下了上面一段话。既然不能左右社会，我唯有努力提高自己。我想，五年、十年、二十年之后，我一定可以打拼出闪亮的自己。那一年，我 19 岁。

贾岛做过僧人，但是，这首小诗里，却有极强的出世之意、自信之情：

十年磨一剑，霜刃未曾试。今日把示君，谁有不平事？

在寒光凛凛的剑气之中，仿佛见一青衣少年，英气勃发，飒然挺立，眉宇间挑出万般豪情、无限期待……大约，这十年间，就是为了磨砺出这样的剑气，在屡次失意下，我才能振翮又起。

一、我从山中来

1994 年冬天，县里举办第二届高中中青年教师做课大赛，我获得了语文学科第一名。当时影响挺大的，原因有二，一是我刚参加工作，教龄、年龄均最小；二是在所有一等奖中，我是唯一一个不属于县重点高中的教师。在接下来的日子里，我的语文课成了学校的品牌，校内校外的观摩课也做了一次又一次。在县里，我已经崭露头角了。

1996 年暑假，用同事的话说，我是闭门家中坐，喜从天上来，县一中扩轨，选调优秀教师，局里免予试讲，让我直接到县一中去。但是，我拒绝了。

拒绝的原因有三：马上要接高三，我舍不得这些学生，因为，当时我就职的大王店中学，是一所山区高中，收我县最贫困的、也是中考分数最低一档的学生。当年我中考失利，到这里来求学，深深体会到了那种被老师遗弃的痛楚。记得高中三年，换了三次班主任、三个政治老师、三个历史老师、两个英语老师，几乎每次送走那些离我们而去、远走高飞的老师后，我们都含着眼泪在日记本和作文里追问："老师啊，为什么要拿我们当试验田？您不能为我们留下来吗？"然而，老师们还是一个个地离开了，留下来的是我们，还有我们心中抹不去的伤痛。那时我就想，我一定要当老师，要当一个肯为了学生做出牺牲的老师。所以，如今作为老师的我，实在不忍心这些热爱、信赖我的学生受难再如我。第二个原因，是我的事业。在教学上，我倾注了全部心血，焚膏继晷，苦心孤诣，高一高二，我有一整套的方案，不断修改，不断完善，高三了，我还要继续打拼，我想在贫瘠的土地上，用智慧和汗水，浇灌出璀璨的花朵。第三个原因，是人情。校长还是我上学时的校长，他就像父亲一样，呵护我，帮助我，信任我，面对选择，我露出犹疑之情，他没说一句挽留的话，却说，"这是个机会，多少人想得也得不到，你好好考虑吧"。然而，作为母校毕业的学生，作为学校的骨干教师，我又焉能不知，由于地域偏僻，待遇微薄，生源差，绩效低，学校很难留住人，青黄不接，师资短缺，此刻，正是我效力的关键！县一中不缺我一个，我不去自然还有其他人选，而大王店中学此时却正需要我，我走了，高三就乱了。其时，我和县一中的校长做了一次谈话，将缘由一一陈述，请他谅解。他也说，这次机会难得，你的选择会影响你自己的发展。你要慎重。我说，或许以后还有机会吧。他笑了笑，没再说什么。就这样，我留了下来。这真是一次痛苦的选择，我拒绝了繁华，选择了穷僻，拒绝了发展，选择了沉寂。我嘴上说以后或许还有机会，但心里真的很失落。为了填补这失落，也为了让自己的选择无悔，我于是更加拼命地工作，甚至中断了自学考试。一年后，我明白了什么叫事与愿违！

教育：一场惊人的旅行

1997年的那几个月啊，我想我一辈子都忘不了。7月23日，在教务处里看到成绩单后，我脸上挂着无力的苍白的笑容，心像被掏空了一样虚空落寞，我知道，我完了。然后，学生陆续到校，看成绩，领通知，报名复读，各自忙碌着各自的事情。但都不忘记来看看我，"史老师，我们太对不起你了，太不争气，才考了这么一点，真对不起你的心血啊！""老师，我觉得最对不起的就是你了！老师，你不要太伤心啊！"听着他们愧疚的话语，面对他们真诚的眼神，我没有半点宽慰。我觉得，说对不起的，应该是我。没有教不好的学生，底子薄，可以补；能力低，可以提；即使试题难，又不止我们一个来做！我有什么理由怨天尤人，我有什么资格承受如此真诚的道歉？我们没有取得预期的成功，高考成绩市里排名依然是那么的低！这责任一定在我，一定是我的方法不对！而最让我痛苦的是，任夜里青灯长燃，辗转无眠，回顾过去艰辛的三年；任白天挥汗如雨翻检箱箧，整理一叠叠资料试卷，我竟然无法找到问题的症结，更无从探寻改善的契点。除了母亲，没有人倾听我，母亲所给的是信赖和鼓励，分析、解决、改善，还要由我来完成啊。谁，有谁能够帮助我？在那种情况下，几乎所有的人都在抱怨学生，抱怨学校，"响鼓不用重锤敲，破鼓怎么敲也不响""巧妇难为无米之炊""朽木不可雕""电线杆子浇不出花儿来，三类学校考不出成绩来""咱们考一个，一中该都考上。他们录取的最低分都比咱们最高分高"……自省自察的我，显得那么匪夷所思不可理喻、落落寡合格格不入。我在那时，真正地切实地体会到了什么是孤独，也在那时，第一次，冒出了一个念头：我的失败，是不是真的与环境有关呢？如果在过去的三年中，不是我一个人摸着石头过河、孤军奋战，而是有一群人和我一起切磋、交流、探讨、提高，结果会不会比这要好？然而，举目寻觅，到哪里去找志同道合的奋斗伙伴？除了学生，我找不到别人。是不是时间久了，我也会这样打发日子、对付工作、应付学生、遗失理想了呢？我真的有些害怕了。不丢弃理想，就只有忍受煎熬，体尝痛苦，忍受心灵上孤独的煎熬，体尝一遍遍揭开伤疤、舔舐伤口、直面失败的痛苦。

还好，这寂寞的旅程中，有书为伴，有母亲支持。向着我心中的麦加，我执着而孤独地跋涉着，"多改变自己，少埋怨环境""多研究事，少研究人""多创新，少重复""多互助，少互斗"，这几多几少，成了我行走大漠时的泉眼，润泽了我的心田。如此，又是两年。

两年中，女儿出世了，自考恢复了，高考失利的原因也终于找出来了！通过分析学情和考情，深刻反思自己的教学，我认识到自己最大的失误是忽视了我校学生的实际情况（前面讲过，我们是本县生源最差的普高），在能力培养与夯实基础上顾此失彼。偏重能力而轻视基础，结果使能力成了无本之木；强调模拟而忽视课本，结果使训练成了无源之水；注重启发而缺少归纳，结果是学生依然不知所措。在夯实基础、巩固教材、总结规律上，不能做到有效、有益、有用，结果费心劳神却除了教训一无所获。我必须承认，这些教训的得来，是很艰难的。其中，我走了不少弯路，许多尝试本来是有益的，但是效果却没有预期的好。而假如从一开始，就有人帮助我，指引我，或者，就有人和我共同来探究，的确不必用这么长的时间，更不会这样事倍功半。此时，我才理解了当年离去的我的那些老师的复杂的心理和决绝的原因。就在此时，机会真的又来了。这一次，我义无返顾地离开了，而且了无牵挂。因为我刚送走一届毕业生，学校里师资力量也逐渐充实，后继并不乏人，更因为我是要到一所新建的学校去创业，那里还没有修好路，还没有花草树木，更没有安逸舒适的享受，但是，那里有我的希望，有我的理想，有我的语文教学之梦。那是20世纪的最后一年，1999年，25岁的我吻别了1岁的女儿，来到了这个富有挑战性的艰苦环境——徐水综合高中。

二、做一个舞者

四年匆匆，一晃而过。四年中，一家三口，几度分合。他以家为店，我以校为家，女儿则一直寄养在姥姥家，反认他乡是故乡。直到女儿归来上小学，才算聚合在一起，成为完整的一个家。

而从 1999 年建校伊始，作为语文教研组长、年级组语文备课组长，在这所高标准、高起点、高压力、快节奏的新建重点高中里，我便如鱼得水，载欣载奔。进行课堂教学改革，一方面是大势所趋，不改革无以发展，另一方面则是缘于我内心深处所受到的强烈触动。除了山区六年的经验教训告诉我必须改革以外，最深一次触动我的，是在 1999 年的秋天。我让当时高一的学生写入学后的第三个作文，是个半命题作文——《我的××老师》，要求学生必须写现任老师，因为当时刚学完《纪念刘和珍君》等较复杂的记叙文，作文训练的目的就是学以致用和培养观察生活的习惯。翻阅作文时，一篇《我的"传统"老师》使我陷入了沉思。因为他笔下的"传统老师"就是我！文中这样写道：

> 没有一些新观念、新教学方法，是我觉得老师们最可悲之处。前些天的《拿来主义》里说拿来应有选择性。而我认为老师们在这方面做得就不好，比如语文老师，她对于传统的教学方法不是有选择的吸收利用，而是照搬大部分。史老师在给我们讲《拿来主义》时滔滔不绝，分析问题精辟透彻，可我觉得她只会纸上谈兵，在教学过程中并没有把该拿的拿来，把该去掉的去掉。虽然她的教学方法比我初中的老师好，她那水汪汪的大眼睛里透着灵气，她讲课时脸上总挂着微笑，但我作为一名学生，对于传统的教学方法实在不敢苟同……

说实话，当下看了这篇作文后我很难过，觉得特别委屈。1999 年，我已经教书六年了。六年来，我一直自认为是十分勤奋、不断进取、不断更新、超越着自我的，虽然身处偏僻的山区，但我始终订阅《中学语文教学》《教师博览》《语文教学与研究》等影响很大的专业期刊，而且还认真地学习了魏书生、钱梦龙等当时很有影响的中学语文教学改革者的理论与实践，而且一直以来，我都是最受学生欢迎、满意率百分之百的语文教师,怎么我来到综合高中,担任了教研组长、备课组长,成为学科带头人,励精图治、锐意改革之际,竟然还有学生说我是传统老师?!我所做的一切,难道你就没看见?你还要我怎么办?

然而,当我反反复复看了几遍这篇习作之后,终于冷静了下来。我把这篇文章工工整整地全文抄录在读书笔记上,我要让它时刻警醒我。对于此次的作文,我采取了由学生分组评议,然后小组汇总、集中汇报交流的方式来评改,我要让其他学生也看看这篇作文。那个学生,我没有批评他,因为他没有错,我也没有给他写一个字,更没有找到他向他解释我是多么多么尽心努力,因为我当时下定了决心:我一定要超越自我,不断超越,我一定不做禁锢学生思想的,只会照本宣科,只不过把生硬的灌输变成绘声绘色、和风细雨般的填鸭的、表面现代、本质守旧的传统教师!我一定要从根本上摆脱自己思想观念和方法手段上的陈旧落后!

决心一旦下定,马上寻找突破。

就在这个时候,《中学语文教学》上刊登了关于山东高密一中的语文实验室计划的系列报道。在《教师博览》上,我又读到了李镇西的《从教育浪漫主义到教育理想主义》和朱永新的《我的教育理想》中的部分文章。我顿时感到眼前一亮,自己过去所做的那些尝试,此时也连成一片,我觉得终于找到了一条可以尝试的道路。于是,我开始酝酿我们综合高中自己的语文实验室计划。结合过去的经验教训,经过深思熟虑,我确定了语文组教改十六字方针:"激发兴趣、活跃思维、加深素养、提高能力"。确立了大语文观念,使语文生活化、社会化,决定采取语文实验课这种实践活动的方式,将语文的人文性、思想性和工具性结合起来,激活课堂,逐步推进改革。在搞实验课的过程中,我以我的两个班为试点,每一轮实践活动,由我先进行说课和示范,其他教师观摩研讨,之后就向全年级铺开。

如今回首,值得高兴的是,我的每一轮尝试都比较成功,计划周密,组织有序,学生积极主动,效果十分明显。以2002年我校语文高考成绩为例,我校总平均分是104.76分,在保定市排名文科第二、理科第三。

而我班的平均分是 111.31 分，其中，120 分以上的就有 5 人。

1999 年到 2002 年，这届学生，从高一到高三，我们针对各种不同的课型，所搞的实践活动五花八门、异彩纷呈。但是，这些活动的出台，不是散乱盲目的，更不是杂乱无序的，通过实践和总结，我提出了"高中语文实践活动课三结合原则"。即：

第一，随机性与操作性相结合。学生的语文学习"场"是十分广大的，教师应该抓住生活，利用语文无处不在的特点，激发学生兴趣，随时随地将语文实践活动开展起来，而不仅仅局限在课堂几十分钟。学生有了主动性，可以随机有意识地参与到活动中来，此时，实践活动的操作性就显得尤为重要了。这个操作过程，包括两方面：教师的精心组织与宏观指导，学生的密切配合与具体操作。这两方面必须结合起来，才能使语文实践活动得以扎实有效的开展。

第二，趣味性与竞赛性相结合。兴趣，激发了热情；竞赛，提高了质量。每次实践活动，既是学生共同探讨体验、钻研乐趣的过程，更是他们评比较量、竞相提高的过程。实验课深受学生欢迎，但是这其中也不乏抱着凑热闹看热闹心理而参与其中的。为了保证实践活动的实效，应抓住学生集体荣誉感极强的共同心理，分组进行，制订评比方案，以强化他们的竞争意识。参与到活动中来的每个学生所考虑的，不再是个人表现，而是集体荣誉，学生之间相互激励、共同协作就自然而然了。实践证明，富有新鲜动感的趣味性竞赛方式，一旦引入课堂，学生的热情、潜智就能得到更大的激发。语文实践活动不仅可以让他们体验探索与成功的乐趣，而且能够使他们在公平开放的竞技中增长才干、健全心智。

第三，开放性与序列性相结合。在开展语文实践活动的过程中，教师应尽量少辅加各种条条框框。限制越多，自由越少，空间越小。即使为了保证操作性而提出一些必要的要求，也必须留有足够的开放空间，保障学生能够自由创造。教学中，我们必须以学生为教育的主体，而不是把他们当作一个知识的受体、载体。实践活动的每个环节，都要极力体现学生的主体地位，教师必须树立这种观念：学生自己是学习实践的主人，他们自己可以决定方式方法，自己可以探讨解决所遇到的问题，自己可以确定最终达到的目标，自己可以评价衡量自己的成绩效果。而且教师也必须要帮助学生树立这种自主学习的观念。开展实践活动的最终目的，是通过活跃思维激发创造，使学生多方面的语文能力在实践中得到提高。能力是有层次的，提高是渐进的，如果不遵循由易到难、由浅入深的规律，极有可能因为目标难以达到、效果不够理想而打击了学生的积极性，使刚刚燃起的热情之火，被失败挫折这些冷水浇灭，从而滋生出畏葸不前的自卑和怯懦心理。学生的热情需要保护，能力的培养与提高需要一步一个台阶的稳步上升，因此，既强调微观上的开放性，又把握宏观上的序列性，才会使实践活动真正体现活力，切实发挥效力。

语文实践活动，可以分成多种课型，有适用于小说、戏剧的课本剧编演课型，有适用于议论文、记叙文的讨论辩论课型，也有适用于诗歌、散文的朗诵评赏课型，等等。无论采取何种形式，横向要放得开，给学生自由发挥的余地，以"开创造之花，结创造之果，繁殖创造之森林"；纵向要成序列，使能力培养循序渐进，稳扎稳打。原来计划，三年为一轮，一轮下来形成模式，总结推广交流，有点大功告成的意思。魏书生的"多创新少重复，多开放少封闭"，在此时又一次闪现在我的脑海。新课程标准的颁布，犹如一阵春雷，划破早春的寂静，带来了甘霖，拂来了惠风。对于课程的最新诠释，使我认识到，时代变迁，教材改易，学生换代，自己也在变化，世易时移，怎么可以以新的模式取代旧的模式，这不是穿新鞋走老路吗？总而言之一句话，超越自我，与时俱进！

于是，我将语文实验室计划进一步向纵深方向发展，同时注重拓宽它的外延。2002年，我接的是高三，这届学生使用新教材，这届学生高考要提前，这届学生以前我没教过，学情、考情和人情构成了一个极其复杂的课程。高三是很容易消散热情、磨蚀激情、淡化感情的一年，三轮复习是非常典型的工业化流水生产线的方式，如何将新"课标"的先进理念落实到我这个新高三的教学实践中来,面对高考,我要带着镣铐跳舞,我要做一个快乐的舞者。我苦苦思索了一个多月,又通过"K12语文论坛"再次引进活水,结合自己的实践经验,终于逐步廓清了思路,"专题式研究性学习"的雏形构建了起来。以前的实验课给学生提供了实践参与的机会,对于语文的工具性较为侧重,是教师引导学生去做,使之发现生活中离不开语文;现在的专题式研究实验课,则是让学生从实践者进一步成为研究者,侧重的是语文的人文性、思想性与审美特点,将阅读与写作、观察与思考结合起来,其间当然仍旧离不开应用,但是教师引导的不只是学生的行为,而且还包括他们的思维方式、分析判断方法、探索精神、研究意识与研究方法。在这一运作过程中,我不再局限于校内课程,而是将社会、家庭、网络等这些校外课程也充分利用起来,甚至对于校外课程之重视之开发利用,更甚于校内课程。我把教学的着眼点放在了培养人上。

就这样,一年时光流水而逝。2003年,我校高考语文成绩排名保定市第一。多年的努力好像有了最佳的结果,来综合高中吃的苦、受的累好像也得到了最好的回报。我们的语文高考成绩一炮打响且一路上升,连续创出了我县重点高中语文成绩高考市排名的最好成绩。我个人也在我市的高中语文界有了一点知名度,28岁的我,连续在市里的说课、评优课、录像课和课件展示、高考复习观摩课等评比中获得一等奖,又被评为首届市高中语文教学标兵,还获得了市名师、市骨干教师的称号。然而,我却又产生了新的痛苦,而且这痛苦比以前在大王店中学遭遇第一次事业上的失败时的痛苦更深重、更难以排遣,因为那时我知道自己要做什么,而现在,我却痛苦于我的无奈和迷惘:我还能够做些什么?

三、敢问路在何方

"面对高考,让我们带着镣铐跳舞",这是我经过十年与高考的浴血奋战(目前是第五次送毕业班)而提出来的自己的口号。的确有其乐观的一面，拿我经常用以自勉的我自己胡诌的一副对联来说，那就是"有间之中天地宽，得乎法者味其甘"。

然而，只有我深深地知道，这叮咚成韵的镣铐声是怎样击打着我痛苦无奈的心灵，这应节而舞的翩跹中又包含了我多少孤独和寂寞啊。残酷的高考使学校变成了武库，也使师生成为了机器，而偏偏，我不甘心做一个制造机器的机器，不合时宜的现象又在我身上重演，我再次陷入了深深的孤独之中。以我应对高考的经验和技术，只要紧跟试题的变化，随机应变，我是有绝对的自信可以在面对高考的战斗中于师生共同取得优秀成绩方面做一个常胜将军的。

然而，我却不停地反思自省：如此，我们就真的常胜了吗？以优秀成绩考入大学的我们的学生，考入大学之后呢？我们教给了他们除了应对考试之外的哪些有益、有用、有价值的东西呢？教师教书只为了高考吗？学生求学也只为了那几张试卷、一张录取通知书吗？从教十年，我对我的每届学生都说："我不仅仅是为了你们高考考出好成绩，我还要教给你们一生有用的东西。"为了这句承诺，我头破血流过，也心花怒放过，而今，面对连年被留守在高三的困境，面对周遭弥漫着的高考的硝烟和血腥味道，我虽然依然在课堂上笑靥如花、泰然自若，坚持着我"少做一些题""多读一些书""多思考一些问题""多写一些文章""多锻炼一些能力"的"一少四多"原则，但是我也十分清醒地认识到，像我这样自讨苦吃、费力不讨好、生活在梦想中、不肯实际一点的人实在是太少了，而且，我决不是一个振臂一呼应者云集的英雄，我的课依然有人听，我们依然有着集体的备课和研讨，然而，那仅局限于应对高考，至于"和学生一起探究理想""倾听学生的烦恼报告""组织文学大师的专题研究""采访父母并为父母写传记进行亲情教育"等这些高考之外的耗时耗力的种种举措，却任我如何鼓吹，真的没有人乐意参与其中！我并不想孤立于群体之外，主动介绍，提供资料，约请嘉宾，我真心希望能够有更多的人，和我一起探究这高考以外的我们的教育、我们的语文啊！我感谢我的朋友们，他们肯听我演说，他们喜欢走进我的课堂，他们愿意为我担当评委和嘉宾、为我捧场，然而我又痛苦着我的寂寞——他们并不肯做。高三啊，考试、判卷、讲解试题、分析试卷之后，他们真的没有心思也没有精力再去做这非高考的"额外"的引导学生观察、读书、思考、写作和大搞实践活动等的事情了。更何况很多人还兼着班主任，早上5点俩眼一睁一直忙到晚上11点还不会熄灯，他们的确是太累了，我理解他们，因为我也处在这样的夹缝中。这机械忙碌的生活，这急功近利的生活，这枯燥乏味的生活，难道理想就注定不能生根发芽开出花朵了吗？难道广大师生就注定要永远这样疲于奔命了吗？难道我们的教育的最终目的就是为了一个考试吗？这深深的痛苦咬啮着我的灵魂，但没有把我吞噬。我不甘被现实束缚，我要上下奔突，尽我所能地去做，把牢骚抱怨的时间留给思考和开拓吧，哪怕我只能点燃一个学生的心灵之火，在他今后的人生路上，也便有了方向，有了温暖和光亮，我也就不虚妄自己教师的称谓，也就不愧对自己对学生的承诺，也就没有掷空了自己的理想。所幸，如今的环境与昔日已是天渊之别。想当初我们进行"课改"时，任何一点举措都要招来非议和软打击的。比如，要求学生每天写日记，为保效果我们也每天批改，但教务处计算教师批改作业的工作量时，我们的工作不被计算在内，其目的就是让我们自己主动放弃（感谢我可敬的朋友们——刘志忠、刘运良、陈宝学、王惠文——他们能够和我一起默默地做，虽然量化评估时语文组全军覆没，但依然不悔不弃，抹着眼泪顽强地做）；比如，一搞实践活动，就有人告状告到学校的最高层，我就要前去做解释工作（感谢我的领导，虽然多次批评我我行我素，但是始终不怀疑我的能力和努力，一直对我们的"课改"予以坚定的期待，并给予时间上的等待和政策上的宽容）。

而现在，因为日常的课堂效果和连续两年的高考成绩，生存环境真的宽松了许多，像2003年高考前夕，关于"非典"，我组织高三学生先进行专题阅读再进行辩论和交流，约请嘉宾时，领导们便欣然允诺并且还力排众议："高考前搞辩论怎么了？只要学生有兴趣，高考出成绩。"再比如我举办"慕仙思圣古韵心声诗歌朗诵诗剧表演比赛"以及研究阿Q并举办"现实生活中要不要有一点阿Q精神"的辩论赛等大型活动,非但没有被阻挠,反而拍照、录像、做了老教师观摩课。

但是,"独乐乐,与人乐乐,孰乐"?做公开课的结果如何呢?星星还是那个星星也!之于同道,我依然落寞。学校规模不小了,三千多学生,真希望他们每个人都能享受学习的快乐,而我又能做些什么?不过尽我一个语文教师的微薄之力而已。我真的很迷惘,很无奈,很痛苦,很惶惑。因为这不是一个人一群人甚至一所学校所能够解决的问题,我们其实都被现实规范着、挤压着、蹂躏着,身心俱疲,极度失衡,高度变形。妄谈理想、奢求乐趣,不亦惑乎?而偏偏,我陷入此惑,愈陷愈惑。调整自己、改变自己、提高自己,继续保持舞者的心态和姿势,从网络上挖个小孔,望望天,换换气,苟延残喘?还是寻找生存空间、定位生存方式、开拓生存领域、追求生存的激情与梦想,简而言之就是,换个环境,换个自己,重新开始?

猴年马上就要到了,日历又将更换崭新的一本,我的人生的日历就要以"三"开头了。"三十而立",我将立于何方?我将以何种姿势站立于天地之间?我将如何行走 30 岁以后的人生之路?此时,在橘黄的灯光下,我不禁又想起了十年前的那个场景、那段话。是啊,路还远,正须走呢。而且,走得久了,路也就宽阔了。

敢问路在何方?路在脚下!

(2003 年 11 月 17 日夜 10 点于灯下)

【补记】

4 年后,2007 年,我离开了河北省徐水综合高中,到了江苏省张家港常青藤实验中学。

7 年后,2010 年,我离开了张家港,到了苏州市星海实验中学,至 2016 年 11 月 1 日辞职。

教书育人——我的课堂和我的学生

当你工作的时候,你是一把笛子,经由它的心,把时光的呢喃变成音乐。藉由劳动来爱生命,是与生命最内在的秘密进行亲昵,所有的工作都是空洞的,除非有爱。因为工作就是,把爱变成看得见。

——纪伯伦

一、捧一颗心,在手上

期中考试后分了班,我有幸成为了史老师的学生。第一次见她就在分班后的那天下午。刚刚分班,心里总是有些难受,因为我们就像插班生一样,把以前这个班学文的同学的位置填补上。面对周围陌生的眼光,怎么也高兴不起来。

语文课到了,史老师在同学们的期待中走进了教室,而这一节课后,我也知道了为什么大家每天都那么期待着语文课。她没有立即讲课,而是给我们讲了一个关于她搬家的故事。故事的内容并不重要,重要的是她通过故事告诉我们这几个"插班生"的那句话:"这就是我的家,既来之则安之,我爱我的家!"我的心一下子变得很暖和,在我最寒冷的时候,她轻轻地将一缕阳光洒在我身上,帮我驱走寒冷,让我在温暖中成长。我现在还记得史老师微笑着注视着我的目光,那么温暖,那么亲切,而那时候,她还不知道我的名字……

这是2004年,正在读高一的学生董子烨的回忆,她所说的故事,发生在当初学校集资建家属楼之时。

故事很简单，两分钟就能讲完：

分楼层时，二三楼的住户一起抓阄，我想要三楼，同事小王想要二楼。我们俩事先约定，一旦彼此抓到的楼层正相反，就互换一下。果然，她抓到了三楼，我抓到了二楼。抓完阄，怎么办？我们彼此会意地一笑说，先领钥匙去看房吧。我们取了钥匙去看房，看完房，俩人会面，不约而同说的话竟然是："还换吗？不换了！"因为，当我们拿到钥匙那一刻，当我们打开房门那一瞬间，我们手里的那把钥匙，仿佛给了我们温暖，我们面对的那房间，仿佛在向我们传递着情意，那就是"家"的感觉！这就是我的家，虽然当初不是我的心愿，可是看见了它，却对它产生了情感，既来之则安之，我爱我的家，我要建设我的家！

之所以在那分班后的第一课，会讲这个搬家的故事，因为每一个学生，对我而言，都很重要。我希望，这一个小故事，能够给他们一点点帮助，至少让他们多少年以后，回想起来，在人生的一个十字路口上，作为他们的老师和朋友，我曾和他们在一起，我曾经关注过他们的心灵。他们并不是孤单一个人。

一个教师是否能够成为一个真正的教师，首先取决于他的学生观，如果，在教师的头脑里，学生只是一个数字代码的话，他无论如何教育不出真正的人。

记得2004年带高一时，有个名叫牙亚萌的女孩子，她有一双弯弯的小眯眯眼睛和一颗敏感脆弱的心灵。那时，班主任常抱怨她多么难缠不讲理，甚至连她家人也头痛。可她是个多么可爱的孩子啊——

从小到大，我从来都是将"战争"的痛苦埋在心里，从不向任何人诉说。意外的是，语文老师竟主动找我谈话。坐在办公室里，开始我是那么拘谨。要知道，这是第一次有老师主动找我谈话。在谈话中，我发现她对我那篇七八页的随笔记得是那么详细，分析得是那么透彻，连其中一个小小的细节，她都能提起来，告诉我那一个动作、一个表情、一个眼神所表达出的感情。我很受感动，在这里，第一次有人愿意读我，愿意帮助我，而且是这么好的一个老师。

上了高中，我最大的感受就是心灵被净化了，可以说这是史老师的功劳。因为她无时无刻不在告诉我们，要爱国、要爱家、要爱所有人，要宽容、要奋斗、要为自己负责。我喜欢一个人是需要理由的，因为她和善，她美丽，她愿意为每个人付出；她有一种气度，一种常人难以达到的气度……

就像孩子所写的那样，没有无缘无故的爱，也没有无缘无故的恨，成年人往往只根据孩子的表象就轻率定义，粗暴批评，却不去了解孩子的处境，走进孩子的心灵。简单化、概念化，除了会进一步抑制和打击孩子，使双方更加隔膜、沮丧之外，不会解决任何问题。

不要抱怨孩子，要倾听他们，把孩子当作孩子，当作丰富完整的人来看待，与之沟通交流，以心发现心，以火点燃火。

2010年9月26日，我接到一个家长的电话。她告诉我，夫妻二人因为对孩子周末在家的表现异常不满而对孩子大发雷霆，连他的作业都撕了，可是孩子虽然嘴上不再说什么，明显还是很反感。她说："孩子最信任你了，请你跟他谈谈，他怎么能这样呢？"

这是我搞的一个亲情采访活动，让孩子和父母各填写一份问卷，互相采访交流，增进彼此的了解。可这一家父母，却对孩子的答卷大发雷霆。根据经验，我就知道是父母过敏了，孩子心里一定很委屈。跟男孩子一交流，他说自己原本是跟父母开玩笑，搞笑一下，没想到会惹那么大的麻烦。我一边告诉孩子要体谅父母，沟通注意方式，另一方面，跟家长连发了几条短信：

"走进孩子的心灵要慢慢来，而且，父母不妨倒一下带，回放一下自己青春期时的生活情景，回想一些自己的心灵成长史，人同此心，也许就不难理解孩子了。在某种程度上，孩子理解父母确实是有些难度的，因为他们毕竟没有我们的生活体验，即使设身处地也难免隔岸观火。给他机会了解你们，也给自己机会去走进他的心灵。建议你们今后，火气上来时忍住不说话，暂时回避，至少等半小时以后再交流，可能效果会好些。最好是过一天以后，给双方一个缓冲反省的时间，父母的成熟、冷静、克制、尊重，也同样是孩子学习的榜样。有时候，孩子其实是父母的一面镜子，我不是在批评你们，也是从一个家长的角度在说。我们一起努力吧！"

"是啊！有时火气上来就什么都忘记了，过后常常心生懊悔。看来理解孩子首先要冷静。感谢您这么用心地关心孩子！这是孩子的福音！确实如此。谨记！以后尽量克制，与孩子平等沟通。希望能经常得到您的指点！"看到家长的回信，欣慰之情油然而生。

一个月前，一个孩子在随笔里倾诉了自己的苦闷之后补充说："老师你不用管这篇文章，就当作被抑制了许久难得的发泄和任性好了，我很快就会变好的。"这种小心翼翼的表达，多么令人心疼！孩子们是被成年人无视成了习惯，被批评怕了啊，于是，我给她写道："不用这么小心，你尽可以尽情尽性地抒写，我都能理解，我都愿意倾听，只要你愿意信任我。"

二、种一棵树，在课堂

中文老师史老师。她让我了解了尊重、民主与爱国的真正含义。因为她，我真正爱上我自己的祖国与祖国的文化。

上面这段话出自一个叫作周天颖的孩子，她后来选择了去美国读高中。初三时，她每周跟我学两小时中文。面试时，她如此回答"你能说说对你影响最大的人吗"这个问题。

对我来说，这确实是最珍贵的礼物，最美好的回答。

让孩子爱上汉语，就先从语文课开始。

以诗歌教学为例，走进诗歌，必须先走近一个个诗人；走近诗人，必须先走进每个诗人所处的时代；而走进那一个个历史时代，除了诚挚之外，还需要客观、理性和敬畏。当我和学生一起，带着虔敬的赤诚，走进一个个诗人那丰腴感人的生命中的时候，澎湃的心潮，滚烫的泪水，多元的解读，痛苦的追问，就如此，强大了我们的心灵。

不用说先秦散文、两汉辞赋和唐诗宋词了，仅仅是现代诗歌教学，就需要多少丰沃的土壤。怎么能够忘记，当我给学生介绍谢泳先生在《血色闻一多》中所描述的那个青年写诗，中年潜心向学、为国呐喊，却终为政治所缠绕，最后在昆明被暗杀的悲壮的闻一多时，教室里那阒然无声的氛围，学生眼中那对历史真相的渴求与叩问？怎么能够忘记，当我们读罢《死水》《一句话》《太阳吟》《发现》后再读他的《也许》、他的《你莫怨我》、他的《七子之歌》……心胸中翻滚着的激烈和哀伤？

还有徐志摩，怎能把他仅仅当作一个风流才子看待？当孩子们真正走近诗人的青春热血所浸透的那段岁月，当他们明了一个深受英美文化濡染的年轻知识分子带着满怀的激情和梦想回到祖国却一样的是幻灭彷徨的时候，再听到胡适说"他的人生观真是一种单纯信仰，这其中只有三个字，一个是爱，一个是自由，一个是美。他梦想这三个理想的条件能汇合在一个人生命中，这是他的单纯信仰"的时候，他们必然能够从对"三角恋爱"的无聊的痴迷中抬起头来，专注凝视诗人透过诗句抛洒下的那一片无奈的热望和零落的梦！

一样的痛苦一样的幻灭，不同的气质不同的性格，在闻一多，是"血色"，是"呕出一颗心来"的"血泪""发现"，在徐志摩，则"悲情"，则

"沉默是今晚的康桥"！

　　亲之爱之，是以知之。对于穆旦，则尤为如此。了解了穆旦的生平，了解了他的痛苦的生、他的悲凉的死；了解了他的"最善于表达中国的知识分子的受折磨而又折磨人的心情"（王佐良语）的诗歌创作，还有他的"最好的诗人的译笔"（王小波语）所翻译的作品；了解了他不为人知到"查良铮就是穆旦？"的可悲的过去，还有他"作为现代汉语诗歌最杰出的探险者、最有成就的实验者、最深刻复杂的致思者，愈来愈受到众多的人们的关注，他在中国现代诗歌史上的重要地位也渐渐得到确立"（曹元勇语）的现在。了解了这些，再读穆旦的诗，读他的《赞美》《诗八首》《春》《智慧之歌》《冬》《停电之后》等力作，又焉能不用心去讽咏体会，又焉能不读出真味、读出真情，又焉能不情动于衷形诸文字？

　　这样读诗，读出来的就不仅是韵律之美、语言之风，作者的心魂必然将敲击读者的灵台，诗歌的神旨也必然能够打动读者的心神。而当学生们手捧起《血色闻一多》《悲情徐志摩》《唐诗杂论》《志摩的诗》等书如醉如痴时，当我从他们的随笔摘评中读到孩子们的诗文与品读时，我更得以确信：在课堂结束的地方，教育才刚刚开始。

　　所谓"创造性地理解和使用教材"，我以为，就是教师要结合自身的综合素养以及学生的认知水平，在通盘把握教材设置的基础上，自由而不任由，自主而非自专，大胆取舍，详略有度，弱水三千，取一瓢饮。从而，让有限的教学时间，发挥最大的教学效益，让有限的教学素材，变幻无穷的教学魅力。

　　上师范时，所学专业的名称为"汉语言文学教育"。我以为，一个语文教师，必须要有专业自觉。对中华民族的语言文学，要有衷心的热爱，能沉入其中，发现她的美丽与绚烂，涵咏体会，以她的博大丰富浸濡自身，更需要有理性的反思，能跳出其外，承认她的丑陋与畸形，审视拷问，努力从因袭的沉疴中睁开双眼，迈步前进，哪怕步履艰难。

　　让一篇篇课文，成为一粒粒种子，生根，发芽，在日日递进的语文课堂上，长成一棵迎风沐雨的树，每一根枝桠都有生命的力量，每一片叶子都饱含情感的润泽，每一朵花都绽放个性的绚烂，每一颗果实都孕育着智性的丰盈。

三、展一片天，用理性

当然，最难忘的还是语文课上一次又一次的震撼，一次又一次的感动。《辛德勒的名单》《肖申克的救赎》《卡廷惨案》《太极旗飘扬》，"三鹿奶粉"，疫苗乱象，地震逃生……如果不曾接触过这些，也许到现在我仍不知道应该用怎样一种眼光去审视这个世界，去判别接收到的信息，去做出人生中属于自己的重大选择，让自己能够更强大，更真实，更快乐，更有价值。人来到这个世界，就应该做一个堂堂正正的人，有幸，我能得到这么一次机会。

写下这段文字的陆嘉伟同学，后来在四川大学读法律专业。有时，他会给我打个电话，说说他读哈耶克的感受；有时，他会给我发长长的短信，讲述他们"关于基层人大不作为的调查研究"活动的进展与困惑。交流最多的，总是最近又看了什么好电影，又发现了什么好书，又有哪些地方发生了什么事，网上怎么议论，我们都有什么看法。

其实，像他这样的学生，每一届都会有很多。

三年，我真的长大了许多，由小小的自我走了出来，除了自己外，关注了更多、更广的世界，学会了理性思考，学着以更健全的角度去看世界，放下偏激，放下麻木。他们不是别人，他们也是我们，这一切都与我们有关，这些话真的已经刻入我的骨髓中了，这些东西震荡着我的灵魂，这是我一生的财富。

（丁培培）

其实，他们也是我一生的财富。当他们已经离开学校，不再上我的语文课了，一旦遇到好的素材和新闻，第一个就会想到我。犹记得，孙大午谈"三农"、连战来访大陆、李敖北大演讲甚至郭德刚德云社的演出盛况……这些东西，我都曾多次收到来自大学校园里的我的学生们为我搜集整理之后的一封封邮件，还有，一起听周云蓬和左小祖咒，品味艾未未的《此时此地》，看柴静的《面对面》，关注卢安克的去与留，评价韩寒的《1988》，谈论上海胶州路上铺满的白菊花。

孩子们，确实是一天天变化的。除了语文课本之外，网络是必不可少的途径。

在网络已经成为我们很多人生活中不可或缺的一部分的当下，大多数教师和家长，在内心深处仍然视网络为洪水猛兽。一方面，限制孩子接触网络，乃至千方百计对孩子屏蔽网络；另一方面，自己又沉迷其中，无法自拔，虽然大部分人除了看新闻和炒股外，大概也不做其他。或许正因为自己所接触的网络，仅此而已，除了消磨时光之外，别无他用，所以才尽力想让孩子避免步自己后尘吧？

他律之下，永远无法培养出自律，只有在自律之中才能培养自律，要让孩子学会利用网络，而不是被网络所缠绕，就必须还给孩子网络这片天。在网络信息如此发达的时代，打通语文课堂与世界的连接，走进历史、关注当下以及面向未来，恐怕没有比网络更方便、更快捷、更多元、更开放、更海量的媒介了，而因为这些因素，网络也最能够锻炼一个人的鉴别力、理解力、决断力、思考力和意志力。语文的课程特点，决定了它需要思接千载、目极八方，在目标明确的前提下，搜集整合网络资源，爬罗剔抉，刮垢磨光，锤炼出来的，不仅是思维的硕果，还有心智的成熟、人格的健全。

2009年6月5日，一个名叫何丹笛的孩子，这样述说她藉由网络了解了世界后的感受：

别人的快乐、别人的痛苦时不时地浮现在眼前。原以为地震只是四川人的灾难，原以为三鹿奶粉只是婴儿的毒品，可现在，它们一齐出现在我的天空中，让我再不能像以往，清晰地分辨出哪儿是我的天空，哪儿又是他们的天空。我感受到别人的痛苦，面对灾难，我也不敢再说，这只是他们的灾难，与我无关。我们的快乐和痛苦连成了一片。我不仅仅只关注自己，同时也在体会别人的生活。"有人在世上某处死，无缘无故在某处死，看着我。"我想，这大概就是我们的关系吧。也许，天空本来就是一体的，被分割的只是单个的心灵，单个的世界。因为这一整个天空，我们才不孤独，看到别人的生活，也抚摸自己的生活。天空是我的，同时也是别人的。我们只有一个天空，我们息息相关。

一个人真正的强大，绝不是因为他有强力，去仇恨，去拒绝，去破坏。恰恰相反，是因为他有柔弱温暖的一颗心，去热爱，去期待，去梦想，去创造。不管世界给了我们什么，我们的心里都要又温暖又坚强，多么艰难都会挺过去的。其实也没有多么伟大，挺住就是一切，用温暖和信心去挺住，并与生活达成和解。哪怕是在无边的黑夜的海上，只要在心里还收藏着阳光，依然可以拿出来取暖照亮。只有努力去爱，真诚地去爱，勇敢地去创造，世界才能回馈我们以温暖和丰富。

经常会有同事说，我学生的作文一眼就能看出来，因为他们的作文没有程式化，没有假大空的套话，也没有浮华奢靡的词藻，有的是个性，是真情实感和真知灼见。我便会很自豪地笑笑说："我就是一直致力于保护并发展他们的个性，让每一个学生都长得像他们自己啊！"有的老师，以学生长得越来越像他而觉得成功，而我，是以学生长得越来越像他们自己而欣慰喜悦，作为教师，全部的幸福即在于此。

读书，看电影，观察生活，关注他人，探寻自身的职责，对他们而言，这已经成为一种生活自觉。世界，对他们是打开的，他们，对世界是充满热情的。热爱并思考，创造并执着。他们深知，我们所热爱的世界，就是这样的一个世界——不只是有温馨美好的一面，令人感动陶醉，也同时充满了欺诈、丑陋、野蛮，令人痛苦愤怒……我们就是爱着这样的世界，我们生在其中，唯有了解它的真相，我们才能用热爱，用智慧，用勇敢，努力使它变得更美好一点，而不是相反。

学生钱梦怡这样写道："其实我是渴望知道真相的，我想看清楚它们，就像老师说的，我们要爱真相，要有孩子一般的天真快乐，但不要像孩子那样无知。"

每每与这些孩子们交流，我都会对自己从事的工作，更多一分虔诚。

四、开一扇窗，向世界

从 2007 年开始，我将电影教学与语文课堂紧密结合了起来。

看什么？以教材为结合点，有机联系时事，构建主题单元。怎么看？每个月至少看一部经典故事片，一部纪录短片。

一朵具体的花，胜过千万句描述她的真理，举例说明吧。

在学习鲁迅的《春末闲谈》时，恰好学校纪念南京大屠杀而组织学生观看了《南京！南京！》，我于是给孩子们播放了姜文的《鬼子来了》与之互成镜像。如果《南京！南京！》让孩子们动容乃至惊悚，那么《鬼子来了》则一开始笑声不断，到最后，鸦雀无声，片子结束后，都静静坐在那里，沉默不语——孩子们的心灵受到了极大的震撼。对鲁迅先生《春末闲谈》中"假使没有了头颅，却还能做服役和战争的机械，世上的情形就何等地醒目呵！"的感慨，也愈加痛感深刻。

当学习《肖邦的故园》时，学生发现自己的音乐素养匮乏到连文章都无法品味，终于意识到自己除了会哼唱流行歌曲，原来对于音乐一无所知。我就给他们播放了 2005 年法国金球奖最佳电影《放牛班的春天》，通过音乐教师马修与那个被唤作"塘底"的寄宿学校的诸多问题儿童之间与音乐的故事，孩子们更进一步发现了音乐的魅力，发现了音乐之于生活的重要意义。

学习马丁·路德·金的《我有一个梦想》时，适逢美国总统奥巴马竞选成功，于是，先播放了他的当选演讲短片，然后又播放了第78届奥斯卡金像奖最佳影片《撞车》(*Crash*)。故事发生在洛杉矶，从一起撞车事件出发，回顾了与这件事或有关或无关的人们几十个小时里的生活。这些人里有富庶的白人，也有贫穷的黑人，还有中国人、阿拉伯人……影片让孩子们对于种族、融合、人性、生活、命运等诸多问题，触目惊心，感慨深系。

2009年6月，适值纪念"5·12"汶川地震一周年之际，跟孩子们一起观看第81届奥斯卡金像奖最佳外语片——日本电影《入殓师》。影片从一名入殓师新手、原大提琴手小林大悟的视角，观察各种死亡，凝视围绕在逝者周围的人，表达了对生命的尊重，对死亡的敬意，对生活的无限深情：每个人都会成为送别之人和被送别之人。它诉说着骨肉之情、夫妻之爱、朋友之义以及对生活的热爱，在沉郁深缓的大提琴中，笑声泪影与凝思相伴，孩子们的心灵得到了又一次净化。

理解战争的残酷，对人的无情伤害，莫如一看韩国影片《太极旗飘扬》；领悟自我救赎的真谛，可看第66届奥斯卡金像奖最佳影片《辛德勒的名单》；面对体制化，寻求拯救与超越，《肖申克的救赎》必看不可；体认生活之现状，纪录片《高三》、德国影片《浪潮》、1991恺撒奖最佳外语片《春风化雨》不可不看；围绕生存与环境，爱与家园，自由与责任，可以将日本的纪录片《垃圾去大陆 中国的炼金术》和第81届奥斯卡金像奖最佳动画长片《瓦力》一起观看；由自我走向他人，关注社会现实生活，那就看一看贾樟柯的《三峡好人》、李杨的《盲山》、杨紫烨的纪录片《颍州的孩子》、NHK（日本国家电视台）精心打造的系列电视纪录片《激流中国》里的《富人与农民工》……

一部杰出的电影，对孩子精神心灵的成长，丝毫不亚于一本经典著作。甚至，对大部分孩子而言，效果更显著，因为它更集中，更鲜明，更迅猛激烈地撞击人的心灵。

尤其是国外经典影片（比如奥斯卡金像奖影片），对人性的把握与剖析，对生活的热爱与思考，无论是镜头语言的表现力，还是人文精神的体现，无论是终极关怀，还是现实关注，从编剧到表演，从影像到音乐，无不是精神与视听的盛宴。孩子们浸淫其间，濡染熏陶，品鉴提升之外，精神日益澄明，智性亦被唤醒。那是因为，每一次观影前，必然有课堂上的蓄势铺垫、激情引思，观影之后，还有一场思想的交锋，质疑问难，探讨交流，然后形诸文字，彼此融通。一部部影片与文本结合，与现实接轨，与心灵接壤，促进年轻的生命蓬勃生长：

> 老师，您是否看到，电影结束后，学生都站起来向外走。事实上，那时，电影的音乐还在继续。而只有我们班这边，没有一个人离开。没有人组织，我们只是默默地坐着，等着。我想，这便是尊重。
>
> 其实，我想说，这是您教会我们的。
>
> 您常让我们看电影。我一直就会观察影片结束后您的表情和同学们的反应。我觉得起初您是失望的，因为我记得一开始看的几部影片，无论什么题材，无论悲伤或喜悦，我们总是在影片播放结尾音乐时乒乒乓乓搬椅子。那时，我们不知道去体悟一部电影，不知道尊重。后来，我们慢慢懂得了。因为每次您都是静静地站在那里或者坐在那里，一言不发，直到电影最后的字幕播放结束。
>
> 尤其是上一次看《入殓师》，影片结束时，没有一个人移动，没有发出一点声音，我们安静地坐着。我们该是懂了。实际上，从这学期以来，我就感觉到了大家的变化，也看到了您几次欣慰的表情。老师，谢谢您，您用文明教给我们文明，您用耐心等待我们成长。

这段文字，记录了当时学校组织他们看《南京！南京！》时的情景。写下这文字的刘凯，如今已读大学，仍会不时跟我交流观影的感受。

同样已在大学读书的陶家骏，也曾这样深情地回忆：

> 依旧记得，每次观看影片，你都是那句开场白：关门锁窗拉窗帘。总让我悲壮地以为你要造原子弹。我们都是上帝的孩子，我们都在用自己的双手、用自己的大脑去装扮这个世界，也许渺小的我们不能像盘古那样改天换地，但是正如你说的：许许多多我们，就可以去推动这个社会改变，推动这个世界改变，为我们的后代们，为我们最可爱的孩子们创造美好的生活。
>
> 当我写下这些文字，脑中全是你笑着指点我的影子，满满都是关爱，竟没有恨铁不成钢，其实你并不想我成钢，铁有什么不好，可以感受爱的温度。
>
> 夜深了，在灯光下写着，想着老师现在在做什么呢？该是陪女儿呼呼大睡吧，很羡慕她有这么善良的妈妈，她长大了也会像老师一样影响许许多多的人，一样懂得爱惜自己，爱护别人。
>
> 你目送我们远行的背影，或许，我们还将重逢。

五、守一份拙，给精神

做一个教书育人的教师，是幸福的。

从1993年8月登上讲台，到2010年，我已做了17年语文教师。当初那个对教育满腔热爱却很不安的小姑娘，已经成了一个12岁女孩儿的母亲。17年间，从冀中的山区到县城，再越过长江到江苏，在苏南的小城张家港打拼三年，又来到了苏州工业园区的星海实验中学。

17年，上下求索，实践，反思，追问，探究，对我所钟爱的语文教学，从未懈怠。

在教学理念上,不断追索,逐步返璞归真,先后提出"十六字方针"(激发兴趣、活跃思维、加深素养、提高能力)、"一少四多"(少做一些题、多读一些书、多思考一些问题、多写一些文章、多锻炼一些能力)、"三个结合"(阅读、鉴赏、写作三结合)和"一个原点"(回归原点——教育、生活、人本身)的观点;在课堂操作模式上,不断突破过去,超越自我,先后探索了"语文实践活动""专题探究分析""网络影视平台""文本案例研讨"等各种形式,并确立了自己的语文课堂教学设计原则(理性、人性和主体性)。

17年,体制内外,大江南北,对教育的理解,日益全面,对她的热爱,与日俱增。

飘零转徙于生活之中,我总是不断地告诫自己:我所做的一切都是为了追寻一种状态,一种自我的满足感和幸福感,不要害怕什么,这世上可供害怕的事太多了,你是害怕不完的。一想到生活的胁迫,就自动缴械投降,并且,会懦懦而有理地,圆睁着无辜的眼睛反问:你不信倒要试试看,他们的力气好大啊!这是多么卑贱的一种生活态度啊。生活的主动权应该掌握在自己手中,未来的生活,对于每个人都有多种可能。因为不完美我们才要追求完美,追求完美,先要接受其残缺与丑陋——哪个可能的生活是你最能够接受坚持走下去的,考虑好了,就去追求吧。

作为一个教师,在真正的教育和应试所需要的分数之间,必须找到一个连接点。有间之中天地宽,得乎法者味其甘,守住自己精神的净土,应有不急之务,必有不得之失,须知去就之分,乃可获得自由。与其说教育者应该去培育一个怎样的人,毋宁说教育者应该追求自己做一个怎样的人。

教育,必须根植于实际的土壤,耐心地期待生长,而绝不能为功利的目的,"拼死拼活拼分数"!教育,必须深厚有担当,沉淀咀嚼,挺起脊梁,对一个国家、一个民族的痼疾,不盲视、不忘却、不讳疾忌医,对整个世界的悲苦与灾难,不转身、不闭眼、不虚与委蛇;教育,必须充满生命力，活泼热情、充满挑战，离不开交锋而能求同存异，她绝不会高举"非我族类，其心必异，虽远必诛"的大纛不遗余力地去攻击所谓异端。宽容、平等、民主、自由、尊重、美好、热爱与创造，这些都是教育必不可少的元素；教育，必须是真实的、有勇气的，她必须能够连接教师和学生的心灵与思想，她必须能够启开教师和学生的情感与智慧，她必须能够让师生在人的平等的层面上真正地达到"教学相长"！

这，就是我所理解并热爱的教育。我深信，坚忍、执着并且热爱、创造，总能做得更多、走得更远、生活得更快乐。

（2010年12月14日14点29分）

我认出风暴而平静如海

预　感
里尔克

我像一面旗帜被空旷包围，
我感到阵阵来风，我必须承受；
下面的一切还没有动静：
门轻关，烟囱无声；
窗不动，尘土还很重。

我认出风暴而激动如大海，
我舒展开来又卷缩回去，
我挣脱自身，独自
置身于伟大的风暴中。

（北岛　译）

凌晨醒来，里尔克的《预感》袭来，我突然得到这个题目：
我认出风暴而平静如海。
不是激动，是平静。激动过后的平静。
2003年11月17日夜10点的灯下，我曾经这样对自己说：

　　猴年马上就要到了，日历又将更换崭新的一本，我的人生的日历就要以"三"开头了。"三十而立"，我将立于何方？我将以何种姿势站立于天地之间？我将如何行走30岁以后的人生之路？

如今，距离这个扪心自问的日子，又过去了近10年。

一、回首向来潇洒处：我舒展开来又卷缩回去

从1993年8月登上讲台，到2012年9月暑假开学，我即将开始做教师的第20个年头。

此时此刻，我仍能清晰地回忆起第一次去学校报到时的情景。

骑着单车，穿越三十里地，山路两旁，是茂盛的庄稼地，浓郁的玉米结着饱满的果实，炎炎夏日中，骄傲地向行人展示自己的丰姿；知了不停地歌唱着，一声紧似一声，仿佛要抓住生命中最后的光阴，唱尽全部热情；古老的校园里，泡桐宽大的叶子，遮荫了一条甬路，树与树之间，月季绽放，热烈缤纷。羞涩的我，心怀忐忑，迈进了学校接待室，与校长、书记第一次会见……

2003年，回顾自己从教十年的经历，我曾如此痛苦：

> ……而今，面对连年被留守在高三的困境，面对周遭弥漫着的高考的硝烟和血腥味道，我虽然依然在课堂上笑靥如花、泰然自若，坚持着我"少做一些题""多读一些书""多思考一些问题""多写一些文章""多锻炼一些能力"的"一少四多"原则，但是我也十分清醒地认识到，像我这样自讨苦吃、费力不讨好、生活在梦想中、不肯实际一点的人实在是太少了，而且，我决不是一个振臂一呼应者云集的英雄，我的课依然有人听，我们依然有着集体的备课和研讨，然而，那仅局限于应对高考，至于"和学生一起探究理想""倾听学生的烦恼报告""组织文学大师的专题研究""采访父母并为父母写传记进行亲情教育"等这些高考之外的耗时耗力的种种举措，却任我如何鼓吹，真的没有人乐意参与其中！我并不想孤立于群体之外，主动介绍，提

供资料，约请嘉宾，我真心希望能够有更多的人，和我一起探究这高考以外的我们的教育、我们的语文啊！

同样是2003年，在语文课堂上，我组织高三的学生举行"家校联系亲情采访活动"，在给家长的公开信里，我这样写道："教育的目的是什么？学习文化是为了什么？我以为，就是为了更好地生活，为了创造幸福的生活，为自己，也为他人……我们的孩子，一定要做个善良的、有责任心的、知道感恩的、大写的'人'！"

2005年，我对《中国教师报》的记者说：

以前我是为了成绩、为了争气而敬业爱生，现在我是因为教育本身、生活本身、人本身而主动选择热爱与坚持；以前我觉得我很了不起，希望出类拔萃超过所有人，现在我觉得我只是必须如此，我也希望更多的教育者能够努力回归教育、回归生活、回归人本身。

2007年，我跋涉千里，从河北转徙到江苏，在苏南的一座小城，对一群素不相识的新同事说：

前方的路途中，风雨相伴，我深知会有艰难困苦乃至失望挫折打击困惑迷途……但是，既然做出了决定，就一路勇敢地走下去，有担当，有毅力，不怨天尤人，不自暴自弃。教育是我的理想，我愿意落地生根，按照自己的理想去生活，平静自足，拥有属于我自己的那个课堂，过我想要的那种生活，这就足够了。因为我相信，前方的路上，我并不孤独。

2009年，我带着高三两个班的语文。周一包括早读，5节课；周二包括晚值班，6节课；周三加上早读和教研活动，要8节课；只有周四少，加上晚读是 3 节课；周五加上早读是 5 节课；周六还有 4 节课……

我问我自己：

在教育之路上，我还能走多远？我是个普通的人，普通得不能再普通的女子，我有自己的父母、孩子和朋友，我有自己的梦想、生活和爱好。本来，选择了我所热爱的工作，这几乎可以说是一种很幸福的生活，然而，是什么让我如此疲惫？是什么让我如此厌倦？可是，无论如何，只要我还在教育的天地之中，我就必须坚持我自己的信念，不管多么困苦，不管有多少非议和不解，不管有多少打击和痛苦，我都不会放弃！我历尽艰辛发现了教育的责任与意义，并体验到了她的美好与神圣，我怎么能够背弃我自己？

是的，教师这个职业，是我自己的选择，教育是我的热爱，真心之爱。

扪心自问，19 年来，我从来没有改变过对教育的爱，也几乎从来没有中断过，因这热爱而生的痛苦。

直到，2010 年 8 月，我来到了苏州星海实验中学。

2012 年 1 月，我这样回答《新京报》记者提出的"你对自己语文课的期待是什么"这个问题：

立足语文来关注历史和现实，使语文课有温度又有重量，有情怀又有语文的特色。在当下，语文或许不得不承担很多，但是，也不能认为语文可以承担一切。要认识到一个语文教师以及一门语文课的局限性。我希望语文是向着温暖与光明的。温暖，就是要有爱，有人性，有乐趣，有成长——其实，不止语文课应该如此。明亮，就是要有理智，有希望，有生活，有力量，有担当——其实，也不止语文课应该如此。

二、记得自己从哪里来，才能更好地知道自己向哪里去

人生，就是一个不断自我修正的过程，前进的路途上，面对每每不愿如所料而恰如所料而来的挫折失败，谁能够冷静地深刻地做出理性的反思，谁就能从挫折的风暴中再次扬起笑脸，谁就能从失败的大海上捞起明亮的朝阳。

1993 年 6 月，我从师范毕业。那是一段灰色的日子，由于家境拮据，县教育局也拒绝担保，我放弃了保送师大的机会，极不情愿地告别了学生时代。我想，五年、十年、二十年之后，我一定可以打拼出闪亮的自己。

那一年，我 19 岁。

1994 年，县里举办第二届高中中青年教师做课赛，刚参加工作的我获得了语文学科第一名，而且是唯一的一个非重点高中的第一名。

1996 年暑假，县一中扩轨，选调优秀教师，局里免予试讲，让我直接到一中去。我却拒绝了。我舍不得这些学生，高三了，我还要继续打拼，我想一鸣惊人。同时，作为母校毕业的学生，作为学校的骨干教师，我也知道母校此时却正需要我。为了让自己的选择无悔，我更加拼命地工作，甚至中断了自学考试。

一年后，我明白了什么叫事与愿违！高考成绩依然故往，没有一鸣惊人，而对我来说，这就意味着失败！

最让我痛苦的是，在那种情况下，几乎所有的人都在抱怨学生，抱怨学校，自省自察的我，显得那么匪夷所思。我真正地切实地体会到了什么是孤独，也在那时，第一次，冒出了一个念头：我的失败，是不是真的与环境有关？我真的有些害怕了，是不是时间久了，我也会这样打发日子、对付工作、应付学生、遗失理想了呢？

于是，我义无返顾地离开了，我要到一所新建的学校去创业，那里有

我的希望，我的理想，我的语文教育之梦。

1999年，25岁的我，来到了一所新建高中——河北徐水综合高中。作为语文教研组长、年级组语文备课组长，我大刀阔斧，进行课堂教学改革。随之，发生了"传统老师"的故事，这个故事，以及随之而来的进一步深化改革的努力，所取得的成绩和接踵而至的新的困惑，在前面《雪泥微痕——十年磨剑录》一文中均有详细讲述。

其时，我的愿望很简单，只希望自己能够从高一带到高三，和志同道合的一帮人，安心踏实地做教书育人的工作，如此往复直至终了。但是，这个愿望竟很奢侈。

于是，就有了2003年11月17日夜灯下的自问自答。

于是，就有了2004年努力要求的再走高一从头再来的那夹杂着孤独和欢乐的一年。

于是，就有了2005年以后再次无奈上到复读班之后的那一次次跋涉摸索和痛苦惶惑。

于是，就有了2007年7月的下定决心离开河北，出走江南，到异地去重新开拓！

……

到了2012年，19年过去了，对教育的热爱，是否依然？对教育的信念，是否明晰？在教育之路上，我还能走多远？

三、挺住就是一切并与生活达成和解

没什么大不了的
挺住就是一切并与生活达成和解
爱那一切，命运之神送给你的
都是奖赏

> 有什么不容易的
> 挺住就是一切并与生活达成和解
> 接受那一切，砸在你头顶的
> 虽然不都是馅饼
>
> 说什么怕不怕的
> 挺住就是一切并与生活达成和解
> 融化那一切，万箭攒射你防不胜防
> 而又，何须防呢
>
> 我认出风暴而平静如海
> 因为
> 挺住就是一切并与生活达成和解

这首小诗，写于2010年9月20日，其时，我已经在苏州工业园区星海实验中学工作一月。

2002年，我曾经回答一个记者朋友的问卷，他有一个问题：你接下来的目标是什么？

我当时说了四个目标。第一个目标是，我特别希望自己能够继续上学。我希望自己能读硕士、读博士，然后出国留学——甚至十年前我还在想这些，我当时说要到大学里去上学，好好地再深造一下。我很喜欢读书，但是我觉得这是最难实现的。这是我当时的第一个目标，一直到现在也没有实现，恐怕以后也没有机会了。第二个目标是，我希望能够把我在语文教学方面的实践和改革继续坚持下去，能够不断地坚持下去，不管有什么阻力都能够坚持下去，然后形成自己的一套风格。第三个目标是，我希望能到南方去，到南方教育比较发达的地区去，了解那个地方，了解他们是怎么做教育的，等有能力之后，我再回来尽我的努力推动家乡的教育,让她发生一些改变。第四个目标是,我希望能够有属于我自己的时间,去写我自己真正想写的东西,这是我自己人生的一个追求。

10年过去了,再次回首,很是感慨。

10年过去了,在语文教学方面,我10年前所订的目标,初步实现了。

2012年,我在南方差不多有五年了。对于我所希望的能回去推动家乡的教育,五年中,我确实在努力,我曾经游说我们家乡的教育局组织人到南方来学习,到小学、中学去学习,我也曾几次回去给省里的初中老师、高中老师讲怎么让学生读书,怎么不那么非常非常野蛮地去做教育。

有时间写一些自己想写的东西,现在好像也正在实现,我现在有几个写作计划,基本上属于这方面的计划——除了语文教学本身的写作计划,还有其他。一是我想写一部长篇小说,写一个北方农村的60年的变化,基本上开头的第一章已经写出来了,完全用纪实的方式,但是什么时候能把它写完还没有定下来。再比如我想写一本书,写什么呢?因为到2013年我就教书20年了,这20年,第一届、第二届的学生是"70后"的,接下来的学生是"80后"的,然后现在是"90后"的——我已经教了三代人了;再往后十年我会教到"00后"的。我就想写一本书,以我现在的课堂为切入点,表现20世纪70年代到80年代、90年代,我们这三代人跟着这社会的变化,以一个老师的课堂还有三代学生的生活来表现……

就这样,我用了19年的时间,确立了自己的语文课堂教学设计原则(理性、人性和主体性),阅读、写作、鉴赏三结合,语文实践活动,网络影视开发,文本案例研讨,专题探究分析……对于我的语文课堂,我越来越有底气和信心。我整合了自己的语文课堂,以语文实践活动课为活动轴,以阅读写作鉴赏为轴心,以网络影视开发、文本案例研讨和专题探究分析为辐射线,我的语文课堂旋转成一个丰富厚实而又开放自由充满力量的粒子场，不断地吸纳融合，不断地更新创造，向着明亮温暖与开阔，优美地前进，欢快地生长。

学生陈恺曾这样说道：

> 人一生中会遇到许多老师。但绝大多数只是教我们知识，而很少有老师教育我们怎样对待生活、感情，怎样从另一个角度看待问题……从而锻炼我们的思维，培养我们独立思考问题的能力。虽然这样的老师很少，但是，一辈子遇上这样一个老师也是幸福的。

其实，做一个教书育人的教师，也是幸福的。

一个好的教师，需要的不仅仅是爱心，还需要智慧，需要技巧，需要学养，需要专业素质，更需要不断学习的能力，持续反省的能力，不断完善成长的能力。首先，是教育。你所教授的科目，是你借以施行教育的途径，它不是教育本身。首先，是成长。你所面对的孩子，是与你共同成长的可能性，他们并不属于你。

我不认为人生的哪一个阶段是用来为下一个阶段做准备的，人生的任何一个阶段都是不可复制的，那个阶段该享受的东西，如果不享受，过去之后，就再也不会得到了。无论是自己的孩子还是学生，都要尽力让他们在快乐、自由、民主的氛围里学习，体验到学习的快乐，体验到自己成长超越的乐趣，而不是为了一个具体的分数。很多东西，分数是不能衡量的。虽然我们必须面对分数，但是不能让自己，让孩子们，都成为分数的奴隶，被分数控制，而是要主动地掌握自己。孙子曰："善战者致敌而不致于敌。"

课堂的结束，才是思考的开始。培养学生的独立人格和自由思想，必须是教育的目的之一，"教育不是为将来的某一种生活做准备"，学习的过程，本身就是一种生活体验。教育应该是要让孩子们当作一个美好的礼物来享受的，而不是一种折磨。最重要的是，不要为自己的不作为或者作恶，寻找各种不靠谱的借口。直接面对自己的心灵，你喜欢这份工作吗？如果不喜欢，为什么不放弃？如果喜欢，那么，你为之都做了什么？是否，你除了抱怨，一直都无所作为，除了指责，一直都在努力把自己变成自己的反面？

　　与其说教育者应该去培育一个怎样的人，毋宁说教育者应该追求自己做一个怎样的人。这，就是我所钟爱的教育。这，就是我的教育信念。

　　在19年的从教生涯中，从1993年那个充满生机与活力的盛夏之日开始，我一路追寻着她，发现了她，坚持着她，矢志不渝、无怨无悔，尽自己最大的努力，做一个追求一致的人，自己的思想观念和自己的言行，要保持一致，努力抵制人格分裂。因为，在我们这个教育行业里，人格分裂的人实在是太多了。

　　所以，我鼓励自己：挺住就是一切并与生活达成和解。

（2012年5月1日16点08分）

一棵树栽在溪水旁

一

艳丽是虚假的,美容是虚浮的,
……
愿她享受操作所得的;
愿她的工作,在城门口荣耀她。

(《箴言》31:30,31:31)

我对教育,满心热爱;我对教书,虔诚敬畏。

耕种有时,收获有时,到2014年,第22年的教师生涯,马上开启,我不敢说我能记得所有我教过的学生,我却敢说所有我教过的学生,他们都会铭记我。

摩挲着我的两本书:《不拘一格教语文》和《重建师生关系》,我的心中,感慨万千。

它们是我呕心沥血所写。且不说写作过程中,字斟句酌,修改几十遍。单是回溯这两本书的历史,也足以证明我的虔敬。

2007年8月,应吴礼明兄之邀,我写成了一本书稿,名为"向着那温暖与明亮",分教学与教育两个板块,兼述个人之成长。时吴老师负责组稿,预备我和他,与其他几位老师,出一套丛书。待诸位书稿都告完成,出版时间却拖延了下来。此后数年,也有一些编辑与我联络过出版事宜。但是,自2007年9月离开北方,到了苏南之后,我发现,我需要停下脚步,书稿必须在我重新上路,经行一段时间,真正地具备了将凡此种种做个总结的能力之后,再做完善,才可以面世。

本着对自己负责（这是必须的）也对这个世界负责（相当地狂妄啊）的态度，在全新的环境下（新学校，新教材，新考纲），经过3年实践，我在阅读教学、电影课教学、写作教学以及公民教育和对自我的认知等诸多方面，都较之前，有了新的突破。2010年9月，我到了苏州，又是一个新环境，教材与考纲于我已经是第二轮打磨。我知道，是时候了。

于是，一边打磨课堂，一边着手修改。首先将书稿的两个板块分开，教学部分，即为《不拘一格教语文》底稿，教育部分，即为《重建师生关系》底稿（叙述个人成长的有关内容，也剔除出来，在此基础上，预备重写，暂未成书）。

一年时间，实践中反思，反思中调整，在实践反思调整的过程中，我认出风暴而平静如海，过去种种随之变得脉络清晰，思想认知随之变得平缓深挚，到2011年下半年，《不拘一格教语文》定稿了，2012年1月出版，即引起广泛注意，《新京报》《中国青年报》《中国教育报》等先后做了专题报道，《中国新闻周刊》《教育家》《江苏教育》《语文教学通讯》等杂志也都进行了重点采写，新浪、搜狐等网站纷纷转载，各类媒体相继追踪报道。接下来，《重建师生关系》一书的完成，也就顺理成章。

这两本书的写作，不是一时冲动所致，更没有滥竽充数的意图。写书的准备，也不能仅仅上溯到2007年的那个8月。实在是，从我走上讲台的那一天起（应该从实习时算起，至今，我还保留着我所写的薄薄的一本《实习日记》），我便有这样的愿望。所以，才会在十几年间，累积素材，记录点滴，实践反思，阅读写作，交流学习，不断成长。

两本书合起来，是我将近20年的教书育人生活的一个见证。

就像李宗盛在《山丘》中所唱："想说却还没说的/还很多/攒着是因为/想写成歌/让人轻轻地唱着/淡淡地记着/就算终于忘了/也值了/说不定我一生涓滴意念/侥幸汇成河。"

二

> 早晨要撒你的种，晚上也不要歇你的手，
> 因为你不知道哪一样发旺；
> 或是早撒的，或是晚撒的，或是两样都好。
>
> （《传道书》11:6）

做教师，是我的诸多理想之一。

其他，诸如演员、记者、编辑、主持人、播音员、心理咨询师等，在我做教师的头十几年，还会时不时地冒出来，让我心如撞鹿。慢慢地，我发现并确认，做教师，往往需要兼具从事以上几种职业的素质，难度系数更高，更有挑战性，当然，也许是教师做得久了，老马恋栈，逐渐丧失了转换跑道的勇气，便如此安慰自己。对于一个安土重迁的河北人来说，7年中，我之挈女拖家，渡苏南，数度辗转于私立公立学校，勇毅已极，不可复增。

好吧，其实，我是想说：做教师，远非我最真的梦想。

我最真的梦想，是成为一个作家。一个伟大的，女作家！一个真正的，伟大的，女作家！

不是以写作来谋取眼前所见的名与利，不是写哗众取宠、媚俗迎合、转瞬即逝的美文、宫戏和时评，而是写足以震撼心灵的诗歌、戏剧和小说，写出可以藏之名山、传之其人的、具有彪炳人类历史长河的不朽力量的杰作。

读到这里，你应该知道，这个梦想该有多么难以实现，以及我是完全没有可能实现了。

然而，这并不能阻止我心怀如此骄傲的梦想。做教师，对于想写出杰作、想做伟大的诗人作家戏剧家的我而言，就像是为了吃饭穿衣过日子而离开了自己的初恋情人、嫁作商人妇一样，诸如演员、记者、编辑、主持人、播音员、心理咨询师等的念想，不过是一种不满于现状而幻想私奔、

及时行乐的一时兴起，真正吸引着我的，牵着我的心肺，让我醒也思，梦也想，呼吸都会疼痛的，是写作。

且慢！

你不是已经出书了么？

你的书不是口碑很好、影响不错、颇受欢迎、连续重印了吗？

你看你，第一本书《不拘一格教语文》，2012年1月出版，先后入选中国教育报"2012年度教师喜爱的100本书"、中国教育新闻网"2012年度影响教师的100本书"；第二本书《重建师生关系》，2012年10月出版，先入选2012"新京报年度好书"评选教育类10本好书，又再度入选中国教育新闻网"2013年度影响教师的100本书"；你的这两本书，先后入选中国教育新闻网读书频道全国教师暑期阅读推荐书目。

你不是还有很多想写要写正在写的书吗？你看看你电脑里，不是有好几本书名字都取好了，你建了文件夹，收集了素材，甚至，几本书都已经开了头？而且，你也并不需要担心出版以及市场等问题。

你，不是已经实现了你的梦想了吗？你为何还疼痛？

是啊，虽然是教师，我却也在写作。我为何还疼痛？

第一本书《不拘一格教语文》将完稿时，我常常想起奥威尔。在他的《动物农场》出版之初，奥威尔在伦敦，忙着去一间间书店，将其从儿童读物搬到成年人读物那边。想到我的书也将放到书店里去，心里美滋滋，我真恨不能有人不能准确分类，而给我一个去书店搬书的机会。书出版以后，更是关注每一个读者的反馈，在新浪微博、博客和空间里，大张旗鼓地推荐，想必那时，惹得很多人厌烦。如今回想，倒也无惭怍，那种好像孩子一样的喜悦乃至癫狂，并无造作，实属人之常情。而且，因为有了这种经历，每当我看到一个人，在网上推荐自己或者朋友的书籍文章，便会心一笑，评论转发。因为，我知道这其中的辛苦甘甜与幸福骄傲。

可是，从 2013 年至今，我没有再写过一本书。有过很多次想写的欲望，也都克制住，连文章，都写得很少，约稿，除非特别想写的，要么拒绝，要么拖欠。教育写作，带给了我荣耀和成长，我对此心怀感激。与此同时，也带给了我困惑和痛苦，因为，我衷心所愿望的，不是教师中的写作者，也不是写作者中的教师，而是一个名副其实的写作者。对于一个热爱写作的人来说，我所写的书，这所谓教育写作，很像是我十几年的工作总结，是一种应用之作。并非没有价值，但极为有限，并非没有喜悦，也极为有限。

葡萄牙诗人、作家费尔南多·佩索阿说，"写下就是永恒"。他还说，在很大程度上，他是自己写下的散文。在《会计的诗歌和文学》中，他写道："也许，永远当一个会计就是我的命运，而诗歌和文学纯粹是我头上停落一时的蝴蝶，仅仅是用它们的非凡美丽来衬托我自己的荒谬可笑。"这是多么令我泫然的语句！

我多么想完成我那一部酝酿已有 10 年并且已经写了两章的关于乡村变迁的长篇小说啊！我多么想完成我构想了两年的那本体现中国三代人的教育生活的长篇小说啊！我多么想创作戏剧，我多么想继续写诗，写爱情诗，写史诗，写长诗，写短诗，写古体诗，写十四行诗……

我常常会诘问自己："为什么自己喜欢做的事情，非要等退休之后再去做呢，从现在开始，不可以吗？我怕什么呢？"

我常常会反省自己："我承认，我不够勇敢，也不够有才华，所以才不得不如此受着。"

我常常会激励自己："人这一生，总要辞一下职吧？"

我虽然疼痛，但我并不害怕这疼痛，也不会被这疼痛吞噬掉生命的热情。因为疼痛感，其实，来自生命的活力与激情。正如米兰·昆德拉在《生命不可承受之轻》中所写的那样："我们常常痛感生活的艰辛与沉重……'平凡'一时间成了人们最真切的渴望。但是，我们却在不经意间遗漏了另一种恐惧——没有期待、无须付出的平静，其实是在消耗生命的活力与精神。"

准备写作此文，我一遍遍回想自己的前半生，翻看了很多自己写的东西，找到了一篇博文:《一个高中语文老师跟孩子们谈谈心》。这是2012年4月11日，下午13点50分到14点30分这40分钟里，在语文课上，我跟孩子们的谈话，当时随意而谈，用录音笔录下来，于次日整理成文，计一万余字。

  我跟孩子们谈到了我的梦想与理想之别，告诉他们我的理想是当老师，我人生的追求是诗人、作家。并且回溯2002年，答一个记者朋友问卷中的一个问题"你接下来的目标是什么"时，我讲到的四个目标，以及目标的实现情况。

  是的，是的。"看风的必不撒种，望云的必不收割。"(《传道书》11:4)不管命运如何，必须要做好眼前的事，因此，一个想当作家的教师，成为了一个为了更好地教书育人而写作的教师。虽然这种成长，让我欣喜，也让我疼痛，但是，我始终在成长。

  还是奥威尔，这个写出了《动物农场》及《一九八四》的作家，在总结自己的写作时，曾坦承:"过去的全部十年中，我最想做的，就是把政治性写作变成一种艺术。"(《我为何写作》)那么，我，是否也应该接受命运的馈赠，收起自己那略大于整个宇宙的狂妄不羁的心，在今后的几十年生命中，努力把教育性的写作变成一种艺术?

  是否如此，我就可以不再疼痛?

三

> 他要像一棵树栽在溪水旁，
> 按时候结果子，
> 叶子也不枯干。
> 凡他所做的，尽都顺利。
>
> (《诗篇》1:3)

还是在 2012 年 4 月 11 日的那次谈心中,我对孩子们说道:

我了解这个现状,所以我觉得我有这个责任。而且,我们的文化并不是单方面地美。唐诗美不美?——很美!《史记》美不美?——很美!但是,同学们想一想,我们在学的这些东西,我尽量让你们也注意到,这种文化的构成,她也有很多痛苦的东西,她也有很多畸形的东西,而我们每个人就在这种文化中生存……我们还记得庞朴的《传统文化与文化传统》,他在其中讲到,文化有一种集体的无意识,你整个地渗透在这里面的。

我真的希望用我能做到的,我这有限的语文课——高中三年的语文课,让我们每一个同学尽量对我们的文化有一种自觉、一种自省,知道自己在什么文化里成长起来,然后能反过来审视自己的文化,能够知道哪些是美的东西,哪些形成了我的那些观点,比如,我给彭心程讲过的"犬儒"文化,给顾一阳也谈过这个话题,在随笔里交流过。这个"犬儒"文化,在我们历史文化里是很重要的一种文化元素,它为什么会产生,也是有很重要的文化关系、很重要的历史原因的。

包括我们讲李白,不是仅仅讲这课本里面的四首诗,为什么让你看李白 20 岁时写的诗歌,还有李白 60 岁时写的诗歌?把它串在一起,课本上的诗歌是他 40 岁时写的,我们还要学他 50 岁时写的诗歌,把他整个放在一起,去了解他。然后,接下来,我们讲杜甫,拿李白跟杜甫做比较。接下来,中唐的时候,我们还会讲柳宗元,晚唐的时候,还会讲李商隐……把所的有这些放到一起来看,那种感慨是很深的,你会真正看到我们的文化对人的伤害——当然有它成就人的地方,就像我们常说的所谓"艰难困苦玉汝于成",但更多的,就像我们以前讲的周国平的《直面苦难》,这个苦难——中华民族,一说起来就是"多难兴邦",这是非常令人痛恨的一句话——实际上在这个过程中真是摧残了人,那种东西实际上让人想想都是很痛苦的。

所以，我希望同学们在了解这些文化的时候——在语文课上你接触到的是我们的文化，在这个文化的过程中你认识到的是自己，然后去想到你要做一个什么样的人，你为这个社会的整个发展变化可以做些什么，最起码，你可以改变你自己。

为什么要大段地援引这篇博文？

因为，在回望之中，我再一次发现，我已经不能不教书，不能不教语文了！

我像热爱写作一样，热爱教书育人。在20多年的柴米油盐里，我的眼里心里脑海里，已经深深地烙下了教育的印记。写作如初恋，教育是婚姻。"著书多，没有穷尽，读书多，身体疲倦"，我认真对待自己的每一本书的写作，决不为了挣钱而赶稿交差，对于编辑的改动，哪怕是一个标点，都要重新考量，如此虔敬于教育写作，不肯随便唐突，正是我爱上它的证明。

当初，我是怎么确立教师的理想的？是因为我痛感于在自己的成长路上，没有遇到足以改变我命运的老师（在《重建师生关系》一书中，也有所涉及）。那些来自成人的伤害与贻误，使我在最好的年龄里，丧失了成长为自己想要成为的样子的无数个机会。在最好的年龄里，我没有从我的老师那里得到关于读书、写作与成长的教诲与指引。所有那些复杂深刻痛苦的精神与心灵的狂澜：对知识的渴求，对写作的热爱，对爱情的迷惑、恐惧与憧憬，对人类的过去、现在和未来的深切的关怀与好奇，竟无一个成年人可以理解并与之交流。所有那些幽暗曲折、痛苦孤独，全部靠一个孩子独自承担摸索。很快地，一个孩子，便卷入了生活的漩涡，挣扎浮沉，几乎陷没。如果不是在26岁的时候，接触了网络，我真不知道，我将怎样在无法言喻的痛苦纠结中度过这茫茫的人生黑夜，有谁能够擎一把火，照亮我？

如今，人到中年，当我取得了一些世俗所谓的成功之后，孩子长大成熟，开始青春期的叛逆不羁，父母年迈衰老，逐渐步入人生的冬季。我突然发现，过去我以为我理解了的东西，其实只是理解了名词，过去我认为我做的是正确的事情，竟然也有许多是荒唐可笑的……许多的人与事，我需要重新衡量与判断，工作，生活，乃至读书写作，我都需要重新厘清界定。"人怕高处，路上有惊慌。"这真是一句箴言，我必须从容地思考，确定方向，重新上路，而不是急功近利，粗制滥造，更不必激动地反抗权威的责难，甚或积极地抢占话语权，争夺某种领域的所谓一席之地。那些所有外在于我的，误解也好，歪曲也罢，赞誉也好，激励也罢，既不能真正伤害到我，也不能切实补益于我，内在的完整与成长，才是我所应致力之处，生活，并不在别处。

2013年9月，财经作家、诗人苏小和兄，在读过《重建师生关系》一书后，对我说，要追求自己的语言风格。他的话不多，却击中我心。近一年来，我努力学会节制，节制自己对文字的驱遣欲望，理性地克制，克制自己试图呐喊抨击的冲动，我不止一次地思考自己的立身与方向，停住我的笔，而在教书育人的路上，仍然继续前行。

思考，确立存在感；停留，确定方向感；行走，确认生命感。

是的，我的命运使我选择了教书育人为业。而我的梦想，又使我以写作完整我的教育事业。这的确该视作最好的安排。就像我的学生康弘毅所说的："老师，即使你自己不能写出伟大的作品了，但是你却可以教出能够写出伟大作品的学生；即使你的学生都不能写出伟大的作品，但是你仍然可以改变很多人的命运。"

这样的人生，同样是值得活的。

40岁，是个很重要的生命节点。接下来的这几年，我将像一棵栽种在溪水旁的树一样，致力于培养女儿筱寒，扶养父母双亲，并完成对教育教学和教育写作的新突破。按时结果，叶子也不枯干，实现自我的又一次成长。我深信，凡所做的，尽都顺利。

（2014年8月21日16点50分成稿，17点30分改定；
8月24日20点54分再改，于苏州）

第二章 | 读书这么好的事

孩子们，我们一起读"莫言"

一、为什么要读"莫言"

著有 11 部长篇小说、一百余部中短篇小说、多部剧作与散文的莫言先生，最终成为了 2012 年诺贝尔文学奖得主。

此前网上的种种猜疑与争论，再次被加热沸腾。

身为高三语文教师，面对如此典型的社会、文化、文学现象，我是必须要与学生共读"莫言"的。

是的，在我看来，"莫言"已经不是一个人，而是一个符号，莫言获诺贝尔文学奖所引发的争议，所引起的连锁反应，也不是一个孤立的事件，这其中，耐人寻味的东西太多，值得阅读、思考、交流的东西，极为丰富。透过对这些问题的观察、思考与交流，我相信，我和孩子们可以在语文学习的路途上，走得更远，也可以在个人成长的过程中，走得更开阔。

当"莫言"成为一个绕不过的现象，读莫言，说莫言，便是在介入当下的生活，而当下之生活，便是明日之历史。每一个人，都应该作为历史的参与者，而不仅仅是旁观者。

二、如此读"莫言"

第一步：莫言是谁

2012年10月12日语文课上，我跟学生宣布了莫言获诺贝尔文学奖的信息（一部分学生已经知道了），了解了一下学生之前是否读过莫言（读过的极少，知道的不多），然后将莫言获奖前后所引起的争议，各种不同的风议，向学生做了介绍。我重点谈了两点，一是他作为体制内作家的身份，二是关于他的小说语言与内容、创作的特点等方面所引起的不同评价。最后，也简单谈了我的个人看法，并特别强调，这只是我的个人见解，希望同学们自己去阅读了解，观察比较，基于自己对文本的阅读、对事实的了解，从而得出自己的判断。

这个过程，是一个埋引线的过程，激发学生了解莫言其人其事，去阅读莫言之作品，去关注莫言的相关报道。事实证明，效果极好。

经过几天的阅读、了解、感受、思考，进入到了下一个环节：

第二步："我"读莫言

2012年10月15日，我选编了莫言专题阅读之一：主体是莫言散文集《会唱歌的墙》中的短文《虚伪的教育》，然后是三篇评论：《博客天下》杂志刊发的宋石男的评论《莫言：沉默者的胜利》原稿、任铎之的《莫言，〈百年孤独〉里的套中人——回归文学本身看莫言获奖》、石述思的时评《莫言热是个泡沫》；之后，附录了诺贝尔委员会给莫言的颁奖词以及传说中他的获奖作品、长篇小说《蛙》的简介与中西方评论界对此小说的不同评介文字，还遴选了评论员魏英杰、戴建业以及德国汉学家顾彬对莫言及其创作的部分评论文字；最后，推荐了莫言的中短篇小说《透明的红萝卜》《白狗秋千架》以及长篇小说《蛙》。

与这个讲义一起印发的，还有一份介绍西班牙诗人洛尔迦其人其诗的讲义。主打文章是《洛尔迦：在一滴水中，找寻他的声音》，推荐作品是诗集《洛尔迦的诗》《深歌与谣曲》《诗人在纽约》。相关链接，则介绍了1927年对于西班牙文学史的重要意义，还附录了洛尔迦的代表诗作《西班牙宪警谣》和《骑士之歌》，后者，还选取了戴望舒和马岱良、董继平两个不同的翻译版本，让学生比较一下更喜欢哪一个。

首先，这两份讲义貌似没有关联，其实大有深意，但是，我又是分别制作，页眉文字体现出不同：一个是"莫言专题阅读一"，一个是"洛尔迦其人其诗"。一起发下，一起阅读，我希望，孩子们能够自己发现二者的联系与区别，比较阅读，自觉形成，得到收获，更加喜人。事实果然没让我失望。

再者，关于莫言的讲义，选取《虚伪的教育》一文，既贴近学生的生活，并且与所学《唐宋八大家散文选读》中的《柳子厚墓志铭》等文相呼应，有现实意义，也有历史的回响；而宋、任、石三篇评论，分别从人、事、文三个角度切入，且与时下无处不在的追捧喝彩不同，都较为冷静理智，隔开距离来评析；附录文字从中外对比入手，杂取新浪微博时评人的言论，富有新鲜感、生活气息。这样的阅读，会让孩子们静下心来思考、对比，新的认识会伴随着新的困惑一道产生，从而激发更强烈的求知欲，感兴趣的人，自然会再接着去读更多的莫言的作品以及对其人其事其文的评论。从孩子们随后的随笔中，我一如既往地收获了惊喜。

第三步：发现莫言

2012年10月20日，拓展课上，引入多媒体资料。首先给学生读了莫言的短篇小说《白狗秋千架》，这篇小说，我让孩子们10分钟读完，他们说怎么可能，我说10分钟读完你的阅读速度才是合适的，超过15分钟就是慢的了。因为，这不过是一篇小说而已。结果，真有几个10分钟读完了，而大部分15分钟也就读完了。然后看了据此改编的电影《暖》，课后印发其短篇小说《拇指铐》。看完小说，一学生说有些沉重，滋味复杂。在看电影的过程中，各种改编不时引发叫声、议论声，看到最后，他们说原来改编就是改成一个完全不同的故事啊。不同的何止是故事，布置作业去比较鉴赏吧，有比较才能有鉴别，如此则能进一步发现另一个莫言。是的，这个环节也有惊喜，稍后呈现。

第四步：聆听莫言

2012年10月24日，下发"莫言专题阅读二"，主要内容为：《新京报》的报道《莫言家乡拟种万亩红高粱 斥6.7亿打造旅游带》、《南方周末》的访谈《莫言说》、《人民日报》的专访《自己成为莫言热旁观者》等三个大媒体关于莫言的专题采访报道，一起来评议莫言获奖后所引发的系列事件，聆听莫言的心声。

至此，我们的莫言专题阅读暂告一段落，我有理由相信，对莫言其人与事感兴趣的孩子，会接着关注其人其事，留心各种声音，而对莫言的文字感兴趣的孩子，会读他的散文、小说，一篇接一篇，一本接一本……

这，只是一个开端。

三、后生大胆说"莫言"

以下文字，摘自学生读完"莫言专题阅读一"之后所写随笔，为便于读者比较，略作分类：

1. 从《虚伪的教育》中看出

莫言谈论教育，说到教材，说到教育的目的，说到老师，却不谈制度问题，不知是否是刻意回避。高考这一制度在根本上便有问题，从而延伸出老师的问题、教材的问题等，我相信大多数人都可以看出这一点，但有些人不敢说，有些人只敢含蓄地说，有些人看透了、世故了，为不失去其他东西，所以选择莫言。

——女生高悦

就莫言的《虚伪的教育》，他应该是很明确自己处在一个什么样的状态，国人现在正处在什么样的状态，但只是并没有想要打破或改变的意图。他可能更偏向于把自己能安稳地放在这样的环境里，在不殃及自身的情况下展露一下自己的观点。

———女生张新新

莫言有着妥协智慧的生存之道。他说的话，三分假七分真，实在不行，就用一个不知道。他批评语文教材时情虽真挚，但很多地方却圆滑滚过。对社会现实并非虚伪地像某些新闻，他知道，群众不是傻子，太假的话他说不出，但他说的真话是一些已得到人们认可的安全的真话。

———男生顾若阳

2. 对戴着镣铐跳舞的不同态度

不论是杰出的文学创作者，还是科学研究者，他们的童年可以说是最重要的。温和宽容的胡适、斗士性格的鲁迅、纯粹的洛尔迦、怨乡而又怀乡的莫言，莫不如此。而一个人的成长，又与环境密切相关，莫言的活法看似也是最合理的，无限委婉，无限回折，在现实的空气中，戴着镣铐跳舞。

———男生邵元栋

人有自我保护意识，总想让自己安全，不受波及，也正是这种胆小造成了中国当代文学发展的停滞不前。我们需要的或许只是一个声音，一群声音，是笔尖下的那个灵魂，那些灵魂，个人所能做的或许很少，大家合力能做的无可估量。"对艺术，从来都必须付出代价"（洛尔迦）。

———女生徐沁怡

3. 围绕"莫言"说开去

任铎之评价莫言为"《百年孤独》里的套中人"，表现了马尔克斯对莫言的影响之深。恰巧我在《会唱歌的墙》中就发现了这样一篇文章——《说说福克纳老头》，文章很短，概括一下就是"没有福克纳就没有作家莫言"。在文中,莫言写到,他因福克纳而决定"高举'高密东北乡'这面大旗","创建一个文学的共和国"。这之后,每当他犹豫时,福克纳都会"跳出来"鼓励他,文章最后一句是:"我多次注视着这幅照片,感到自己与福克纳息息相通。"阅读这篇文章,我好像看到一个孩子在向父亲表达孺慕之情。福克纳都是如此,就不难理解马尔克斯对莫言的影响之深了。

——男生王晨昊

莫言的文章确实"有胆",在于他敢将这社会剥光了展露在读者面前,可他又同时维持着一种微妙的平衡。他在作品中迂回表达的观点,使这个沉默者得以保全于自己创造的世界中……或许我无法改变些什么,可我不会因无可奈何而将这社会向人们不愿看到的方向推进。

——男生王苏文

我们的文化氛围的缺失,不仅与我们所处的环境有关,更与我们国民自身的素质有关。当《中国好声音》代替了人睡前的阅读,当《甄嬛传》代替了优秀的文学作品,整个社会都趋于一种心浮气躁的状态。莫言红了,所以争相购买他的著作,以充有文化,这难道不是一种自欺欺人的行为?我觉得,当中国再有人获得诺贝尔文学奖时,有更多人说,我认为他的作品有哪些哪些不足,这将是社会的进步。

——男生彭心程

篇幅所限,聊举数例。

值得补充的是,丁希璞同学在她的随笔之后,写了这样一段补记:

看了你的微博,看到很多同学都在批判莫言,可我决定不做更改,只想站在一个更温和、更"仁"的角度——毕竟,写下这样文字的我们,甚至没有反抗班主任的勇气,又如何能批判莫言。

四、几缕花絮及一点祝愿

2012年10月20日晚6点半,网名为"半岛铁盒1994"的学生,在微博上写道:"很多时候,命运总爱捉弄人,把美的、好的毁灭给人看。今天看的莫言的《白狗秋千架》,还有改编的《暖》,都让人有难以言喻的郁结。人往往去期盼、奢求遥不可及的美梦,即使飞蛾扑火也在所不惜,却习惯了忽视身边最关爱自己的亲人抑或爱人、朋友。没有资格说遗憾,悔恨也是自己一手创造。学会珍惜感恩。"

我看到,评论了一句:"关键是,从各个方面,比较一下二者呢,亲。"

"相比之下,也许我会更喜欢电影的处理,把眼睛的伤转移到腿上会让观者更容易接受。哑巴的形象似乎也变得不像原著中那么不通情达理,多了一分质朴。遗憾的可能就要数原文的白狗了,在电影中被直接删去了,毕竟这是一个很能暗衬人物个性的角色,不过要真的将它拍进去也的确难为导演了,终究是演不出那神韵的吧。"这孩子,多么认真地在品读、赏鉴。

"暖的狗,变成了哑巴的鸭子。"我提示了一句。

孩子马上恍然大悟:"原来是这样啊,可能鸭子给的镜头没有原作那么频繁,所以没有仔细地观察到。想来也是,在稻场欢快奔跑的鸭群,在小巷里穿梭的鸭群,还有他们打架时河里惊慌失措的鸭子,倒也是帮电影增色不少。"

我于是接着点拨:"这里还有一个直接原因。因为原作地域与电影地域的差别。你再想想。原作的背景是高密东北乡,电影的背景,你看是山东吗?"

"哦。所以他是根据地方的特色进行的改编?那戏剧应该也是当地特有的吧?其实要是换作当地的方言来帮电影配音,不知道是不是会更好些?"呵呵,这个孩子,还会思考更多的问题,该放到随笔里去探讨啦!

而同样观看影片后的另一个孩子，网名为"闷骚理科男"的，却在微博上这样点评道："小说本来叙述的是悲剧，结果电影反倒变成是即使有错过，暖有爱她的哑巴还是很幸福……导演太有才了……"

我问他："二者比较，你觉得哪个更好？"

他斩钉截铁："小说。就像电影《盲山》的两个版本，虽然国内上映的让人感到宽慰和轻松，但是真正想表达的东西全在最后的一刀上。"

我深表同感："比较才出鉴别。本来，是一篇让人读后难以忘怀的小说，表现了生活真实的残酷。结果，被改编成了'诗情画意'的偶像剧。"

他也一同感叹："导演是文艺青年。"

是日晚9点40分，"闷骚理科男"又通过新浪微博的私信跟我交流："其实，我觉得关于莫言的讲义印得不好。如果一份讲义都是相似的观点，作为学生，在有限信息下写出来的文章，是不具有思考力度的，只是用自己的话叙述别人的观点罢了。"

我回复他说："呵呵，那莫言的文章呢，还有从电视报纸等各种媒体上所得到的信息呢？所有这些，我是都要考虑进去的。另外，莫言的专题，接下来还有的。"

叙述这两个花絮，是想与诸位同人交流三点感受。

第一，时代发展，手段先进，语文课堂的教学媒介，与学生的沟通交流方式，都应该追求多样化，而不应仅仅局限于课堂、书本、粉笔、板擦。

第二，师生是平等的，教师在聆听、启发、引导的同时，也应该将自己的观点与孩子们交换、交流、倾听、对话、质疑、认同、辩驳、共生、发展……在这个过程中，成长的不仅仅是孩子。

第三，关于语文的学习，包括语言文字的揣摩、表情达意的研习、思想情感的探究等，潜移默化在有效的阅读与写作中，化大浪于无形，咬文嚼字，文质兼修，怡情养性，砥砺心智，成熟思想，以成教书育人之美，不单吾等能够乐在其中，也当是学生与教师得以"众乐乐"之快事。

关于莫言的小说,也有一些个人感受,愿与大家分享。

仅从其语言来说,以我的阅读视野与品位来看,我觉得莫言的中短篇小说的语言比长篇要好很多。其长篇之语言,唧唧呱呱,鸡飞狗跳,令人头疼。2009 年出版的《蛙》在语言上干净洗练了很多,体现了莫言的节制,较之前的小说大有进步,但是写到后来,明显又呈现出原来的风格。

作为一个小说家,莫言很会编织故事,但是,作为一个文学大家,如果他再能继续锤炼语言,我相信他会取得更好的成就,也许会像他所崇敬的马尔克斯一样,在获得诺贝尔文学奖之后,依然能写出《霍乱时期的爱情》那样一部丝毫不逊于《百年孤独》的杰作,无论在结构上、语言上,还是在经典人物塑造上,莫言应该也能写出超越他的《丰乳肥臀》《生死疲劳》与《蛙》的更为杰出的小说来!

作为莫言的一个读者,也作为中学语文教师,我对莫言有更多更高的期待,因为,毕竟,他的作品将会更多地被选入教材,他的文字将会被更多的孩子所阅读,我衷心希望,他能够为白话文提供一个更加优美典雅的范例。

(2012 年 10 月 24 日)

【附录】

关于莫言

苏州星海实验中学高三(2)班 宋越

今年的诺贝尔文学奖得主莫言曾说:"是内心深处的软弱,让我千方百计地避开一切争论。"

莫言,人如其名,是位公共领域的沉默者,选择做一个纯粹的小说家是他个人的权利,我们无权强迫他必须发言。然而,我认为,他的选择也许并非完全出于他自称的"软弱"。

我认为,他并不是一个那么软弱的人。他以"莫言"为笔名,来告诫自己慎于行事，然而，又何尝不是在向外宣泄自己的无奈呢？笔名是一个大家都看得到的东西，他如果真的那么软弱，那又怎么会沿用这个笔名至今呢？在我看来，他取笔名的方式就与他写作的方式一样，具有双重性。他的笔名，一方面你可以理解成仅仅是他因童年遭遇产生的阴影，一方面你也可以理解成是在表达不满和宣泄。这种双重性，或者说矛盾性，可以归结于人性的二元论。"智者乐水，仁者乐山。"而假如有山有水，那么无论仁者，还是智者，都会各寻其乐。而莫言，就将"山水"融为了一体。

他曾说他的软弱出于童年的遭遇。他小时候因为上中农的家庭出身等原因，被迫于10岁辍学，因而从此小心翼翼地为人处世，尤其在自己的言行方面。他将软弱解释成一种习惯，他清楚地知道自己的软弱，却似乎也不愿去改变，沉默毕竟也是大多数中国人根深蒂固的习惯。沉默是一道车辙，"言车之功，辙不与焉"，"车仆马毙，患不及辙"，自保的功夫用了1500年修炼，终成正果。

中国历史上从来不缺少思想者，却极少有发言者与实干家。他们处在那种环境下，"大智若愚"地处世。普遍的沉默导致了个性的沦没，中国多得是"呜呼""嗟乎"之类的长叹，却一般没有了后文。因为改变很难，所以就干脆不去改变。我们没有理由强迫莫言改变，然而，社会始终是不乏斗士的。想说便说，想做便做，只要在法律与道德范围之内就好。

所以，我希望，"莫言"的是那些假大空的言论，而我们更应该"莫藏"那些我们真正想说出来的话。什么时候，人人都想说，都不把"软弱"与"习惯"当成托辞与借口，什么时候我们就真正获得幸福了。

守卫童年

苏州星海实验中学高三（2）班　陆孝康

童年究竟对一个人有多重要，我不敢用任何形容词来描绘，但相信我，童年值得守卫，应该守卫，必须守卫！它是塑造一个人一生性格雏形的阶段。

"穿过原野，穿过烈风……唉，死亡已经在等待着我。"这几句诗出自西班牙诗人洛尔迦的《骑士之歌》。原野空旷，烈风豪放，生死之间却见到了诗人的心胸开阔、充满理想而又自由的笔调。作为西班牙诗坛的领袖，他的一生也是波澜起伏的，因此诗的风格多少有些变化。早期他继承的"深歌"，深情而又易于传诵。当他在纽约生活了一段时间后，带着喧嚣复杂，开阔了自己对人性黑暗的视野。诗歌上自由地抒发方式也带到了他的现实生活中，他谴责法西斯暴政，反对埃塞俄比亚战争，为入狱年轻诗人呼吁……基于此，西班牙人民被他深深打动。

其实，洛尔迦的一生绝大多数只是童年的影子。少时，他家庭温暖，个性得以自由伸展，甚至连他自己也把童年美化成田园牧歌式的理想生活，他甚至说过，自己还是童年的笑、乡下的笑、粗野的笑，永远保卫它。不仅是他的诗受童年影响，他生活中的自由、深刻之美都饱含着童年的刻印。也许我们甚至可以说，童年的温暖成就了他。

相比之下，最近大受追捧的莫言，童年就值得同情了。1955年，他出生贫穷，上小学时还碰上"文化大革命"，接着就辍学回家劳动，后来几经波折才终于在1988年上了北京师范大学。莫言自己也说过："饥饿与孤独是我创作的源泉。"

童年的环境，若好，则成就大师，若坏，则留下遗病。我们迫切地需要守卫童年。

大体上说，现在的孩子是半自由的，学校里不自由，课堂里不自由，迈出教室就自由了。这并不是鼓励逃学，而是反思一下我们的教育方式。从教材上讲，十几年了都和我当初的课本大致相同，要说教育方式，分数至上压得人喘不过气来，这样的童年美好吗？

不过没关系，我们还可以守卫自己的童年，有时尽可能放纵一下自己，想干什么干什么，好奇心、求知欲都是隐藏在童年里的宝藏，这些东西必须守卫住。

读书这么好的事

一、现实的困境

刚刚偷将一本书读至一半,父亲突然从门后出现,心想,这下完了,又要没收了。

果然,他看我埋着头,手不自然地拢起来,快步走近,厉声斥责道:"现在还有心思看这种书!昏头了你!"顺手抽走了黑塞的《在轮下》。脚步声远离,随之而来重重的"砰"的一声,书被摔在了某个角落。待他沉沉的步伐逐渐缥缈起来,我无奈地翻开了随笔本。

果真是讽刺!《在轮下》写的故事与我身上刚发生的正好相关。主人公汉斯从小刻苦钻研,埋头于各类课本、题集,以至抛弃了养兔子、钓鱼、夏日温和的小溪、天上漫步的白云……他并不是一心想放弃这些,而父亲、邻居有形无形中施予的压力——追求功名、成为人上人,让他十分顺从地开始了"学霸"的生活……

钮锴同学这篇题为"高考前的最后一次挣扎"的随笔,写于 2013 年 5 月 30 日。

很多人——家长、教师甚至学生——都会觉得,高三年级应该更关注考试分数,读书,即使不是洪水猛兽,也是一种不合时宜。

从高一,我的学生便开始了每周两则读书摘评、两篇随笔的读书写作之旅。到高三之后,随笔写作还能保持正常,而写读书摘评的同学,却逐渐变少。揆之情理,随笔可以畅诉心曲,纾愤懑以解心结,又与写作直接相关,学生便会觉得"有利可图"。读书摘评却不然。读书,首先就需要沉稳的心境,摘评则更需要对所阅读的内容进行深入的思考,因为我在批阅摘评时，会针对所读内容与学生的评点，追问、质疑、继续挖掘，不允许敷衍应付、交差了事。

我深知，哪怕仅仅是为了应对高考，求得高考语文的圆满结果，在高三，孩子们也应该保持阅读的习惯，更何况，无论是教师还是家长，都当明白这个道理：高考是人生路上的一个阶段性目标，它绝不是人生的目的地。倘使为了这个阶段性目标，而置人生的美好丰富、自由深刻、价值意义等元素于不顾，把十七八岁的孩子，打磨成爱因斯坦所忧虑的"训练有素的狗"，而不是培育成其所提倡的"和谐发展的人"，即便高考取得了成功，其所丧失的，必将有一天浮出水面，结出恶果，令人追悔莫及。

因此，高三这一年，书是绝对不能不读的。因为读书，能够涵养性情，启迪思想，保持求知欲，激发对生命的热爱与对生活的热情。对于正在拔节生长的高三学生而言，促进其思维品质的提升、精神心灵的饱满，好好读书，多读好书，至关重要。

作为高三语文教师，既要有理想主义的情怀，要教书育人、做真正的教育，又必须要解决现实存在的问题，带孩子们迎战高考，取得好成绩。面对理想与现实的落差，该怎么办？

二、总得有人去擦星星

总得有人去擦亮星星／它们看起来灰蒙蒙／总得有人去擦亮星星／因为那些八哥、海鸥和老鹰／都抱怨星星又旧又生锈／想要个新的我们没有／所以还是带上水桶和抹布／总得有人去擦亮星星

这首《总得有人去擦亮星星》，作者是享誉世界的美国天才艺术家、20世纪最伟大的绘本作家之一谢尔·希尔弗斯坦。

2013年6月7日早7点半，我走进教室，履行昨日诺言，手抄谢尔·希尔弗斯坦的诗歌《冰冻的梦》于黑板上。读了一遍后，我说："等你们老了，

今日所经历一切，或许也将成为温暖的梦。"然后，我朗读了《总得有人去擦擦星星》，并板书《弟子规》中的几句："首孝弟，次谨信，泛爱众，而亲仁，有余力，则学文。"半个小时以后，孩子们起身整理文具，步入考场。

谢尔·希尔弗斯坦的诗歌，是我高三语文课上的最后一次"每课一读"。

是的，"每课一读"，便是我用来解决高三学生读书问题的方法之一。

除了在语文课堂上根据授课内容适时链接书籍、在与孩子的随笔交流中结合具体情况推荐适合每个人阅读的书籍之外，每一节语文课，我都拿出 10 分钟左右的时间，进行"每课一读"。

"每课一读"这种方法，十多年前我就采取过。那时，因为所在高中有的班主任公然禁止学生读书，只要见到学生在读与考试无关的书籍，一律没收并惩罚，我便在自己的语文课上给学生留出读书时间，每周开设专门的阅读课，每节课为他们"每课一读"。2007 年来到苏南以后，虽然也会在课上给孩子们读书，但是并未把它形成一种制度。一方面，由于环境相对宽松，孩子自主读书的时间较为充裕；另一方面，我一向以为读书这么好的事，它更应该是一种私人的事，即使给孩子们开列书目，也都是秉着多元自主的原则，从来不会划定必读书目，也从来不会强求任何一个孩子必须按照我的兴趣或者建议去读书。"每课一读"，实是情非得已，迫于形势而采取。

但是，这种方式，的确深受学生欢迎。2005 年在河北带高三时，学生高金丽在随笔中这样评价我的"每课一读"：

> 我觉得，每课正式上课之前的"每课一读"这个环节非常好，您一般是选择跟授课内容有关的作品来读，而这个样式的作品，如时评、随感等，我们都是比较喜欢的、容易接受的、乐于思考的。在此基础上再来学课文，会对课文有更深的理解、认识，又主动地去配合

老师的讲课。而且这样做，还可以丰富我们的词汇和精彩句式等。

然后呢，就是我认为您比较注重培养我们客观、全面地认识事物的意识和能力，我可是受益匪浅呐！相信同学们也都一样！比如《道士塔》一课，我想如果让别的老师来授课，也就是就课论课，很少会想到让我们了解更多的关于敦煌莫高窟的知识，不会给我们读高尔泰的《敦煌莫高窟》《花落知多少》，也不会给我们介绍陈丹青和他的《退步集》；又比如"改革与官倒的问题""记忆与常识的问题"……可以说，这一切都给了我思想上很大的震撼，我真诚地希望您能多上这样的阅读课，以滋补我们极为贫乏的心灵，我将感激涕零。

因着这些经验，正如谢尔·希尔弗斯坦诗中所言："想要个新的我们没有 / 所以还是带上水桶和抹布 / 总得有人去擦亮星星。"

就这样，"每课一读"，伴随我和孩子们，走过高三。

三、读书这么好的事

鉴于实际情况，我将"每课一读"环节选择的责任一人担当，为了能够选出适合的书籍（文章），每天在备课、批作业等日常工作之余，我都会随手翻书。每天晚上睡前，都要拿几本书，浏览翻阅，寻找契合点。遇到适合的，第二天便带到学校。如此下来，办公桌上的书，越堆越高。

对于我来说，这绝不是苦役，因为每日读书，本来就是我多年来养成的习惯。在我的家里，凡是有人会停留的地方，都有书籍，随时随地，都可以取一本书来读。无论何时出门，我的包里，也永远都会带上书。我之读书，多凭兴趣，兴之所至，无所不读，常常会多种类型的书，一齐读。读书于我，是一种美好的享受、给生活带来最大乐趣的事情。

于是，为了准备"每课一读"，我个人的阅读便发生了一些变化。

第一，我的阅读目的更明确了一些。

我会在相当长的一个时间内，专注于阅读某一个作家的书籍或者某一本书，以便给孩子们在"每课一读"时形成一个系列，让他们对一些知识体系或者某种行文方式，产生比较系统深入的了解。比如，我曾将杨小凯、苏小和、哈耶克和阿马蒂亚·森等人的著作放在一起专门研读，并最终从中选择了苏小和的《我的自由选择：原来经济学像诗歌一样美》和《我们怎样阅读中国》这两本书作为"每课一读"的选本，而将杨小凯、哈耶克和阿马蒂亚·森的著作当作延伸推荐阅读。

第二，我的阅读层次更深入了一些。

我会不断地反刍，旧书重读，在反复阅读中，也能使自己对同一作家或同一问题，产生更加深刻的认识与理解。比如，在王小波逝世纪念日（4月11日）前后的一段时间内，我将自己所藏的王小波全集找出来，从小说《黄金时代》到杂文集《沉默的大多数》到书信集《爱你就像爱生命》，逐一重读，重新观看我所收藏的关于王小波的访谈视频，还重读了冯唐、李银河、王友琴等人评价回忆王小波的文章，并且阅读了王小平新著的《我的兄弟王小波》等书。对于王小波的师承、思想、精神气质和文学造诣乃至其遣词造句的风格特点等，都有更进一步的发现与领悟。在此基础上，再选择王小波的一些文本，作为"每课一读"。

第三，我的阅读境界由纯粹的利己享受而兼具了利他营护的意义。

我会针对现实生活的变化，以及学生的实际情况，本着为了解决他们所关注的问题或者为了提醒他们去关注思考一些问题的目的，而选择我的阅读内容。在帮助孩子们的同时，也有效地提升和帮助了自己。比如，在2013年的2—4月期间，苏州市范围内，连续发生多起初中生自杀事件，这些对在读高三、同样承受巨大压力的孩子们来说，也是极大的冲击。我一方面利用自己的语文课给他们进行心理疏导，与孩子们聊天交流，让他们把积压在心里的苦闷与彷徨诉说出来；另一方面，把弗洛伊德、荣格、弗洛姆、河合隼雄和卡伦·霍尼的心理学著作以及 M. 斯科特·派克的《少有人走的路》、艾琳·R. 萨克斯《我穿越疯狂的旅程：一个精神分裂症患者的故事》、柯尔本《论成长：割断脐带做大人》等通俗心理学书籍融合阅读，从中选出了河合隼雄、卡伦·霍尼的书籍作为"每课一读"的选本，其余的作为链接阅读延伸推荐。再比如，在《南方周末》献词事件后，我在"每课一读"上选择了艺人李冰冰、姚晨、陈坤三人在同一天早上所发的关于《南方周末》的三条微博，让孩子们分析比较其差异，并随后整理印发了《南方周末》历年来的新年献词，让孩子们集中阅读。

第四，原本属于我一个人的阅读，也因缘际会影响了一批人，产生了蝴蝶效应。

因为将"每课一读"行礼如仪地纳入了我的语文课程，我便在新浪微博上开设了"每课一读"栏目，每天将自己所读的内容，进行简要记录。关注我的一些朋友，有家长，会根据这些内容，按图索骥，购书给自己的孩子；有学生，会不断更新自己的小书架；也有同行，他们逐渐打消了自己的顾虑，敢于打开自己的课堂，带一本书进教室，与自己的学生共读。

一个名叫"素妍素语"的网友，在2013年1月9日的微博上写道："跟@苏州史金霞老师学的'每日一读'进行了两周多，很受学生欢迎。今天读了刘瑜《民主的细节》中的《大家好才是真的好》，板书了'消费者权益'和'消费者责任'，并讲了几件自己维权的小事儿。"

也是这位网友，在2013年3月7日，看到我的"每课一读"栏目记录的给学生阅读了谢泳先生的《逝去的年代——中国自由知识分子的命运》之《晚年冯友兰》的文字后，评论道："不用试都能知道，要是给我的学生读这种稍微深一点的文字，他们一定大呼'没意思'，大部分学生连《读者》都是几乎只看笑话……给他们选文章真是很难，必须兼顾意义和意思（加之我自己所知有限）。也许下届从高一开始引导会好一点。"

我回复她说："也许你试试后会发现不是这样，这样的文章并不深的。"

她受到鼓舞，说："之前读一些文章时被他们的反应伤到了，有点泄气……那我就试试看！"

当然，我的读书对象，这些高三的孩子们，在这类似于一种仪式般的

"每课一读"中,也跟我一样,收获了很多,成长了很多。比如本文开头提到的钮锴同学,在那篇写于2013年5月30日的随笔的结尾,这样写道:

>家长、学校、考试形成了稳定的三角,从哪里突破都难上加难。于是我料想,我们这一代人,虽然知识多了,但也更容易顺从或者极端。我们改变不了,等着我们的或是全盘接受老路,或是激烈反抗,真正有尊严的路,也许真的还要等上好久。
>
>写到这里,不免叹一口气,似乎在高考前谈论这些实在不合时宜,可是如果我此时再不思考,等过了这段时光,可能我再也不会回头思考了。就像如今很多人一样,陷在自己的潭中,无暇顾及社会、未来,这样的话,我只会义无反顾地走上前人摸出来的路,度过余生。

这是多么敦厚而又有力量的文字,他已经建立了阅读的自信,阅读也帮他建立了对自己生命、生活的尊严感、现场感和责任感。已进入上海交通大学深造的他,在大学校园里,还在继续读下去、写下去,好好地、有尊严地、有质量地生活。

而已就读于上海纽约大学的陆绮同学,在高三下半年开始,跟随我的"每课一读",开始了她自己的"每日一读"。她会从我在课上所推荐的书目中,遴选自己感兴趣的,买回家,每晚在夜深人静的时候,睡前一读,并像我一样,将所读所感,记录在自己的新浪微博上。在高中阶段的最后一篇随笔中,陆绮同学回顾了自己高中三年的成长,其中,有这样一段文字:

>虽然事件确实不能急于定性,但思考与观点还是要有的。关于这一点,我在思考胡适先生宽容的限度时得到了启发。倘若一个人没有了思考与观点,那么他便没有什么要去反对,这乍看是宽容的态度,实则只是墙头一株还未随风而倒的草,只是对各种对立观点的全盘接

受。而真正的宽容中应有自己的观点与鲜明的立场，正因为他人与自己的观点不一致，在坚持自己立场的同时能够理解并尊重他人的立场，才更显出理性的宽容。在我思考后不久，读到《先生》中关于胡适先生的一章，也印证了我的思考。胡适先生总结得很准确："容忍就是自由的根源。"

经过这样的思考，立场一说也就变得清晰起来。不得不又提到胡适先生，他在给汪长禄先生所写关于《我的儿子》点评的回信中提到，他的立场仅为他个人的，同时别人的观点与立场与他无关。就拿我们与我们的语文老师来说，她为我们展现的，是事件的信息与她的个人观点，但她真正教给我们的，只是一把开启事件开端的钥匙，以及我们决定自己立场的机会。而我的立场也是与他人的立场无关的。思考本应是纯粹的，无须绑带上他人的立场，也无须考虑我的立场对他人的影响。思考不是一场关于站队的抉择。因此，我的立场，也就无关乎在那个载满人的天平的哪一端了。严格来说，我不再属于那个天平。我属于我自己的立场，而我也尊重着其他的立场。

这样的文字，是多么丰厚的果实，没有矫揉造作，没有华丽丽的炫技，有的是真知灼见，是对自我、对生活、对他人、对世界的满腔热诚、冷静观照与理智反省。这是多么令人感动的成长！

在高考之前，我班汪欣同学便买了一大堆书，预备考后认真阅读，而她也确实这样做了。高考后的那段日子，她如饥似渴地阅读，她对我说："最近看以前推荐的《寻找家园》，那种文风与我现在喜欢的有很大差别啊，觉得自己确实变了很多。很神奇啊，原以为会通宵玩游戏，现在却觉得玩游戏没有意义，这种转变特别明显，界限也特别分明，真是奇妙，最近特别有写日记的冲动，老师你收么？我觉得这会是我过得最有意义的暑假了。"

根据高考最后得分和孩子们跟我讲述的他们高考作文写作的思路及最

后的得分情况，有思想、有内容、有真情实感的文章，确实是得到高分的。班上最高 131 分，第二名 129 分，121 分、120 分各 1 人，110—119 分共 10 人，及格率百分之百。当然，也有一些孩子分数不够理想，按照他们的水平及考试答题、写作的情况，也是可以取得 120 分以上成绩的，却只考了一百零几分，这也是难免的，因为作文评分总是会有误差或者主观喜好的因素等。但是，即便有思想、有文采的文章，不能得到高分，也基本上不会被判低分，在平均线以上，这一点还是有保障的。以我 20 年高中语文教学经验，高考作文的阅卷整体还是公平的，好文章，是能够得到公平的分数的，而好文章，绝对不是凭空而来的，它来自一个人的思想和积淀。读书，思考，阅读，交流，从而获得成长，也许，这便是好文章的必由之途。

因为：

没有一艘船能像一本书 / 也没有一匹骏马能像——/ 一页跳动的诗行那样，/ 把人带往远方。

这渠道最穷的人也能走，/ 不必为通行税伤神。/ 这是何等节俭的车——/ 承载着人的灵魂。

——艾米莉·狄金森

作为他们的语文老师，陪伴他们走过三年风雨后站定回首，心中感慨万千。谨以此文，献给苏州星海实验中学所有与我同行的孩子们，一路上，有你，有我，有书，有爱，有美，有真，这是多么美好的事情。

因为这些，我们的青春，都没有虚度！

（2013 年 6 月 26 日 22 点 34 分）

【附录】新浪微博"每课一读"栏目选摘

2012年12月12日

今天要讲一篇文言语段《明史·王祎传》,于是便选择了刀尔登《旧山河》中的《生命在于运动》一文,让孩子们了解一下朱元璋和乾隆的文字运动。顺便讲几个党进的小故事以及《论语》里的色厉内荏。今天两节课,第二节课读的是熊培云《自由在高处》一书中的《国破山河在》,顺便介绍了唐德刚先生的"历史三峡论",推荐了《袁氏当国》和《晚清七十年》两本书。下午短板的学生读了两篇刀尔登的文章:《移羞做怒》,讲刘瑾;《皇帝也有可爱的》,讲正德。顺便,再次推荐了黄仁宇的《万历十五年》。讲了苏轼的诗《正月二十日往岐亭,郡人潘、古、郭三人送余于女王城东禅庄院》,讲了与此诗相关的典故,《梅花二首》与清明,并再次讲了陈慥与河东狮吼的来历。

2012年12月18日

今天"每课一读":读了谢泳先生的《金岳霖的名言》一文。边读边讲,讲了金岳霖丰富多彩的爱情生活,以去其魅,并再次推荐了何兆武先生的《上学记》,结合金岳霖"水果摊上唱歌"的名言,讲了现在人人争当公务员的盛况,联系了现在大家汲汲于自主招生,渴望考进名牌大学,以求过上一种体面生活的主客观原因等。

2012年12月20日

今日"每课一读":选了两篇较轻松的文章,采取了一种新的方式。我先读文章不交待题目,学生听完后,尝试拟题。这可是很考验听力、理解力和鉴赏力的听法啊。还别说,他们拟的题目,虽不中亦不远矣!两篇文章分别是刀尔登《旧山河》中的《放纵的权利》和高军《世间的盐》里《跟你那个朋友说,不要写了》。

2012 年 12 月 31 日

今日"每课一读":徐贲 2009 年的短文《说理教育从小学开始》和王晨昊的随笔《末日那年我十八》。然后,讲了胡适之于北大学生的要求,关于自由与独立之间的关系,容忍与自由的关系,并谈为何要这么上语文课。因为我之教育的目标,是要培养能够独立思考、做出判断、具有批判思维的公民,而不是俯首帖耳的奴才。

2013 年 1 月 6 日

今日"每课一读":苏小和《我的自由选择》一书中《贫富差距背后的权利差距》。还是先读文章,让孩子们凝神聆听,再尝试给文章命题。板书了茅于轼、哈耶克、阿玛蒂亚·森、德索托等人的名字,还有钟罩、制衡、权利等一些关键词。孩子们照旧听得极认真,关键处,边读边诠释,引导他们总结思考。今天所读的内容,是与昨天读的《中国农民头上的三把剪刀》,呈序列的。剪刀差指出了造成城乡贫富差距问题的具体手段,此文则揭示了根源。孩子们触动更深了。希望能有三五个对经济学开始感兴趣。

2013 年 1 月 17 日

今日"每课一读":读了《中国青年报》2013 年 1 月 15 日刊发的一篇书评《王鼎钧:一代中国人的眼睛》,介绍三联书店新出的先生的"回忆录四部曲",板书四本书的书名。还是先读文章,然后与学生一起拟标题。同时,很炫地拿了一本我自己的台版的王鼎钧《关山夺路》给他们看了看。下课后,小白同学便把书给借走了,再三表示周一还。

2013 年 3 月 4 日

今天的读书报告会,我也要跟孩子们一样,报告自己的读书,我是他们中的一员。刚刚制作了抽签名条，我把自己的名字也加了进去。我是第 18 个被抽中的（自己把自己抽签抽中的感觉，很奇特），"墙裂"推荐了"@阿啃 1919 回来了"和"@杭州郭初阳"等四人所写的"新童年启蒙书"四本，逐一简介。报告会结束，四本书便被孩子们借走了。此外，还展示了正在读的《圣经》精读本、苏颖智《每日与主同行》《圣经》小本与《朱熹集传》中的《诗经》。

2013 年 3 月 7 日

今日"每课一读"：谢泳先生所著《逝去的年代——中国自由知识分子的命运》之《晚年冯友兰》。因昨日讲析高考小说有宗璞的《西征记》选文。再次给孩子们推荐了这本书。边读边讲边板书。涉及了周一良、林庚、钱穆、舒芜、余秋雨、翦伯赞……不胜唏嘘感慨。上午推荐何兆武《上学记》和林贤治《漂泊者萧红》，是因为周考使用的连云港试卷中，节选了丁玲的《风雨中忆萧红》一文。

2013 年 4 月 9 日

今日"每课一读"：长江文艺出版社出版的《胡适散文精选：不朽》，此书是胡适先生逝世 50 周年纪念版，装帧很美，选文很精。今日选其中第二辑"梦想与理想"之《赠与今年的大学毕业生》一文读给孩子们。再有两个月，他们也将高中毕业了，希望这篇文章，能赠予他们一些宝贵的东西。

2013 年 4 月 12 日

今日"每课一读"1：谢泳先生所著《逝去的年代》中的《储安平与季羡林》一文，边读边评，联系高中课文杨绛的《老王》和初中课文季羡林的《幽径悲剧》。读完，又推荐了季承的《我的父亲季羡林》一书。

今日"每课一读"2：我在十年前所写的实录《"非典"，"非典"，"非典"……》，介绍了"四勤三好"，并讲了当前的禽流感情况（就我所了解的信息），告诉孩子们一些注意事项，尤其强调了不要疲劳，太累了，就不要写作业了。

2013 年 5 月 6 日

今日"每课一读"：王小波、李银河著《爱你就像爱生命》"最初的呼唤"之"六一回想"。据数据分析，之前"每课一读"所选王小波的文章，在这次"二模"考中，王小波《智慧与国学》题目的得分果然居高。"我从童年继承下来的东西只有一件，就是对平庸生活的狂怒，一种不甘没落的决心"，"不管是谁把肉麻当有趣，当时我都要气得要命"。

2013 年 5 月 10 日

今日"每课一读"：《此时此地》，然后回溯前两天所看的三个纪录片与张晓扬的分享。世间问题的起源与归宿，大抵上便是如何做你自己，成为一个什么样的人的问题。然后，第二节课，与孩子们分享，我的前半生。我的梦想、理想、爱情、婚姻、事业，过去、现在以及未来。这是我许诺他们的，在毕业前要讲我自己的故事给他们听。最后谈到高考作为人生选择的一种，以及我自己，作为体制内教师也是人生选择之一种，既然这个选择来自自己，那么就要在这个选择下，建立理想与现实的链接之桥。然后，举上海利味记快餐的创办故事，还有"IT（信息技术的简称）男"转行卖水果等。人生有多种选择，未来有无限可能，一切都在自己手中。寻找自己，发现自己，做自己！

2013 年 5 月 14 日

今日"每课一读"："@傅国涌"老师安排寄来20套丛书：《常识的立场：〈书屋〉文选（1996—2001）》《回到启蒙：〈方法〉文选（1997—1999）》《直面转型时代：〈东方〉文选（1993—1996）》，经济科学出版社，2013年

1月初版。嘱我赠给爱读书的学生和老师。首先，给班上37个孩子，一人一本，他们如果喜欢，自可买齐三本。今日"每课一读"是《回到启蒙》之李正涛先生《没有灵魂的教育》一文。当我读完，说此文是1998年所写时，孩子们不禁唏嘘。

2013年5月20日

今日"每课一读"：《费曼讲演录：一个平民科学家的思想》（湖南科学技术出版社）中第一篇演讲（节选）。1963年4月，诺贝尔物理学奖获得者费曼，作为约翰·丹兹系列讲座的一部分，在华盛顿大学做了三个晚上的系列演讲，体现了其作为一个现代公民和科学家的社会责任以及对社会的关注和思考。是日，读了部分节选之后，便到了升旗时间，只好停止，孩子们意犹未尽，于是便将该书传递给他们。此后一周之间，大概有几个孩子将此书读完了。

2013年5月27日

今日"每课一读"：胡适《我的儿子》（摘自长江文艺出版社《胡适散文精选：不朽》第四辑"观世杂感"）。课前，先板书了胡适写于1918年的诗《十二月一日奔丧到家》（发表于《每周评论》创刊号）。

2013年6月6日

今日"每课一读"：（1）手抄英国诗人兰道尔的短诗"我从不与人争，没有人值得我与之争／我爱自然，其次爱的是艺术／我向生命之火伸双手取暖／火快烧残了，我也准备离去"，略讲杨绛先生关于钱钟书手稿之争与杨戴翻译《红楼梦》的故事。（2）读昂山素姬迟到21年的诺贝尔和平奖获奖演说，提取关键词"和平""苦难""仁慈"。

培育思维，教学生爱上阅读

引言：阅读，兹事体大

对于中学师生而言，阅读，是一个难题，其难度甚至大于写作。研究写作方法的教师非常多，各种写作指导异彩纷呈，虽莫衷一是，却给学生提供了多种选择。而研究阅读者却寥寥无几。阅读，成为一种在黑暗中独自摸索的孤独旅程，能否有成，全凭运气。

从问题入手，才能够更好地解决问题。

谈阅读，也宜先从当前中学生的阅读问题谈起。

学生读书，有几个阶段性误区。

儿童时期，不以培养兴趣为要，目的性太强，家长和老师太急于让孩子从所读的童书中获得知识与教益，造成孩子读书不能沉潜陶醉，而成为一种负担乃至秀学识的手段。

少年时期，不养成品位而功利性过甚，延续童年时急吼吼的读书习性，只为考试而读书，中考考哪些名著就读哪些，于是，考哪些名著便毁哪些，因为在功利性阅读中，学生并不能静下心来去体会，经典名著本应该有的陶冶功能，也因为背诵鸡零狗碎的考点知识而丧失殆尽。

步入高中后，读书更成为一种奢侈，有些学校甚至视读书为违纪，除了考试书籍，课外书一律见必收。待至大学，绝大部分孩子，尚不具备阅读意蕴深刻、说理透彻的书籍的能力，也几乎不可能再获得这样的思维能力、辨别能力与思考力了，在本该锤炼思想、激扬文字的青年时期，却只能读读心灵鸡汤，随意消磨时光，在朋友圈转发些"是中国人就转"的口水文，为《小时代》之类的电影心潮澎湃。

如是思之，兹可为痛！兹事体大，为师者，理当作为！

一、阅读：意义何在

这张图片，是我阅读课上的一个素材。

有学生说，这张图形象地体现了凡人、贤人和圣人三种不同的人生境界。

这样读图，恰好说明孩子不会阅读。只看到了三个人、三种不同的景象，却没有看到他们脚下的书籍，没有将这三者结合在一处去思考。

不能从整体上把握图片、语段、篇章、影音等读物的表达要素，不能抓取关键元素，不能将各个细节链接构建，在理解上，便会断章取义、风马牛不相及甚至谬以千里。

"阅读行为实际上是一个高度复杂的多层次大脑思维过程，需要基本要素和高层次单位的同时参与。"新西兰奥克兰波利尼西亚语言文学研究所所长、语言史和古代书写系统研究领域的国际知名专家史蒂文·罗杰·费希尔在他的代表作《阅读的历史》一书中，这样表述。

那么，回过头来，继续分析这张图。图片有三个要素：人、书、景，解读这张图片，绝不能忽视三人的足下书与眼前景之间的关系，唯有将三者整合起来，方能得其三昧。

这张图片，揭示了读书对一个人思想境界的影响。

一个不读书的人，看到眼前一寸远的东西，便以为那是整个世界，因为他只能看到这么多；而当一个人读书多了之后，便会看到这个世界的丰富，以及丰富的苦难，会看到众生，看到很多甚至本来都不想看到的东西，他可能会因此而生悲悯之心，也可能因此而产生各种痛苦、困惑——好像这都是书读多了所造成的，一定会有人说，多出这么多痛苦，那还不如不读书，只看到那花花草草岂不自在悠游，人生不满百，何必心怀千岁忧？

但是，这张图片告诉你，人不是书读得多了才会痛苦，痛苦恰恰是因为书读得还不够多。

于是，便有了第三个人，他站在书籍的山峰上，看过了眼前的小花小草，看透了过去以及现在的种种丰富与苦难，还看到了更多更远，更深邃的过去，更广阔的未来，更光明的世界，更有希望的东西……

这张图片，形象地揭示了读书对于人的意义。

在《阅读的历史》一书中，史蒂文·罗杰·费希尔曾这样定义："从根本上来讲，阅读关乎意义。"

如前所述，阅读不仅仅指读书，欣赏图片、电影、音乐等各种读物，乃至领略大自然、关注现实生活，都是广义上的阅读——"自然是最伟大的一部书"。徐志摩在《翡冷翠山居闲话》中，便曾援引过歌德的话，"在他每一页的字句里，我们读得最深奥的消息"。国际知名历史学家何炳棣老先生的回忆录便名为"读史阅世六十年"，晚年回忆父亲的言传身教，"他从不系统地自四书五经入手。他大都是先以最能引起幼童兴趣的历史人物故事出发，相当自然地也就涉及相关的典章制度方面较专门的问题"。何炳棣认为，"这种似乎任意粗浅的'经''史'之间频繁的穿梭读书办法有利于培养'分析'和'联系'事情之间复杂关系的思维"，虽然有其利亦有其弊，却在有意无意间给他扎下了很深的历史情结。

正是通过凡此种种，我们才得以更好地认识自我、了解他人，走进历史，关心未知，进一步熟悉我们生活的这个世界，从而更好地成长。

阅读的意义，也便在于此。

但是，不可否认，读书，确实是阅读活动中最普遍也最重要的一种方式。读书，同时也是一种能力，与在大自然中栉风沐雨不同，它不是一种本能，不能与生俱来，必须通过后天培养；与在生活中濡染浸润不同，它不能经自发而累积提升，透彻的理解力、敏锐的洞察力、深刻的思考力以及严谨、活跃、理性的思维，必须通过训练才能逐步获得。

二、培育基本思维：教学生学会读书

如题所示，很多人并不会读书。

因为不会读书，所读之书范围也会随之狭窄，也就无从爱上读书，无法体验读书之乐，无缘领略读书所赐予人的丰富、睿智与美好。

"读到高中，上学近十载，孩子们读的书破不了万卷，也能装满一个小小书柜了。"

"倘若让孩子们列举一下所读过的书、所认识的作家，肯定也能写满一张纸呢……"

"你怎么就敢断言很多人并不会读书？岂不是哗众取宠？"

其实，会不会读书，与读了多少书，并没有关系。

也即，读书在于质，而不是量。真正意义上的读书，必须诉诸意义，而不是数量。

我的语文课，有一项常规作业，每周必须要读书，要写读书摘评，不少于三段，要求每周摘记所读之书，并写下自己的阅读点评。摘记和点评，都不限定字数，长短不拘，角度不限。这些读书摘评，每周我都会批阅一遍。

下面，就结合我教高一时，批阅到的那些读书摘评，具体分析。

摘评1

可是每个人都有一定的理想，这种理想决定着他的努力和判断的方向。就在这个意义上,我从来不把安逸和享乐看作生活目的本身。照亮我的道路,并且不断给我新的勇气去愉快地正视生活的理想,是善、美和真。

——爱因斯坦《我的世界观》

学生点评

　　生于忧患,死于安乐。人生需要努力和挣扎,在奋斗中才能彰显生命的意义。

这是一个非常典型的不会读书的例子。

爱因斯坦这段话,是在谈什么?

这个学生的点评,是在说什么?

这个孩子在读书时,并没有试图去理解写作者(爱因斯坦)这段话所表达的到底是什么,他仅仅从中看到了一个短语"不把安逸和享乐看作生活目的本身",便调动自己初中所储备的知识,把"生于忧患,死于安乐"搬过来,嫁接到一处,稍加诠释,写出这么一句充满正能量的话,当作对爱因斯坦这段文字的点评。

实际上,这点评是口号式、标语式的套话,它不承载这个读书人本人的真情实感,既不走脑,也不走心。

他的阅读,是走神的。

他为什么没有读懂呢?

首先,他忽略了这句话"照亮我的道路,并且不断给我新的勇气去愉快地正视生活的理想,是善、美和真",然后,他无视这段文字三句话之间的联系。在他的思维中,这三句话的基本要素并没有整合在一起,并没有构建成一个整体。

这段文字,就好比是开头分析的那张图,也要找到三个关键点,也要把它们整合起来,才能准确理解。

读书，是一个复杂的思维活动，需要多层次的思维运行，需要对文本进行分析，提取基本信息，梳理整合，在大脑中将信息要素建模成型，再提要勾玄，得出意义、结论。

摘评2

真是神奇。很可能，生和死都不过取决于观察，取决于观察的远与近。比如，当一颗距离我们数十万光年的星星实际早已熄灭，它却正在我们的视野里度着它的青年时光。

——史铁生《记忆与印象》

学生点评

本段阐述了史铁生对生与死的看法。运用类比的修辞，把生命类比成星星，恰当地写出生与死的特点。有的人虽已死去，但是他的行为与精神被人所认可与赞同，他就像活在自己的青春之中。有些人虽然活着，却死气沉沉，不思进取，在别人眼中，就如同死亡一般。

先看看我的批语："这是你对这一段文字的理解吗？如果是，那么你理解错了。"

为什么要先问这是不是他对这段文字的理解呢？因为，有时候，读书确实会由此及彼、浮想联翩的嘛！

然而，根据经验，我们几乎可以断定这不是浮想，如果不是浮想，他为什么理解错了呢？

这个孩子，是被现代文阅读理解题带坏了的典型。

他的点评文字，自成一体，内在层次清晰。先概括大意，再分析手法，阐述具体内容，最后点题、引申、升华。头尾俱全，内容丰富，而且还仿写了臧克家的《有的人》，看起来好像还蛮不错！

可是，他这段完整、丰富的点评，与史铁生这段文字，有什么关系呢？

　　史铁生文中的"生和死""远与近"，"数十万光年的星星"与"我们视野里的青年时光"，这三组词语整合在一起，所表达的是什么意思？跟他断章取义出来的"生与死"的宏论，有什么关系呢？

　　别说这些中学生，就是教师，不妨去翻一翻那些年我们读过的书、我们写过的读书笔记，去看看，我们有没有这样断章取义地做过风马牛不相及却又有板有眼、有模有样的解读？

　　这两个例子，是"不会读书"的第一种类型：尚未理解书中内容。

　　事实上，在读书的初级阶段（不一定是上学的初级阶段），不能理解书中内容，是普遍存在的现象。每个字都认识，每句话都能流畅地阅读，但是，连起来却不解其义。这也可以解释，为什么有的人，看过很多书，却依然学不好语文。

　　虽然他们不断听人说，学好语文必须要多读书，虽然他们一直在看书，也确实看了不少书，语文成绩却一直不见起色。因为，虽然看了大量的书，读书的质量却很差，并没有读懂过几本书。

　　解决的方法，如前所述，需要训练两种阅读思维："整合阅读"和"建模阅读"。

摘评3

　　　大自然的美丽在于有春夏秋冬，不同的季节造成了不同的风景，而风景的不同又使我们的心境各异，从而使生活多姿多彩。

学生点评

　　作者以大自然的春夏秋冬不同为例，说明生活的多元化、环境影响人的心境。

教师点评

　　要摘录那些撞击你心灵的文字，那些触动你思想，引起你思考、质疑、共鸣、感动的文字，与之交流、对话，而不是例行公事。

　　要写上书名、出版日期、出版社、作者、页码等信息。

　这个批语，是在给孩子强调，应该如何做读书摘评；告诫孩子千万不要把它当作一种例行公事，为了应付老师而敷衍塞责，随便从什么地方抄几句文字，按照考试要求的答题规范，熟稔地使用答题技巧，写上些无关痛痒的话。这既是在浪费自己的生命，也是在浪费老师的生命。浪费别人的时间，无异于谋财害命啊！

　而下面这个同学，则认真多了：

摘评4

　　如果牧羊人的羊群总是游荡在比他的思想更好的牧场上，那我们该认为牧羊人的生活是哪番情景呢？

——梭罗《瓦尔登湖》

学生点评

　　这句话至今已反复品味无数次，目前处于"只可意会，不可言传"的状态。我不知作者是想表达些什么，我只读出了一种自由、毫不拘束的生活态度。可能是反衬出牧羊人的思想高远，又或者是对这种牧羊人的赞美和向往。再过几年，或许会明白。

　他读得多么认真啊，而且，他是多么诚恳地在阅读啊。他是在认真地思考，研究文中语句的含义，展示自己对其含义的理解，并且，将自己对这种理解的不确定也清楚明白地呈现出来，毫不扭捏作态。

　梭罗的《瓦尔登湖》，对于中学生来说，尤其是之前的阅读对象可能较为简单浅薄的学生，会是一本较有深度和难度的书，读起来可能会有明显的理解障碍。

遇到这种情况，我们就应该鼓励孩子们，让他们像这个学生一样，要诚恳地暴露自己的问题，要真实地展现自己的阅读试探，与老师或者朋友交流、切磋。即便一时间，百思不得其解，也不要放弃，不要转头继续去读以前习惯的没有营养的读物，要抱住经典接着啃，要在摘评本上留下痕迹，要告诉自己，以后我还会再读，"再过几年，或许会明白"。

这才是一种负责任的阅读，长此以往，阅读能力就会得到有效提升。

我怎么给他写批语呢？

"呵呵，你得去联系一下上下文啊，看，如果你标出了页码，就会很容易找到上下文。"

我并不认为他的这个阅读障碍是不可扫除的。因此，我建议他去联系上下文，寻找前后之间的关联。我相信，通过对上下文的揣摩分析，他会理解文中的"牧羊人"和"羊群"的真正含义——"牧羊人"不是放羊的人，"羊群"也不是吃草的羊群，那是什么含义？孩子联系上下文，整合关键信息，反复阅读思考，必然会找到密钥！

联系上下文，分析语境意义，厘清词语的确切含义，同样一个词，放在不同的语境里，其发音可能并未改变，但是其逻辑意义，也即内涵与外延，却会有很大的差别。只有关注具体词语的语境意义，才能准确地推断、判断一段话乃至一篇文章的真正含义，这是避免阅读时断章取义的最有效的方法。

而写上摘录页码，则是为了便于以后的知识检索。读书摘评本，就是我们自己构建的微型图书馆，书名、作者、章节、页码等信息，就是索引。

以上四个案例，除了提供做读书摘评这种具体的读书方法并讲析了摘评的操作方法及意义之外，还提供了三个读书的基本思维方法。

其一，整合阅读：提取基本信息，分析梳理，形成整体。

其二，建模阅读：把握关键要素，建立链接，做出结论。

其三，语境阅读：联系上下文，推敲具体含义，逻辑判断。

掌握这三个基本方法，再加以勤勉地读书摘评，假以时日，学生不但能学会读书，还会步入享受读书的行列，一如他们。

三、高级思维训练：带学生享受读书

能够享受读书，仅仅掌握基本阅读思维是不够的，需要更丰富、更高级的思维训练，而这个思维训练的过程，必须在日复一日地阅读中才能习得。

还以我的读书摘评操作形式为例，下面展示几个各呈异彩的读书摘评。

摘评5

盛誉同学摘录《苏菲的世界》中一段话后，点评道：

> ……当我们看到一个残疾人，我们会说真可怜，他不健全。可是健全是什么，我们怎么知道的？……

《苏菲的世界》是一本很精彩的哲学启蒙书。盛誉同学摘记了很长一大段，并非常认真地写了内容丰富的点评。限于篇幅，摘记内容略去，仅录其点评中的这几句话。因为这几句点评，体现出一个阅读者的思考，从所读书籍出发，思考生活中所见，思考该如何界定"健全"的内涵，提出了一个非常有价值的问题。

正如我的学生邹岚，在高一时点评史铁生《病隙碎笔》时所写："不只是写作，有时候我觉得在阅读时自己也会出现类似的情况，自己似乎总认为书上的是正确的，而没有意识到书上的观点只是作者在表达他自己的观点，而不是一定要强加在读者身上。确实，面对他人的思考时，自己也要思考。"

于是，我非常欣慰地给盛誉同学写道："关于这个问题，可以读读史铁生的《我与地坛》。"

阅读是一架桥梁，是一艘船，载着我们，从这里，走向那里，从这个世界，进入那个世界。而教师，应该是那个架桥者、摆渡人。

盛誉同学这种阅读思维，可称之为"重构阅读"。面对所读之书，富有创造性思维的读者，不仅仅停留在对书本内容的被动接受上，而是积极主动地予以重新构建，于是，一本书就成为一座装满无限可能的宝库，这无限的可能，就蕴藏在数不清的事实与词语之中，只要读者有这个意识和能力，就可以从中挖掘出无限的宝藏，消化，分解，生长。

摘评 6

傅重远同学摘录胡赛尼《追风筝的人》90 页、91 页后点评道：

全书最虐心的部分。阿米尔欲激怒哈桑，用哈桑的报复来给自己赎罪，而哈桑以比他当天视而不救更为懦弱的方式残忍地拒绝了阿米尔，使阿米尔不知所措。两人童年时期的纯真友谊到此彻底结束。

热爱读书的人，自然就会成为勤奋的人，你看，傅重远同学整整摘录了两页内容，写出如上精练的点评。如果你还没有读过《追风筝的人》这本小说，不妨去读一读，看看是不是同意他对于这部分内容的点评。

我是读过这小说的，对这部分内容的解读，便与他不同，所以我对他说，"我不这么认为，因为我觉得哈桑对阿米尔的爱，是那样的……"

为什么我不说他解读的不对呢？

因为，对于一部作品的解读，是没有标准答案的。我是在跟我的学生交流不同的见解。我和他是平等的。对于一本书的解读，尤其是经典之作，在人类阅读历史的浩瀚长河里，它们注定要一次次被重新发现、重新认识。时代在变化，个人在变化，不同时代的人，同一时代的不同的人，甚至同一个人在不同的人生阶段，对于同一文本的解读，也必然会千差万别——只要其人是一个具有独立思想、具备思维活力的人。没有哪一种阅读，是终极解读，是权威解读，所谓正确的、标准的、权威的解读，根本不存在，也不可能存在，甚至写作者本人，也不具备这个权力，因为一部杰作一旦诞生，它便脱离了创造它的母体，而具备了自足的生命力。阅读的奇迹，就在于，不但作者不是主宰，谁都不能够成为主宰。在每一次的阅读中，读者都会不断地发现自我并重塑自我。

作为教师，我们必须谨记，在对文本的解读上，我们与学生是平等的，没有谁是首席，彼此应该尊重，互相交流。

除了哲学、小说、散文，我的学生还会读诗歌，看一看这个案例吧：

摘评7

>……
>世界就是这样告终
>世界就是这样告终
>世界就是这样告终
>不是嘭的一响，而是嘘的一声。
>————艾略特《荒原》

蒋筱寒点评

读了这首诗之后，我仿佛像一颗到处碰撞的玻璃球，在无数种连贯反应或对立之间来回沿着不同的轨迹运动。我好像能理解艾略特那时的心境，也许感觉不到自己到底归属于哪儿。尤其喜欢最后一段，世界就是这样告终，不是像空气过多的皮球"嘭"的一响而告终，而像"嘘"的一声，吹熄蜡烛，一丝光亮也被黑暗吞噬。

面对这样的点评，我只有发自内心的称赞："孩子，你对诗歌的理解力,让我惊叹!"

"闻道有先后,术业有专攻"。必须承认,教师不是万能的,在某些领域,与学生相比,我们很可能弗如远甚。谦逊地、诚恳地面对自己的不足与学生的优长,发自内心地赏识、赞美,常常,这也是我们需要做的。

这两个孩子的阅读,是又一种阅读思维:"赏析阅读"。

"赏析阅读",以鉴赏评价为旨归,从对文本的准确理解出发,立足于独特的个性化解读。尤其在阅读经典作品时,这是最为常见的一种阅读思维。它需要读者有准确的理解力、独特的视角和较高层次的鉴赏力。

还有一种阅读思维,也是使读书能够对人产生巨大影响的有益途径,那便是"体验阅读"。

摘评8

满足,没有痛苦,过一种平淡无奇的日子,这可是件美好的事情;在这平淡无奇的日子里,痛苦和欢乐都不敢大声叫喊,大家都是低声细语,踮着脚尖走路。可惜我与众不同,正是这种满足我不太能够忍受,用不了很长时间我就憎恨它,厌恶它,我就变得非常绝望,我的感受不得不逃向别的地方,尽可能逃向喜悦的途径,不过必要时也逃向痛苦的途径。

——赫尔曼·黑塞《荒原狼》

谢辰逸点评

接下来一年,我要过一种怎样的生活?是大多数人眼中的刷题、奋战、熬夜,不能和朋友散步聊天的生活,还是那种无拘无束、充满未知的生活?太轻易的尝试选择只会模糊了内心。现在的每一天规律有序,欢乐和痛苦小心翼翼地保持着平衡,使我既不会被压力击垮,又不会开心得飞上云端。无得无失,也许我应该知足。但所有人都是有多面性的,我知道有一面还在呐喊:要自由!

所谓"体验阅读",即是将自己的生活体验、思想感情,与所阅读的文本内容,无缝对接,彼此激发融会,此时,阅读便已经是思考本身,书籍便是我生活的一面镜子,藉由书籍,更好地观照自身,跳出自我,审视自我,未经省察的人生是不值得活的,而体验阅读,使我们的人生一次次经受认真理性的省察。

你可能说:"这都是自由阅读,当然会很享受。如果读那些考试要考的名著,你的学生可就没有这么快乐了。"

当然不,只要孩子们学会阅读,不管它是不是考试的内容,只要是好书,孩子们都会用心去阅读、体味、思考、鉴赏,都会有精彩的发现,都会是愉悦的阅读体验。恰恰读书正应该多读经典,因为读书不在于多,一定要读到最有价值的东西。而经典著作,无疑是最有价值的书籍。

下面两个例子,都是高一学生阅读必考名著《红楼梦》时的点评:

摘评 9

在大闹学堂之后,挑起事端的人最终受到了惩罚。先是秦钟和香怜两人被金荣发现,金荣胡编乱造后激起了学堂中各个集团的愤怒。其中最强是贾蔷,他能看透人们的性格,挑拨"又年轻不谙世事"的茗烟之后就预知了接下来发生的战斗,"故意整整衣服"走了。不出所料,在势力、地位、金钱关系错综复杂的情况下,谁都不服,混战难以避免。"顽童闹学堂"的背后,是中国几千年留下的封建等级观念,权力、地位,成为左右人们行为的力量。"我爸是李刚"不也就这样么?

——吴依洲评点《红楼梦》"顽童闹学堂"

摘评 10

宝钗在这儿可谓使了个欲擒故纵的法儿,她心里实想将自己的金锁给宝玉看,但又不想自己拿出来,以免失了大家闺秀的风度。于是就使宝玉想看而自己不得已才将贴身每天带着的"无趣儿"的东西拿给宝玉看。莺儿在这里起了至关重要的作用,可见小姐有个明事体的丫鬟是多么重要。

——陆绮点评《红楼梦》第八回

让我们分析一下,在阅读中,这两个孩子的思维都进行了哪些活动?

提炼要素,整合信息,构建模型,概括大意,抓取细节,推敲语境意义,分析人物形象,重构赏析,联系现实生活,体验思考,做出评判。

所以说,阅读是一种思维的复杂运行过程,是一种能力的积累递增,每一个层级的阅读思维,都是以前一个层级的思维为基础,也都为更高层级的思维能力拓宽道路。如此,才能够成为博览群书、学以致用、博观约取的睿智饱学之士,而不是一个木讷的两脚书橱。

如果,三年高中,都坚持这样读书,会有什么收获呢?

这是两个高三的孩子,在2010年高考前夕,回顾自己的阅读生活时所写下的文字:

"在读书的过程中,我越来越有勇气面对自己,即使面对自己的弱点,我已不只是单纯地感到悲哀了,面对自己的长处,也不仅仅只有骄傲了。是的,在读书的过程中,慢慢学会了自己思考,读书并不是把别人的观点塞到自己脑袋中,而是在那些名家的引导下去思考自己可能未曾想到的事。"

"高中以来的阅读,使我明白得最透彻的应是对待人与事的态度,对未知的保持沉默,对一知半解的谨慎小心,重启认识的大门,放下傲慢与偏见。"

四、原则突破困境：教学生爱上阅读

当前中学生的阅读现状，除了引言所述诸种，还有一个现实困境，需要引起重视：阅读面过于狭窄。

第一，所读书籍，常常仅限于文学，大多是散文随笔。历史类（包括人物传记）的书，读得太少了；经济、哲学、科学、法律、政治学、社会学等门类的书，较少有人涉及。因此，才会造成学生在论述问题、阐发自己观点时左支右绌的现象，这实乃阅读使然，感性有余而思力不足。知识结构不完善，思维能力欠缺，容易上当受骗、被煽动、被蛊惑。

第二，在其所阅读的文学范畴中，杰作和大家，也存在严重不足。中国的太多了，外国的太少了。我虽不至于像鲁迅，说不读中国书。但是，不得不承认，中国的作家，尤其是现当代作家，能够在世界范围内享有盛誉者寥寥，而那些成就斐然的中国现当代作家，常常不能进入孩子们的阅读视野。这对于那些热爱读书、勇于思考、求知若饥的孩子来说，真是一个巨大的遗憾。

第三，而在所阅读的中国作家作品中，现当代的又太多了，古典文学则付之阙如。胡适、鲁迅等人倡导白话，有其历史背景，而且他们那一代人，都有极深厚的"内功"，所以，他们才能创造出一代白话的杰作。在孩子们的阅读视野中，先秦两汉、魏晋六朝、唐宋明清，常所出极少。诸子百家、诗经楚辞、乐府古诗、汉魏风骨、六朝笔记、唐诗宋词、古文观止、传奇杂剧、明清小说等这些历朝历代的典范之作，期间的名家大家，除了教材所选课文，其余则难觅踪影。文化是要有根的，这根就是本民族文化的经典之作。对中华民族的语言文学，要有衷心的热爱，能沉入其中，发现她的美丽与绚烂，涵咏体会，以她的博大丰富浸濡自身，更需要有理性的反思，能跳出其外，承认她的丑陋与畸形，审视拷问，努力从因袭的沉疴中睁开双眼，迈步前进，哪怕步履艰难。

如何解决这个现实困境？必须从教师自身做起，教师要先于学生读书，要广于学生读书，要使读书成为自己的职业必须，然后，才能做到与学生一起读书，从而指导学生读书，与此同时，还要研究课程开发，善于开发诸如阅读课、阅读节、诗歌节、"每课一读"、读书报告会、文学大师专题研究等多种多样的阅读课程，使师生的阅读生活成为语文教学的常态。

最后，与大家分享我的阅读指导原则：

第一，阅读是一种对话，倾听并交流。

在准确理解了作者之后，要有自己独立的思考，收获、质疑与困惑，而不能把自己当作一个两脚书橱，全盘接纳，随声附和。因此，我常常在批阅学生的读书摘评时，阐述我与学生以及作者所持的不同见解。

第二，阅读是一种成长，感性与理性，头脑与心灵。

在日常阅读之中，要能够不断地"自拔与更新"，"见贤思齐，见不贤而内自省"。中国的教育环境，尤其不重理性，学生们在谈论问题时，极易呈现一种浮靡奢华的样貌，才情有余而思力不足，而在思辨性上，则会出现逻辑不能自洽的情状，甚至会给人无病呻吟、假大空的感觉。

其实，这恰恰真实地暴露了我们中学语文教学阶段阅读教学的普遍问题。高中生，尤其是到高二、高三之后，就应该具备逻辑严谨、理性客观、思辨锐利的特点，之所以太多的孩子不具备，是我们的阅读教学有问题。在指导阅读时，教师应该注重健全学生的理性，拓宽他们的视野。因此，我常常要犀利地指出学生在评点时的逻辑漏洞。

第三，阅读与写作应该结合。

在读写结合的过程中，逐渐将所读内化成自己的血液骨骼，读出作者，读出自己，读出问题，读出收获，这当然离不开思考。思考的能力，得益于开阔之视野、客观之理性，同一个问题，不局限于一家之言，不拘囿于一架藩篱，广泛涉猎，博观约取，比较异同，乃有真知灼见。这就是为何我常常在批语中推荐同题而不同人的著作。

让我们重温一遍美国诗人艾米莉·狄金森的这首诗：

　　没有一艘船能像一本书 / 也没有一匹骏马能像—— / 一页跳动的诗行那样， / 把人带往远方。

　　这渠道最穷的人也能走， / 不必为通行税伤神。 / 这是何等节俭的车—— / 承载着人的灵魂。

　　衷心地希望，藉由此文，让更多热爱阅读的孩子，在精神心灵成长的旅途上，能够不再孤独地跋涉，让更多如我一样致力于阅读研究的老师，意识到改变的重要性，勇于探究，付诸实践，并能与孩子们共同成长！

　　希望我们能一起带领学生，共赴阅读之豪旅，并行至那繁花盛开的美域，流连，沉醉，舞翩跹……

　　作为一线教师，多年来，我一直致力于阅读与写作的研究探索，曾专门撰文谈过写作教学，而对于阅读，虽然我进行了大量的实践，也积累了大量的一手材料，由于其本身的特点，这个动态的过程的确难以呈现，也由于我自身的疏懒惰怠，迟迟未做梳理。

　　及此成文，交流于同道，求正于大方。

（2015 年 9 月 15 日 13 点 20 分）

教师应该怎样读书

一

1930年11月,胡适先生在上海青年会发表了题为"为什么读书"的演讲。回答"为什么要读书",他总结了三点:

第一,因为书是过去已经知道的知识学问和经验的一种记录,我们读书便是要接受这人类的遗产;第二,为要读书而读书,读了书便可以多读书;第三,读书可以帮助我们解决困难,应付环境,并可获得思想材料的来源。

在演讲中,胡适先生如话家常,深入浅出地分别对以上三点进行了详尽的阐述。

这篇文章,被收入许多胡适文集中,比如我手头这本书——长江文艺出版社2012年出版的《胡适散文精选:不朽》(胡适先生逝世50周年纪念版)中,第一辑的第二篇便是此文。建议未曾读过的读者,全文阅读。

之所以会想起胡适先生这篇收入《不朽》文集中关于读书的演讲,是因为近日读了常生龙先生的新书:《读书是教师最好的修行》。

二

称常生龙为先生,因为他的确配得上"先生"这个称呼。

先生年届半百,而声如壮年,目光炯炯;先生为物理特级教师,而每日读书,读必作文,健笔如飞;先生为上海虹口区教育局局长,而手不释卷,笔耕不辍,写博客,开专栏,抓管理,促"教改",思维敏捷,视野开阔。

常生龙先生这本书,从他自不惑之年(2005年)评为特级教师起,矢志每周读书一本并"撰写至少一篇读后感",迄今十年间为其所阅读500余本书而写的500余篇(凡200余万字)书评中,精选50篇,荟为五辑。

一曰"教学即创造"。该辑精选了10篇有关课堂教学和学生成长书籍的书评,除了这10本书之外,还附录了15本相关书籍,作为延伸阅读。

二曰"教育即生活"。该辑辑录10篇书评,附录11本书、2部电影,强调教育和生活的关系,旨在帮助人们正确认识和处理教育生活中的诸种关系,过上快乐和幸福的生活。

三曰"学校即社会"。学校,一方面要给孩子提供接触真实社会的机会,另一方面要鼓励孩子在真实的生活中获得锻炼。选入书评11篇,延伸阅读,亦附录10本。

四曰"理论即支点"。该辑精选9篇关于9位教育名家著作的书评,与11本延伸阅读的书籍相辉映,覆盖哲学理论、实践操作,蔚为大观。

五曰"变革即未来"。该辑包括10篇书评与12本延伸阅读书籍,既有美国专家构建全球顶尖教育体系的思考和研究,也有芬兰教育道路的经验总结;既有对学生创新力培养的思考,也有互联网时代教学方式变革的探索:移动互联、幕课、可汗学院、微课、翻转课堂……令人目不暇接。

从五辑简介中,即可发现,常生龙先生读书,以及写书评,与胡适先生在《为什么读书》演讲中所说目的相同。或则继承前人知识的遗产,以成家立业,发扬光大之,譬如第四辑对教育经典的阅读;或则以书籍为向导,触类旁通,左右逢源,以获取更多的资源,开阔更广大的视野,譬如第五辑"变革即未来"之立足当下关注教育发展所读之书;或则由书籍所供给之思想材料,所提供之知识与方法,提升能力,深化素养,以解决困难,应付环境,获得更大的进步。譬如第一、二、三辑,立足于现实,分别从"教学""教育"和"学校"三个维度谈读书之用。"读书好像用兵,养兵求其能用"，我想，常生龙先生一定是极为赞同胡适先生这话的。

纵观整本书，收录50本书的书评，延伸阅读61本书（电影），其集十年读书之力，萃五百写作之功，而成此集之苛严，其对教育研究之宽广深刻，于当今读书著述之教师中，可谓观之止矣！

三

在《读书是教师最好的修行》一书的后记中，常生龙先生说，年届不惑被评为特级教师后，他"选择将读书作为自己的生活方式，期望通过阅读来为自己增添智慧，厚实精神的底色"。而实际上，在这10年的读书历程中，他通过读书与写作所收获的果实、所产生的影响，已经远远超过了他的预期。

后学如我，便是凭所撰之书《不拘一格教语文》和《重建师生关系》得以结识常生龙先生，并建立了书友之谊，实为人生之乐事、幸事。如今，人到中年，每于人生艰辛中，感到左支右绌、身心俱疲时，我便会感念生龙先生之所为，而重新鼓舞起对生活的勇气和信念，兴致勃勃地"生活"下去。

不仅是我，那些与我一样，时时追随先生的博客，踵武其尘，拾级而上者，都是受其恩惠的人。犹记得，有一年，生龙先生想出了一个在读书人中间传递好书的法子。他每周选书放在单位传达室，感兴趣的博友可以去取了读，读毕送回；若有好书相荐，亦置于传达室中……至于身为教育局长的他，为推动上海虹口区的教育革新之进程所做的诸种努力，也无不与他的阅读和写作，息息相关。

先生之境界，虽不能至，先生之力量，足可传递。

要写常生龙先生，却先写到胡适先生，除了因为二位先生关于"为什么读书"的见解可以隔着时空额首会心一笑，还因为，我也想如唐德刚称胡适一般，说"我的朋友常生龙"。

我的朋友常生龙先生，其为学也，金声玉振，其为人也，文质彬彬，其待人也，霭然自如。先生之谓，名至实归。

四

前面援引胡适先生的演讲，结合常生龙先生的书以及他的读书与写作所产生的影响，关于读书的益处，已经做了详尽的分析，"为什么读书"这个问题，好像已经没有必要再讨论了。

然而，我还是有话要说。

还是从《读书是教师最好的修行》这本书说起吧。

这本书，从常生龙先生十年中500多篇书评中选了50篇教育教学书籍的书评，结集而成，题为"读书是教师最好的修行"。不熟悉常先生的读者，大概会以为，他对教育情有独钟，看：十年如一日，日日都在读教育教学的书籍。

实则不然。

在常生龙先生的新浪博客上有一个博文分类为"读书评论"，计有543篇文章。浏览一下，的确是以教育类书评居多，但绝不是清一色的教育书。非但不只是教育书，其他多种门类的书，诸如哲学、历史、文学、心理学、自然科学等，均有涉猎。

逐页扫过，有唐德刚记述之《胡适口述自传》，有廖宗廷主编的《珠宝鉴赏》，有弗雷德里克森的《积极情绪的力量》，有托克维尔的《旧制度与大革命》，有刘瑜的文集《观念的水位》，有余华的小说《第七天》，有莫言的《丰乳肥臀》和《蛙》，有黄晓阳的官场小说《二号首长》，有布朗的《饥饿的地球村》，有亚瑟·史密斯的《中国人的脸谱》，有管理大师德鲁克的《旁观者》，有里吉斯的《谁得到了爱因斯坦的办公室》，有劳埃德的《古代世界的现代思考》，有何伟的《寻路中国》和《江城》……限于篇幅，仅枚举数篇。

如果说，常生龙先生十年读书是一幅波澜壮阔的油画，若是擦去十年中，他所读书籍中的这些驳杂与丰富，那这幅十年读书图便失去了活泼灵动的色彩，而显得呆板滞重；如果说，常生龙先生十年读书是一组恢弘动人的交响乐，几乎无法想象，若是没有了长笛、黑管，没有了圆号、竖琴，没有了教育书籍之外的副歌与变奏，这组十年读书交响乐是否还能有动人心弦的魅力。

所幸，这些假设都是假的。

真实的常生龙先生，不仅仅是追求读书致用的物理特级教师、虹口区教育局局长，他首先是一个和谐完整的人，在他的眼中、心中和手中，有一个完整的世界，这个世界不仅有"格物致知"之务实价值，更有"心之所向"的安静与美好。

五

作为一个教师，不读书，是绝对不合格的，而只读教育类甚至本专业类书籍，也是远远不够的。一个教师，如果只读教育书籍，与不读书的教师相比，也是五十步与一百步之别。

"为学要如金字塔，要能广大要能高"（胡适语）。教师的阅读，就应该像胡适先生所说的、常生龙先生所做的这样：既要有专业钻研的峻拔之高度，又要有博采众家的广大之根基。根基越是深厚广大，专业越有可能迈向峻拔。

那么，教师应该读哪些书？每个教师情况不同，要别人给自己开书单，无疑是最不明智的偷懒之举。但是，教师读书，还是有些共性的。

第一，既要沉潜本专业的经典之作，也要钻研本专业的最新成果；既要有对传统的理解继承，又要保持对前沿的关注并能吸收汲取。如此，方能保证自己的专业知识有源亦有流，有根亦有果。此处所说的专业之作，也包括教育学和心理学。

事实上，很多教师，这一点也不能做到，仍可以考试分数而独步讲坛。

第二，不能只阅读流行读物，更要研读广泛意义上的人文经典之作，即那些人类文化长河中留下的宝贵的精神财富，那些文学、艺术、哲学、历史、科学、社会学甚至政治学、经济学、法学、神学等门类的经典之作。卡尔维诺在《为什么读经典》一文中，曾这样说："（经典）作品有一个特殊效力，就是它本身可能会被忘记，却把种籽留在我们身上。"

遗憾的是，最应该具备人文素养的教师，也是最匮乏的群体。

第三，一个教师，要有意识地弥补自己的专业缺陷，打破专业壁垒，选择非本专业的书籍拓宽视野，增长见闻，以使自己成为一个完全的人，而非一架适用的机器。

教师行业，是有专业化之差别的。按学科划分，便有文科教师、理科教师和艺体教师之别；按学段划分，又有幼教、小教、初中、高中、大学等不同学段之差。教师必须正视这种差异，并努力去弥补差异所造成的知识与经验等方面的欠缺。

比如，理科教师，不妨多读读文学作品，小说，戏剧，诗歌，散文，即使不能使自己拥有浪漫主义的情调，也至少使自己能够认识浪漫主义、接受浪漫主义，并对此保持温情；而文科教师，也应该读读科普作品，了解客观世界的秩序，对其精密严谨各归其序的古典主义，即使仍不能亲手操作，不能够欣赏物质世界的古典美，也要让自己知道，在数理机械分子代码的世界里，也有人可以发现诗歌一样的美、音乐一样的和谐、图画一样的绚丽，并对此心存敬意。

然而，僵化保守，固步自封，以壁垒为屏障，彼此之间互相推诿，却成常态。

第四，多看好电影。一部好电影，带给人的教益与震撼，有时甚至超过一本书。而且，电影是对多种艺术门类的综合运用与展现。一部好的影片，在艺术上能够给人以熏陶，在心灵上能够给人以震撼，在精神上能够给人以启迪，当然，前提是，好电影，以及，能看懂。

不得不承认，好电影是不好看懂的；更不得不承认，不知道何谓好电影，以及看不懂好电影，在教师之中，比比皆是。

阅读，就是要把我们有限的可以自由支配的时间，投入到对杰作的体会和领悟中去。藉此，或许可以让身为教师的我们，获得更多的尊严，发现并创造更多的美好，使我们有能力让课堂产生更多的杰作。

因此，我期待过一段时日，我可以读到常生龙先生写的一篇关于诗歌的读书笔记。我更期待，有出版社能够注意到常生龙先生五百多篇读书评论中，那些灵动活泼的变奏。

至于我，我希望我这个语文老师，能够以数理化老师那样的严谨和条理，如常生龙先生那样，对自己订下的目标严格执行，管理好时间，规划好生活，以古典主义的朴素，完成我的新书《教育：一场惊人的旅行》，并请常生龙先生写一篇浪漫主义的书评。

（2015年11月8日20点40分）

第三章 | 创造属于自己的世界

怎样做一个出色的语文教师

在《不拘一格教语文》一书出版后,中国教育科学院张鹏举老师读后有这样的评价:"这才是真正的语文教育,这才是高水平的语文教师。"他认为,"教语文,能够入格已属不易,破法而出,'不拘一格'去教,则就更是非同一般了"。按照张老师的话说,为探究"支撑这'非同一般'的背后究竟是什么",于是我们有了下面的一番交谈。(以下,张鹏举简称"张",史金霞简称"史"。)

一、境界:首先是教育

张:史老师,您好!在您的大作《不拘一格教语文》中,我读到这样一句话:"与其说教育者应该去培养一个怎样的人,不如说教育者应该追求自己做一个怎样的人。"这是您从事语文教育工作的首要追求吗?

史:张先生,您好!您是前辈,能与您交流学习是我的荣幸。其实,2007年7月写这本书的草稿时,我拟定的前言题为"首先是教育"。我认为,不管一个教师教什么科目,都不应该仅仅把传授学科知识作为出发点和终极目标。"师者,所以传道授业解惑也。"一个教师,如果把自己定位为授业之师，势必会目光短浅、急功近利，会在教学工作中背离教育。就教育而言，不管他教哪个学科，只要是遵循教育的内在规律，教书育人的本质其实是相同的。

我非常认同美国教育家帕克·帕尔默在他的著作《教学勇气》中的观点："真正好的教学不能降低到技术层面，真正好的教学来自教师的自身认同与自身完整。"

我们追求成为一个合格的教师，首先，应该追求成为一个人，一个具备独立精神、自由思想的、完整的人。

世界著名的教育专家马克斯·范梅南说，教育是对成长迷恋的事业。不能以为教育只是教师帮助学生成长，教育者在教育的过程中，也在进行着自我教育，教育着，也被教育着。真实的教育，应该是连接教师和学生的心灵与思想，能够让师生在人的平等的层面上，共同成长，彼此促进，真正地达到"教学相长"。

张： 在一次阅读课上，您发现有两个学生的朗读速度比其他同学慢得多。您非但没有中止他们的朗读，反而引导其他学生接纳他们，最后还对同学们能够接受这两个同学的特殊读法给予了充分的肯定，认为"大家都学会了欣赏和包容，这才有了我们这节阅读课的和谐圆满"。类似情况还出现在电影欣赏课对学生的文明教育中。您是如何理解语文课的价值取向的？

史： 首先，作为一个语文教师，我由衷地热爱我的专业。报考师范院校时，我可以有多种选择，但因为热爱，我最终选择了汉语言文学这个专业。

一个语文教师，必须要有专业自觉。对中华民族的语言文学，要有衷心的热爱，既能沉入其中，发现她的美丽与绚烂，又能跳出其外，承认她的丑陋与畸形，并努力从因袭的沉疴中睁开双眼，迈步前进，哪怕步履艰难。

一个语文教师，要教语文，更要用语文去教。与其他学科相比，语文课确实应该承载更广博、更丰厚的内涵，生命意识，人文关怀，价值取向，绝不应该只是一句空话。在语文课堂上，种下一棵勇于栉历史腥风、沐时代血雨的精神之树，扎根于坚实的大地，渴望着阳光生长，使学生养成悲天悯人的情怀，培育现代公民的责任担当意识，是语文课应有之义。

张： 在该书的第二单元《唤醒沉睡的心魂——我这样教写作》中，您提炼出了一套行之有效的做法。这一套做法，既回归了写作教学的本源，又形成了独特的史氏写作教学法。从表面上看，这是一套写作训练体系，究其实质，这分明是一路追随着学生成长的足迹。请谈谈您是怎样践行"教师要做精神家园的守护者"这一理念的。

史： 呵呵，张先生您一下子拔高了我的实践，真不敢说这是"史氏写作教学法"。不过，如您所说，我确实是一直致力于守护我和孩子们的精神家园的。

不仅限于"写作教学实践"中，阅读教学、实践活动课的组织、诗歌教学的拓展以及电影课教学的开发，在所有这些课型中，我都以守护师生的精神家园，使之自由、蓬勃、个性地生长为出发点，每一个环节的操作法，也以其是否可以促进精神心灵的成长为取舍原则，每一次课型的调整变革，也是为了更好地达成人的成长这一目标。

就像我在该书的扉页上所说的，我一直致力于让我的语文课，成为一门有意义的课，成为学生的梦想和快乐的期望，成为思考开始的地方，成为可以透露出智慧和人性的角落，成为我的心和他们的心融会交流的家园。

二、视野：读书如呼吸

张： 在谈到诗歌教学时，您这样写道："对于学生而言，越是隔膜的诗人，越是需要教师的强力运作，像狄金森、里尔克、弗罗斯特、博尔赫斯，莫不如此。而即使是国内相距并不遥远的诗人，比如顾城、海子、北岛和食指，因为所处时代的特殊以及各人际遇性格的强烈个性，也需要教师动脑用心下功夫。"请您谈谈这"力"从何来？"功夫"何在？

史：以前有个说法，要想学生有一杯水，教师必须有一桶水。后来又有人说，这不对，应该是教师要有自来水，要做一条河，要做一片海。其实，这还都是定位于教师是传授者，学生是接收者。以为教师拥有的越多，所能够给予学生的也就越多。

如今这个时代，一个教师，尤其是一个语文教师，应该做一个领航者，一个赶海人，引领学生，激发学生，使之求知若渴，求智如饥，保持热情，并且获得求知的信心和能力。因此，我一直提倡"教材为我所用"，教师要充分利用教材，开发资源，构建课程，并且要以完全开放的姿态，与学生共同建构语文课堂。而不是如当下有些教师的做法，不喜欢让学生在上课之前查询资料、掌握第一手材料，封闭课堂，让学生成为被动的接受体。

我主张打开课堂，打通课堂内外之隔，丰富并建构文本意义，使课堂开放丰富、自由饱满、健康有力，具备不断生长的可能。面对任何一个文本，教师在备课时，都应该站在时空的坐标线上，致力于探求它的内涵与外延，充分利用自己的资源，调动可以调动的一切因素，纵深挖掘，多维勾连，比照裁汰，最终确定自己课堂教学的目标、所要采用的方法与所使用的素材。

"语文老师不是只给学生讲书的，语文老师是引导学生看书读书的。"作为一个语文老师，我把叶圣陶先生这句话，当作终生的勉励。

张：您在教《长亭送别》时，在"看这一场生离死别""为何是生离死别"两个环节之后，又进入了第三个环节："曾经有太多的生离死别"，让学生从《诗经》一直读到当代流行歌曲，共涉及23个作品。这样大容量的教学内容，是对教师文学视野的考量，请谈谈您的文学视野是怎样形成的。

史：这应该首先得益于兴趣。如前所述，我是发自内心地喜欢汉语，尤其是古汉语。历史散文、唐诗宋词、魏晋笔记，这些对我而言，确实具有独特的魅力，甘之如饴。在上师专时，我有两门课程是考取年级第一的，一门是古典文学，一门是教材教法。

值得一提的是，我的大学本科是参加全国高等教育自学考试的。因此，相对而言，我的基本功比较扎实。那时的自学考试是很严格的，题目是众所周知的繁难，不认真读书，是不能通过的。我那时，一边自学，一边把自学的内容运用到课堂教学中去，各个时代代表作家的代表作品悉数背过。游国恩先生主编的自考教材《中国古代文学史》，一共五本，是出了名的难学、难记、难考，但是，我一次就考过了。

我一直都坦承，因为历史原因，我们这一代"70后"的人，大部分文化根底浅。我也是其中之一。之所以会让人感觉我视野开阔，基本功扎实，大概是因为这块土地太贫瘠了。我从来都不敢说自己饱读诗书，我所读过的，只是浩如烟海的文史经哲诸子百家之中的最皮毛的东西。

张：在您的语文教学中，"几乎，每节课，都有书推荐，每周都有阅读课，每周都有读书摘评，每个寒暑假都有一个内容丰富、相对完整的推荐书目"。我也在您的新浪博客上，看到了您这个寒假给高二学生所开的书目，其范围之广、程度之深，确实令人惊异。"问渠那得清如许，为有源头活水来"，请谈谈您自己的读书生活好吗？

史：我的读书史，是从听书开始的。

收音机，是我童年最亲密的伙伴、最好的老师。20世纪80年代，收音机里的节目是让人心驰神往的。除了各大电台的《每周一歌》、中央人民广播电台的《小喇叭》和《星星火炬》，我对于各电台的小说连播、广播剧、话剧、电影、戏曲以及相声等的播出时间，全部都了如指掌。而当时所播放的，都是一些经典名著，我在听书的过程中，丰富了想象力，于我贫瘠的心灵上播入文学之种。

在我的小学时代，看过的书，也有一些，比如小人书（《西游记》以及孙敬修爷爷讲的《西游记》）和连环画（印象深的就是五年级看的电视剧连环画《血疑》）。优秀的作品有鲁迅的《狂人日记》，那是在四年级的时候，我去同学家玩，从她上高中的姐姐的语文书里读到的，真是被鲁迅的文字迷住了。他们在那打扑克，我就一个人坐在炕头上看书。还有一本语文读本,里面有好多中外小说,其中,契诃夫的《万卡》,给我留下了深刻的印象。而我第一次读的长篇小说,竟然也是一中一西:小姑送我的《叛女》(邢院生著)和小叔送我的《东方列车上的谋杀案》(阿加莎·克里斯蒂著),这两本书,都是黑色的封面,至今保存完好。

到了初中,就开始接触报纸和杂志。那时候,我开始剪报,开始摘抄,把自己喜欢的文章、诗歌剪下来或抄下来,与此同时,开始了自己带有文学性质的写作。

将读书和写作合二为一,始于大学。值得庆幸的是,我上学早,到大学时刚17岁,正是吸纳的好年华,记忆力和理解力都是最好的时候。我一方面按照自己的兴趣,一方面按照自己的专业,对于各种书籍,吞咽咀嚼:苏格拉底、柏拉图、但丁、弗洛伊德、斯宾诺莎、卢梭、罗曼·罗兰、雨果、莎士比亚、培根、泰戈尔、歌德、大小仲马、邓肯、狄更斯、司马迁、屈原、李白、杜甫、李商隐、曹雪芹、鲁迅、巴金、老舍、冰心、张爱玲、柯云路、张贤亮、老鬼、霍达、三毛、王朔……两年,几百本书读下来,整个人就慢慢地发生了变化。

而将读书和写作逐渐化作自己生命中必不可少的元素,则是在参加工作之后。

随着年龄与阅历的增变,阅读和写作的兴趣也发生了转移。文学作品逐渐不再是我的主要阅读对象,文化、哲学、历史、教育、思想:苏霍姆林斯基、杜威、卢梭、佐藤学、加缪、萨特、帕尔默、柏拉图、孔子、胡适、林语堂、梁漱溟、邵燕祥、孙郁、张中晓、林贤治、李欧梵、殷海光、龙应台、王小波、章诒和、傅国涌、王开岭、陈丹青、徐晓、北岛、林清玄、苏小和、李镇西、朱永新、王荣生、叶澜、肖雪慧、吴思、余杰、黄全愈、李泽厚、史铁生、周国平……更多更广的人文视野逐渐向我打开;而小儿女的文学性"碎笔"也慢慢地让位给教育随笔和教育思考等更多理性的文字。

正如叶圣陶先生所言,读书是每个人一辈子的事情。亦如斯宾塞所说，写作是一个人自己的事情。我必须读书，就如同我必须呼吸，我必须写作，就如同我必须说话。

三、胆识：立人的课堂

张：现在，学生"早恋"是一种较为普遍的现象，也是学校教育中较为棘手的难题。您"大大方方"地和学生"谈情说爱"，表现出"霞姐"足够的坦诚与善解人意，表现出一个教育者的宽广胸怀。可以谈谈您这"高人一等"手法据自何出吗？

史：呵呵，如果您跟我的学生谈"早恋"这个话题，他们一定会跟您说："早恋是个伪命题！"因为，我就是这么对他们讲的，而且，也得到了一届又一届学生的认同。

对于一种必然出现的问题，无视它出现的合理性和必然性，一味地回避乃至压制它，本来是正常的事情，却被不正常的思维变成了魔鬼；本来是美好的感情，却被卑污的意识当作了丑陋；本来是健康的心智的发育成长，却被专制的专横压挤成了不健康的病态。

更何况，这本来就是人性之中最美好的情愫。试问一个个成年人，我们的青春年少时，是怎么度过的呢？难道我们真的忘记了，"我"也曾这样慢慢长大？难道我们一定要让曾经如"我"一样的年轻人，受难再如"我"？

我认为，不可避免的问题，就要大大方方去面对。

为什么要把原本光明灿烂的美丽变成不可告人的隐秘？为什么要把本来纯粹的洁净的感情，当作必欲除之而后快的毒瘤？为什么不能谈论？为什么不能感谢？为什么不能以虔敬纯洁的心地，让青春的美丽化作人生中最美的一段回忆？

美好的东西，就让它作为美好来绽放，就让我们把美好收藏。这是回归常识，也是尊重人性。

张：在阅读教学中，您对学生大胆地提出"四要四不要"的要求。您所倡导的这种"独立思考""批判精神"会不会将学生引向"狂妄"而毫无敬畏之心？

史：首先，我重申一下我的阅读"四要四不要"："要敢于提出自己的看法认识，要敢于提出异见，要敢于坚持自己认为有根据的道理，要突现自己个性的智慧，动自己的头脑，而不依赖他人；不要迷信书本，不要迷信权威，不要迷信老师，尤其是不要意图在我这里找到唯一的标准答案，我的观点只代表我个人。"

综此"四要四不要"，诚如您所说，旨在培养学生独立思考的能力，使之具备批判精神。

独立思考，并不是不参考别人的意见。我在提倡独立思考的同时，也让学生铭记"布拉格公民论坛"的《对话守则》，学会倾听，学会交流，学会尊重。

批判精神，也不是狂妄自大。批判的目的是发展，是完善，是建设，批判是基于内心有对美好与不断生长的期盼与渴望，所以我也同时给学生讲述钱穆先生的历史观，对于不能确知的，既要有温情与敬意，又要具备了解之同情，保持谦卑与敬畏。

比如，我们在课堂上对很多文本的解读，学生之间、师生之间的对话交流，经常会发生观点的碰撞，甚至激烈的争论，但是，不管彼此观点是否一致，都力求用证据说话，以理服人，以情动人，求同存异，而绝不会出现"非我族类，其心必异"的人身攻击。

失去了独立思考，丧失了个性意识，不具备批判精神，没有广阔的眼界、开阔的胸襟和睿智的思想，语文教学也就不可能具有触类旁通的丰富、由表及里的透彻和敲击心灵的深刻，就不可能立己而立人。

张：您在阅读教学中主张"尊重历史，还原文本"，将被删改的内容恢复原状，您觉得这种做法是不是有些冒险？有什么副作用吗？

史：我从来没觉得我这是在冒险。首先，我确实对于编辑教材者对于原作进行删改有不同意见。如果觉得不合适，可以弃之不用；如果觉得文本太长，可以节选。按照自己的意图，随意删改，不管是出于什么原因，我都觉得这是不妥当的。

但是，我并无意于冒犯前辈或权威，这种还原，主要是基于尊重，对作者，对读者，乃至对编者，都是一种尊重。在我的书中，可以看到，我是将这种文本的变化与对比，当作一种课程来开发的。

至少到目前而言，我还没有发现这有什么副作用。因为，作为课程资源引入课堂教学之后，学生的思辨精神、鉴赏力和宽容精神，都有明显的增益。这些，在我的课例《属于那个时代的长江三峡》《斑纹》和《奥林匹克精神》中，都能体现出来。

此外，我想补充一点，关于什么样的语文课才是真正的语文课，这样的问题，我觉得是个伪问题。如果语文课只有一种或几种上法并且只允许几种上法，那肯定不只是语文的悲哀了。而当一个语文教师无法回答诸如"你为什么要这样上语文课"的问题时，也说明他尚处于阅读教学的混沌迷惘之中，他的语文课势必是盲目的，是经不起追问的。

每个语文教师的语文课，都注定要打上语文教师自己的个人特色。面对教材，必定有一个语文教师自己的选择和对策。最重要的是，这种选择和对策，是自发的还是自觉的。一个语文教师，应该确立自己的语文教学追求目标，这个目标绝不能只是期中考、期末考、中考或高考你的学生的语文分数达到多少，而应是，通过你的语文课堂教学，你要传递给学生什么，并且，从中你自己渴望获得哪些成长。

我想，心中有人的课堂，才是有温度的课堂、有思想的课堂，才是有重量的课堂、有个性的课堂，才是活的课堂。

（2012 年 1 月 12 日 22 点 30 分）

谁有权规定语文课该怎么上

2012年6月初，何勇老师通过新浪微博告知我，《语文学习》第6期上有一篇争鸣文章，是与一篇关于我的报道商榷的文章，如有不同意见，希望再商榷。

一直很期待看到这篇文章，虽然仅是针对一篇记者写的报道。作为一个执教将近20年的语文教师，我非常希望能够就语文教学，与更多同道中人诚恳地探讨交流。

然而，看到郑逸农老师此文后，我很有些失望。

第一，郑老师文中所"破"之"非语文课"，并不是我之语文课，如果没有关于那篇报道穿插于其中，倘使看到郑老师此文，我真不会认为这篇争鸣文章与我的语文课教学，有任何关系。第二，因为郑老师所立标的之失真，则其后郑老师所边破边立之语文课的标准和目标，也便因之在一定程度上失去了力量。第三，仅从此文所体现出来的，郑老师对于语文的定义与论述，有太明显的逻辑漏洞。

"来而不往非礼也"，出于对"在中学任教了21年"的郑逸农老师的敬重，以及对自己语文教学的基本尊重，我也从三个方面，回复一下。

一

《中国青年报》2012年2月8日关于我的那篇报道题为"语文课可以变得很好玩"。

其实，我个人是不认同这个说法的。在我看来，语文课本来就很好玩，但是，却不仅仅是好玩。好玩只是一个触点，一个最表象的看点。这样的题目，包括开头的那段文字，我想大家也知道，这是报纸吸引眼球的一种惯用手法，是一种很文艺、很形象的描述，而且，它的这种呈现，并不取决于我，它既不代表我对语文教学的理解，也不等同于我的语文课。

但是，因为媒体报道的这种特点，使读者对所报道者的语文课产生兴趣或者质疑，这是很正常的。倘使去批评论证的话，则还需要一个"小心求证"的过程，比如，与当事者取得联系（有不少读者，通过报社找到我的电话，与我切磋），听课评课，就具体问题，交流探讨；再比如，读一读当事者本人的相关文章、课堂实录（网上可以搜索到一些）或者著作（报道中提及了我的《不拘一格教语文》一书）；再不济，与此相关的其他报道介绍文字（《新京报》、《教育家》杂志、《中国教育报》等多有报道），多了解一些，以互参确认……可能这样做，会花费一点精力和时间，但是，没有考证调查的依据，没有切磋琢磨的过程，仅凭道听途说，怎么能够武断下结论呢？借鸡下蛋，这不是一种严谨的治学方法，窃以为不足取也。

在等待这期杂志到手的过程中，我到杂志官方博客上看到了本期目录，也因此对郑逸农老师发生了兴趣，通过网络检索，找到了郑老师的一些论文和课堂实录。

《"非指示性"教学模式初探索》是郑逸农老师发表于上海《语文学习》2000年第7期"青年教师名录"专栏中的一篇文章。此文阐述了他的"非指示性"教学模式的理论依据，并以《荷花淀》的教学为例，做了较为具体的描述。非常惭愧，此前，我对郑逸农老师一无所知，但是，仔细读完此文后，我大有相见恨晚之感。读过我的《不拘一格教语文》一书的老师，如果再读读郑逸农老师此文，一定会发现：郑逸农老师"非指示性"教学模式的六个教学步骤，与我的阅读教学的五个步骤，有很多相通之处，而他的《荷花淀》教学案例，与我书中《荷塘月色》的案例，也有着非常多的不谋而合。

《语文阅读教学有效性的基本标准》一文，发表于《语文学习》2009年第12期。郑逸农老师"语文阅读教学的有效策略"是"两少两多"（"少教多学""少练多读"）。他特别指出，语文阅读教学有效性，不应看学生练习做了多少，而要看他们书读了多少。2003年，我在发表于《教师之友》

"行者"栏目的《十年磨剑录》一文中,谈语文教学时,也提出了"一少四多"的原则("少做一些题""多读一些书""多思考一些问题""多写一些文章""多锻炼一些能力")……

郑逸农老师研究"非指示性"教学模式时,还在浙江的江山中学,我在尝试"不拘一格教语文"时,还在河北的徐水综合高中。一南一北,互不相识,却因为对语文教学的热爱,对课堂教学的钟情,对教育教学常识的尊重与理解,在一定程度上,达成了方法与观念上的一致。

所以,我必须认真负责地说,我的语文课,决然不是郑逸农老师凭借那篇报道所虚拟出来的那个样子。我从来没有像郑老师所假设的那样,以哪种滑稽的方式上过史铁生的《我与地坛》、鲁迅的《祝福》和沈从文的《边城》等诸如此类的语文课。也因此,对郑老师所说的"如出一辙"、所批评的"荒了自己的田,种了别人的地",深感"如坠五里雾中"。

这真是一件令人感慨万千的事情。

那么,我的语文课到底是什么样子的呢?

在当当网上,有一位署名"海揽子"的网友,这样评价我的《不拘一格教语文》一书:"当我发现当下的小学生学的都是同一本书,做的都是同样题目的作业,而且,答案是统一标准的,我沉默了。孩子不应该这样学习知识。看到这本书就立即买了,它需要沉下心来读,如果读者具备足够的语言文字功底,对自己孩子的学习能足够上心,你会发现,不管是孩子,或是你自己,都受益良多。中国汉语言文学浩瀚无边,本应不拘一格地教,不拘一格地学。谢谢史金霞老师!"

阅读此书,大致可以看到过去 18 年,我在语文教学中所做的一些尝试。全书五个单元,分别从阅读、写作、实践活动、诗歌教学、电影教学五个方面,阐述我对语文课堂教学的思考与实践,书中有大量丰富的教学实录和可操作的教学方法以及来自实践的教学理念。

当然,还不能看到未来。因为,我从不用一种封闭的观念来理解语文,规定教学,统治教育。《不拘一格教语文》一书,初稿成于 2007 年中,最后定稿于 2011 年底，定稿过程中，我对四年前的书稿做了大量修改，第一单元阅读教学部分，除《荷塘月色》的课例外，全部是新写的，第五单元电影课教学部分，完全新创，其余三个单元，也删改替换了相当多的内容。假使此书日后有再版之可能，可以肯定，我还会再做出修订。

二

在《语文课不可以这样玩》中，郑老师援引叶圣陶先生的一句话以及 2011 年刚修订的《全日制义务教育语文课程标准》中的一句话，来阐述了"什么样的课才是语文课"。如果按照这样的援引方法，不用再引其他，仅从叶圣陶先生的文集中或者《语文课程标准》中，我想，持不同观点的人，还会有很多种对于语文课的定义。

到 2012 年 9 月，我也将踏上执教高中语文的廿年之旅了。

作为一个自觉于教育教学的语文教师，我其实也无数次地思考过，我的语文课的追求是什么？我要形成什么样的语文教学风格？我所理解的语文课是什么？我可以用哪个词语（短语）来概括我的语文教学？我该如何命名语文课？

著书立说，是确认"我曾经来过"的一种手段。对于很多人来说，这应该是很有吸引力的一个追求。"我来给语文命名"，对于一部分语文教师而言，我想，也肯定是极有魅力的一种智力活动。何况，其中还会有很强烈的、很深厚的情感投射。

但是，经过近二十年的实践与思索，我最终还是放弃了这种命名的努力。

是的，我真的找不到一个合适的词语来命名"语文"。

环顾当今，为语文命名者不在少数，每一个命名都有其道理，而每一个命名也都无法涵盖全部的语文。派别丛生，旗帜烈烈，而关于语文性质的争论，不但"人文性"与"工具性"的争论从未停息，关于"语文味"的纠纷也甚嚣尘上,不知道以后还会出现多少江湖术语。说实话,作为一个语文老师,我从来没有参与过这些争论,因为我实在觉得这些问题,是伪问题。

在《不拘一格教语文》一书中,我这样阐述目前我对语文教学的态度:

> 如果在语文课堂的阅读教学中,我们不再去争论"语文课到底该怎么上""怎么才能把语文课上得像语文课""什么才是真正的语文味"等这些大而无当的问题,而是去思考"他为什么要这样上语文课""这节语文课的教学目标是否清晰,是否达成,效果如何""这个语文教师的语文课有什么个性,有哪些缺憾,该如何弥补和改进"等,是不是我们关于语文课堂教学的对话,会更有意义,更有建设性呢?
>
> 谁有资格规定一篇课文,必须这样上,而不能那样上?谁有权判定哪一种上法是正确的,而其他的方法就是旁门左道?如果语文课只有一种或几种上法并且只允许一种或几种上法,那肯定不只是语文的悲哀了。

我这样说,并没有讽刺给语文命名的诸位前贤方家之意,如前所述,我也曾经为给语文命名而苦心焦虑过。我这样说,也绝不是吃不到葡萄说葡萄酸,自己没本事给语文命名,才故意泼冷水,那么多词语,找一个或者造一个来为我所用,然后,拼命论证其必须如此,这真不是什么难事。

那么,语文是什么?语文叫什么?语文教什么?这些问题有没有意义呢?有。我想,它的意义就在于,不是急于去得出一个结论,然后为了捍卫自己的观点,为了把握住自己的话语权,而不遗余力地排斥异己——哪怕明明彼此之间内涵是同一的,也不肯承认,非要用一些似非而是的名头,标新立异,党同伐异,乃至,非我族类,其心必异;而是慢慢地谨慎地科学地去探讨比较,在实践中探求并思考,不同年代、不同地域的对语文教学、对教育有着共同的热诚与困惑的人们,切磋琢磨,互通有无,求同存异,共同成长——像伟大的数学天才埃尔德什一样,"敞开自己的大脑",共同探究并推进我们的母语教学。

虽然,我放弃了命名语文的念头,但我并不反对别人给语文命名。我反对的是,给语文命名之后,认为只有自己的命名才是真名,并且要求其他人不得有与之不同的观点与做法,这样的思维与行为,都是极其可怕的。在某种程度上,也是不自信的一种表现。

叶圣陶先生是语文大家,他可给语文命名过?是不是我们这样一想,便会释然了呢?

三

真正的语文课是什么样的?郑逸农老师认为,"集中于语言表达形式,品味其中的语言之美,培养学生语言的感受力和表达力,提升学生的语言素养;在完成语言学习任务的基础上,再自然地从语言形式中感受作者的情感之美、思想之美,提升学生的精神素养"。

语文教学的目标是什么呢?郑逸农老师认为,"是在语言表达形式的学习中,培养学生的语文素养"。

什么是语文素养呢?郑逸农老师认为,语文素养"包括语言素养和精神素养两大方面。语言素养主要指对语言的积累、感悟、理解、运用的能力、方法和习惯。精神素养主要指感性的人文精神和理性的科学精神"。

这些表达,乍看全面具体,形式与内容都不偏废,层次分明,宾主皆各就其位。究其实质,郑老师首先把本来属于一体的"语文"生硬地切割成"语言表达形式+语文素养"这样表里两张皮;然后,又把水乳交融的"语文素养",切分成"语言能力+精神素养"两块;尤其是对于语文课堂教学,郑老师将原本应该是相伴而行的"语言表达形式的训练""语言文字之美的品味""文本精神内涵的理解感受"(其实还应有对作者与文本的质疑探究、学习创造等,但郑老师未涉及)这些方面机械地段分成节,阶梯排序。我苦思冥想,假设半天,也无法想象出这样的语文课,该怎么操作?海德格尔说,语言是存在之家。语言之美，如果离开了"情感思想和精神"，那是从哪里品味出来的？没有内容的形式，如何存在？如果不去感受、表达"情感思想与精神"，感受力和表达力，将如何培养？脱离了内容的感受与表达，意义何在？而语文课堂被肢解成这样之后，还怎么"自然地感受"？

用这种类似于车间工人拆分机器零件的手法来分解语文课，确实令我感到很困惑。难道郑老师教学一篇文章，真能如此控制学生的意识与思想吗？每一篇文章，都是先"品味了语言之美，培养了感受力和表达力，提升了语言素养之后，再此基础上，再自然地去感受情感之美、思想之美，再提升学生的精神素养"吗？而从我所了解到的郑老师的其他文章与课堂实录来看，他自己又并非如此上课的嘛！

语言形式的表达必须要有精神内涵，而精神内涵的理解必须要通过语言形式，这本是一枚硬币的两面。为了论证"语文味"，为了强调语言形式的重要性，而非要割裂开来，势必会造成逻辑上的不能自洽。

在此文中，郑老师还举了大量的例子来论证他所批评的"泛语文课"或者"非语文课"所造成的"语文教育苍白的现实"。这些论证本身，逻辑也是极有问题的。

郑老师举了自己在地震灾区支教，听到许多教师感叹而又自责学生经历地震后感受体验很多却说不出、写不出的例子。但是，郑老师不但没有举出证据来佐证造成经历灾难后的学生心里有感受不能说出、写出的结果就是因为这些学生的语文老师日复一日地高举人文大旗不停地演绎着泛语文课甚至是非语文课，而且连论证过程也没有，直接就沉痛地下了断语。

这样的结果，到底是什么原因造成的？郑老师调查过没有？比如，那些不能写出或说出的孩子，每个人的具体情况是怎样的？再比如，那些孩子的语文老师到底是怎么教他们语文的？还比如，那些感叹的教师，他们要求孩子说的、写的内容与场合，是否就是正确恰当、符合孩子的心理和能力的？还有，孩子经历大灾难，内心的创痛尚未平复，不能说出、写出，是不是一个心理问题而非语文教学问题？……这是一个多么复杂的问题啊，如果把所有表现为不能说、不能写，或者不能按照某些人的要求去说、去写的责任都不问青红皂白，推给语文老师，同样作为语文老师的郑逸农老师，您恐怕也会像我一样认为，这是我们语文老师所不能承受之重吧。

随后，郑老师所举的那位在追悼会上发言的学生代表的例子，所犯的毛病，与此"如出一辙"，不再赘述。

不光反面论证不当，郑老师在正面论证自己的语文教学观点时，也存在问题。

在论证"语文素养中的精神素养通过什么来培养"时，郑老师首先指出，得通过语言表达形式，因为精神不是外在于语言形式独立"悬浮"着的，而是蕴含在语言形式之中，并通过语言形式表现出来的。郑老师的这个表达，恰恰和我前面所说一致。可见，郑老师本来也并不认为它们是割裂的。

接下来，郑老师将他之前所虚拟的那三个教学案例又从正面列举了一下：

"教学史铁生的《我与地坛》，要让学生集中于作者表现愧疚责悔感情的语言形式，学习作者怎样用特殊的语言形式表达特殊的感情。"——教学此文，如果仅仅学习这个选段，竟然全文都不拿来与学生共同研读，那还谈什么集中于语言形式、体会作者的思想感情呢？在这样的语文教学过程中，教师丝毫没有课程意识，完全受制于教材，只是"课标"的执行者，而不是课程的开发者，无异于流水线上的工人。

"教学鲁迅的《祝福》，要让学生集中于表现祥林嫂不幸的语言形式，体验祥林嫂的不幸，感受作者运用语言本领的高超。"——那么，从语言形式的角度，我们不妨探究一下，鲁迅这部小说何以名为"祝福"而不是"祥林嫂"？如果忽略掉小说中关于社会环境的语言内容，而仅仅关注表现祥林嫂不幸的那些语言形式，恐怕远远不能理解祥林嫂为何始终不幸，也远远不能感受到鲁迅先生运用语言的高妙之处。

"教学沈从文的《边城》，要让学生集中于表现社会美和人性美的语言形式，获得语言美的享受和情感美的熏染。"——《边城》这部小说，除了表现社会美和人性美之外，学生会不会有其他的生命体验呢？那个情窦初开的翠翠，设想着用消失的方式引起爷爷关注其隐秘的内心世界的翠翠，那个梦里听到歌声，采摘大把虎耳草的翠翠，这些语言文字会引起孩子们什么样的情感呢？教师或许也应该去问一问，孩子们是如何理解这些语言文字的吧？一个语文教师的心中，不能只装着课程标准，不能只听命于教学参考书，不能只有一本教材，更不能只有他自己心目中的语文教学重难点。

再者，从郑老师此文所举各例的阐述中，也没有看到他对于其所阐述的语文素养之精神素养中科学精神、求真、质疑、探究、创新等品质的思考与实践。

因此，在这些方面，我很希望与郑老师有更多的交流探讨。

《中国青年报》的这篇报道，读者甚众，由此而引发的对于我的各种赞誉、质疑与批评也甚多。这个现象，引起了我的一些思索，早想就此谈谈，一直都忙而且懒，没有动笔。

也许，很多人都有这样一种习惯，从内心深处，对这个世界、对其他人缺乏真正的好奇心，也并没有了解的热情，而又不能潜心于自己的世界，耐不住一个寂寞，每有风乍起，则满池生皱，全不管那是一阵什么风。风过无痕，下一个扰攘，又将来临。其实，所有的波动，都仅止于表面，内在的暗流涌动，水之深浅，波之明暗，两岸繁花，都不入其眼，不惊其心，不过其脑。扰扰攘攘的目的，仅仅是为了证明，"我在这里！""我曾来过！""我是对的！"吗？

没有真正的观察、验证、关心，也就不会存在真正的探讨、交流、成长。

是为多余的话。

（2012年6月16日13点）

教师与课程

一、关于"课程"

"课程"一语，出自拉丁语的"跑道（currere）"，含有"人生阅历"之意。"课程"这一术语作为教育术语，是在1582年荷兰的拉丁大学里首次确认的，将由教会和国王的权力所控制的课程比喻为让大学教授和学生进行教学的学程的赛马跑道，嘲弄性地称之为"课程（currere）"。因此，"课程"这一教育术语，缘起中便夹杂着"强制"的含义。

探究"课程"一词含义的流变，便可知道：从"课程"意味着制度上所规定的学科课程的含义，到20世纪初美国实现了含义的转变——教育行政所规定的教育内容和学校教师所创造的教育内容逐渐区别开来。教育行政所规定的教育内容——教学大纲，叫作"课程标准（course of study）"，学校教师所创造、学生所经验的课程叫作"课程（curriculum）"。

日本学校教育最有影响力的人物之一佐藤学教授，在其《课程与教师》一书中，这样定义"课程"：课程"意味着学校中教师和学生创造的教育经验的总体"；课程可以"界定为教师组织学生所体验的学习经验（履历）"。

基于此，佐藤学重新界定了课程领域中的几个主要概念：课程为"学习经验之履历"，学习为"意义与关系之重建"，教学为"反思性实践"，学科为"学习的文化领域"，学校也被再定义为"学习共同体"（佐藤学《课程与教师》）。

佐藤学这本《课程与教师》，由钟启泉教授翻译，14年前出版，系"世界课程与教学新理论文库"丛书之一。这套丛书选取20世纪70年代以来特别是20世纪90年代以后世界课程与教学理论名著，旨在为"东西方课程与教学理论对话提供一个'平台'"（钟启泉、张华《在东西方对话中寻求教育意义——"世界课程与教学新理论文库"主编寄语》）。

十余年间，关于"课程"的讨论仍然十分热烈，而关于"课程"的实践与探索，则是"山有小孔，仿佛若有光"。

因此，下文将就"课程"的实践与探索之问题，略陈一二，求正于方家。

二、制约课程的是什么

制约课程的是什么？

为什么学校不能成为"学习共同体"，而是训练学生迎战考试、以追逐高升学率为目标的营地？为什么类似衡水中学这样的超级学校，仅以其傲人的升学率，即使对身心都正在成长的孩子百般摧残，而照旧有源源不断的生源趋之若鹜？

为什么学科不能成为"学习的文化领域"，而是将制度化的知识权威化，作为竞争与控制的工具以发挥作用，并且以这种碎片化、套装化的知识严重地阻碍批判性思维与创造力的培养与发展？为什么学科教学割断了以现实生活为基础的人际脉络，排除了诸如生命教育、死亡教育、环境教育、人权教育、自由教育等综合性的、现实性的、理想性的教育于学科之外？

为什么教与学不能形成有效的对话交流而依旧以控制为中心？为什么学习不是为了创造世界、结交伙伴、建构自我而依旧以追逐所谓成功为目的？

总而言之，为什么我们的教与学，仍然是以考试为中心、以升学率为目标及考核要素，而不是一个多层的、认知的、文化的过程，不是一个社会的、政治的、伦理的、客观的、能在不断的冲突之中达成妥协的过程？

所谓"课程",仅仅停留于理论装潢的层面,而不能落地生根,其咎何责?

综上之问,想必很多人会将矛头指向制度建设。

身为教师,我却不以为然。

课程实施之阻力,制度固然是障碍,教师更难辞其咎。

三、教师与课程

"课程"含义的逐步清晰,而至形成了"学习(教育)经验的总体"之定义,是与美国的实用主义哲学家、教育家和心理学家约翰·杜威的理论分不开的。

杜威认为,教育是生活的过程,而不是未来生活的准备。他把教育定义为"经验的重组",主张学校所组织的经验,应该与学术性经验、校外的社会与产业、公共生活伦理等方面有联系。通过这些联系,学校得以帮助学生建构理智的、社会的、伦理的经验,从而成为一个能够担负起"民主主义社会"使命的场所。

因此,杜威对于教师的责任定位便不难理解。他认为,教师的任务并非把已有的知识放到学生的头脑中,而是对学生已有的那些片段的、混沌的、只与其个人经历相关的经验认识进行定向引导、充实和梳理,使它们成为完整的、有精确说明的并以逻辑形式组织起来的经验。而这个过程,便成为了佐藤学所说的,"教师组织学生所体验的学习经验(履历)",也即"课程"。

从这个意义上来说,很多老师,虽然嘴里说着"课程、课程、课程",其实,对于什么是课程,并不甚明白;在实际的教育教学中,则完全没有"课程"意识,只不过是一个传授知识的媒介而已。

以语文教学为例。

所谓"语文味"与"泛语文"之争论,表面上是在讨论语文课该怎么上的问题,其实质则是一个课程观的差异问题。不乏一些语文教师,举着"语文味"的大旗,对那些不以对词章句法的精雕细琢为路径、不以玩味文本赏析手法为旨归的语文课,动辄斥之为"泛语文"乃至"非语文"。

这种画地为牢的思维,其根源就在于,将"课程标准"与"课程"混为一谈。也就是说,把教育行政所规定的教学大纲,即课程标准,等同于学校教师所创造、学生所经验的"课程"。在这样的观念下,便不会有建构课程的创造性行为,便会把所有的课堂,都上成一个模式,便会忽略教师和学生生命的成长经验,对于社会生活缺乏深情体验和关注热情,螺蛳壳里做道场,关起门来家天下。

还有一些语文教师,以为只要多读书、读好书,就可以成为一个优秀的语文教师(不仅仅是合格)。殊不知,腹有诗书是一个语文教师的基本条件,但不是其能否成为一个优秀的语文教师的充要条件。一个优秀的语文教师,除了读书之外,要掌握基本的教学方法,建立完备的教育观念,尤其重要的是,要有健全的课程意识,只有这样,才能够成为一个合格的乃至于优秀的教育者,才会在教学中,贯彻教育精神,关注自身与学生的成长,关注教与学的方法与过程,而不仅仅是自己所设定的目标效果。因为,"优质教育总是重视过程多于成品。如果一位学生在完成教育时变成一个只会接收信息的内存,这位学生已经受骗了。优质教育会教学生成为知识的创造者,并能洞察别人所宣称的事情是否正确"(帕克·帕尔默)。

是的,缺乏课程意识的教师,是无法成为一个合格的教师的,遑论优秀。而那么多一线教师,不知"课程"为何物,却口口声声说着"课程",甚至以课程之名,为自己的教学做装点,这也是"新课程"推行这些年来的一大景观。不亦悲乎?

四、首先是教育

"课程"与"课程标准"区分出来，是意义重大的。

无论一个教师，执教哪一门课，任教于哪个年级，只要立足于"课程"的理念，便会自觉地将学科教学与教育过程结合起来，便会对自己的教育教学有所追求，从而自觉地努力成长为一个遵循社会生活常识与规律、教书育人的教师。

美国著名教师培训专家帕克·帕尔默教授的《教学勇气：漫步教师心灵》一书，是值得对教育教学有所追求的教师认真阅读的。体会一下这些语句吧，是多么令人深思：

"真正好的教学不能降低到技术层面，真正好的教学来自教师的自身认同与自身完整。"

"好的教学来自自身认同而不是教学技术，但如果允许我的自身认同指引我完成一个完整的技巧，那么技巧能够帮助我更充分地表达我的自身认同。"

"教师的核心任务是要为伟大事物提供一种声音，一种能力——独立地把真理说出来，让学生听到、理解，而不需借助教师的声音。当伟大事物为自己说话时，教师和学生更可能进入一个真正的学习共同体，这个共同体不会瓦解于学生或教师的自我之中，而且知道要对核心的主体负责。"

"一定把课程设计成这样：让学生全神贯注于互动中而非填鸭，克服总想把信息灌给学生的倾向，让他们直接面对主体、彼此和自己；

我一定给学生阅读一些他们需要知道的东西，但要留出学生可自己思考的空间，又因基本教材往往有这个优点，我一定熟读所教领域的文献；我一定要创设一些让他们去探究未知的领域的练习，以及证明他们已经学会了多少内容的作业；我一定要建立一个容许意想不到的事情发生的时间表，同时也有时间掌握计划中必须学会的事实。"

对于一个教师而言，首要的不是教学，而是教育，出发点与目的地，都是教育。而课程，是经由教学，达到教育的必由之路。它，需要我们去发现，去建设。

奥地利诗人里尔克曾经这样回应一个年轻的迫切的诗人："要耐心地对待心里所有尚未找到答案的问题，要尝试去喜爱这些问题本身……不要急于得到答案，因为你还没有经历过，所以不能给答案。关键在于去体验一切。现在就去体验问题。渐渐地，不知不觉地，体验了一些日子后，答案就会出现。"

这段话，同样适合送给行走在教书育人道路上的人们。教育，不是工业，而是默默耕耘、悉心培植、静候生长、收获有时的美好的农业。

"关键在于去体验一切。现在就去体验问题。渐渐地，不知不觉地，体验了一些日子后，答案就会出现。"

是的，只要体验、思考、热爱、创造，答案就会出现。

（2013年11月12日17点24分）

汪国真：以汝之名封缄一个时代

一

2015年4月26日，汪国真的突然去世，擦掉了窦唯的发际线，减低了尼泊尔的强震，瞬间成为微信朋友圈里最高频的刷屏话题。

当天下午，我也转发了一条来自同事朋友圈的文章并附上了一段话："'70后'的人中，只要上过中学、大学，16、17、18、19岁时，谁没有读过汪国真呢？"其实，我转发自同事的这篇题为"诗人之死：汪国真走了，吟诵是最好的悼念"的文章，我并没有点开阅读——不阅读就转发，好像这是自有朋友圈以来，我第一次这么做。

二

在我的诗歌谱系中，汪国真的诗歌是被略掉的。

即使在他最流行的20世纪90年代，我还是个勤勉地做摘抄的小姑娘时，我也从来没有摘抄过他的诗。17岁时，作为一个诗歌爱好者，我那些诗歌习作，所学习的，是泰戈尔、李金发、郭沫若、穆旦、冯至、戴望舒，甚至胡适、刘半农和沈尹默；执教高中语文20余年，在贫瘠的山区教书，我给学生手抄许多现代诗歌，食指、北岛、海子、顾城、舒婷、雷抒雁、韩翰、韩东、芒克、郭沫若、艾青……一长串中国现代诗人的名单里，从来没有出现过"汪国真"。20多年来，我从没有向我的学生和我热爱诗歌并写诗11年、即将出版诗集的女儿推荐过汪国真，甚至，哪怕给他们读过一首，他的诗。

我有多个版本的普希金诗集、屠格涅夫散文诗集，有惠特曼的《草叶集》，还有多个版本的狄金森诗集，泰戈尔的《飞鸟集》《园丁集》《新月集》《吉檀迦利》,《莎士比亚全集》,《中国探索诗鉴赏辞典》，北岛、海子、顾城、食指乃至张枣、黄灿然等人的诗歌选集或者合集……还有许多许多，或者享誉世界广为人知或者虽负盛名而并不大众的伟大诗人的集子，比如阿赫玛托娃、茨维塔耶娃、里尔克、策兰、特朗斯特罗姆、阿多尼斯、洛尔迦、帕斯捷尔纳克、布罗茨基、弗罗斯特、叶芝、金子美铃、谷川俊太郎、耶麦、卡瓦菲斯、奥登、聂鲁达、辛波斯卡、曼德尔施塔姆……恕我一时列举不尽这些诗人；更不用说从《诗经》《楚辞》以至唐诗、宋词：屈原、陶渊明、李白、杜甫——这些古今中外诗人的集子，或者居于我书架的最重要处，或者，堆叠在我和女儿的床头桌上。

是的，迄今为止，在我所收藏的古今中外大量诗集中，没有汪国真的诗集。

虽然他影响了一个时代，可能是几代人。但是，在我——这个普通的高中语文老师的诗歌谱系中，汪国真没有一席之地。

三

那么，我为什么还要转发，还要在朋友圈里悼念他？

其实，我一直是避谈汪国真的。

2015 年 4 月 22 日，我曾应邀到本地一所九年一贯制的学校给读书会的老师们讲读书，与那些年轻的老师，分享了我这个"70 后"贫瘠的读书史。

我的读书史，是从听书开始的。

在我的求学史上，确实没有遇到一个老师，在读书上给我影响和指引。我的童年和少年，靠的是一双耳朵，得以接受了一定程度的文学启蒙。收音机，是我童年最亲密的伙伴、最好的老师。

20世纪80年代，收音机里的节目是让人心驰神往的。

小说，有老舍的《四世同堂》、路遥的《人生》《平凡的世界》、霍达的《红尘》《穆斯林的葬礼》、屠格涅夫的《木木》《麻雀》《初恋》、柯岩的《寻找回来的世界》、周而复的《上海的早晨》，还有王刚播的《夜幕下的哈尔滨》……评书，有袁阔成说的《三国演义》、刘兰芳说的《岳飞传》……话剧，有《茶馆》《龙须沟》《雷雨》《日出》《原野》《家》……记得那时天津台最爱播话剧，我真的能从声音里看见他们的表演，如今回想，那应该是老"人艺"们演出的话剧吧，我虽然没有看见过，却亲耳听过。广播剧，有《哈姆雷特》《罗密欧与朱丽叶》《威尼斯商人》《李尔王》《麦克白》《苏城舞会》……电影有《伤逝》《骆驼祥子》《阿Q正传》《卡桑德拉大桥》《尼罗河上的惨案》《佐罗》……戏曲，印象最深的是《窦娥冤》和《红楼梦》，至于相声，侯宝林和郭启儒、马三立和王凤山、苏文茂和朱相臣、郭全宝和郝爱民、魏文亮和孟祥光、常宝霆和白全福、常贵田和常宝华、马志明和谢天顺、姜昆和李文华、马季和赵炎、师胜杰和赵保乐、侯耀文和石富宽……是这一长串的名字，带给了我无尽的欢乐，更带给了我许多的思索和丰富的知识。

那是一个书籍匮乏的时代，我清楚地记得，家里有一本电影说明书，我不知道翻来覆去读过多少遍，还有一本中草药说明书，每一个字词，都能带给我无尽的想象。甚至看到一份报纸，连里面的寻人启事、征婚启事都不会放过，因为那里面，也埋藏着故事，埋藏着身处太行山麓的一个孩子所神往而不可确知的外面的世界、他人的生活。

上大学后，我一方面按照自己的兴趣，一方面按照自己的专业，吞咽咀嚼，各种书籍，读了几百本书，整个人由此慢慢发生了变化。

那一天，我回忆道：

读书，是怎么改变一个人的呢？大约就是从无形之中潜移默化的吧，我不记得是哪一本书，让我从量的积累实现了质的飞跃。但是我却记得很多本书，让我获得了精神的愉悦和心灵的净化。是《约翰·克利斯朵夫》里，高脱弗烈特指着在绚烂而寒冷的天边显现出来的朝阳所说的那句话"你得对这新来的日子抱着虔敬的心"让我对每一个今天充满期待的吧？是阅读克利斯朵夫的艰辛成长过程中那一次次的泪流满面让我获得迎接生活挑战的勇气的吧？是简的那一段话："我有和你一样多的灵魂，一样充实的心！……我不是凭着习俗、惯例，甚至不是凭着可朽的躯体来和你说话，是我的灵魂在和你说话，就像我们都从坟墓里复现，站在上帝的脚旁，两人平等，因为我们是平等的！"是简的这话，让我在多年之后的那个早春，面对无端的指责和打压，面对粗暴的干涉和指摘，依然在日记里呐喊："我们也是有灵血、骨肉、思想、感情的人，我们不是机器，不是木偶土埂，不是简单的棋子，我们是活生生的人！同你一样，在精神上我们平等，穿过云气和地狱，在天堂上，我们握手时，也许你才会明白，人，生而平等，没有贵贱等级之分！"依然坚持自己的教学改革，直到取得了完满成果的吧？是席慕蓉的"甜蜜的忧伤""近乎琐碎的爱恋"让我在凡庸的日子里，张开了慧眼，捕捉到了那足以让人满含热泪欢欣微笑的一个个淡而又淡轻极又轻却甘醴醉人的幸福瞬间的吧？

其实，在那一瞬间，我的脑海里闪过了"汪国真"的名字。但是，我却没有说出口。而是直接跳入了下一个环节，讲述触网之后，我的阅读视野得到再次拓宽。
……

四

讲座结束后，这个细节一直让我耿耿于怀。

直到 4 天后，4 月 26 日上午，当我在地铁上刷新朋友圈时，看到了汪国真去世的消息。

一个即使我并不欣赏却也曾经大量读过的诗人，一个我甚至在多年以后都不愿意提及他对我的影响的诗人，他以他的死，再次引起世人的注意，讨论他的诗歌，讨论他的时代。我的心，莫名地难过起来：在这些讨论中，多少人置身事外，又有多少人反躬自问？

作为"70 后"的一代人，我从琼瑶、金庸、梁羽生、古龙、三毛、汪国真、路遥身边走来，一路上，经过了席慕容、余秋雨、周国平、林清玄、史铁生、龙应台、余杰、摩罗、钱理群、刘小枫、董桥、黄仁宇、林贤治、王小波、杨小凯……终于，对余秋雨、周国平、林清玄等人有了准确的价值判断，对于丹、木心、蒋勋等人有了强大的抵抗力。是的，这是一个很奇妙的组合。他们中的许多人，截然相反，完全属于不同的话语体系。可是，我必须诚实地面对自己的精神心灵成长史，他们都曾经给过我或多或少的滋养，让我发生了或好或坏的改变，使我获得了或大或小的成长。

对于一个生不逢时的人来说，在本该读好书的年龄里，我却泥沙俱下，在读了不少好书的同时，也读了大量滥书。这个结果，就是我需要用很长很长的时间，走很曲折很艰辛的路，披沙拣金，排毒净化，不断地与自己做抗争，否定过去的自己，甚至刮骨疗毒，接纳受伤的自己，吐故纳新。

成长，对我而言，尤其成为一个需要终生为之奋斗的艰苦事业。

五

我是主动选择教师这个职业的。

选择这个职业的基本出发点，就是源于对自己求学生涯的遗憾。

所以，当我成为一个教师后，我所一直致力于的事业，就是弥补自己的遗憾，让我所遇到的孩子们，读到可以受益终身的好书，让他们的成长，不再去承受所不该承受的痛苦。

因此，当我今日回顾自己的成长，面对诸如琼瑶、路遥、汪国真、余秋雨等这些刻印着时代印记、青春记忆的文化符号时，我终于释然。

我们所吃过的苦，被如今的时代证明，终于还是没有白吃。

时代已经发生了变化，我们的孩子们，他们有韩寒、郭敬明，但是也有里尔克、尼采、黑格尔；他们有黑猫警长、喜羊羊与灰太狼，但是也有《魔戒》、宫崎骏、《速度与激情》；他们吃炸酱面，也吃棒约翰；他们玩空竹，也会参加"模联"、机器人比赛……我们的孩子，是生活在一个日益开放多元的时代，他们的选择越来越多样，他们的世界不再被包装成一个模样，他们的青春，固然离不开三点一线，多数人被如山的试卷压得苦不堪言，但这并不是他们生活的全部，他们也绝不是闭目塞听地生活在一个自己无法环顾的世界中。

世界，对他们是开放的，而这样的世界，能够呈现在他们的面前，的确有我们这代人的努力。从这个意义上说，我们的青春，并未虚度。

汪国真的时代，注定已成为过去。我们的孩子，也必将拥有属于他们的青春记忆，最重要的是，每个人都不同，它是崭新的、丰富的，无法用一个人来命名。

而对于我们来说，一方面，保持着我们苦涩贫瘠的青春记忆，一方面，将丰盈甜蜜的醴酪，注入他们青春的琼浆，则显得尤为重要。

（2015年4月28日10点10分于苏州）

创造属于自己的世界

一

这天上午去看了王小帅的新片《闯入者》。

早上起来，对原《新京报》主编"涂大人"说，看完电影打算由此写一篇关于体制与移民（因为我们家也是水库移民）、影视与个人的文章。当时，已经有个大体思路，预备看完电影边写边裁剪。

之所以会有这个打算，是因为2015年4月30日的语文课上，刚给孩子们看了王小帅在"一席"上的演讲《闯入他乡的人》。他的演讲，引起我诸多感慨。而随后查看《闯入者》的影院排片，不禁大跌眼镜，理解了王小帅在演讲中缘何会以自嘲的口吻说"隆重"上映、"票房肯定会非常好"了。朋友圈里，杭州一个朋友，也在吐槽《闯入者》的排片，并且发了王小帅关于此片的声明《致我的观众》，劈头第一句就是"这可能是商业片最好的时代，也可能是严肃电影最坏的时代"……

于是，"五一"小长假的第一天，早早起身，怀揣各种心事，穿过三个城区，去看《闯入者》。

二

上午9点35分的场次，中型放映厅，大概有20人观看。其中，以年轻人居多，有两个家庭，父母陪孩子来看——是我的学生，比较醒目的是，我们旁边，坐着一位老人。整场无人离开，不时有笑声，影片结束，缓缓退场。

的确是"用心""用情"的一部电影，值得一看。尤其是影片前面三分之二部分，母亲老邓与大儿子、大儿媳以及孙子的关系，她对小儿子的无奈，她对亡故的老伴儿的依赖，还有她对住在养老院里的老母亲的复杂情感，都刻画得极为精准。这种典型的家庭关系，会让每一个观者为之动容，会想到自己的家庭——难以区分界限，彼此互相捆绑，痛苦纠缠，终生牵绊，爱里夹杂着怨恨，控制伴随着对抗。至于后面格调抒情的缅怀，其用情之深，即使没有这种人生体验的人，也会被光影声色带入那夹杂着苦涩的忧愁氛围中。

这也是一部很用力的电影，也因为用力过猛，影片在情节设计上未免哗众取宠，而且头重脚轻。如此处理可能有很多原因，比如现实（审查与票房）。可是，事实又证明，即使这样处理了，票房仍旧得不到保证。

眼看着第六代导演王小帅，在拍他的第12部影片时，向现实做出了重大的退让，之前想写的话题，便都黯然失色。

三

微信公众号"影视独舌"5月1日头条，发了一篇题为"中国艺术电影的悲伤的悲壮——从王小帅的公开信说起"的文章。在文中，作者杨文山将王小帅所自称的"严肃电影"称为"艺术电影"，以区分于"商业电影"——且不管"商业电影"们见到后，是否会愤愤不平"难道商业电影就不是艺术"？先借用他"艺术电影"这一说法。此文中，杨文山从艺术的评判标准、国家公共文化政策、独立制片体制、艺术院线的缺失等几个方面，客观地分析了"艺术电影"在中国发展的困境。

相比于王小帅的悲情公开信，我更愿意看到这种理性的分析。

理性剖析的背后，其实是一颗与王小帅们一样的为了情怀、艺术、理想而努力的怦怦跳动的心。但是理性的剖析，比悲情的呼吁，更通向前方的道路。面对现实，尝试去寻找一条向前的道路，才能解决问题。

是的，是解决问题，而不是解决自己。

换言之，一个做"严肃电影"的导演，迎合市场，迎合大众，迎合那种想看悬疑剧的猎奇心理，为此甚至牺牲了部分的电影艺术，我认为这不是在解决问题，而是在解决自己。

作为一个不会去影院看诸如《泰囧》《小时代》《爸爸去哪儿》《何以笙箫默》等片子的观众，或者说，作为王小帅所说的"我的观众"之一员，我希望看到的是另一种结果，更多的王小帅们、杨文山们、史金霞们，一起努力，逐步地解决摆在我们面前的诸如"艺术电影在中国发展的困境"这类问题，而不是，被此类困境蚕食鲸吞，最终被解决掉，成为困境圈里的一部分。

四

评论一部没有多少人看过的小众影片以及一个普罗大众也并不熟悉的独立导演，势必会使这篇文章也随之小众而没有看点。

可是，写这篇文章，我的确不是为了评论《闯入者》或王小帅。

我要说的是，造成携带《闯入者》而依然不能闯入这个世界的这种无奈的根源。

根源在于这个世界吗？

我们所处的这个世界，的确是不高明的。优美的，典雅的，从容的，甚至人性的，诚实的，善意的，多半会成为孤独的，寂寞的，贫穷的，甚至被挫败的，被嘲弄的，被欺负的。得了便宜的人，永远都在那趾高气扬地卖乖取巧，你被人卖掉了，往往还在一丝不苟地帮着人家数钱——一个声音高叫着：还差五毛钱！

好吧，举几个例子。

做电影的。垃圾影片往往是吸金大王，情怀也可以当饭吃，什么都可以成为卖点，炒作不可耻，可耻的是不会炒作，挣不到钱。所以，你看，《绣春刀》，锈了；《闯入者》，吃闭门羹了。

写文章的。越是心灵鸡汤、没有营养的，越是传播得快而广。"是中国人就转""再不看就没了！""最美的×××"，诸如此类，往往可以长驱直入，无往而不胜。随便编几个西点军校的故事、哈佛校训、企业家语录，或者到网上东拼西凑一些口水文，编几个感天动地的爱情故事，只要弄得够花哨、够漂亮、够愚蠢，保证大受欢迎。

办学校的。要么会演戏，台上说一套，面对媒体口若悬河都是与国际接轨的，什么词儿前沿说什么，什么模式先进搞什么；台下做一套，迎接检查时是一套，实际操作时是另一套，狠抓学生分数，压榨老师，忽悠家长——可是却能整出这个模式那个模式，招摇撞骗，欺世盗名于天下。要么混不吝，我是流氓我怕谁，我的学校就是牛，想怎么着就怎么着，升学率是硬道理，考上名牌大学是王道，你要上你就服从管理，你不上有的是人挤破脑袋想进来，都给我闭嘴！——可是人家却长盛不衰，门槛越来越高、越难进。

做企业的。山寨是霸道，捞钱是目标，不管什么创意、专利、知识产权、正当不正当的竞争，至于有害还是无害，污染还是环保，合法还是违法，那就更是扯淡！……

是的，各个领域，总看见人家起危楼，却很少看到楼塌了，总看到"不以其道"的得胜者，却看不到"时候到"。

等一等，这里好像有什么不对劲！

如果这个世界注定是这么糟糕，我们为什么还要拼命闯入这个世界？甚至为了闯入这个世界，不惜改变我们自己？

答案张口就来："我们闯入这个世界，是为了改变它。"

五

关于改变世界，有一段流传很广的文字。

我无法考证它的真实性，按照它传播的特点，我很怀疑它的真实性。

因为，它太符合前面所说的心灵鸡汤的特点了。

这段文字，也有不同的版本（大致意思都一样），我摘录一个更有鼻子有眼的：

> 据说，在威斯敏斯特教堂地下室英国圣公会主教的墓碑上写着这样的一段话："当我年轻自由的时候，我的想象力没有任何局限，我梦想改变这个世界；当我渐渐成熟明智的时候，我发现这个世界是不可能改变的，于是我将眼光放得短浅了一些，那就只改变我的国家吧，但是我的国家似乎也是不能改变的；当我到了迟暮之年，抱着最后一丝努力的希望，我决定只改变我的家庭，我亲近的人，但是，唉！他们根本不接受改变；现在，在我临终之时，我才突然意识到：如果起初我只改变自己，接着我就可以依此改变我的家人，在他们的激发和鼓励下，我可能就能改善我的国家，接下来，谁又知道呢，也许我连整个世界都可以改变。"

这是很有迷惑性的观点。

瞧，年轻人，你们不是对这个世界不满吗？你们不是想有所作为吗？

看看这段英国老前辈的墓地鸡汤吧：不要好高骛远，不要自不量力，你改变不了这个世界，你改变不了你的国家，你甚至都改变不了你最亲近的家人。你能改变的，只有你自己。改变了你自己，一切皆有可能！

暗自点头的人啊，擦亮你的眼睛。不，擦亮你的心灵。

面对世界，怎么改变自己呢？

按照它的逻辑，应该是这样的：嗯，首先，把自己改变成你的家人希望你成为的样子，比如，你想成为一个演员，而你的父母告诉你，演员很难确保功成名就，你还是去考精算师吧；然后，把自己改变成你的单位需要的样子，比如，以单位为家，24小时开机随传随到，节假日无休不计报酬，这样你就会得到领导的赏识，有更多升迁的机会……最后，你就顺利地改变成这个世界需要的样子了……

这样,你就融入了这个世界,你的所作所为,都将为这个世界增砖添瓦,这个世界,将因为你的加入,而变得更加和谐。——所以,你改变了整个世界。

六

"这个世界会好吗?"

1918年,梁漱溟的父亲梁济,投河之前,留下了这么一句天问。

多年以后,1994年,何勇以一首《垃圾场》回答了这个问题:

我们生活的世界 / 就像一个垃圾场 / 人们就像虫子一样 / 在这里边你争我抢 / 吃的都是良心 / 拉的全是思想 / 你能看到 你不知道 / 你能看到 你不知道 / 我们生活的世界 / 就像一个垃圾场 / 只要你活着 / 你就不能停止幻想 / 有人减肥 有人饿死没粮 / 饿死没粮 饿死没粮 / 饿死没粮 饿死没粮 / 有没有希望 / 有没有希望 / 有没有希望 / 有没有希望

10年以后,2004年,何勇接受《新京报》的采访,谈到昔日"魔岩三杰"今日之变化时,形象地概括为"张楚死了,我疯了,窦唯成仙了"。

"魔岩三杰"在红极一时后各自的人生路,也正说明了"这个世界"的浑蛋本质。

"这个世界",本来就是为了蝼蚁般的众生而存在的"垃圾场"。"你争我抢",就是"这个世界"残忍的本相。

"这个世界"有没有希望?

只要你活着,你就不能停止幻想!

只要你活着,你就应该坚持不被这个世界改变。

七

"这个世界"有很多诱惑，每一种诱惑，都会乔装打扮，装扮成你希望看到的样子，跟你做交易。它会把"成功"打扮成"理想"，它会把"利益"打扮成"情怀"，它会把"堕落"打扮成"妥协"，它会把"懦弱"打扮成"成熟"……它会一点一点地麻醉你，它会一口一口地，吞掉你。

捍卫自己吧，不要让自己被"这个世界"迷惑。

不要再垂涎三尺地觊觎这个世界，更不要再拼命挤破头地想闯入"这个世界"，庆幸你尚未闯入它吧。因为，你一旦成功闯入"这个世界"，你将速朽——成为"这个世界"的一部分。

我们来到这个世界上，是为了成为我们自己，绝不是为了混进这个世界里去分一杯羹，更不能主动替这个世界解决我们自己。所以，为了成为我们自己，就要坚持不被这个世界改变。

挺住就是一切，并与生活达成和解。所以，张楚死而未死，他在按照自己的方式生活，何勇疯而未疯，他在点亮他自己的人生，而窦唯，则仙而未化，他的性灵成为护佑他自由翱翔的羽翼。

像他们一样，我们要去创造属于自己的世界。

（2015年5月2日0点12分于苏州）

第二辑
通向一切高度和深度的东西就是爱
📷

什么是爱？这其实很简单。凡是提高、充实、丰富我们生活的东西就是爱。通向一切高度和深度的东西就是爱。

——卡夫卡《卡夫卡口述》

第一章 | 对得起生命的礼物

首先是一个母亲

如果说，我写下这些文字有一些价值，那也只在于以我真诚之忏悔、深深之反思，为其他同样身为教师的母亲，提供一点借鉴，希望能有更多的孩子，不会再有我这个小小孩子所领受的为不成熟的母亲所人为制造的磨折。

一、生命中不能承受之轻

"工作着，是美丽的"，这句话恐怕许多人都听说过。可是，我却要说，所有的工作狂，都是自私的。

当一个母亲，全部身心都投入到工作之中去的时候，她就是世界上最可耻的母亲，最丑陋自私的女人。毋庸讳言，我就曾经是一个这样的母亲，回首往事，岂止汗颜，是不寒而栗，悔恨莫及。如今，我深知这是媚俗之举，却依然揭开它灿若桃花的笑靥，释放一下自己难以释怀的歉疚与遗憾。

女儿筱寒是在一岁半的时候，被我放在父母家的。理由当然是工作的需要，目的仿佛是为了孩子有更美好的生活。可是，事实却不容辩驳地告诉我，12 年前的那个 9 月，恰恰是孩子成长中所有痛苦的源头。

在一篇文章中，我曾这样写道：

> 当我终于明白，为事业奋斗的过程中，期望太高往往失望太重，不要注重结果，而应追求过程时，当我终于领悟到，必须要经历苦难挫折后才更有资格去追逐事业上的辉煌时，我已经做了母亲。我便感到了作为女人的悲哀，过去摸索出来的经验，我已经能够冷静地做出分析，面对高考，我已经有了实地作战的经验和必胜的信心，可是，我需要承担一个幼小生命的抚养职责。面对事业的转机和孩子的成长，我再一次陷入惶惑，我已经不能毫无挂碍地去飞翔、英勇无畏地去战斗了。生活的艰难啊，我吻着女儿白皙的面庞，觉得心正在一点一点地沉落。

是真的，那时，面对自己的工作（或者说事业）与自己的孩子（或者说累赘），25 岁的我，真的是这样的想法。如今回首，怎不唏嘘惭怍！

就在那时，1999 年，我被调到一所新建的学校去创业，开始为自己事业打拼奋斗。作为语文教研组长、年级组语文备课组长，在那所高标准、高起点、高压力、快节奏的新建重点高中里，我如鱼得水，载欣载奔，三年奋斗，也成绩斐然。

期间，工作与孩子，孰轻孰重，我可掂量过？

而筱寒，就这样在姥姥家生活了三年。

三年中，每一个月才能回老家去看望孩子一次，住两个晚上，和她待两天，吃六顿饭。一千多个日日夜夜里，我能和她在一起的时间，屈指可数。可是，哺乳之亲，血缘之爱，种植在女儿小小的心田里，她对我的思念，远比我对她的思念拉得绵长悠远，她对我的依恋，更比我对她的惦念来得深刻缠绵。

每次放假，女儿便寸步不离地跟着我。

记得有一次，中午吃完饭，我把她搂在怀里，说："睡觉吧，和妈妈一块儿睡。"她闭上眼睛，过一会又睁开，"妈妈，我不敢睡。"

"怎么了？"

"等我睡着了，你就把我放下，你就该去坐2路车了。等我睡醒的时候，就看不见你了。"……

那时，当我像卸掉一个包袱一样地把女儿留给母亲，像一个猛士一样地冲锋陷阵，毫无挂碍地驰骋飞翔；甚至，以此作为自己伟大与崇高的一点资本，甚至，因此而更多地获得了领导的嘉许、同事的钦佩、学生的爱戴、家长的好评。可是，我却唯独没有意识到，我的女儿，从一岁半到四岁半，这幼年成长的关键三年，她小小的心灵里，到底曾经承受了怎样的孤独与痛苦。我竟然以为，孩子一年小两年大，到了学龄，就可以过来上学，一切水到渠成，迎刃而解。而我却根本没有想到，三年的分离，在我和孩子之间，已经划下了一道深刻的鸿沟，相爱容易相守难，当孩子来到身边上学后，所有的问题才露出了冰山之角。

做教师的我，很长时间，感到对自己孩子的教育，无能为力。我暴躁焦虑，在工作和生活的挤压之下，双重的失望和烦躁纠结在一起，对自己无能的挫败感，经常转化成对孩子的严厉打击与恫吓。那每月几十个小时的聚首，无力抵消三年多的隔离之疏，我不能接受"这么大的一个人"竟然还这么懦弱、这么磨蹭、这么娇气爱哭、这么不体谅大人的难处，竟然还是我的工作和生活的包袱和累赘——在我的眼里，她不是个五六岁的孩子，而是一个比一岁半大许多的"这么大的一个人"！而无辜的孩子，一方面要再次承受硬生生被从老家的泥土里拔出来，离开生长于斯的那块土地、亲人和儿时伙伴的隔离之痛，一方面还要接受一个和幼儿成长印象中完全判若两人的、时而温柔体贴忽而暴跳如雷的、喜怒无常的妈妈，再次进入一个完全陌生的社会空间，陌生的老师，陌生的同龄人，陌生的环境氛围。她所承受的一切，真不知对于她的心灵和性格，有几多欢喜几多悲愁！

无论是我，还是孩子，乃至是我的母亲，都为此而付出了更多的泪水与焦虑。其间的曲折磨砺，足以写成一本厚厚的书。

所有的经历，固然可以圆满地说，都是财富。然而，孩子，只长大一次。幼年，只拥有这一回，在本该无忧无虑的幼年里，是谁给了孩子这么多无端的痛苦、折磨？

倘使，再有一次机会，让我从新开始，我一定要先学会做一个母亲，再去做孩子的母亲。上天给我的这个天使，我曾经太不珍惜，当我一旦认识到这一点后，我才发现了自己，发现了作为女人，母职是多么重大的责任，不容亵渎。

所有做了母亲和即将做母亲的人啊，希望你能首先发现作为母亲的你自己，发现了母亲，你才有资格去做母亲。轻视母职的女人，不配做母亲，无视母职的社会，也必然是一个没有良知的环境。这是生命中不能承受之轻。

二、像爱学生一样爱自己的孩子

"爱自己的孩子是人，爱别人的孩子是神。"这大概是教师耳熟能详的一句话。然而，虽然大多数教师口头上总说像爱自己的孩子一样爱学生，虽然，在内心深处，也确实爱自己的孩子胜过爱学生，但是，在实际生活中，送给学生的关爱体贴、温柔敦厚，往往远胜于自己的孩子。

在内心深处，一个人，肯定是爱自己的孩子胜过别人的孩子的，可是，为什么在实际生活中，教师却会更多地伤害自己的孩子而更细心地呵护别人的孩子呢？

势，使之然也！

虽然教师在某些方面（比如学科教学、心理辅导）对学生具有一定的处置权，但是，学生对于教师，仍然是他者。教师如何对待学生，在师生关系之外，还有社会关系的种种制约，因此就会构成一定程度上的制衡。

而家长对于自己的孩子，却掌握着绝对的处置权。绝对的权力导致绝对的专制，在一个缺乏监督的环境之下，掌握着处置权的一方，自律有很大的难度。关起门来一个家天下，当家长以爱的名义实施威权的时候，孩子不但孤立无援，而且有口莫辩。更为可怕的是，长期在这种环境之下，孩子的心理会发生畸变，最容易产生斯德哥尔摩心理症候，人质爱上绑匪，越是恐惧越是依赖，乃至养成奴隶性格。

作为家长的教师，在对待学生和孩子的态度上，情感的亲疏也产生了不容忽视的影响。学生毕竟是外在于自己的他者，距离感反倒增加了一份平常心，平常心便培育出了耐心，所谓循循善诱、春风化雨就不是多么高尚的师德了，而是一种职业规范。而孩子，却很容易被看作自己的一部分，是自己生命的延续，乃至是自己全部的希望和梦想之所在（当然，这样的心态本身就有问题，此文不展开），亲密感越强，功利心就越重，急功近利、粗暴蛮横就容易滋生蔓延，再加上教师这个行业的特殊性，教师所遇见的优秀孩子太多，很容易在心中形成一种不切实际的狂妄念头——我的孩子应该是最优秀的。于是，在潜意识中，会不自觉地用所有优秀孩子不同的优点来衡量自己的孩子，而忽视作为独特个体的、具有独一无二个性特征的、自己的这一个孩子的不可替代性和真实性。

所谓爱之深责之切，其实是一种冠冕的借口。爱的本质是尊重和宽容，须知参差多态乃幸福之本源。作为教师，如果不能对自己的孩子尊重宽容，不能把自己的孩子也当作和学生一样的、独立于自己的、因为缺憾而更加美好的个人，其必将是一个分裂的人，职业生活中的圆满感无法抵消家庭生活的失败感，而最惨重的代价，莫过于亲子关系的迅速恶化和孩子成长的逐渐异化。

倘使，一个教师能够记得自己曾经是个学生，能够记得自己作为学生的时候所有的一切，能够"去以心发现心""去以火点燃火"，能够使"曾经如我的青年不再受难再如我"，能够记得"我从哪里来"，能够明白"我在做什么"，能够清楚"我到哪里去"，那么，作为教师，你就会确信，学生全面、健康地发展，远比分数之高要重要得多，因为分数并不能代表学生的一切；你就会懂得，学生身体的健康、心智的健全，远比考试的排名、升学的指标重要得多，因为排名和指标并不能决定学生的一生；你就会理解，学生的喜怒哀乐、每一个成长的必经阶段里的那些彷徨苦闷，远比班规校纪要重要得多，因为班规校纪并不是为了阻遏生长而制定的……

倘若如此——那么，所有的教师都能够理解学生，都能够知道对于学生而言，最好的教育方式应该是怎样的。那么，所有的父母都能够理解子女，都能够知道对于子女而言，最好的教育方式应该是怎样的。那么，所有的成人都能够理解孩子，都能够知道对于孩子而言，最好的教育方式应该是怎样的。

值得庆幸的是，在这种角色转换的道路上，我没有耗费太多时间。一旦醒悟，则迷途知返，亡羊补牢。

孩子和学生是平等的，为母之责丝毫不逊于为师之责，做个合格的母亲，与做个合格的教师，两者之间绝不是非此即彼的，就像爱别人首先得爱自己一样，爱学生首先得爱自己的孩子。要做一个完整的人，那么，先从自身做起，知错则改，善莫大焉。

最美丽的事情

"妈妈，妈妈，我和你商量个事儿行吗？"女儿拉开厨房的门，表情艾艾地望着我。

"等一会儿！快出去，这儿太呛！"我一边翻着炒锅里的菜，一边大声对她喊，抽油烟机可能又堵了，油烟飞得满屋都是。

"我就说一件事，妈妈，求求你了！"她反倒钻了进来。

"真拿你没办法！"我赶紧关火，开窗，又关上厨房的门。

女儿踮起脚，把手拢在我耳边——其实家里就我们俩——神秘兮兮地说："妈妈，咱们骗骗老师行吗？"

我皱着眉头,瞪了她一眼,"那怎么行?好孩子不能说谎!你怎么回事?"

女儿沮丧地跺跺脚,又甩甩手,还是不甘心,又踮起脚,把手拢在我耳边:"妈妈,求求你了,就骗老师这一次,好吗?"看她这样子,我糊涂了,她一年级才上了半年,刚刚6岁,怎么就口口声声要"骗老师"了呢?到底出了什么事呢?我于是抱起女儿,坐到沙发上,把她放在膝头,轻声地问:"那你告诉妈妈,是什么事啊?你为什么要骗老师呢?"

嗫嚅了片刻,女儿眼睛切切地看着我,说:"妈妈,我们不是昨天……不是昨天学了《我爱大山我爱家》了吗?今天……今天下午放学的时候,连老师说……说让我们写一篇日记,就写我爱我的家。"

"那不是挺好写的嘛!你就写姥姥姥爷怎么疼你不就行了吗?"

"不行!"女儿小脸通红,伸手捂住我的嘴,"妈妈,你听我说,姥姥姥爷的我以前都写过了。我想写一个最美丽的事情,我想写妈妈!"

我不禁笑了,亲了亲她的额头,"那你就写妈妈每天给你做你最爱吃的饭,每天晚上给你讲两个又新又长又好听的故事,每周日带你去学画画,每次出门都给你买漂亮的新衣服、买好看的新书,还有……"

"这算什么美丽的事情啊!"女儿打断了我,眼睛闪闪放着光,又把小手拢到了我的耳边,"妈妈,咱们就骗骗老师,就写今天放学我回家,我一敲门,你打开门对我说'筱寒,先别进来呢',然后你就关上灯,才让我进来,然后,你打开灯,然后,我就看见屋子里挂满了美丽的、各种各样的小纸鹤还有美丽的花朵、好看的玩具,然后你就说'筱寒,这是妈妈送给你的礼物'……"听着女儿的描述,凝视着她因为憧憬神往和想象而兴奋而愈加美丽的小脸蛋儿,我的目光越来越温柔以至充满了愧疚!我把脸紧紧贴在孩子的小脸儿上……

"妈妈——妈妈！行不行啊？"

"傻宝贝，那怎么行啊！写日记就要真实地写，不能编瞎话，妈妈又没那么做，不能那么写。你就写真的吧，听话，啊？"

"那好吧。唉——"女儿不情愿地点了点头。

"好了，宝宝，你自己写吧。先想好话怎么说，然后再写，不会写的字就用拼音，句子要通顺流畅，写完了自己先检查一下。"

"嗯，我就写到这儿！行吗？"女儿拿笔在日记本扉页的下半部分画了一小道儿，我不禁乐了，拍拍她的头，"行——写到这儿就不少了！你写吧，妈妈还得去做饭。"

"嗯，谢谢妈妈！"

透过厨房的玻璃，我悄悄望着独自坐在桌旁的女儿，只见她，一会儿托腮凝思微笑，一会儿埋头写上几笔，一会儿又皱着眉头拿橡皮用力地擦……心中的愧疚，又泛了上来。

一直，我都以为自己做得挺不错了，既照料孩子的生活起居，冷暖挂心、无微不至，又培养她独立自主的能力，开发智力，激发兴趣，读书、写作、唱歌、画画，凡所爱好，无不尽力。谁知道对于孩子来说，肥甘美食于口，轻暖舒适于身，五花八门于艺，这一切原来都不是最美丽的事情！

最美丽的事情原来是一种浪漫的气氛，一个突如其来的惊喜，一次妈妈精心为她营造的温暖体验……而这，的确是我从来没有做过甚至从来都没有想过的。没有想到，真的没有想到，小小的心灵里，竟然也渴望着这样温馨甜蜜的精神层面的生活。作为她的妈妈，竟然一点感觉都没有，竟然还觉得自己很称职！想起自己曾经对学生宣言，我要像爱学生一样去爱我的孩子，曾经对女儿保证，妈妈再也不训斥你了，曾经坐在小学一年级的教室里，面对女儿恳切的班主任，心潮起伏不已——一定要做个称职的妈妈，托起孩子的明天……我不禁越发惭愧了!

这篇文章,记录的是筱寒一年级时的事情,在文章的最后,我这样写道:

"对不起,宝贝!妈妈以后一定会经常送你这样的美丽和惊喜的。妈妈一定用真情来呵护你的童心,给你最美丽的开心。一定会的!"我在心里,认真地承诺,这个承诺,很庄严。

然而,自我完善的道路,是曲折的,人最难战胜的就是自己。

一个人修养如何,并不体现在如何对待旁人上,而是体现在如何对待自己最亲密的人上。爱一切人,不难,善待自己,也可以努力做到,而宽容亲人,尊重理解孩子,却是很难一以贯之的。一个成年人,对自己孩子的方法和态度,尤其需要潜心学习,需要及时补救,需要不断修正,既为了自己,也为了孩子。

为人父母的教师,都应该读一读张文质先生的这段话:"无论何时,我们都应该秉持这样的信念:把自己的孩子作为一生中最重要的学生加以培养。这就是我们对自己、对家庭承担的最大的责任,同时也是对社会做出的最基本的贡献。"

三、教育着,也被教育着

比较流行的说法是,蹲下来与孩子说话。言下之意,孩子是低于成人的,我们与孩子交流沟通,需要放低自己的姿态,需要倾听。其实,每一个孩子,都是珍贵的,每一个孩子,都是上帝的杰作。孩子的眼睛最明亮,孩子的心灵也最博大,它们往往能够直抵最深刻的问题之根本。因为纯粹,所以直接。

而随着岁月年轮的碾压，时光机器的磨损，当一个孩子逐渐长大成人之后，孩子的眼睛慢慢地就混浊了起来，变得呆板而尖利；孩子的心灵悄悄地就蒙上了灰尘，变得褊狭而苍老。孩子慢慢地就迷失了自己，忘记了自己曾经是一个多么可爱的孩子，也忘记了自己作为一个孩子时的所有梦想。这是成熟吗？这实际上是腐坏啊！

在教育孩子的时候，我们也在接受着孩子的教育。孩子那水晶般的心灵，可以帮助我们葆有童真的纯粹，避免成熟的腐坏，返璞归真。

记得有一次，学校放假了，我和孩子回老家住了几天。那天回到学校，我们从甬路旁经过，看到花圃里的花树开花了，很漂亮。孩子高兴得不得了，舍不得离开。我二话没说，走过去就折了一枝。回到家，养在花瓶里。女儿悉心照料，开心得很。可是傍晚，女儿忽然问了我一个问题："妈妈，是不是学校的花只有老师才可以摘啊？"我一愣，她接着说："幼儿园老师说过不让我们摘学校的花，妈妈以前也说过的。可是妈妈今天就摘了。是不是让老师摘，学生不能摘？"

我一下子发现，自己犯错误了！怎么办？实话实说吧！我对女儿说："不是。是今天妈妈做错了。妈妈因为学校放假没人，因为筱寒喜欢，就摘了。妈妈做错了！花儿和树木也是生命，妈妈怎么能随便摘呢？老师和学生都不应该摘。"

"那，是不是花儿也知道疼啊？"

"是呀，花儿也知道疼。"

"那它怎么不流血呢？"

"嗯。流血的，花儿的血是绿色的。"

然后，我领着女儿又来到那棵花树前，很郑重地向花树道歉，还给它的伤口做了简易的包扎（敷了一层泥）。看着女儿在花树前清澈的眼睛，我的心里也仿佛澄清了许多。

像这样的例子，在我们母女的生活中，不胜枚举。

虽然我一直努力端正对待孩子的态度，改进对待孩子的方法，可是由于个人素养不够，以及现在状态下高中教师生活的压迫，往往故态复萌，不断重复低级的错误，暴躁有之，颟顸有之。出于为自己讳的心理，我就不一一陈述自己那种种卑劣的言行了。

然而，我有一个制衡自己的法宝：言论自由。

我和女儿约定，让她帮妈妈制怒，在看到妈妈怒火中烧时，提醒："妈妈，你不是说过，不跟我发脾气了吗？"通常，女儿这么一说，我就能控制一下自己的怒火，面色和语气都会逐渐平和，回归理性客观，讲究方式方法了。可是，有时真是火不发出来，感觉就要爆炸了，虽然女儿可怜巴巴地说出了这句话，依旧会硬梆梆地顶回去："我是说过，可是你实在是让我忍无可忍了！……"然后，就是雷霆之怒、霹雳之火。唉，人在不可理喻的时候，就是这样，不堪回首啊！

事已至此之后，怎么办，只好补救了。我在孩子面前，不文过饰非，错了就是错了，不给自己找借口。而孩子虽然在我暴怒的时候会无力对抗，因为目前而言，无论是身体上还是气势上，她都无法与我抗衡，但她从来不会不敢表达自己的不满和抗议，无论是在口头上还是文字上，言论自由，只要她发出声音，口头上我们当面谈心交流，书面上我们就笔谈对答。

记得在她上一年级的时候，有一次因为做事拖拉，被我狠狠批评了一顿，训得大哭一场。后来，我在她的草稿本上无意中翻到了一页，上面用拼音写着："史金霞！大坏蛋！大傻瓜！"她那是第一次用纸笔宣泄对我的不满，发现露馅了，就吓坏了。其实我当时心里是很不舒服的，谁被骂大概都会有一种生理和心理上的本能反应，但是，我克制住自己的反感、对抗情绪，把女儿抱在怀里，一边指出她骂人是不对的，一边向她承认妈妈为了她的小毛病而大发其火也是不对的。同时向她保证，以后有不满就说出来或写出来，妈妈决不会因此而责怪她、惩罚她。这一点，我始终坚持，从未食言。

所以，孩子虽然敬畏妈妈，但并不惧怕，对妈妈所有的不满和牢骚从来都不会隐瞒。并且，随着六年如一日地坚持记日记，她还养成了观察生活的习惯，敏锐的感知力和清晰的逻辑性，使她善于表达，勇于表达，乐于表达。

女儿在学校和老师、同学相处得也比较融洽。这与她的真诚善良、善于与人沟通、有想法就提出来，不无关系。她几乎给所有的任课老师都提过意见或建议，却很少是因为自己个人的原因。所有教过女儿的老师都非常喜欢她，他们总是说，在这个孩子身上能够照见自己，因为她有一颗金子般纯粹的心。

在我手机里，一直保存着这样一条短信：

筱寒，我把你的愿望跟同学们讲了！大家先是惊讶后报以热烈的掌声，都赞你是极善良的孩子！很多同学都哭了。我们共同祝福你快乐，班里永远有你的位置！（2007年9月1日8点12分）

这是筱寒在跟随我转学到江苏张家港之前所在学校的班主任谢江月老师在我们抵达张家港的那天早上，发给筱寒的。

她所说的筱寒那个令全班同学感动的愿望，是他们几个老师在我们临行前，去家里送别时，筱寒亲口告诉老师的。她流着泪说："谢老师，我就要去江苏上学了，您能不能答应我一个愿望，把我的中队长的职务，交给我的同桌来做。我知道他有多动症，学习也不好，可是他很想学好，如果让他做一做中队长，一定能够帮助他取得更大的进步！"

这个有多动症的小男孩，之所以做了女儿的同桌，也是她主动要求的。我曾问她为什么这样做，是不是为了讨好老师，她说当然不是，是她愿意帮助他克服毛病，让他不再被老师和同学看不起。她说每次看到他被同学们厌恶、被老师批评，就觉得他很可怜，还说，其实他很聪明，画画得非常漂亮，虽然多动症很令人反感，但是，也不是他自己愿意的啊……

记得2007年我们刚到张家港，9月29日的那天下午，我去接筱寒放学，然后去学校附近的包子铺买包子。

买包子的时候，筱寒突然问："叔叔，你在这儿热不热啊？"

卖包子的小伙子先是一愣，然后面露感动之色，说："现在还好了，夏天是很热的。"

筱寒于是说："那叔叔，你冬天就不冷了吧？如果冬天冷，可以在上面烤烤手。"

卖包子的小伙子一下乐了，说："小妹妹真好心，谢谢你啊！"

离开的时候，两人微笑挥手，俨然是亲友道别。

带筱寒来这里买包子，这是第二次。就这样，她又多了一个朋友。

我明白了这个孩子为什么这么快就成了班里最受欢迎的人，明白了为什么会有好几个同学在品德与社会课上举手说筱寒是他们最好的朋友，明白了为什么学校附近那些小店的主人都对她赞不绝口了——除了姣好的容貌之外，最重要的是，她有一颗温暖、宽厚、莹润的心。

2008年春节回老家时，在苏州火车站候车。苏州一朋友去送我们母女，一直送到车上。他要下车了，筱寒突然张开双臂对他说："叔叔，拥抱一下吧！"那一刻，我和那个朋友都吃惊而感动。他一边笑着说"嗯，拥抱一下！"，一边深深地把筱寒拥抱在怀中。我在旁边，强忍着泪水没有让它流出来。在寒冷的飘着雪的异乡，小小女儿的临别拥抱，是多么纯洁、多么温暖、多么动人啊。

四、陪孩子一起长大

2007年9月12日，我们母女刚到江苏张家港12天。

初来乍到，人生地疏，我每天都要接送女儿上下学。

下午4点半，我到小学门口接筱寒，她像一只小燕子般飞了出来。依旧是路上谈心，谈学校，谈老师，谈同学，谈午饭……

筱寒想吃馄饨，吃完馄饨后往学校走，我想起这找零的钱，就问："筱寒，想不想给你爸爸打个电话？"

"嗯，现在不想。"

"真的不想吗？"

"真的不想。妈妈，你想我爸爸了吗？"

"呵呵，妈妈不想。妈妈是怕你想却不说。筱寒，记着啊，不管什么时候，你想爸爸了，想给爸爸打电话，就告诉妈妈。"

"嗯，妈妈，我知道。"

"妈妈——"

"嗯？"

"妈妈，我才不想像《快乐星球》里的孩子一样，因为爸爸妈妈离婚了，就让别人觉得那个孩子不正常。我觉得我很正常，我和别人都一样！"

"宝贝，你真棒！妈妈也是这么想的，妈妈和爸爸离婚了，只是我们俩分开了，不是夫妻了，但是妈妈还是你的妈妈，爸爸还是你的爸爸，这是没有一点变化的。"

"我也是这么认为的，妈妈。我和其他的小朋友没有什么不同。我和他们一样快乐，一样学习，一样有爸爸妈妈，完全都一样。"

"对，好宝贝，你说的太对了。妈妈和爸爸离婚了，其实你的日子比以前更快乐了，我们谁都比以前更爱你，谁也不因为心情不好而'昂昂昂'地冲你发火了。"

"哈哈哈，妈妈，你真逗，'昂昂昂'，你学得真像。"

"呵呵，就是这样啊。呵呵。"

女儿有这样的心态，是很难得的。但是，她毕竟是个孩子，内心深处，还是非常脆弱的。在 2007 年 11 月 19 日的日记里，筱寒这样写道：

这是我第 21 次翻开这个本子了，我好怀念它。

我害怕"爸爸"两字

在我班里,不知为什么,班里的同学,总是在谈论爸爸。好像他们一个人就有好几个爸爸似的。他们总是把自己的爸爸和别人的爸爸来比高低。我对这一行不感兴趣,我只是知道,下课后,到后花园去走一走,平常走一会儿,觉得到了上课的时候,就赶到教室里去坐下。一边坐着,一边回忆在后花园里的鸟语花香,它们连绵不断地出现在我的脑海中。每当我回忆得正起劲的时候,上课铃声便无情无义地响了起来。

有时,我和班里同学一起走到后花园去散步。上次,她问了我一个奇怪的问题,她说:"哎—?我怎么没有听到你在聊家常时说你爸爸呀?"我那时心里一震,心想,妈呀,我怎么回答她呀!我又想,那又怎么了,我就按照以前爸爸妈妈还生活在一起的时候说不就好了,总之,爸爸和妈妈离婚之后,爸爸还是我的爸爸,妈妈还是我的妈妈。我想了想说:"我爸爸没什么好说的,除了个子高、当校长、是数学老师以外,别的什么都没了!"我说完出了口气,表示我把任务完成好了。在我说以上话语的时候,我可是心跳加快,身上直出冷汗。说完出了口长气。

我最讨厌班里同学问我爸爸在哪儿工作,因为,在这里,只有我和妈妈,"我爸在老家",这是我唯一回答人家的句子。有时别人一说爸爸,我会找一些东西来把他们领入别的话题。"爸爸","好可怕"。

孩子有这样的心理,是非常正常的,如果没有任何表示,也许才更值得忧虑。

离婚之后,决定离开故乡来到异地,其中一部分原因就是希望孩子能够少受周边人的格外关注。就像亲子问题专家李子勋所说,许多公众信息过于强化单亲子女的教育困境,不恰当地夸大单亲的危害,使孩子内心留下阴影，结果造成更多的单亲孩子陷入混乱，因此改变公众信息导向可以让单亲孩子的成长更为顺利。

作为单个的人，我一时无力去改变公众，所以，就选择改变自己生活的环境。

换一个相对宽松、自由一点的环境，对于正在成长的孩子，对于经历生活变故的我，应该是利大于弊的。当然，生活之艰难，也无法回避。

流水它匆匆，带不走，光阴的故事。

如今的一切都在以永恒的姿势向后流逝，而那逝去的一切，都将变成亲切的回忆。

记得那天晚上，筱寒写完作业，玩儿了一节课后，坐在办公室里沉思许久。

突然，她对纪伯伯发问："纪伯伯，世界末日真的要来了吗？"

纪伯伯莫名其妙，筱寒接着说："据说2010年就世界末日了，全世界都毁灭了！"

纪伯伯听后大笑："如果世界末日就要到了，那可好啊！我们就痛快地生活吧！管它什么考试成绩啊，赶紧快乐地生活吧！"

筱寒却非常严肃地说："如果2010年就世界末日了，那还有四年，那时候我才14岁，就要死掉了……"

纪伯伯笑着说："如果世界末日真的来了，你以为只有你会死掉吗？"

筱寒却依然严肃郑重地说："我才14岁啊！我还有好多事情都没有经历，我还没变老呢就死掉了，多么可惜啊！"

纪伯伯终于发现了筱寒的深刻之处，开始侧耳聆听。

筱寒接着意味深长地感慨："但愿世界末日不会那么早到来，我要好好地生活啊，为了我的子子孙孙后后代代着想，我也要好好生活啊！"

语毕，纪伯伯和妈妈同时爆笑。

在回宿舍的路上，筱寒依然在思考关于世界末日的问题，她问妈妈：

"妈妈，你们觉得我太可笑吗？"

妈妈握着筱寒温暖的小手，真诚地说："不，筱寒，你并不可笑，你想的比大人还深刻，你对生活有热爱，而且你有悲天悯人之心。"

"呵呵，但愿我这不是杞人忧天。"筱寒对答如流。

就是这样，思考着人生的小女孩儿，渐渐长大，慢慢褪去了婴儿肥，变得有些窈窕瘦削了。

于是，就有了"拔刀相助"的故事。

那是 2007 年 12 月 27 日。

发现这个事情的苗头，那时至少已经有一个月了。记得那次我去接筱寒放学，半路上有几个女生大声喊她的名字，一声接一声叫。

我对筱寒说："你们班同学在叫你吧。"

筱寒大约是回头看了看，说："不是我们班的。"

我问那是谁？她说不知道。

于是，我就没有再对她说什么。但是，我的心里是很明白的了。看那几个女孩子，个子明显比筱寒高，应该是高年级的。既然筱寒说不认识她们，那么她们的大叫其名，就必定有某一个男生的因素了。而筱寒，分明还是不知道这叫喊声的含义。我想，不要管它，这样的事情，总是要来的。如果没有发生，那倒是不正常的了。筱寒这么出色，这么美丽，这么可爱，总是会有喜欢她的人。只要，这喜欢，不会变成伤害，作为妈妈，我是为此感到开心的。

就这样，在日复一日的接筱寒放学的路上，总是会时不时地听到这呐喊声。而有几次，我就分明看见了一个小男孩，红着脸，在对那几个女生说些什么……但是，对于这些说笑喊叫，我再没有问过筱寒，筱寒也没有说过什么。

日子就这样流逝着，突然之间，我发现筱寒长得好高了！每天早上给她梳头的时候，要她坐着才觉得更方便。

而她的心，也在生长着。

一天，又在放学的路上，又是那些叫喊声。她咕哝了一声："真是素质低！"我问："怎么了，筱寒？"她说，"那些女生呗，总叫我的名字，真没素质。"我就又问："你认识她们吗？"筱寒说："我不认识，谁知道她们是五年级的还是六年级的啊。好像是因为徐海南吧，她们就叫我的名字。"我轻轻哦了一声，没有再说话。可是我知道，我该做一点什么了，为了筱寒不受伤害。

几乎每次都是，我刚上完课，就去接她。而接回她来，我马上就得去开会。在路上，从来不能耽搁片刻。所以，几次听到那喊叫声，我想停留下来，都不得以而置若罔闻地驱车而去。

直到那天下午。

那天落雨，下午两节课后，匆匆换了衣服去接筱寒，雨已变小了，霏霏淋淋。我等了一会儿，那个熟悉的红色身影映入眼帘，那天我给她换了一个发型，把两个羊角辫，梳了一个略歪的高吊马尾，更显着别样的聪慧美丽。

冷雨中走来，温暖我的心。

娘俩个边走边说，她告诉我她今天又得了几颗星，她告诉我某某某跟她如何如何……突然，"蒋—筱—寒！"那声音又传了过来。我恰好没有事，这声音来得正是时候。我立马下车，支上车撑子，扭头张望。筱寒站在一旁，不知妈妈要做什么。叫筱寒的声音，也戛然而止。

我看着马路左边便道上走着的那几个女孩，大声问："你们谁叫蒋筱寒了？"

她们你看看我我看看你，没有人说话。

我接着问："是不是你们叫蒋筱寒了？"

她们停在那里，不再走了，还是不说话。

我继续问："你们认识蒋筱寒吗？"

一个女孩说话了："不认识。"

"你们叫她有什么事吗？"

那个女孩接着回答："没事。"

"你们是哪个班的?"

"六(1)班的。蒋筱寒是四(2)班的。"

"你们是六(1)班的,蒋筱寒是四(2)班的。你们不认识她,她也不认识你们,你们叫她又没事,你们整天叫她干什么?"

"嗯……有个叫徐海南的男生……"

"有个叫徐海南的怎么了,和你们有关系吗?徐海南和蒋筱寒也没有任何关系!你们以后不要再叫了,好不好?"

"嗯,好!"

于是,我推起自行车来,继续走。

筱寒一边上车,一边伸出大拇指,笑着对我说:"拔刀相助!"

听她这么一说,我也笑了,拍拍车座,说:"宝贝,走!"

当然了,拔刀相助并不是这么简单,后来还有两次反复,后来的两次,我都停下车子,让女儿自己去问他们,是不是有什么事,像妈妈一样,态度平和,不容侵犯。两次之后,终于归于平静,这种骚扰逐渐消失了。

在这个过程中,女儿学会了自我保护,不懦弱,也不自卑。因为,我告诉她,女孩子被人喜欢,是一件好事,但是,要让喜欢你的人能尊重你,你就要自己保护自己,要勇敢,要坚强。

而她的心,也在生长着。

当我在2008年3月7日读到女儿的这一篇日记后,欣慰之情油然而生。

在学校的中午,我和王一亭正在看课外读物,我们看得好好的,要程和刘标来捉弄我,刘标推着要程来碰我,我有好几次都被碰到了。后来有许多人都说要程喜欢我,我并没有脸红,而他们还在继续说,我就冲他们男生大吼了一下,他们都被吓到后面去了。王一亭她也在场,她说我的血管她都看见了!

我对他们说:"你们再说!我惹你们了?!"我是用像钱景岳的那

种声音来说的,像狮吼一样的嗓门说的。我感觉我一吼,别人的心都碎掉了!站在桌子上的刘标一下子给坐了下去,而且屁股疼得要命!看来以后别人就不敢捉弄我了!再有的话,我就给他们点颜色看看!

哈哈!厉害吧!

其实,关于"喜欢和爱"这个话题,在女儿很小的时候,我们就经常谈论。尤其在这方面,我更希望女儿成长得自然快乐而幸福。做女儿的倾听者,听她讲述那些她喜欢的男生的故事,跟她分享那些被人喜欢的甜蜜和喜悦,这也是我们母女对谈的主要内容。

不知道,作为母亲的你,是否知道,在小小儿女的心田里,爱情是什么样子的呢?

爱情是什么样子的
蒋筱寒

许多小孩子都说自己喜欢某某某这个女生,或者说自己爱哪个男生……

现在爱神就跑到我们班来了。要程对我说现在班里许多人都有自己的心上人,我问他你的心上人是谁?他说让我猜猜看,我说:"是程敏,接下来的就不知道了。"我很想知道。他说:"你再猜!"我摇了摇头,表示不知道。我推了他一下说:"除了程敏,还有谁?"他帅气地抬起头,说:"你!"我的脸面对着他,刹那间红了,我又说:"然后呢?""包涵。""再然后呢?""姚梦佳。"我问完了之后吹了一口气就坐下了!我还没回过神来,他就坐到我旁边,把我挤到里面去了,接着又问我:"你喜欢谁呢?"我又迟钝住了,不知如何是好,他问:"袁艺文?"我摇头,他钝了钝说:"喜不喜欢我?"我把肩一耸,意思就说是喜欢。然后他给我讲了几个笑话就走了!

我想，爱情就像一罐罐蜂蜜，
让人度过甜蜜蜜的生活。

我想，爱情就像一杯杯纯净的水，
让人感觉度过了干净的一生。

爱情，就像一束束鲜花，
让人感觉度过了清香的一生。
爱情就像一片汪洋大海，
让人感觉爱情是永无止境的。

爱情就像快乐的小孩，让我们
度过这欢乐的一生！

爱情，永无止境！
啊！
LOVE
爱

（2008年4月29日）

我亲爱的宝贝，有人喜欢你，妈妈真心为你高兴。

但是，妈妈决不会让你正在生长的心灵，为此而受到伤害。

妈妈一定会尽力保护你，保护你心理情感的正常自然发育生长，让你拥有一个健康的情感发长史，骄傲快乐自由自在地享受生长的过程，直到真正地获得爱，付出爱，快乐幸福地爱与被爱。

也许，妈妈不会做得很好，但是，妈妈会努力。

无论何时,都不要害怕,即使妈妈不会永远在你身边。无论何地,都不要害怕,妈妈爱你,就一定会帮助你。帮助你,成为独立的你、勇敢的你、乐观的你,成为你所能够成为的你自己。

　　随着你的成长,妈妈也在成长,就像那天晚上去打饭的时候,那位伯伯的话,我们母女,会成为姐妹。

　　亲爱的宝贝,妈妈陪着你长大,只能陪着你啊,因为妈妈不能代替你长大。

　　亲爱的宝贝,妈妈和你一起长大,一起长大啊,可是,有时候,我们真的还要一个人独自长大。我亲爱的宝贝,让我们彼此温暖,顽强而乐观地生长,各自成长为各自的模样……

　　希望你,能够在将来,理解妈妈。也许,那时候,你成为了别人的妈妈。

　　我是个普通的女子,我有自己的生活梦想和爱好。

　　我是个做教师的母亲,我有心爱的女儿,还有我所钟爱的教育。

　　我曾经疲惫而厌倦,痛苦而迷惘,我像一面旗帜被空旷包围,我舒展开来又卷缩回去。

　　我历尽艰辛发现了一个母亲的责任与意义,并体验到了教育的美好与神圣,我怎么能够背弃我自己?

　　生活啊,激荡如风暴,深邃如大海。

　　无论如何,首先是一个母亲。

(2009年7月)

对得起生命的礼物

一

妈妈,你辛苦了,谢谢你无条件的付出,原谅我曾一度无视这永远的不变的港湾,我会更加珍惜你!我爱你!

这是筱寒在 2015 年 5 月 7 日,母亲节前夕,写给我的。回顾我们母女一起走过的路,我是感到惭愧的。"无条件地爱",我常常会忘记这一点,该请求原谅的人,是我。

回顾孩子这 17 年的辗转流离,愧疚从心中涌出:

说什么感谢啊,孩子,妈妈带你来到这个世界上,却一直都没有好好保护你,非但没有好好保护你,还带给了你如此之多的生离死别之痛,失落悲愁之苦!我绝不是一个合格的母亲。而所有,由我而加之于你的伤害,都是永远无法挽回的!感谢你,孩子;感谢你,无条件地爱我,信任我,依赖我——给我机会,让我和你一起成长。

我为她所做的一切,出于责任,出于爱,不如说,是为了弥补,为了挽救,为了赎罪。

如果说,这 17 年中,我还有些值得肯定的地方,那应该是无论处于何种境地,一直将自然、书籍和音乐这三样东西,为筱寒保管珍藏。也因为这些,她才得以变得越来越强大,并且,找到了确立她生命的三样东西:诗歌、绘画和音乐。

筱寒的诗歌,清晰地记录了她 11 年间情感、心灵和思想的成长,是一个人的诗歌史。无论从教育还是从人的成长，她的诗歌，都给人以生命的善意、美好与力量。它绝不是玩弄技巧的无病呻吟，而是饱含着生命热情的一个真实的独特的人的声音。阅读这些诗歌，一个孩子从6岁写到17岁的诗歌，这些饱含着泥土气息、生活滋味的稚拙的诗歌，作为她的母亲，我欣慰于诗歌对孩子的成全、救赎之力量，作为她的读者，我体悟到诗歌之美，也发现了远远大于诗歌的东西。

二

但这并不意味着，她从此就要成为一个诗人。

就像一个老师比一个语文老师更重要一样，一个人肯定比一个诗人更重要。

《上课记》的作者、诗人王小妮老师，就不主张孩子成为诗人：

> 为什么总要有人成为诗人呢，一代又一代，敏感给予这个群体的，总是多过别人的承受，这已经变成了逃不掉的循环。
> ——王小妮《我们需要更多的诗人吗？》

但是，筱寒之于她的诗歌，与其说是我引导她写诗，不如说是她自己选择了诗歌这种表达自己、救赎自己的方式。我所做的，只是没有去阻止。

每个人都要找到属于他个人的表达方式，写诗，画画，唱歌，听音乐，运动，下棋，发呆……有属于自己的表达方式，并且，可以借此建立与自己、与他人、与世界的联系，就不至于使生活过得太难捱，就有可能获得面对生活中种种痛苦的勇气和力量，从而为了生活是桩美妙的事而生活，而不仅仅是忍受。因为，保持热情，保持热爱，保持对美的感动与向往的激情，就会产生创造的动力与愿望，而一个钟情于创造而不是毁灭的人，不管他是诗人、画家还是音乐家，也不管他是官员、商人还是农夫，他都会成为一个为了活得快乐、幸福而勇敢地活下去的人。

是的,就是这样,慢慢地,筱寒长到了17岁,画画、音乐和诗歌,逐渐地成了她表达自己的方式、创造的方式,也是救赎成长的方式。这是她自己的选择。

还有一种观点很常见,那就是"写诗的人过于敏感会带来更多痛苦"。我却不认同。

痛苦,几乎是不可避免的。尤其是孩子们的痛苦,不是我们想让它们多就能多,想让它们少就能少的。每个人成长中所经历的痛苦,很难归罪。作为母亲,我认为自己对于孩子负有罪责,但是,作为我父母的女儿,我所承受的这些痛苦,又可以归罪于谁呢?如果我归罪于我的父母,那么他们在将近70年的人生历程中,所罹受的一切,也继续向上问责吗?如此下去,每个当事人,都是无辜的,每个造人者,都是有罪的。那么,罪是不是也同样,可以代代相沿?

所以,人的命运,是有其难以掌控而必然存在的悲剧性的,我的筱寒生长在我的身边,承受我带给她的痛苦,同时,也会罔顾我的规劝,而自己给自己制造新的痛苦,同时也会给我带来痛苦。而假使她生长于他人之手,也势必会有另一种痛苦,恰如会有另一种欢乐一样。

对于命运,还是史铁生说得好,"休论公道"。挺住就是一切,并与生活达成和解。

而且,我也不认为写诗的人,就会比不写诗的人,格外地多承受痛苦。不同的人,会有对于痛苦的不同定义,而不同的人,所承受的痛苦,种类与程度也是不同的。痛苦是无可避免的,作为父母,与其想着避免让孩子承受痛苦,倒不如想办法帮助孩子建立承受痛苦的勇气、增强孩子感受美好、热爱生活的能力。

这一点,诗歌就可以做到。当然,其他的,纯粹的、美好的、那些可爱的东西,也可以做到。

既然我的孩子选择了诗歌,我就支持她走下去。

三

也许，筱寒真的会成为一个诗人，如诗人王家新、蓝蓝和张文质所祝愿与期望的那样，"走一条远路"，成为"汉语诗歌可期待的未来"；也许，她会如画室老师所祝愿的那样，考取清华美院，并最终成为一个画家；也许，她会像她现在所想的那样，最终成为一个艺术家，在博物馆里，举办她的个展；也许，她会开一家书吧、花店，或者成为服装设计师、插画师……

其实，这些真的不重要，"君子不器"，我们活着，不能为了追求一个具体的职业而奋斗终生，而且，这些具体的东西，我们根本没有办法预料和安排，在上帝的骰子没有掷出之前，谁知道结果会是什么样的呢？

曾经有一段时间，我特别渴望拥有一个水晶球，让我看到未来，看到未来我会和谁共度人生，看到未来筱寒会长成什么模样。筱寒也曾经多次跟我讨论人生，探究命运，思考冥冥中是不是有天注定，甚至想知道，她现在的决定是足以改变未来的偶然，还是早已被设置好的必然……人间自有天意，注定不是我们所可以控制的。我们所能控制的，就是我们自己。

所以，我常常会对孩子说，要以感性去热爱生活，而以理性去解决问题。我希望她在生活的历练中，获得越来越多的解决问题的能力与勇气，而不是遭遇更多的被问题所困的沮丧和无奈。当她真正地开始为了自己的梦想（是梦想而不是目标）而自觉地奋斗，当她不再是被妈妈推着拉着扯着的那个哭哭啼啼不想长大的孩子了，她才是自己迈出了勇敢面对、自信顽强、坚实勇毅的第一步！

筱寒的追求，是发自内心的。她写诗，因为她爱诗歌与写作；她画画，因为她热爱绘画与艺术；她弹琴，因为她热爱音乐。她不是为了一个具体的目标——比如成为诗人、考取美院、成为乐手——而做这一切，她完全是出于自己对它们的热爱。

这三样，除了弹琴她不需要面对考试，写作要面对考场作文，绘画要面对艺考,而只要有考试,尤其是目前,考试的观念、形式、题目甚至批卷,都还有诸多不尽如人意之处。面对有可能会磨损人的灵性与激情的"考试",身为教师和母亲,我首先必须理性地对待它,研究它,攻克它,在备考过程中,培育、呵护孩子的灵与情,帮助孩子强大,考而不死是为神!

所以,当我看到,她为了实现梦想,能为自己设定奋斗目标,能每天主动在学习的时候将手机放到他处,能反复研磨数学题,能在去画室的路上背英语单词、背名言名句……我知道,她已经可以理性地去解决问题了。这些不是什么苦难,它们就是问题,是每个人成长中必须去勇敢面对、自己去解决的问题。

我很欣慰地看到,筱寒对自己有着清醒的认知。

还记得2015年小高考前夕,一个春风沉醉的晚上,我们一起散步回家。我问她:"筱寒,妈妈确实不能理解,为什么你明明理解了,也都默写了的知识点,比如史地政物化生,甚至包括语文的名句,怎么过两天你很快就会忘得一干二净呢?既然理解了、记住了,就不该这样啊?"

筱寒答道:"因为我是一个创造型人才,我不擅长记忆。你看我写的诗、我画的画、我拍的照片,角度都很独特,都是与众不同的。"

作为一个一直以博闻强识而自傲的记忆型人才,她的回答让我茅塞顿开。

创造型的筱寒,顺利地通过了小高考,她的小六门成绩,达到了985和211综合性大学以及中央美院等八大美院对艺术生的成绩要求。同时,她晋级第十届全国创新作文大赛江苏赛区决赛,在南京大学江苏赛区决赛后,她又入围北京大学全国总决赛。

此时的她,正在认真地读书,里尔克、阿赫玛托娃、尼采和凯尔泰斯·伊姆莱、菲利普·雅各泰、耶麦、帕斯捷尔纳克、特朗斯特罗姆、茨维塔耶娃、奥斯汀、塞万提斯、张爱玲、王小波……和她一起坐在床上。

遥遥地看着她的背影,我不禁想起她在小高考结束当天所写的那

教育：一场惊人的旅行

首诗：

深陷其中

是的，我是强大的

不畏惧背后烈火燃烧

前方的天际已泛红

在我的眼里倾盆大雨下着

浇灭所有能被毁灭的明天

这会让每个人都满意，无怨无悔

而这之后，我的心会随之离去

走进温暖美好的黑暗

（2015年3月29日15点38分）

　　如诗中所预言，小高考结束后，她走进了"温暖美好的黑暗"。

　　每周三、四、五的中午，人最疲乏时，她都要背上书包，穿越园区，横跨市区，去学画。每天，她都会说，路上都快睡着了。每天晚上，她回家后，吃完饭，先弹吉他，再写作业、画速写，常常会累得倒头和衣睡去，第二天早上6点多钟，又被我喊起。而每个周末，她早上7点钟起床，乘地铁倒公交，赶到画室去上课；晚上归来，学吉他，写作业。

　　那么，如此勤勉地奋斗，到底是为了什么？

四

　　人要有追求，但是，不能为追求所控制。

　　奥斯卡获奖影片《爆裂鼓手》中的男孩安德鲁，一开始就是被"成为名垂史册、万众瞩目的鼓手"这个目标所控制了。为了达到目标，不惜一切代价，不珍惜亲情、爱情，不在乎友情，在对目标的疯狂追逐中，他可以随心所欲地伤害家人而不以为意，可以视女友为负累并一拍两散，可以对乐队中其他的乐手视而不见乃至幸灾乐祸，甚至，可以不顾自己的死活。这个目标，疯狂地控制了他，使他不能过完整的生活，直至濒临崩溃。

好在影片总是峰回路转。后来，在挚爱他的父亲的努力下，他意识到了，尝试做出改变：重新演出前，终于鼓起勇气打电话给女友妮可，邀请她去观看演出，希望妮可能够成为他摇滚之路上的倾听者、陪伴者，他不想再孤独一个人了。可是，妮可已经有了一个不喜欢摇滚的男朋友……在演出时，魔鬼老师揭穿真相并报复、戏弄而激怒了他，但安德鲁没有像之前一样，冲上去撕咬这个老师，而是下台去，拥抱并亲吻自己的父亲。然后，再次上台，反戈一击，爆发小宇宙，演绎爆裂鼓手的传奇。

也许有人会赞叹，说是老师激励了他，而我却看到，是爱，救赎了他。我想，他不会再鄙视自己的父亲，也会拥有自己的朋友，即使妮可不可能再回到他的身边，他也一定会遇到属于自己的爱情。

人，如果被一个目标控制住，哪怕那是一个崇高伟大的目标，也会使人异化，乃至疯狂。生活，是完整的，人，应该是有血肉的。七情六欲，活色生香，丰富温暖，才是人。这可以解释，为什么帕斯卡尔说，"人既非天使又非禽兽，而不幸就在于想表现为天使的人常常却表现为禽兽。"

同为奥斯卡获奖影片，《爆裂鼓手》与《鸟人》，有很多相似之处。不同在于，男孩子从爱中得到了救赎，而鸟人先生以及他百老汇里的朋友们，已经丧失了爱的能力，陷于名利泥淖中，难以自拔，毕竟，成年人中了极深的毒，是不大容易排毒的。

所谓功成名就，真是一个可怕的东西。就像魔戒一样，是会让人变成咕噜的。

在这一点上，我也是个中毒很深的人，远远比不上筱寒。

曾经，我自傲于我是个开明温和的母亲，不苛责孩子的分数，给她自由的少年时代，而后来，我又懊悔于我不是虎妈，不曾在她的童年和少年对其施以严格的督管，让她养成训练有素、分秒必争的习惯，以致使她的中学时代蒙上了一层阴影；而如今，我不得不庆幸，我还是选择了一条适合她的道路，尊重是对的，保护是对的，等待是对的，陪伴是对的，所有忍受过的痛苦，都是值得的。

如今的筱寒，既追求梦想，又享受生活，珍惜朋友和亲人，思考爱情与命运，却从来没有追求过所谓的"成功"。

五

过去一年里，不断有诗人自杀的消息，从"打工诗人"许立志，到大学老师陈超，再到"90 后"诗人王尧。

关于诗人之死，也是我和筱寒经常谈论的话题。

舆论界喜欢美化诗人之死，也喜欢夸大诗人之死，好像诗人就等于疯子，是不健全的人，注定无法过上快乐幸福的生活。举目世界，自杀者绝不仅限于诗人，过去一年，自杀的官员和商人，比诗人不知道要多多少倍了。而诗人一旦自杀身死，却顿时在俗世产生了光环，会被崇拜，被赞美，被过度解读。

诗人，首先是一个人。一个人，选择结束自己的生命，必定有许多不为人知的原因，甚至有时候，是一念之间决定生死。不管他是学者、官员、商人、农人还是诗人，自杀都是生命的悲剧，美化诗人之死，把诗歌与死亡画上等号，是媚俗的、愚蠢的，也是不道德的。看看世界上那些伟大的诗人，其中更多的，是通过诗歌与世界建立了深广的联系，比如，筱寒所钟爱的诗人特朗斯特罗姆，他以 84 岁高龄辞世，他的葬礼，成为诗人的荣耀。

对于筱寒，这个独一无二的孩子，我深信，诗歌不会促使她毁灭，恰是诗歌，使她免于毁灭。是诗歌，使她看到自己，也看到他人，使她敢于"面对自己的悲剧"，也敢于面对一个时代的"荒凉"。

与其说，诗歌（或文学）让人痛苦，倒不如说，许多人是因为痛苦而选择了诗歌（或文学）。而我要说，为什么不因为爱而选择呢？这么美好的东西，不要把它仅仅变成排遣痛苦寂寞的工具，让它成为创造美、呵护善、追求真的源泉吧！这才对得起我们的生命，对得起诗歌。

所以，蒋筱寒，这个17岁的孩子，才会在那首写于2015年除夕的《十年》一诗中，如此感谢："即使在最深的夜里，当我看见那颗璀璨／即使海草如发般缠绕／这颗星依旧引导着我／解开我，或救我。"

此时，我终于明白，为什么筱寒坚持要用"礼物"命名这部《蒋筱寒诗选2004—2015》。因为，这诗集，不是她成功的标志，而是她献给成长的礼物，献给这个世界的礼物。

（2015年5月7日夜至8日10点51分初稿；

5月20日再改；

7月9日改定）

【注】

此文系为我的女儿蒋筱寒的诗集《礼物：蒋筱寒诗选2004—2015》所作的序。如今，此诗集将由上海教育出版社出版。

兹录之，以纪念。

并祝福我亲爱的筱寒：愿你的道路漫长，充满奇迹，充满发现，所有梦想都能够实现！

哦,亲爱的,我的小莱莉!
——《头脑特工队》及其他

一

本周日,请各位爸爸妈妈务必允许(最好是能够陪同,如果孩子情愿家长陪同的话)孩子,去影院观看《头脑特工队》。此影片我已看过,看哭了。值此高三时段,尤其是刚刚结束入高三来第一次阶段检测之时,请诸位家长一定看看这部影片。它将告诫我们,使我们更好地陪伴孩子,度过这一年。如果孩子不愿意陪家长一起看,请家长自行组队观看。看完,与孩子交流一下。最后,强调一下:本周末语文作业,就是观看电影《头脑特工队》,此电影,家长必看。

对于孩子而言,高三肯定是艰难的,但是,生活还是要进行的。我们一起陪他们度过这艰难的一年,让他们尽可能地在压力中过有意义的生活,既不能放任自流,又不能被异化。希望各位家长支持我们的工作,要共同面对压力,不能粗暴对待孩子。压力不是压迫,希望家长们不要化压力为压迫,而应该化外部压力为内在动力,不要焦虑,不要焦躁不安。越是高三,越需要给孩子空间,思考的空间,安静的空间,反省的空间。而作为家长,要安慰、引导、陪伴孩子,而不能压迫、逼迫、扔给学校。

以上,是某个周末我发给学生家长的家校通信息。

《头脑特工队》(*Inside Out*),是当时正在热映的动画片,皮克斯又一部诚意之作,值得推荐给所有家长去看。看完,也许会认识到所谓正能量、负能量的说法,是多么愚蠢甚至可怕。

将孩子的情绪，粗暴地划分为正面情绪与负面情绪，且不能容忍孩子自由地表达情绪，是传统家庭管教孩子的一大特点。

比如，作为负面情绪之首，哭，是可耻的，是没出息的，是被禁止的，是会引起大人暴怒的。想尽一切办法，从而阻止（或者制止）了孩子哭泣，许多家长便会自觉教子有方，脸上有光。

相比于哭泣，发怒，则是可怕的，没教养的，更令大人丢面子的。以更大的怒气压制怒气，孩子的怒火，引来的往往是暴力镇压，言语的，肢体的，甚至双重的。

而其他——恐惧等于懦弱，会受到嘲讽，或被施以更大的恐惧；搞笑等于疯癫，会被斥责，戴个多动症的帽子都有可能；忧郁未免可笑，小孩有什么好忧郁的；幻想？只要开始上学，你就该停止幻想。

这样看来，只有正面情绪是被允许的了。

并不。比如快乐，也要分场合，要懂得看大人的脸色。这样，才是一个懂事的乖小孩。

然而，懂事的乖小孩，他们的头脑里酝酿着怎样的动荡风暴？这动荡会给孩子本人带来怎样的创伤？谁知道？谁又在乎？

心理学家们其实早就研究过这个问题了。然而，观看这部动画片，却抵得上阅读好几本心理学专著。因为，它更形象，更直观，更好理解，更触目惊心，也因此，更利于普及常识，更易于接受执行。

11岁的莱莉，尚无法主宰自己的生活，她在毫无准备的情况下，跟随父母离开她的生长之地明尼苏达州，搬到陌生的旧金山。对于一个孩子，这意味着丧失，意味着属于自己的世界的崩塌，意味着童年的结束。于是，悲哀（Sadness）、恐惧（Fear）、厌恶（Disgust）和愤怒（Anger）等"负面"情绪随着生活中的分离、陌生、失败、无助等打击如大动荡般扑面而来。

疲于应付现实的父母，当然希望莱莉能够一仍如旧，冰雪中奋勇向前，困难前善解人意。莱莉本人，也认为自己应该要做一个快乐的小孩（Joy），懂事体贴，不添乱，成为父母的安慰，甚至化解他们之间的矛盾——用我们的话说，成为一个贴心的小棉袄。

在这样的情况下，莱莉头脑中的快乐小孩（Joy）阻止悲哀小孩（Sadness）对所有丧失的哀悼，于是，小莱莉的头脑便卷起了风暴，快乐小孩（Joy）与悲哀小孩（Sadness）一起被卷走，离开了大脑主控室。莱莉既不会哭，也不会笑了，她的过去，迅速遗失，一切都错乱了，停摆了，崩塌了……

关于孩子的小脑瓜，快乐、忧伤、愤怒、恐惧、幻想、搞笑、亲情、友情……哪些会被记忆？哪些会被遗忘？情绪是什么颜色？情感怎样积累？性格如何养成？你可知道孩子成长的秘密？这部动画片，既能使人开怀大笑，也能让人感动落泪，在这样一个到处都在弘扬正能量、抵制负能量的时代，每个家长都应该陪孩子去看一看。

于是，便有了上面那条家校通信息。

这一年，我带的是高三。高三这一年，一次次考试，一天天倒计时，孩子们的压力是巨大的，情绪是紧张的，甚至经常会是混乱的、焦灼的。作为师长，如何陪孩子度过这艰难的一年？

要接纳孩子所有的情绪，同时也要合理地舒缓我们自己的压力，事实上，尤其是家长，往往比孩子还要焦虑，因为浑身有劲儿却使不上，那种生命中不能承受之轻的压力。越到高三，家长和老师越要学会内紧外松，不管心里多紧张、焦虑、不安，面对孩子，都要尽量轻松自信、淡定从容，要让孩子在老师和父母这里，感受到被接纳、被宽容、被理解，而不是被遗弃、被孤立、被逼迫。

同时，作为高三生的家长和老师，也要学会缓解自己的压力，正视自己的情绪。不要把全部的注意力都放在孩子身上，要有适当距离，除了孩子，也要有自己的生活，做自己的事情，秉持张弛之道，才能调解好"我与我""我与人"的关系，从而与孩子更好地相处。

二

因为，每个成人内心，都有一个小孩。

不，按照《头脑特工队》的人设来说，是都有几个小孩的。每个人在成长中，都会像影片中 11 岁女孩儿莱莉一样，不断地经历变迁、丧失、错乱、重建这样的过程。

从这个意义上说，《头脑特工队》不仅仅是一部儿童心理学相关的影片。

它很容易地让我想起一本书——盖伊·温奇博士的《情绪急救：应对各种日常心理伤害的策略与方法》（上海社会科学院出版社 2015 年 7 月出版）。

日常生活中，会产生哪些心理伤害？

"拒绝"会带来痛苦；"孤独"会引起绝望；"丧失"使生活破碎；"愧疚"在使我们的心灵难以安宁的同时，更会使人际关系变得紧张；对痛苦的不断"反刍"，会发展为焦虑与沮丧；"失败"导致极度的失望；"自卑"会让我们拒绝接受别人的好意帮助……面对这些，如何做自己情绪的主人，如何拯救自己，使自己从错乱、停摆乃至崩塌之中，重建生活秩序？

在经历了人生中一次巨大的丧失——父亲病逝——之后，我开始读盖伊·温奇博士的这本书。盖伊·温奇博士的《情绪急救》使我认识到，丧失之后，生活中无处不在的"第一次"——这个地方真美，父亲还没有来过；桂花又开了，父亲还没有见过；倭瓜成熟了，这是父亲最爱吃的……其蚀骨痛心的悲哀，是必须面对的经历。而抚平丧失之痛的方法，也因人而异，一方面，要积极地寻求解救之道，另一方面，也要相信时间的力量。

除了丧失之痛，我还需要努力解决"内疚"之苦，如何与自己达成和解，从"为什么多年来竟然忽略了父亲的健康问题，无视癌症的预警征兆""为什么在父亲为疾病所折磨而情绪不佳的岁月里，还情绪烦躁、忍不住对他发火"以及"为什么去年没有在父亲生日时,为他买一个生日蛋糕,而那已成为他最后一个生日……"诸如此类这样无法获得原谅的自责中,自拔出来。《情绪急救》这本书,给了我一些启示,但是,因为已经无法在现实中获得父亲的原谅——哪怕他从来都不会责怪我,我还是不能原谅自己。

就是在这种情况下,已经读完这本书后,我又观看了《头脑特工队》这部电影。

三

对我而言,影片极有代入感。

首先代入的,是我的女儿。

一岁半,因为工作所迫,我将她留给了父母。

四岁半,又因她上学之需,我将她带离了姥姥姥爷。

九岁半,她则被连根拔起,过长江,从北方而至江南。

十二岁半,她再一次离开刚刚熟悉的江南小城,搬至苏州。

回想孩子从幼儿到童年到少年,所经历的这些丧失动荡,所遭受的那些漠视打击,所承受的那些无助痛苦,我多么想拥抱一下我的孩子,向她说句"对不起"。可惜,她并不在我身边,因为,十七岁半的她,这一次,离开了妈妈,一个人漂泊于北京西北郊,日以继夜地画画……

我突然意识到,作为一个职业为教师的妈妈,我是多么地不近人情,多么地愚蠢可怕,自以为是!

当孩子一次次在深夜亦或凌晨,在课间或者午休时,向我倾吐她所感受到的学画之艰苦、倾诉她所遇瓶颈之无助时,我竟然一次次地给她讲述激励的大道理、分析解决问题的途径,鼓励她、鞭策她,甚至批评她、责备她、刺激她,一次次地指出她的不足、缺憾,生怕她不够乐观、不够勇敢、不够坚强、不够有力量……啊,我是多么愚蠢啊!

知难行易。

聆听孩子，陪伴孩子，接纳孩子，给孩子空间，让孩子可以放松地吐纳情绪，接受自己，悦纳自己，从而使情绪平复。所有的情绪都是正常的，没有好情绪与坏情绪之别，没有积极与消极之分，让孩子能够自然地表达情绪，宣泄情绪，从而疏导情绪。

所有这些，我都知道。都知道。却常常，在面对自己孩子时，忘掉。

我看着屏幕上的小莱莉，她多像我的筱寒。不，她就是我的筱寒。我那委屈的却不得不一次次伪装得强大、快乐、勇敢、坚强的小女儿。即使是现在，她也常常成为我转嫁生活带给我的种种沮丧压力而产生无名业火的那个最无助的对象。

"早安。"

"午安。"

"晚安。"

"抱抱宝贝。"

"妈妈爱你。"

哦，亲爱的，我的小莱莉！

随着你所经历的变迁逐日增多，主宰你头脑的小孩，恐怕已经不是绿色的快乐小孩（Joy）了，也许会像妈妈一样，由悲哀小孩（Sadness）主控，也许会像爸爸一样，由愤怒小孩（Anger）主控，更有可能，你会拥有属于你自己的新的小孩，比如热爱（Love）、幸福（Happy）、自由（Freedom）、美（Beauty）、勇敢（Brave）……

不管怎样，记得拥抱他们，他们都是你独一无二的小孩。

四

其次代入的，是我自己。

对于我内心的小孩来说，我同样是个严厉的、职业为教师的、不近人情的妈妈。

在父亲病逝给家庭生活带来的动荡不安中,像11岁的莱莉一样,我希望自己能够表现得完美,坚强、勇敢,成为家人的依靠。我想将悲痛和无助藏起来,让它慢慢消化,却随之也将温存和体贴收走了,悭吝于温情,沮丧而暴躁。在一次次本应与母亲抱头痛哭、互相抚慰的时刻,我要么对她进行理性分析,希望她快点振作起来、快乐起来,要么就默不作声,转头回避,甚至心怀怨恨。

在面对女儿的一次次丧失之痛时,我像绿色的快乐小孩（Joy）对待蓝色的悲哀小孩（Sadness）一样,一次次阻止孩子往过去投射悲哀的阴影,觉得这是矫揉造作,是博取同情,是不愿面对现实的懦弱。我希望孩子迅速地投入新生活,希望她带着积极乐观的心态缅怀过去。与此同时,我常常试图将自己对未知的恐惧不安禁闭起来,试图将悲伤驱逐出境,我希望为孩子做一个勇敢、快乐、顽强的表率,却每每爆发出更多的愤怒……

我要自己拥抱自己,面对真实的自己,拥抱我的悲伤,接纳我的恐惧,原谅我的过错,接受不完美的自己。允许犯错的自己,获得自己的原谅。只有这样,由己及人,我才能够拥抱母亲的孤独,安慰女儿的无助,才能够更好地去爱我自己,爱我的亲人。

我不是个称职的女儿,再不能为父亲延续生命,但是,我还有同样需要我关心呵护的母亲,我应该调整好自己,尤其是调整好与母亲相处的方式,让在这场丧失中承受百倍于我的痛苦的母亲,能够得到来自我的成熟理智而又温厚的爱与怜惜,使母亲的有生之年,得以少留遗憾。终于,我鼓起勇气,向朋友倾诉,把内心深处的愧疚与不安,和泪倾吐,不再萦怀自责,深夜不眠。

我不是个称职的母亲,过去的种种错愆,没有重来一遍的机会以弥补。而每一个新生的日子,每一次与孩子交流前,我可以学会忍耐,克制自己恶劣情绪的爆发宣泄,我可以在谆谆教诲的职业病发作前,试着设身处地，体验孩子的感受，认同孩子的情绪，从内心深处，以同忍宽柔而给孩子带去心灵的慰藉，陪伴就是最好的爱，理解就是最大的支持。终于，当女儿打来长途电话，小心翼翼地询问应该买哪一个行李箱时，我咽下那句"你不是已经有两个箱子了吗"说："你自己决定吧，这样的事情，不用再给妈妈打电话。"我不再事无巨细，累己累人，放开手，让她自己走。

同我的孩子一样，我还在成长，我还会犯错，我还会遭遇丧失，还会被置于错乱与不安之中，我希望，未来的岁月中，无论面对孩子，还是面对自己，在一次次重建生活的秩序的时刻，我能永远记得这句话："哦！亲爱的，我的小莱莉！"并且，拥抱我内心深处，每一个小孩，不管他是什么颜色的。

不知道，您和孩子看完这部影片后，会不会也在心里感叹："哦！亲爱的，我的小莱莉！"并紧紧拥抱你的小孩？

《头脑特工队》的英文名为"Inside Out"，全面接纳，内外通透。

（2015年10月11日19点完成；
10月12日8点22分改定）

第二章 | 再不要义愤填膺吃孩子

一个超越创意写作的教育者
——读《我是一支爱写作的铅笔》有感

在五洲传播出版社出版的这本由廖建容先生翻译的美国童书作家山姆·史沃普老师的《我是一支爱写作的铅笔》一书的封面上,印着这么几行字:

"作家老师的创意写作教室。"

"在这个教室里,孩子们不是在学习写作,而是在享受写作的快乐!"

不得不说,这些文字,一度误导了我,使我以为,这不过是一本讲述一个"作家老师"如何运用"创意",让孩子们"学习写作"并进而"享受写作"并爱上写作的普普通通的书而已。

读完前言《黑鸟在飞》,我一边赞叹史沃普老师的写作教学,一边仍觉此书的价值仅仅在此。

阅读逐步深入,读完《小学三年级:盒子计划》,我知道,这绝不是一本普通的教写作的书!它的价值,远远大于写作教学,哪怕是创意写作,哪怕作者本人仍然谦逊地自称"本书是我在三年之间教导一群小朋友创意写作的记录"。

在本书之"各界好评"中,我觉得最能揭示出本书价值的那段评价,应该是《怪才的荒诞与忧伤》的作者戴夫·艾格斯所说的:"任何人若想要在今日的师生身上得到启发,或是想要向作者看齐、让师生关系变成彼此成长契机的人,都应该阅读本书。"

一

这本书忠实地记录了作家山姆·史沃普老师在三年之间"教导一群小朋友创意写作"的过程,也真实地展示了他是如何找到属于他自己的"独特角色"与"独门绝招"的。

这些"教导的过程""独门绝招",也许对很多正在为"作文"教学或者"写作"教学(之所以把"作文"与"写作"区分开来,因为在我的观念中,这根本是两回事。详见拙著《不拘一格教语文》第二单元《唤醒沉睡的心魂——我这样教写作》之《从"作文"到"写作"》一节)所困扰的人来说,是非常有意义的教学模式,可以当作一种技巧来学习,甚至当作一种训练,搬到自己的教学实践中,操持演练。

史沃普老师的创意写作教学,固然有他独特的路径,在激发学生的写作欲望、帮助学生实现写作技巧的提升、丰富深刻学生的写作内容等方面,他做了大量研究工作,琢磨各种案例,转化成教学手段,探索出很多有价值的、可迁移的实践课例,比如三年级的"盒子计划"、四年级的"小岛计划"和五年级的"大树计划",不但可以沿用,而且,因地制宜略加调整,还可以衍生出无数个类似的计划。

可是,如果缺乏对史沃普老师所从事的教学中最宝贵之处的体察与尊敬,我相信,那些依样画葫芦的人,不会收获像史沃普这样绚丽斑斓的秋天。因为,史沃普老师所从事的,不仅仅是写作教学,他是通过写作教学，在进行着教育。他关注的核心，不是孩子们写作量的变化，既不是数量，也不是质量，他关注的核心，是每一个孩子的成长——为什么这个喜欢写作而那个却不感兴趣？为什么这个会写"杀死父母的方法"而那个却写"甜甜梅救了大家"？这个名叫米格尔的男孩子，他是如何在写作中展示自己，并如何通过写作获得成长的？对于他的宗教所带给他的那些矛盾和困扰，我除了尊重作为一种信仰的这一宗教外，还可以做些什么？那个名叫淑永的女孩子，她所写的故事中，究竟藏住了什么，表达了什么，作为老师，我又可以为她做些什么？还有这个法蒂玛，虽然她说讨厌我，可是，从一开始那个错认性别的误会起，我就一直希望她能原谅我，然后和我成为朋友，我一直想迎接她加入作家的行列，我想让她知道，将来有一天，一切都会变得美好，我该怎么既尊重她的隐私，与她保持合适的距离，而又能在不侵犯她的自由和安全感的前提下，去发现她的"岛屿"，我到底具备不具备这样的能力？即将升入中学的孩子们，我愿意为你们多做一些努力，再多一些，再多一些，让你们除了去上近乎命定的"一三八"中学之外，可以多一些选择，那意味着你们的人生会多出许多不同的机会，因为，这件事假如我不做，就不会有人去做……

　　三年时间，史沃普老师教导这群孩子，从小学三年级到五年级，他们也不过10岁上下而已，可是他们处于一个非常特殊的区域——纽约皇后区，一个移民的世界，"所有的元素都混杂在一起"。或许，从他第一次来到这所小学，看到那个惊人的景象时，他的内心就已经发生了巨大的变化，为他最终从一个不过应"教师与作家协会"邀请，"主持一个以小三学生为对象"的为期十天的"写作工作坊"的客串老师，变为一个主动要求延续创意写作课，义务坚持三年，并最终成为一个"经验丰富的老师"，形成了一套自己的写作教学模式，"有些课是我会不断拿来教学生的，因为我知道这是我最擅长的东西，也因为我知道这些课的教学效果很好"。

　　那个惊人的景象是这样的：

他们手牵着手，从四面八方进入校门：头戴棒球帽的古巴籍父亲，蓄着胡子、缠着头巾的锡克教徒，脚穿高跟鞋、手涂指甲油的拉丁美洲女子，用面纱遮住脸的印度尼西亚女子，身穿毛泽东式外套与运动鞋的中国祖母，以及前额有一颗红痣的印度人。这个景象给人一种史诗式的印象，这些来自世界各地的移民，这些历尽千辛万苦来到皇后区、怀抱着希望的父母，他们找到了这所学校，期望他们的孩子能过更好的日子，这是他们不远千里而来的目的。

是的，那个时刻，是作家山姆·史沃普成为史沃普老师的关键时刻，那个惊人的景象，给了他一种庄严神圣的使命感，使他认识到自己所从事的工作是与一个个活生生的、具有无限可能性的人相关的，是与来自世界各地的、对在美国的未来都怀抱着无限可能性的憧憬的各种各样的家庭密切相关的。这种使命感，让他对自己的工作产生了敬畏，在班上那些各种肤色的 8 岁的孩子们面前，"获得了新生"。

于是，一个最初仅仅以教授写作为目的的作家，逐渐成为了一个藉由写作之桥走近孩子的、以教育为宗旨的教师，一个真正的教师。

作为一个教师，我认为，只有基于教育的教学才有意义。

没有教育，再好的教学，也不过是精致的技艺，或许可以用来制作出某种合格甚至精良的产品，却绝对不能孕育出一个人的成长。

二

我想，如果以史沃普的教育教学来衡量我们的中小学教育教学，一定有很多人不以为然，立刻会抬出所谓的升学指标、考试制度、家校胁迫种种以防护、捍卫并反驳。

我们的思维，习惯于把所有恶劣结果的问题根源都归结于不可抗的外力，比如习俗、文化、制度、地理乃至天气。

然而，在阅读这本书的过程中，我却一再地感叹，最关键的，其实还是个人的素养；最重要的，还是一个人对自己的底线的设置，对自己人生的追求，对自己职业的敬重与热爱。无论这个人是在美国纽约的皇后区做教师还是在曼哈顿区做作家，也无论这个人是在中国的西南重庆涪陵做外教还是沿着西北的古长城进行自驾游，更无论这个人是在海南岛上的一所大学教戏剧影视专业的大学生还是在内地某处的一所普通中小学里教语文数学外语，只要这个人有底线，有持守，有追求，有敬畏与热爱，这个人都可以"守职而不废，处义而不回"，而不是"淈其泥而扬其波""餔其糟而啜其醨"。

是的，我是把史沃普和何伟（《寻路中国》《江城》的作者）与王小妮（《上课记》的作者）以及无数默默无闻但是坚守良知底线的老师们相提并论了。

我相信，人本性中的善良、正义、勇敢、执着和坚强等，这些美好的东西，是没有国界的，是不会因为什么体制之别而此消彼长的。

就是在史沃普的身边，那所皇后区小学里，有邓肯这样优秀的老师，她是这样向新来的史沃普老师介绍孩子们的："这个班很特别。每个人都很聪明，适应能力强，而且很贴心。每个人都是。这种情况千载难逢。"这位年近五十、有着一双蓝色眼睛的女教师，她已经在这所学校教了26年的书，史沃普说她像电影《欢乐满人间》里的神仙保姆一样。我知道，并不是这个班确实很特别她才这么说，实在是因为，在她的眼中，每个班的孩子都很特别，每个人都很聪明，每个人都是。因为，确实是这样，每个人都是很特别的啊！

史沃普是值得庆幸的，在他仅仅是来做十天写作工作坊的时候，就遇到了邓肯老师。从他的记录中，我们不难发现，正是邓肯老师，使他关注到每一个孩子在写作中透露出来的那些神奇的密码，从而逐步地走进一个个孩子的心灵，比如淑永。当邓肯老师不再随同孩子们升级后，史沃普本人也认识到了这一点，他写道："我一直不知道邓肯老师对我的帮助有多大。当我教新的单元时,她总在场,用委婉的方式确定所有的学生都了解要做些什么……当邓肯老师辅助的手放开时……我必须学习靠自己的力量教学。"

而在这个时候,史沃普便遭遇了我们所常见、熟知的那一种类型的老师——梅尔老师。她教书的时间不长,但这不是最主要的问题,最主要的问题是,她并不喜欢这份工作。对这些孩子,她最多的就是不满和抱怨,最擅长使用的是威胁和打击,还有我们也十分熟悉的那种"鼓励学生打别人小报告的做法",于是,那个最初在史沃普看来像《绿野仙踪》里的翡翠城一样的"避难所",变成了一个缺乏秩序的教室,孩子们大多数时间都不喜欢学习。

值得庆幸的是,"春天的某个愉快的一天",梅尔老师提前请产假了,想要拯救这个班孩子的史沃普老师,冲去找斯卡利赛校长,请求她找最好的代课老师来带这个班。为什么?因为,史沃普确实见过几个很怪的代课老师,有整天只会教学生抄写字典上的解释的戴假发的男教师——除了戴假发不常见,抄字典是不是也很有中国味儿?有浓妆艳抹总是用尖叫的方式说话的女教师——除了浓妆艳抹不普遍,尖叫着说话是不是也很有中国特色?

于是,我们便见识了这位斯卡利赛校长。

这个70多岁、矮矮胖胖、金发松颌、双腿肿胀而拄拐行走的老太婆,认为大多数老师只是"适任"而已,她说:"我不打算讨所有人的欢心。我所做的每一件事、我所打的每一场仗,全都是为了这里的孩子。"

瞧!老太婆也是有阻力的,视坚持自己的原则为战争,因为有人支持她,也有人反对她,但是,她仍然拖着残病之躯,为了这里的孩子,打每一场仗!

她要让孩子们接受艺术的熏陶,四处寻求外界赞助,为了让孩子们领略"完美、荣誉、快乐"诸如此类美好的东西而不遗余力。她说,一个不好的老师,给他再多时间也提升不了学生的测验分数。她说,团体表演综合了语言艺术、视觉艺术、制订计划与公众演说等活动。人的能力是天生的,假如你不给它展现的机会,它就会白白浪费掉。你必须抓住它,必须让孩子有机会接触各种活动,因为我们不知道哪个孩子会在哪些活动上展露天分。她说,很多老师说,我们的学生不需要这些所谓的课外活动,他们只需要学基本的东西。可是什么才是基本的东西?有多少老师、多少人的生活里没有音乐或艺术?一个也没有!艺术就在我们的身边。艺术不是课外活动,而是生活的一部分,是支持人们活下去的慰藉。

这样的一位校长,她所做的,她所说的,既充满了力量,也充满了无奈。就如同面对跪在地上恳求她给孩子们派一位最好的代课老师的史沃普时,斯卡利赛校长的回答:"你知道要找到一位好的代课老师有多难吗?……整个大环境的情况非常令人愤愤不平,情况不应该是这样的,可是现实就是如此。"

尽管如此,斯卡利赛校长还是尽力而为,为史沃普的孩子们指派了一位聪明、和蔼、对所有的学生都没有成见的年轻可爱的意大利女教师。对于史沃普和孩子们来说,这就够了。

对,这就够了。

我们有多少老师能够像邓肯那样,成为"好中之好"的老师?这真的不是一件轻而易举的事情。一个好的教师,需要的不仅仅是爱心,还需要智慧,需要技巧,需要学养,需要专业素质,更需要不断学习的能力、持续反省的能力、不断完善成长的能力。

但是,不去做一个梅尔那样的老师,或许,并不是很困难。至少,如果你不喜欢这份工作,你可以选择不去做教师,而不是用这份工作,既折磨自己又折磨孩子。

或者,做一个聪明、和蔼、对所有的学生都没有成见的老师,也不是非常困难。甚至,做一个像史沃普一样优秀的老师,也不是不可能。

最重要的是,不要为自己的不作为或者作恶,寻找各种不靠谱的借口。直接面对自己的心灵,你喜欢这份工作吗?如果不喜欢,为什么不放弃？如果喜欢，那么，你为之都做了什么？是否除了抱怨，你一直都无所作为，除了指责，一直都在努力把自己变成自己的反面？

三

史沃普老师有什么神奇的地方吗？

没有。

他做的都是最基本的常识。

比如，保存记忆。一个人保存记忆是非常重要的，保存一个人的记忆就是保持一个人的历史感，记得自己从哪里来，才能更好地知道自己向哪里去。第一次做老师，不知道怎么布置作业，史沃普努力在脑海中搜寻，想起了一个老师曾指派给自己的那个最棒的作业，于是，炮制同样的作业，让孩子去发现惊喜。

比如，长于学习。具备学习的能力，是一个人得以成长的关键。随时随地吸纳自己所知所学，学以致用，拿过来，用在自己的教学中。追溯史沃普那些写作计划的缘起，都可以发现这个特点，他是一个不停学习的人，并把这种学习的能力，传递给孩子。

比如，能够反思。反躬自问，敢于面对真实的自己，勇于否定自己，这是一个正直善良的人必备的素质，也是一个人成熟的标志。史沃普从来不会把责任推卸给别人，即使被法蒂玛的"讨厌"伤害了自尊，他仍然能够在内心深处反思自己，他知道自己是不喜欢这个孩子的写作风格的，即使再怎么掩饰，他知道孩子的直觉比我们所想象的还要强，她一定感受到自己对她的观感了。面对了真实的自己，他才具备了改变自己的可能，才得以最终得到孩子的信任。

比如，懂得尊重。承认差异，不偏狭，不狂妄，不傲慢，不心存偏见。即使对于自己内心不认同的东西，也持有温情与敬意，对于不幸，则更有悲悯之情，尊重每一种文化、每一种宗教、每一个家庭的尊严、每一个父母的感受、每一个孩子的隐私。米格尔的家庭，西王母的体验，成绩单失踪事件……这一个个故事中，史沃普的节制、反省、虔敬和悲悯，读来都令人为之动容。

至于诸如爱、理解、同情、计划、坚持以及其他技术与技巧方面的东西，我不想再一一罗列了，因为，一定会有很多有心人，或者意欲从中求宝取巧的人，总结出很多很多。

而我，只想特别强调这些感受，因为这些感受，是我觉得此书超越于教学技术层面的更为重要的东西，也是作为一个教师，首先必须理解的东西。

首先，是教育。你所教授的科目，是你借以施行教育的途径，它不是教育本身。

首先，是成长。你所面对的孩子，是与你共同成长的可能性，他们并不属于你。

假使你也读了《我是一支爱写作的铅笔》，请你尝试也做一个史沃普。我们一起努力，成长为最好的自己。

（2012 年 4 月 5 日 18 点 36 分）

成功的毒药

——《今年,我们小升初》读后

"成功"到底是什么?为什么一定要"成功"?

不知道世界上,还有哪个国家的人,像我们这样热衷于"成功"。

对成功的迷恋,是怎样在我们的精神、心灵和身体中注入毒素,一点点吞噬着我们对生活的热爱、对生命的尊重?又是怎样把一代代原本善良纯洁的孩子,摧折成凶猛无情的野兽?

这是我读完这本书后痛楚的反应。

一、沉重的小说

这是一部沉重的小说。

我一个小时就读完了却一个星期也没动笔评论。

这是一部"00后"创作的校园小说,书名是:"今年,我们小升初"。

封底推荐是:"这是一部好看又实用的'小升初全攻略',这是一部真实的校园成长励志小说,这是一部让人思索与回味的校园成长纪实。"

这三个推荐理由,更让人沉重。

纵览书中人物,转学上海的女生涟漪,在原来的省会城市是尖子生,从小就学习"奥数"、英语;热爱"奥数"的男生文帆,在转战于各个辅导班的路上,都在研究"奥数"题;老师的宠儿、傲慢的苏琪;后转来的宠辱不惊的尖子生辛恬;还有迪凯、江超、芙蓉等。这些孩子虽然性格各异、家境不同,但他们有一个共同的称谓,那就是"好学生"。当然,这里所说的"好学生",自然是指学习成绩。小说共18章249页,在以涟漪转学、读书、升学的校园生活为线索,所串联起来的这些人里,竟然没有一个"差生",甚至都没有中等生的踪影。

我并不知道小作者在自己的校园生活中对成绩不优秀的同学是否有过关注,也不知道她在创作这部小说时,为什么会略掉校园中的"芸芸众生",也许自有其创作意图。但是,我还是想请读者、作者乃至编者,跟我一起思考这个问题:

"他们为什么会从小作者的笔下蒸发掉?"

或许,从书中可以找到答案。

看看这些优等生之间,是什么关系吧。

以涟漪为中心,略做分析:涟漪与文帆,虽然常常同车去上课,那也只是一种战略合作而已,他们彼此没有心灵与情感的交流,只能说是同学,不能算是好朋友;涟漪与芙蓉,先因同病相怜而亲近,然而,为争夺老师的宠爱,芙蓉陷害涟漪,涟漪防备芙蓉,迅速成为对手;涟漪与苏琪,更不是朋友;涟漪与江超,不过是同桌;涟漪与辛恬,好像话都很少说……这些孩子,之所以会引起涟漪的关注,有些人还与涟漪联系在一起,只因他们是优等生。而这些优等生,彼此之间,钩心斗角、战略结盟,耍手段,挖陷阱,拉拢,贿赂,防范,讥讽……明争暗斗,各显其能。没有慷慨的支持,没有真诚的问候,没有无私的关心,更没有温暖的同情,有的只是冷酷、利用、嫉恨、报复与孤独。

是的,竞争惨烈,时间宝贵,生命有限,对于优等生而言,要想在这样一个弱肉强食的社会生存得更好,获得更多的资源,取得更好的成绩,攫取更多的利益,自然不会去关注默默无闻的中等生,差生更是不能入其法眼。因为,他们有什么用?!

钱理群先生曾经痛心疾首:我们的大学,包括北京大学,正在培养一大批"精致的利己主义者",他们高智商,世俗,老道,善于表演,懂得配合,更善于利用体制达到自己的目的。

如果老先生今日读到这本小说,除了鲁迅先生那句"救救孩子",恐怕再说不出其他的话。

"00后"的孩子,其真实的校园生活,如果真如小说中所描述的那样,这不啻是一个巨大的灾难。如果这也可以成为一种励志的话,那么,《甄嬛传》也应该是励志的佳作。

可怕的是,这个假设,竟然是真的!

更可怕的是,编者见怪不怪,喜滋滋、乐陶陶,展现着这份成功的喜悦,夸耀着这份成功的辉煌,并以之为饵,诱读者动心。浑然不觉这其实是一剂成功的毒药——所谓"攻略",即是宝典;所谓"鞭策",即是示范;所谓"升学",即是战争;所谓"生活",即是求胜。

倒是小作者陈盈颖,在小说中,通过辛恬、苏琪和涟漪这三个女孩子的焦虑、不安和恐慌等心理活动(苏琪甚至暗藏利刃准备自杀,涟漪甚至荡秋千希望飞出去),细腻真实地写出了在这种近乎惨无人道的激烈竞争中,孩子们所承受的巨大压力以及内心深处不为成年人所知的痛苦孤独,令人心疼到无以言表。

阅读这本书,我始终没有笑过,却几欲落泪。

书中这些孩子,骄傲的,惶惑的,狭隘的,善良的,调皮的,忧伤的……不管是哪一个,他们的童年都被卖给了成功。而本来应该属于他们的符合人性的生活,却被格式化为衣食住行。这样的状态,充其量是一种生存,而不是生活。有温度的生命,有热度的生活,正如我的学生白剑悦在随笔中所反思的那样:"只有敞开心扉,拥抱生活,才能感受到生活的存在、生命的真实,才会有怦怦心跳的脸红、舒缓轻松的快乐、心脏绞痛的悲伤。"

二、残忍的"教育"

之所以给"教育"加引号,因为,这根本不是教育,是残忍的伤害。

"不能输在起跑线上","为40岁以后做准备","千军万马过独木桥"……类似的口号,字字滴血。

如此违反人性、违背常识的思维，却是这个社会的主流思维。

家长、老师和孩子，急吼吼地在这条不归路上，像虫子一样，你争我抢。这世界，就像何勇所唱的那样，成为了一个垃圾场！

一个孩子，降临世间，不是为了生活，而是为了战斗；一个孩子，进入学校，不是为了读书，而是为了考试，不是学生，而是考生，不是鲜活独特的个体，而是冰冷无感的数字。这野蛮的力量，它来自哪里？

作为一个孩子的母亲，同时也作为一个高中教师，我常常清夜难安，扪心自问：我，有没有异化，有没有变态，有没有？有没有？

是的，我有。

我的孩子也有。

我的那些学生们也有。

我的那些学生家长也有。

我们，都是有病的人。

当我为了让生性做事慢条斯理的女儿，为了节省梳头的时间，能够早一点到校，而软硬兼施，最终迫其将长发剪短时，我是以为这理由再正当不过的。

当那个为了捍卫自己的头发，写下"我极力想留住这截头发/这是唯一让我骄傲的东西/因为它，是我唯一的长处"这令人心碎的诗句的初三女孩儿蒋筱寒，为了刷作业、背口语，而无视感冒疲惫的妈妈，硬邦邦地说"我没时间陪你去看病"时，她也觉得这理由再正当不过。

当那些高三的孩子们，在高考面前，不关心自己的心灵，视读书为浪费时间，对身边的疾苦都无动于衷，甚至即使父母亲在送考路上出了车祸、生死未卜的时候，也要顾全大局，忍痛去参加高考，这理由也同样再正当不过。

……

是的，我们有着这个时代集体的神经官能症。

谁也没有豁免的权利，都应该站在审判席上，审问自己，有没有成为这野蛮力量之一部分？

豆腐渣、毒奶粉、地沟油、速生鸡、激素蔬菜、化工大米、注水猪肉、污染水源……生活中，制假造假的种种丑闻，一旦揭露出来，必是沸沸扬扬，人人义愤填膺。而面对教育中的假冒伪劣、急功近利，却不单单是宽容体谅，奋臂攘袂者，唯恐不能占得先机，趋之若鹜者，务必抢占一席之地。常识沦丧，理性缺失，温情殆尽，对成功的追逐，毒侵肌理，深入骨髓，这是怎样的荒诞与悲哀？

诚然，苏琪的刀收了起来，因为她最终还是如愿考上了重点中学；涟漪的秋千也稳稳地停了下来，同样被录取的她，再一次觉得一切都那么美好。小说中，这些优等生，个个不负众望，都有了好归宿——考上了自己满意的学校。因为他们都是优等生，所以，他们个个成功，朵朵都准时绽放。

现实生活，却比这要残忍得多。

每年数起中学生跳楼自杀事件中，多为学习成绩优秀的学生。孩子死在家中，学校说这是家庭教育问题；孩子死在学校，家长说这是你们学校逼的；而不管孩子死在哪里，都会有人说，连这一点挫折都不能经受，将来怎么能有所成就？跳楼身亡的这些孩子，假如他们知道他们惨烈的死，换来的只是家庭、学校与社会的角力推诿，是不是更觉这世界的寒冷而生无所恋？

陈盈颖笔下的老师和家长，充其量就是教练员和后勤部，除了训练与喂养等服务性质的事务，他们没有进行过其他有价值、有意义的教育活动。也许，小作者并不是有意这样塑造，她只是取材于现实生活，忠于生活的细节，以一种写作者的直觉，写出了这样一个富有时代集体神经官能症特点的师长群体。

三、不开的权利

太多的父母,是无私的而又是无知的,一方面,为子女谋划深远,而一方面,自己却没有成长为健全的人。我们必须承认,在成长过程中,我们就是被这么一路带出来的:人人都要追求做人上人,都害怕沦为人下人,路上有惊慌,沿途无风景,心中有奴性,人格被异化。

承认它的目的是什么?不是变成它,而是改变它。承认我们生在其中,我们就要用热爱、用智慧、用勇敢,努力让它变得更好一点而不是相反。

为人父母,先学会爱,学会尊重和理解,保持自己作为一个人的历史感,不要忘记自己曾有过的爱与痛,如果你所不满的那些东西,制度或者观念,是一架绞肉机的话,那么,要有越来越多的老师、父母和孩子,勇敢决绝地与这个绞肉机分离,而不是冲上去拥抱绞肉机,然后还抱怨这绞肉机的残酷无情,更不是成为绞肉机,还对被撕咬绞扯的孩子大声唱着赞美诗。当越来越多的人,拒绝加入绞肉机,那么它就不会成为具有无穷的吞噬生命热情、美好梦想动力的永动机了。

无论是父母还是老师,都应该懂得这个常识:教育,并不是要让孩子将来如何成功,如何优秀,如何出人头地,过上高质量的物质生活(当然,并不拒绝让孩子能得到这些),更重要的,是要提升孩子的生命质量,哪怕他将来生活在社会的最底层,只要他的生命质量是高的,那他也会幸福。生命质量取决于什么?就是一个人的思想境界、精神世界。一个拥有了"自由之思想、独立之人格"的人,必然能够活出一个自己,而不会照着别人的样子或者按照别人的要求活着,不会成为一个充满奴性的人,要么被别人奴役而不自知,要么一心想着奴役别人。

成长,应该是一路追寻,从而发现自己幸福的美好旅途,绝不应该是为了追求所谓未来的成功,而抹杀儿童青年的天性和当前生活。

与成年人相比，孩子们无疑受到的戕害更深重。然而，每一个褊狭暴躁、乖厉粗糙的成年人，也曾经是眼睛清澈、笑声清脆的孩子啊。

孩子，每一个孩子，都是独特的。

如何去认识孩子、发现孩子、关爱孩子、尊重孩子，这是一个严肃而神圣的话题。

我们喜欢把教育工作比作园丁的劳作，不妨假设孩子们是园中的花。

有的孩子长得快，是月季，有的孩子长得慢，是铁树。而所谓正常的标准，却可能是根据"死不了"花的生长节奏规定的。于是，所有不能在每天早晨八九点开放的花，就成了有病的植物。殊不知，有病的不是这些迟迟不肯开放的孩子啊。

有的孩子是牡丹，辉煌壮丽，有的孩子是菊花，清雅俊秀，有的孩子是鸢尾，有的孩子是文竹，有的孩子是无花果，有的孩子是紫罗兰，有的孩子是玫瑰，有的孩子是百合……每个孩子都是不同的，就像每朵花，开放有时，凋落有时，颜色各异，芬芳不同，应该让孩子像花朵一样，各按其时，各归其类，成其美好。

如果，成功便是盛开的花，你也许会说，每一朵花都有开放的权利。

可是，有没有想过，每一朵花，她也有不开的权利？

（2013 年 3 月 29 日）

教育的温暖与明亮

一

此时，四月。

是艾略特《荒原》中的四月，是"从死了的土地滋生丁香"的四月。

四月，是个残忍的季节。

在这个残忍的四月，北京某小学，一个四年级的孩子，自习课不被允许上厕所，便溺于裤中。

在这个残忍的四月，四川泸州纳溪中学，初三学生因口角纠纷，刺死同学。

在这个残忍的四月，南京航空航天大学，一对舍友为琐事争吵大打出手，其一被刺身亡。

在这个残忍的四月，上海复旦大学，以优异成绩考取博士的黄洋，无辜殒命，死于舍友投毒。

……

四月，是个残忍的季节。

窗外，四月的繁花盛开，四月的鸟儿欢唱，我凝视着屏幕，咀嚼着这个四月的寒冷与悲伤。

那个遵守老师的命令，为了不让班级扣分，而坚持不许腹痛的同学上厕所的班长，长大以后会怎样？那个苦求无效，情急无奈，便在自己裤中，又被同学嘲笑的孩子，长大以后，又会怎样？那些目睹整个过程，回家将此事当作"趣事"，讲述给自己父母的孩子们，长大以后，他们，会怎样？

我无法预知，也不能判断。

人的成长，是一个微妙复杂的过程，生命的长河中，泥沙俱下，卷挟进来的东西，丰富斑斓到不可计数。正如惠特曼所说："有一个孩子每天向前走去，他看见最初的东西，他就变成那东西，那东西就变成了他的一部分……"

专心玩电脑而嫌敲门声打扰自己的南航学生，与因为舍友开门慢了就不满最后被刺而死的学生，也许他们俩，以前就有各种小矛盾，彼此看着不顺眼，也许他们俩，头一天还在一起踢球吹牛吃泡面。不管什么原因，他们肯定都曾经快乐地向前走去，遇见他们所遇见的，直到，那一天，打开门，遇见彼此，扭打成一团，倒在血泊中。就像QQ聊天的初三学生，遇见同校的他，然后一路追打，直到他倒在血泊中。就像实验室里研究小白鼠的研究生，遇见品学兼优的他，然后投毒饮水机，举世震惊！

这些孩子们，在他们的成长中，那生命河流的两岸，是什么样的风景，他们见到过什么，他们经历过什么，在他们生命的幽暗晦涩、明亮灿烂的交汇中，到底是什么构成了他们生命的河？

为什么，他会视同学的尊严疾痛如无物，铁面无情地执行老师的指令？为什么，他不敢冲破那不合理的规定，忍辱含泪地屈从让自己成为笑柄？铁面的他，会不会以后更无情？屈从的他，会不会以后任人欺凌？而津津乐道以此为乐趣的他们，是不是早已丧失了同情的能力，也总有一天会漠视公平与正义？

那么，有一天，他们会不会恶言拳脚乃至白刃相向，而毫不顾惜？他们会不会把原本应该用以创造新生、建设美好、营造和谐的智识与热情，却用来破坏，用来杀戮，用来毁灭，用来投机，用来攫取，用来掠夺？

二

读书，是多么好的事。

学校，是多么美的地方。

孩子，是多么纯洁的名字。

教育，又是多么神圣的事业。

却为什么，会让这个四月，如此残忍？如此悲伤？如此寒冷？

作为教育者，请先不要质问孩子，"你怎么了？"而应该反思，是什么让孩子变得这么冷酷无情又黑暗？

教育的对象，是孩子，而孩子们，是为什么而读书呢？

一千多年前，宋真宗赵恒御笔亲作《励学篇》，传布天下，诗曰："富家不用买良田，书中自有千钟粟。安居不用架高楼，书中自有黄金屋。娶妻莫恨无良媒，书中自有颜如玉。出门莫恨无人随，书中车马多如簇。男儿欲遂平生志，五经勤向窗前读。"

一千多年后，我们的孩子们，读书仍然是为了功名利禄，为了做人上人，为了获取更多的资源……很少有人告诉孩子们，读书，是为了成就美好的自我，是为了改变民族的未来，是为了营造和谐的环境，是为了创造更加美好幸福的人生，而不是让自己异化成一个角斗士或机器人。

头顶上的星空和心中的道德律，是康德始终敬畏的永恒。

对爱情的渴望，对知识的渴求，对人间疾苦的强烈同情与悲悯，是罗素热爱生活的动力。

是时候了，停下来思索，我们的教育丢失了什么？

2012年1月，接受《新京报》记者采访，在谈及对自己语文课的期待时，我回答："希望语文是向着温暖与明亮的。温暖，就是要有爱，有人性，有乐趣，有成长——其实，不止语文课应该如此。明亮，就是要有理智，有希望，有生活，有力量，有担当——其实，也不止语文课应该如此。"

是的,温暖与明亮,这远远不止于语文课,而是整个教育题中应有之义。

匮乏爱,伤害人性,消灭乐趣,无视成长,便没有温暖,既无视自己的价值,也蔑视他人的权利,为达目的不择手段,便顺理成章;丧失理智,泯灭希望,仇视生活,无力担当,便没有敬畏,贪婪恣睢,暴力残忍,怨天尤人,人挡杀人佛挡杀佛,绝不会有美好的未来。如《圣经》所言,"光照在黑暗里,黑暗却不接受光"。

教育,若没有温暖与明亮,恐怕,更多的黑暗与残忍,还在路上。

(2013 年 4 月 18 日)

教育：一场惊人的旅行

再不要义愤填膺吃孩子

> 一定有许多英雄，专向孩子们瞪眼。
> ——鲁迅《杂感》，1925 年

一、谁杀死了监考老师

2016 年 1 月 17 日以来，陈伟一篇题为"江苏女教师监考中去世，中学生平静做题——冷血无知的考试机器何以造就？"义愤填膺却多凭臆断的文章刷爆朋友圈。英年早逝的吴老师也被冠以了最美音乐教师的称谓，而群声指责的矛头也经历了从指向应试教育到指向教师、家庭，而逐渐集中到指向"无知冷漠"的泰兴济川中学在初二（20）班考场考试的孩子们。

事实是并不清楚的，吴老师发病时，考场中的孩子们有谁听到了？听到的孩子们，有谁意识到是吴老师发病了？吴老师被赶来的其他老师和学校领导送去抢救时，孩子们是否知道吴老师已经去世了？吴老师去世之事广为人知后，在该考场考试的孩子们，每个人内心的感受是什么样的（不是他们表现出来的样子）？吴老师在监考中突发疾病去世，事发于 1 月 14 日，引爆网络的文章是 1 月 17 日，在过去的这 3 天之中，那些孩子们都经历了什么，他们都想了什么，都面对了什么？当 17 日之后，此事以"冷血无知的考试机器何以造就"的面目出现在网络上，那些孩子又是怎么度过这令人煎熬的时间的？

义愤填膺的成年人啊，当你们一个个在朋友圈、微博、公众号、人人网、说说上……转载着质问之词的时候，当你们对这些"冷血无知的考试机器"痛心疾首的时候，你们有没有想过，他们是活生生的人，是十三四岁的孩子，他们中的绝大多数人，从来没有亲眼见过死亡，没有经历过死亡，他们真的不是考试机器，他们都是人，都是人，都是孩子，是孩子。

可是，当你们在声讨乃至咒骂，乃至痛愤不已的时候，你们的心里眼里，已经将他们视为见死不救的动物，甚至已经将他们等同于杀死吴老师的杀人凶手，更有成年人和那些孩子的同龄人，公开在网络平台表达对这些残忍冷酷的杀人凶手的蔑视与仇恨。有人这样描述他们："济川中学那些行尸走肉的教育机器们！"有人这样痛斥他们："听说在那个老师倒下去之后他们还在对答案！"

在这样的舆论环境下，每一个在1月14日身处泰兴济川中学初二（20）班考场的孩子，都成了犯罪嫌疑人，都是有罪的，都是这个应试教育体制下生产出来的机器，都不是人，更不是孩子。甚至，连他们自己的父母，为了表示自己的清白与正义，也可能站在道德的制高点上谴责他们。

面对铺天盖地的网络批评，这些孩子该会有什么反应？

有的孩子可能会努力掩饰自己受到的惊吓和恐慌，故意装作若无其事，木口木面，木讷不言，以避免惹来更大的麻烦……

有的孩子可能会陷入深深的内疚自责，寝食难安：老师的去世我也有责任，如果我及时抢救她也许她就不会死了……她的孩子还那么小，她的父母是多么伤心，这都是我的错……

有的孩子可能产生强烈的逆反心理，敌对仇视这个对他们而言并不善意的世界：又不是我害她生病，她死关我什么事？凭什么她的死要由我来承担责任？为什么她早不死晚不死偏偏在给我监考的时候死？为什么我这么倒霉，要在她监考的考场里？你们还有完没完？再烦我死给你们看！

……

如果，接下来，这些孩子之中，有谁不堪心理的困扰抑郁了呢？或者，更可怕的，发生什么意外呢？义愤填膺的成人，你们又要向谁去声讨？想必你们绝不会拍手称快说死有余辜，吴老师终于可以含笑九泉了吧！

二、为什么要关注孩子

为什么我在文章开头列举了当事的孩子种种未可知的情况？

因为他们都是活生生的人，他们并不完全是这个应试教育的产品。

为什么我会对指责孩子的成年人提出批评，因为他们在批评这些孩子的时候，他们就像他们口中所批评的那些他们所想象出来的不把老师当成具体的人的孩子一样，他们并没有把那些孩子当成具体的人，他们是真的把那些孩子当成了产品，当成了机器。

然而，他们并不是！他们是人！

"是人？是人他们为什么见死不救？"

"是人？是人他们为什么在老师倒下时还在对答案？"

如此质问的人，请平心静气地想一想，你所听闻的消息以及看到的文字，有多少是经过传说的，有多少是添加了想象的——有多少是经过核实的？再请你设身处地地想一想，根据已知报道，老师并未在考场倒地身亡，而是坐在座位上，现场的孩子——那些初三的考生，他们是否知道当时老师发病了？我倒是相信有的孩子说的，他们听到老师发出的声响，以为老师是睡着了在做恶梦或者打呼噜——因为监考时，老师睡着的确并不少见。我也更相信，会有更多的孩子，可能真的没有听到声音，而是一心在做试卷——因为，在考场上，又是初三的学生，学期期末考试，一场重要的考试，他们承受很大的精神压力，全神贯注，高度紧张，心无旁骛。还有，当老师被送去抢救时，或者之后，会有孩子在考场里对答案，这能说明什么？说明他们冷酷麻木？说明他们没心没肺？这可能更多的是说明，当时学校并未告知孩子们老师去世的消息。而且，即使孩子们知道老师去世的消息，孩子们又该如何呢？停止下一场考试？绝食？守孝？还是自杀谢罪？

这种看似高尚的道德拷问，实在是矫情而暴戾。

在这个偶发事件中，需要关注的，一个是老师的身体健康，提醒我们应该加强年度体检并对体检结果提起高度重视——推而广之，所有人都应该重视身体健康。

另一个，就是孩子们的心理建设。

在成长中，遇到猝不及防的死亡事件，比如自杀、猝死，这种事情在孩子的人格发展过程中，是极有冲击性的事件。尤其是对于初中生，青春期的最初阶段，正是一个孩子们需要确立自己与世界和他人的关系、确立自己存在的意义的重要阶段，在这个阶段，死亡对孩子有着强大的诱惑力，他们会聚集起来讨论死亡，会独自思考要不要自杀，会动不动就想到死亡，甚至会无数次计划实施走向死亡，这是孩子们遭遇自己内心黑暗的年龄段，每当他们对生命的诸多纷至沓来感到难以承受的时候，他们就会醉心于谋划死亡。死，是一个在他们想象中充满魔力的动词。在他们少不更事而又自认为历经沧桑的意识中，死这个动词，有几分快意、几分果敢、几分凄美、几分悲怆，常常是浪漫而迷人的。

所以，这个阶段，孩子的自杀频率高。

三、保护我们的孩子

我的女儿蒋筱寒，从 5 岁开始写诗，她用诗歌记录自己的成长。在这个年龄阶段，她就曾经多次写过充满死亡意象的诗歌。

其中有一首诗《我们把世界看错了，反说它欺骗我们》写于她 15 岁，读初三的时候：

We read the world wrong and say that it deceives us
我们把世界看错了，反说它欺骗我们。

没有人知道他的死讯来自何方，也没有人知道他死在什么地方。

我看着白鸽飞向远方，教堂前喷泉喷出的水形成了一把小伞状
树荫下的阳光残影是被切割的破错时光

夜晚又来啦，寂寞在花蕊中绽放

哧的擦燃一支火柴，火焰恍恍惚惚地摇曳着
大街上人来人往。我看见女孩红火的衣裳
不停旋转像竭力绽开的花
他死了。
没有人质疑，大家说，"这就是真相。"
原来的担忧不安和窃窃私语都顺着时光迷失在路上

我掐了一朵白玫瑰，别在胸上
闻见它淡淡的味道，我想起树荫下小小的光斑和墓碑

We read the world wrong and say that it deceives us
我们把世界看错了，反说它欺骗我们。

我拿着一枝白玫瑰，哼着小调往家跑。
2013 年 3 月 11 日 23 点 40 分越来越晚啊

我依然记得，2013 年 3 月 12 日早上，当我看到孩子写的这首诗时的忐忑心情。

出于职业敏感，当时心里一惊，我特别担心：这首诗的死亡氛围太浓郁。

我问女儿："筱寒，这首诗是什么意思啊？"
她故意淡淡地回答："没什么意思，我想到了就写下来了。"

"你为什么写往家跑呀,是不是因为家里有妈妈呀?"

"嗯,可能是吧。"女儿含糊其辞地说。

然后,我们就走出家门,各自去上班上学,相安无事。

3天后,3月14日,在苏州,一个初二的男孩子,跳楼自杀身亡……

这个案例,实实在在地说明在青春期这个阶段,读小学高年级和初中的这些孩子,甚至高一、高二的孩子,他们心里都会时常产生一种这样的想法:"这个世界太痛苦了,我承受不了了,我要放弃了。"作为妈妈,也作为语文教师,我很敏感,所以当天看到孩子这首诗时我心生忧虑,其实我和孩子简短对话的意思就是:"如果遇到不开心的事情,你还有妈妈,妈妈肯定会站在你身边,肯定会保护你的。"

一般情况下,在我们的社会中,一旦发生了这种孩子自杀事件之后,都是这种反应:家长会跑到学校要说法,说学校把孩子逼死了,要和学校讨价还价,要在舆论上制造影响,引起社会的同情与关注,争取最大额度的经济赔偿。而学校则会力证学校的管理方式、教师的教育方式没有过失,以及你父母是怎么样,你之前有没有跟孩子交流,是不是家庭不和睦,是不是父母要离婚了等诸如此类。当然,最后也是归于讨价还价。学校花钱买平静,以求在舆论上止损;舆论上,则会再次将矛头指向应试教育、指向学校教育,然后,还有一波人要讨论这个孩子是不是病态的,是不是走火入魔,是不是心理脆弱……

面对这样的悲剧,很少有人会关心"这个孩子"为什么会这样,没有人会关心当事的孩子(自杀的孩子与那些在校园中见证了死亡的孩子)他们感受到了什么。

当年,苏州这件事发生之后,大抵也是如此。

事发之后,我女儿筱寒为此写了好几首诗,还写过一篇题为"取暖"的文章。文章以自杀的男孩为原型,写了一个孩子的自杀,主旨即是,所有的成年人都在推卸责任,所有的成年人都不认为自己有责任,这个孩子在这个世界上感受不到温暖,感受不到关爱,所以他义无反顾地奔赴了死亡。

在孩子的笔下，死亡很美，充满诱惑。直到两个月以后，她才不再书写死亡。而在这个过程中，我一直与孩子相伴。与此同时，我也曾多次与我班上的孩子探讨这件事情，疏导因为死亡事件而笼罩在孩子们心头的阴霾。

因此，突然发生在孩子身边的死亡事件，极有可能会引发很严重的心理崩溃。

这个时候，孩子们需要的，是来自外部世界，也就是来自成人世界所提供的支持，需要倾听，需要理解，需要陪伴，需要呵护，需要成年人陪着他们走过这黑暗的一段，在每一个危险的、孤独的、无助的时刻，都有孩子最信任的成年人伸出手，拉着他们，有一个温暖的怀抱，等候他们。

当我们担心我们的孩子因为外部世界的冷酷无情而变得冷酷无情时，请我们首先让自己的内心变得柔软、丰富、饱满，用柔情对待孩子，用怜悯体恤孩子，用成长的期待鼓励孩子。

我们应该把孩子当成孩子，而不是当作应试教育的牺牲品，更不是当作应试教育里平庸的恶，只有这样，孩子才会把我们当成可以信任的人，才会在恐惧无助的时候向我们求助，而不是转而投靠死亡，孩子才有可能抵御来自外部世界的种种残酷的伤害，并且可以从自己的内在世界的阴暗孤独中最终挣脱出来，从而获得健康的成长，成长为孩子原本所期望的那个美好的样子，而不是长成他们所憎恶的样子。

面对像正当壮年的吴老师猝死于考场这样一个偶然的悲剧，我们的确很难去追讨凶手，却完全可以去保护孩子，保护那个考场上的孩子，保护吴老师的孩子，保护每一个被我们带到这个世界上的孩子。

再不要义愤填膺地吃孩子，他们应该得到的是我们的指引与保护，他们理应享有免于精神匮乏、免于心理恐惧的自由。

（2016年1月18日20点53分于苏州）

每一个有良知的成年人,请勇敢地保护我们的孩子

"可怕的不是有这种可怕的所谓教育,可怕的是如此明显的垃圾竟然被请到学校!"——这是此文本来的题目。

我承认,这个题目有些长。

但是,不这么写,实在是不足以表达我的愤怒,实在是愧对于身为一个"教师"的我,所从事的"教书育人"的事业。

当我看到那遍地哀嚎(有些是不敢不哀嚎)的小孩子时,我怒不可遏!而最让我愤怒的,不是那个声泪俱下宣讲的跳梁小丑,而是允许这一切发生的学校!

正如被九江某学院请去宣讲女德的那个可怕的女巫一样,到山西某小学去宣讲对父母感恩戴德的这个小丑,辨识他们的乖谬无耻,违背常识,对于一个智力和道德正常的文明人来说,丝毫不成其为问题。

而偏偏!偏偏!偏偏!——我一再地告诫自己,我在写文章,我要说理,我不能怒骂,可是不怒骂,我几乎找不到合适的言辞来表达!我努力地克制自己,不要怒,不要骂,我克制地手指发抖,双拳紧握!太气愤了,我只想怒骂,我不想写文章!这是多么明显的常识,在一个文明社会,竟然还出现如此疯狂丑陋的行为,竟然——发生在学校!

一、这是在犯罪!

学校是用来干什么的?

学校是教书育人的地方,学校应该是这个世界上最干净、最温暖、最明亮、最智慧、最美丽、最活泼、最严谨、最丰盈、最甜蜜、最动人的地方。

按照佐藤学的说法，学校为"学习共同体"，学科为"学习的文化领域"，教学为"反思性实践"，学习为"意义与关系之重建"（佐藤学《课程与教师》）。

而按照当今之现状，学校却是被保护的"学而思"，学科是考试之必修与选修科目，教学是考前指导，学习是考试训练。

不得不说，倘使仅仅如此，还算是尽心负责的学校，它至少还兢兢业业地保证孩子顺利升学，逐级打怪，直到进入大学，手中抓住一块敲门砖。

可怕的是，有些学校，不单用考试和分数摧毁孩子们对知识的热爱、对学习的热情、对世界的好奇，还用所谓的道德教育，颠倒是非，混淆美丑，隳坏孩子们的良知，败坏孩子们的品位，扼杀孩子们的天性。

这不是在育人，这是在犯罪！

堂堂的学校，要求每个孩子都熟记24字社会主义核心价值观（富强、民主、文明、和谐、自由、平等、公正、法治、爱国、敬业、诚信、友善）的学校，竟然允许"吃人"的"教育"！竟然把反人性的垃圾奉为至宝！

竟然以眼睁睁看着佩戴着红领巾的孩子们在烈日下嚎啕痛哭为感动，竟然以女大学生们齐刷刷跟着念"不要为了异性而打扮，要为父母打扮，要为平安生活而打扮！因为这是正能量，天都护佑我们，反之就是败运的开始，大家一定要谨慎记"为端正己身、自尊自爱、找到获得幸福人生的密码！

看看这些学校的反应吧！

"千名小学生痛哭感恩"，在被网友痛批之后，校方竟然还振振有辞说这是"为了帮助学生学会感恩"，认为"学生痛苦说明有所感悟"，感叹"越到后来越精彩，最精彩的放在后面"！——你们真的以为这是一种情怀？你们真的是受到了震撼？以折磨孩子为成就，以奴化孩子为荣耀，以观看演出的心态欣赏孩子们的恐惧和痛苦，你们的良心就不会感到痛吗？！

"女孩最好的嫁妆就是贞操",面对网上证据确凿的截屏和视频,面对网友汹涌的唾沫,主办方某学院竟然还发表公开声明,称网友断章取义,"当天的讲座并没有任何不妥言论",这次讲座,是为了"增强学生传承中华优秀传统文化的责任感和使命感"。——"总挨揍的女人不得病""爱吃猪肉会变淫荡""女性被强奸属于辱没自家祖宗"……如此种种,把反智当作智慧,把邪恶当作正义,把愚蠢当作传统文化!这样的讲座,怎能堂而皇之地进入校园,讲给21世纪的大学生?!

如果你们的确不知道这些作为之荒谬无耻,说明你们根本就不具备从事教育工作的资质,没有爱的教育,没有敬重的知识,没有心的教养,是戕害性灵的最严重的罪过之一。如果你们明明知道这是丑恶甚至邪恶的,可是为了便于你们对孩子进行控制(或者美其名曰管理,其实就是统治),你们选择了这种下三滥的手段,毫无疑问,你们这是在犯罪!

二、刺醒装睡的人

2016年11月1日,我辞职离开了体制内的学校。关于我的辞职,网上流传最多的说法是,因为我上网课被人举报,所以干脆辞职专心上网课。我上网课被举报是事实,我辞职创办个人网络微校、专注于在线教育也是事实,但是,这两个事实之间,并不构成因果关系。

体制内的领导们到底懂不懂教育,这个不好一概而论,至少我辞职前所在的苏州的教育界领导们,在关注孩子们的考试成绩的同时,也同样关心孩子们的身心健康。

但是,体制内的学校,的确是越来越符合培训机构的特征。我在体制内24年,不拘一格教语文,以人为本教书育人,一直不放弃,从来不苟且,可是,在体制内做真正的教育,孤立无援,四面楚歌,很多生命都被浪费了,对个人而言,损耗太巨大了。从整体而言,说体制内的学校,没有教育、不尊重教学、践踏教师尊严、侮辱学生智商,毫不夸张。

再来看看这两则消息吧：一则是小学生在学校被集体教愚，肇事者却自以为得意；一则是大学生在学校被集中物化，流毒者仍趾高气扬。这两则消息，从学校教育的起点到终点，其荒诞可怕，令人不寒而栗！

以我对他们的了解，作为组织者，他们非但不以为耻，甚至可能正在利用手中之职权，在自己的体系之内进行着抓奸细的排查：到底是谁拍了视频并发到了网上？！——不解决问题，只解决提出问题的人；不欣赏创造，只鼓励服从；不喜欢真理，只服膺奴役。这或许才是这种励志感恩的垃圾，得以在学校里大行其道的原因吧！

这两年，我很少写评论文章。

以前，我总有普度众生的想法，后来，我意识到，好为人师是一种病。如果把精力消耗在去叫醒根本就不想醒的人身上，纯属浪费生命。人的精力是有限的，要把有限的精力，用到最有价值、最让自己愉悦的事情上去。比如，创办个人网络微校，带一批孩子从小学读到大学；比如，在我的"体验大地人文教育"群里和大家争论交流、互黑互爱；比如，每次花超出一倍还多的时间给孩子们上网课……我选择去寻找志同道合的人，一起培养新一代，创造一个属于孩子们的崭新的世界。

武汉大学夏琼教授辞职时，坦言她已经累了、倦了、绝望了，而我想说，无论何时何地，我们都要保持希望，世界是开放的，哪里有真正的教师，哪里就有真正的教育，每一个有良知的成年人，都应该勇敢地保护我们的孩子，面对违背常识的倒行逆施，请发出你的声音。

因此，因这两则刷屏的消息，出离了愤怒的我，单刀直入，写下此文，希望能够刺痛尚有良知的装睡的人。

（2017年5月26日23点26分）

第三章｜与更好的自己相遇

歌哭《色·戒》

我认为，这绝对不是一部政治片。它所诉说的，与政治无关。任何大词、空话、口号，嚣张地套在它的头上，都是一副滑稽的样子，措大不识好恶。悲哀的是，《色·戒》一上演，就被苍蝇叮满了，干净纯粹的电影，成了孵化蛆虫的粪坑，深沉醇厚的艺术，淹没在嗡嘤之中，中国文化的酱缸效应，再次发生了作用。

我是不擅写影评的，因为我一向把看电影和读书，当作纯私人化的事情。纯私人的事情，我喜欢珍藏起来，私底下消化。

而看完《色·戒》，我对好几个朋友说，我要写一个影评。

是的，我要写一个影评。向我所一向钦慕的李安，向此前我并不知道的汤唯，向我一直都深深喜爱的梁朝伟，致敬。

感谢他们，不惜犯众而忠于人性的艺术良心。

这绝对不是一部政治片。它所关注的，是普遍存在的人性。如果说和政治有什么瓜葛的话，那就是对于靠一些口号、凭一句空话，就无视人的尊严情感而肆意凌虐肉体生命的观念和行为的一种质问和控诉。

但是，影片中的这个瓜葛难以被国人觉察，委实不是李安的过失。习惯于振臂高呼的人，训练到张口就是社论的人，麻木得把不幸当作谈资的人，确实是很难理解，理解这种歌哭无声、泪向心底吞咽的质问和控诉的。

一、一个人：王佳芝

在整部电影里，王佳芝是唯一的一个人，一个在无常的命运中，苦苦挣扎的人。

母亲去世，父亲再娶，弟弟随父去了英国。留给她的，只有一座房子，又被舅妈卖掉。孤零零的一个人，辗转在硝烟战火之中。她不但要活下去，而且要活得美丽。她确实是美丽的，无论身处何种境地中，心中都不曾泯灭对未来的憧憬。即使是在一时冲动，加入热血青年的团队，在同人的集体策划下，以自己的身体做了赌注，赢得一个虚空之后，她依然热爱着生活，在香港历尽艰辛，流寓两年之后，回到上海，寄居在自诩为有良心的舅妈的屋檐下，穿行在难民流离的街头，忍受着不得不学日语的折磨，她坚持读书。对于那不可知的未来，她选择了向前走。

在那样的生活艰难之中，向前走，需要毅力。一个人向前走，更需要勇气。她本来是弱小的，却又无所畏惧，比血腥的政权和野蛮的恐怖更强大；她又是单纯天真的，奔突在血腥和野蛮之间，还将沉重的肉身与丰富的心性，融合在一处，至死而无悔。

王佳芝是一个孩子，一个在恶劣的令人窒息的环境中，独自挣扎着生长的孩子。

因为是个孩子，她敢于冒险。担刺奸之险，以肉身赴难，毫不犹豫大义凛然。

因为是个孩子，她心地单纯。用全部之心，投入地演出，身心入戏难以自拔。

作为孩子的她，心性身体，都在成长变化之中，出戏入戏之中，她的肉体，她的心灵和头脑，发生了剧烈的震荡，朝着她所无法预知的方向，那新的、丰富的，而且是更加鲜明的自我的方向，发展了。对于单个的人来说，这是一种成熟，是值得欣喜的成熟，不是腐败，是开始清醒自觉地成熟。在无情的现实的反复挤压踩躏之中，一个懵懂无知的孩子，渐次恢复了知觉，开始用自己的眼睛看世界，用自己的大脑思考人生，让自己的心灵判断决定。她不再是一个计策中的工具，她的思想，使她成为了一个人。她开始不断地追问自己，自己在哪里，过程与目的之中，自己在哪里。于是，她开始了不安，开始了孤独，开始了痛苦，也同时开始了内心的坚定，开始了真实的幸福，开始了具体的渴望。

床第之欢，最是释放自我之时。

那时那刻，她不是实施美人计的工具。她是做了她自己的一个女人，一个真实的女人。一个需要爱的女人。那张圆润的脸，睁大了无辜纯粹的眸子，宁静得像个羔羊，纯洁得像个天使。她需要爱，需要真实的爱，而不是无力苍白的"我不许你受到伤害"的许诺。面对同样在内心深处十分孤独的那个真实的男子，她的内心涌出了最真实、最丰厚也最纯粹的爱与同情，她渴望走进他的心灵，她也渴望被他走进。在寒冷孤独的暗夜的大海上，她和他，是两艘被命运之风暴卷在一起的小船，不，是共同的一条小船，他是她的桨，她是他的帆，他带着她，她扯着他，他们颠簸流离，彼此牵绊，他们纠缠扭结，彼此支撑，他们磨打翻滚，彼此温暖……热烈而带着血腥，温柔而夹杂疲惫。

王佳芝是一个女人，一个在冷酷淆杂、个个醉生梦死的世界中，依然梦着美好的女人。

哪怕是独自一个坐在卧室里，褪下疲惫的袜子，她依然能优雅自在地裹一裹衣裙，她是爱惜自己的一个女子。而在她还没有完全意识到自己对自己的爱惜的时候，她却因为自己的无知而使用了自己。但是，她依然爱自己。

是的，她爱自己。

她是个少有的女子，她发自本能地热爱自己。先是爱自己的梦想，她在影院里，流下激动的眼泪，她梦想自己也能成为感动得观众流泪的那个演员。她在舞台上大声疾呼，她感动得台下人热血澎湃。她觉得自己肩担着责任，英勇、果决、机智、敏锐，富有魅力而有献身精神，就像做演员必须吸烟一样，做演员尝试性生活、获得性经验，虽然痛苦，但她也自愿，因为，这是一件符合光荣与梦想的大事。她热爱做着大事的自己，她为自己的献身精神而感动，而这感动的神圣，却被她依窗远眺的举动轻轻撕破，面对属于自己的身体，她无法不迷惑。然而，努力地，她压下自己的迷惑。为了光荣与梦想，她与那些同学一样，认为需要付出代价，正如有钱的出钱，有力的出力，她有姿色，就拿出自己的身体。

然而，她是个女子啊。

她的身体，不但衍生出欲望，更加培育了心性和思想。

当她明白身体不只是一个身体的时候，她才真正地热爱了自己。

真正地热爱自己，必当要从身体爱起。那具肉身，是使自己成为自己的唯一的载体。它的渴望、它的痛苦、它的欢愉、它的娇美动人，怎么可以不去计较在乎？所有的爱与恨，所有的悲与欢，怎么能与这个肉身无关？这副肉身，怎么能够成为一具无关个体的工具？

她才开始明白，所有的爱，都要有所附丽。

要她怎么能够再无视自己的身体，要她怎么能够再把自己当作道具，要她怎么能够再背叛自己，她那么爱自己？

所以，当另一个人，真实的人，真切地逼近她的身体，把它当作实在，没有忸怩作态，仿佛车轮一样碾压过来，没有虚伪借口，仿佛飓风呼啸而来。猝不及防的凌厉，唤醒了她的渴望，残暴之中，竟然蕴含着万分的真实。于是，她笑了。

于是，她也可以恨了，她也有了内在的渴望了。

复杂的感情，真切的渴望。

她不再是一个被动的工具，至少在那时那刻。

或者享受钻心的柔情，或者赋予同样的粗粝。

不，不能在这时刻心生旁想；不，不能在这时刻骛念其他。

她愿意做最温柔的母亲，她愿意做最冶辣的情人，她愿意做最野蛮的女妖，她愿意做最甜蜜的爱人，她愿意做最纯洁的女儿，她愿意在此时此刻，做他唯一的依靠、永远的信赖。因为，他和她一样，他们彼此需要，彼此慰藉，彼此依靠。

这是爱吗？

这是爱，这是最博大的爱、最温暖的爱，这是生命的呼吸，是孤独者在生命的潮汐中，无奈的、无助的彼此救赎。

他救赎了她，因为他在她面前暴露了自己的脆弱孤独。而这孤独和脆弱，她能够理解、能够懂得。而因为理解，所以感动；因为懂得，所以慈悲。

她渴望救赎他，可是，一个人能否被救赎，关键不在于是否有人来救赎，而在于，他自己是否愿望得到救赎。救赎每个人的，只能是自己。女人，最可怕的就是不知自己的若小儿还要萌生对万物的拯救志愿。然而，她的启示是为了救赎他吗？

她是勇敢的，因为，她敢于面对痛苦，选择了救赎自己的灵魂。

而他却是怯懦的，最终，拒绝了自我救赎，寂寥的灯影之下，再次选择了苟活，苟且地活。

漠视无数生命的生命，已经丧失了在床笫之外，面对自己的真实，真实地生活的勇气，他注定无法重生。

在救赎的路上，她也曾歌，她也曾哭。她的痛苦源自她的勇敢、执着。她让自己的心，做出了选择。一刹那的感动，只因那一句"你和别人不一样"，一刹那的决定，只因为那一句"你和我在一起"。乃至走在大街上，还要去那个地方，那个他和她的地方。风车转动，风吹衣襟，那是家的方向吗？然而，"你"和"别人"真的不一样吗？"我"和"你"会永远在一起吗？

这个"你"，可以是任何一个，只是需要，一种适合的氛围做催化剂。

承诺不让她受伤害的男子，和她一起奔赴了刑场，就像他本来也无力保护她一样，就像他三年前决定让另一个男子进入她的身体后走向阳台时一样，就像当初亲眼看着她写给父亲的信被焚烧而无可奈何一样，就像面对她发自内心的呼求、控诉、追问而无所适从一样。他根本就无力保护她，因为他还没有她更明白人生的意义。

承诺给她一个房子的男子，把她送上了刑场，就像毫不犹豫地为她买下钻戒时一样，就像那暴雨狂风中伸过伞为她遮风挡雨时一样，就像那一次激烈纠结、生死缠绵后深情地抚摸她面庞一样，就像听到她的警告后风驰电掣冲下楼去逃生避死、无所顾忌时一样。他何曾真的走进了她的心灵，因为他自己的心灵已经干枯得只剩下孤寂。

一个人的挣扎，再怎么也是悲剧。

而王佳芝的死，仿佛又不是悲剧。

错过，哭过；爱过，恨过；追求过，失败过；蒙昧过，清醒过；无助过，勇敢过；选择了，承受了，死掉了——因此，她真实地生活过。

生活过，就好。

多少女人，只在世上走过，却没有在内心生活过。

二、伤心岂独息夫人

突然想起一首诗：

> 莫以今时宠，
> 能忘旧日恩。
> 看花满眼泪，

不共楚王言。

据说，因垂涎息国国君夫人的美貌，楚王兴兵伐息，灭国掳人，息夫人入于楚宫，甚得宠爱，乃育二子。但是，得宠的息夫人却终日不言不笑，以沉默和冷淡表示一个弱女子对自己命运的无奈对抗。

这样不幸的女子，在中国历史上，实在是太多了。

曾经，在周幽王的深宫里，也有这样一个女子，蛾脸不舒，青黛罥挂，她从来不笑。没有谁知道她为何不开心，她的心扉紧紧锁着，幽暗低回的月影中，每一次心跳，都是一声叹息。她就是褒姒。幽王一举烽火，褒姒展颜一笑。犬戎兴兵伐周，诸侯再不来朝。褒姒从此成了头一号红颜祸水。而她为何有那么多的忧愁哀怨，当看到烽火连天、旗帜猎猎的时候，她想到了什么，竟然能开颜一笑？好像从始至终都没有人关心过，谁会在意一个女子的个体情绪呢？无论是祸水还是知己，但只红颜而已，命已薄，能奈何！

中国历史上，无名的女子太多太多，而有幸留下名字的那些个，则不是为政治牺牲，就是为阴谋利用。

像褒姒一样，成为替罪羊的，除了商妲己，还有杨玉环。"马嵬坡下泥土中，不见玉颜空死处"，好像一个朝代的衰败，都是红颜之祸。男人书写的历史，就是这样偷梁换柱，无耻地将本就无奈的女子，从深宫揪到朝堂，无辜地承担莫须有的罪责，尽管她们绝大多数，都不曾踏上过朝堂半步。

中国自古有巾帼英雄的说法，评价一个女子最好的词汇就是巾帼不让须眉。不让须眉的巾帼也确实史不绝书，但是，这些令须眉景仰的巾帼英雄们，其实大都是须眉们为了达到政治目的而施展阳谋或阴谋的工具罢了。在宏大的政治叙事里，单个女子的幸与不幸，是从来没有人放在心上的，甚至女人们自己，也都忽略。

当范大夫从明山秀水的浣纱溪觅到西施之后，四目交接该有怎样的光芒？但是，西施还是去夫差那里做了吴娃，馆娃宫如今依然是姑苏名胜。所谓功成身退，据说西施最后还是随范蠡泛舟五湖之上，做了逍遥自在的陶朱夫妇，但不知馆娃宫里的那段岁月，是否成为一块不可触摸的伤疤？

当王司徒感激涕零纳头便拜、对貂蝉礼遇之至之时，貂蝉该不会真的以为自己是拯救汉室于倾颓的国柱吧？一个美貌的女人，以柔弱的一副肉身周旋于一对父子之间，她的心里对哪个有爱？如果没有，她的一生可曾爱过？她的孤寂该有多重？如果真有，是哪一个？她的痛苦该有多深？而这一切，又有谁知道？

当汉元帝一揖送别了王昭君之后，黄沙漫漫，车轮滚滚，昭君单薄的双肩荷着多少乡愁离恨，怒杀毛延寿的元帝可曾垂怜？所谓"安危托妇人"，而倘使昭君也跟历史上那大多数出塞和亲的女子们一样，沦落异邦、憔悴风霜、无功而没了，又有谁会用片字只言纪念她？她的幸运，只是一个偶然；她的不幸，才是历史的必然。

一部中国历史书，伤心岂独息夫人？

作为群体的女人，无声无息；作为个体的女人，无奈无助。这历史，是男人的历史。

王佳芝的可贵，就在于，她逐渐认识到自己是个人，是个女人。自己属于自己。

李安、汤唯和梁朝伟的可贵，就在于他们所共同演绎的电影《色·戒》，表现出了这一点。

（2008 年 1 月 18 日）

我读《史记》六则

一、"绑匪"刘邦

刘邦不是汉高祖吗，怎么成了绑匪？

未发迹前，做泗水亭长，以竹皮为冠，戴在头上晃来晃去，赊欠酒债，开空头支票，骗吃骗喝骗老婆，即便后来斩蛇于路，那也是借酒撒疯而已。发迹之后，每遇风吹草动，抛妻弃子，装疯卖傻，无所不为，活脱脱一个贪财好色之辈、贪生怕死之徒，他何尝有绑票为匪的胆魄？

这刘邦，还真是个头号"绑匪"，他成功地"绑架"了他手下那一干人等还不算，他还成功地"绑架"了彼时的老百姓，并且，他还成功地让他所"绑架"的那些人质，爱上了他和他的"绑架"！

我们不妨看看刘邦做了皇帝之后，还归故里的所作所为。

高祖"置酒沛宫，悉召故人父老子弟纵酒"，歌罢一曲《大风歌》后，"乃起舞，慷慨伤怀，泣数行下"。如此亲民一场后，想那在座诸位，无论男女老少必将涕零不已。而高祖还没结束，他对沛县的父老兄弟们说："游子悲故乡。吾虽都关中，万岁後吾魂魄犹乐思沛。且朕自沛公以诛暴逆，遂有天下，其以沛为朕汤沐邑，复其民，世世无有所与。"这是多么感人肺腑的话啊，皇帝在掏心窝子啊！别看我把都城安在关中，我就是死了，我的魂魄都要回到故乡沛县，因为这里才是我的家，这里才是我的根据地啊！没有你们的支持，我哪有今天呢？我要封赏沛县为我的汤沐邑，这里的老百姓，世世代代都不用纳税服徭役了！于是，万胪欢庆，十几天中，一起宴饮狂欢，讲述那无比温馨的过去，展望那无限美好的未来。高祖欲去而固请留，及至离去之时，"沛中空县皆之邑西献"，又"张饮三日"。这是何等动人的场面，这父老乡亲是何等的爱戴之！

然而，且慢。

沛县的父兄还有一个不情之请："皆顿首曰：'沛幸得复，丰未复，唯陛下哀怜之。'高祖曰：'丰吾所生长，极不忘耳，吾特为其以雍齿故反我为魏。'"原来，作为一级政府，沛县之下还有一个丰邑，而这个丰，才是高祖刘邦地地道道的老家！可是，虽然刘邦对哺育他成长的丰满怀深情，最是难忘，然而，还有那更让他难忘的事情，那就是在秦失其鹿群雄竞逐之时，雍齿曾经据丰而反叛我刘邦！我只封沛而不封丰，因为——只要你背叛过我，不管你是谁，你都要付出代价！

然而，且慢——

"沛父兄固请，乃并复丰，比沛。"

这真是柳暗花明又一村了，怎么父兄们一顿坚决恳切的请求就一并封赏了丰邑，与沛县一样的待遇了呢？怎么这么没有原则呢？

这恰恰是刘邦的"绑匪"特性！

不赏，是惩戒，以诫天下，看谁敢对我不忠诚！

再赏，是示恩，以昭天下，看我刘邦宽缓不苛。

欲先予之，必先夺之，一夺一予之中，巧取豪夺的威权就此生效。

既要有威，又要有恩，恩威并施之后，惶恐感恩之心乃生。

刘邦不但是个"绑匪"，而且是个能够让人质爱上绑匪的精明的"绑匪"。

人质爱上绑匪，用现在的心理学名词讲，是"斯德哥尔摩综合征"。

这个名词，源于一个绑架的故事。

1973年8月，瑞典首都斯德哥尔摩的一家银行发生了一起抢劫案，三女一男四个银行职员被两个持枪歹徒劫持了6天。让人们意外的是，在被警察解救后接受采访时，这四个银行职员不但不感谢警察、谴责劫持犯，反而抱怨警方解救他们的努力把他们置于危险的境地。他们还为劫持犯辩护，四处奔走为他们的案子筹集资金。最不可思议的是，两个被劫持的女银行职员后来还和那两个劫持犯结了婚。

为何会发生"斯德哥尔摩综合征"?

经过对此类事件的分析之后,社会心理学家得出以下结论:

第一,出于生存本能,人质把自己的命运和劫持犯的命运联系在一起。他们认为自己反正逃不掉,而且时时刻刻在劫持犯的威胁之下,因此只要不威胁劫持犯,他们自己也就安全了。反过来说,任何危害劫持犯生命的行动都会必然地威胁到他们自己的生命。所以,他们会尽其所能地和劫持犯合作,建立沟通,甚至努力赢得他们的好感。

第二,如果长期处于被劫持的境地,在被劫持者和劫持犯之间会产生感情联系。因为共处的时间越长,劫持犯身上普通人的那一面就越是能表现在人质面前,而他犯罪的那一面就会被淡化。人质会把劫持犯看作有他自己的问题和苦恼的普通人,他们犯罪是不得已而为之,从而在感情上缩短和劫持犯的距离。

第三,由于得不到其他消息来源,人质会逐渐习惯劫持犯解释问题的角度,对劫持犯的动机和行为如果不能接受,至少会越来越多地予以理解。

第四,人质会习惯于在感情上对周围发生的一切无动于衷,他们会沉浸在一种幻觉之中,这种幻觉就是他们并没有被劫持。为了维持这种幻觉,他们或者整天昏昏欲睡,或者就是干一些虽然没有用处但能让自己一直很"忙"的琐事。

不仅如此,甚至在被解救后,在人质处境下发展和习惯的这种心理仍然会影响一些前人质。在这种心理支配下,他们会认为自己的那段被劫持的经历并不像人们所想象的那么可怕,那些劫持犯并不像人们所说的那么穷凶极恶,他们和你我一样也是人,人们都不理解他们自己的问题和他们解释社会的角度,而只有和他们共处一段时间才能真正地理解他们。在一些人质身上,这种"只有我理解这些人"的心理能使得他们为避免劫持犯受到不公正的对待而为劫持犯奔走呼号。在某些妇女身上,那种在被劫持处境下建立起来的情感联系甚至能发展到谈婚论嫁的地步。

就在这予夺恩威之下，刘邦成功地建立了他与臣民之间的绑匪与人质的关系。

顺我者昌，逆我者亡；背叛我者足诫，忠于我者足喜。

这一套把戏，刘邦运用起来，一向得心应手，无论是对百姓还是对臣子，无论是对文臣还是对武将。

且看他当年接见看门人郦食其时，"沛公方踞床，使两女子洗足"。这是何等的傲慢无礼。但是，"郦生不拜，长揖，曰：'足下必欲诛无道秦，不宜踞见长者。'"。这郦食其不满了，我好心好意把你当作"大人长者"，把你看得比诸侯都高，跑来见你，你如此倨傲无礼，还不该批评？批评的结果怎么样？"於是沛公起，摄衣谢之，延上坐。食其说沛公袭陈留，得秦积粟。乃以郦食其为广野君。"这是多么圆满的结局。然而，这又是多么戏剧化的过程。为了让你感叹我的从谏如流、礼贤下士，我必须先摧残你的自信、辱没你的尊严，不有如此一个予夺的过程，你怎么能珍惜这来之不易的恩宠与礼遇，你又怎么能对我甘愿效忠呢？

再比如，对攻打项羽时不得不封他个齐王的韩信，一旦项羽身首异处，第一件事就是"驰入齐王壁"，夺其军。至如用陈平计降为淮阴侯，用萧何计，谋杀于长乐钟室，乃"见信死，且喜且怜之"，至于搜捕蒯通怒而欲烹之，最后却因为蒯通一席话，尤其是那句"且天下锐精持锋欲为陛下所为者甚众，顾力不能耳。又可尽亨之邪？"而"曰：'置之。'乃释通之罪"。

凡此种种，无不是予夺恩威之法，不但除掉了心腹之患，杀鸡骇猴，以儆效尤，而且不计前嫌，从谏如流，示恩于天下。

其实，翻翻史书，历朝历代的圣君明主，无一例外，都深谙如此驭人术，以一人之权谋，绑架玩弄臣民于股掌，让你觉得他是水你是鱼，他是秧你是瓜，他是你的天，他赋予了你一切，没有他你可怎么活，背叛了他你注定十恶不赦。

于是，天下便太平了。因为，作为"人质"的臣民们，深爱着"绑匪"皇帝，大家熙熙然坐稳了奴隶。齐心合力地维护着他的安全，稳固着他的江山，维持着他的特权，供奉着他的利益，并且感恩戴德，为他唱着赞美的歌……

（2009 年 7 月 17 日 22 点 13 分）

二、韩信的悲哀

韩信是很悲哀的一个人。不仅仅因为他的死。

韩信是孤独的。

历史上最可以和他形成鲜明对照的，莫过于管仲管夷吾了。

很多人都会不解——为什么面对淮阴屠中少年的挑衅"你虽然人高马大，又喜欢带刀佩剑，可你实际上是个胆小鬼"，甚至当众羞辱"信能死，刺我；不能死，出我袴下"，韩信都能够忍受，"俛出袴下，蒲伏"，令一市人皆笑，"以为怯"。可是，面对"常数从"寄食于其家的南昌亭长（一作新昌）的老婆，在长达数月寄食之后，"乃晨炊蓐食，食时信往，不为具食"，不过是一次小小的罢工抗议，表达不满而已，何至于勃然大怒，"竟绝去"呢？

其实，对于韩信而言，这两件事有着本质上的区别。

市井屠中的少年，任意使性，泼皮无赖而已，面对他的颠顶横暴，韩信"孰视之"，然后才受了胯下之辱。认识韩信，万不能忽视"孰视之"这三个字。想必韩信会对管仲这段话，心有戚戚："吾尝三战三走，鲍叔不以我怯，知我有老母也。公子纠败，召忽死之，吾幽囚受辱，鲍叔不以我为无耻，知我不羞小节而耻功名不显于天下也。"倘使韩信能如管仲，得遇鲍叔，别说一市之人皆笑，就是天下之人皆笑，与我何加焉？又有何惧哉？

于是，便能理解韩信为何如此决绝地与南昌亭长绝交了。

想那管仲，少时与鲍叔牙交游，与鲍叔共同在南阳做买卖，等到分财利之时，管仲总是占鲍叔的便宜，自取其多。鲍叔知其有母而贫，不但不以为贪，而且终善遇之，最难能可贵的是"不以为言"——既不说半句话，也从不向外人道。再看韩信与此亭长，韩信视其为可与交游之人，常寄食于其家，说不定心中真有管鲍之感。然而，朋友之妻，却演了"凌晨做好饭，床上填饱肚，等你赶饭碗，不给你饭吃"这么一出戏！朋友之交，倘可以如此戏辱，那么，你这个朋友又和市井屠中之流何以异？

不知我者，不必心忧，我只问自己之所求，何必在意其他？

视为知己者，原是一个误会，划地绝交，又何必于心不忍？

恨不遇鲍子，韩信是多么孤独！

正因为孤独，韩信又是个极重情义的人。

"项羽已破，高祖袭夺齐王军。汉五年正月，徙齐王信为楚王，都下邳。"受封至国的韩信，第一件事就是把当年自己与下乡南昌亭长绝交之后，在城边所"从食"数十日的漂母请来，"赐千金"。对下乡南昌亭长也一并赏赐百钱，对他说："公，小人也，为德不卒。"然后召来辱己之屠中少年，让他做了楚中尉，告诸将相曰："此壮士也。方辱我时，我宁不能杀之邪？杀之无名，故忍而就於此。"

"君子报仇，十年不晚"，是我们熟知的一句话。可是在韩信这里，却是大恩大报，小德小还。而其不计前怨，和李广一比，更见分明：

李广曾以卫尉而为将军，出雁门击匈奴，惜无战功，所失亡多，曾为敌人生擒活捉，按律当斩，赎为庶人，家居数岁。李广与故颍阴侯灌婴之孙灌强，"屏野居蓝田南山中射猎"。有一次，"夜从一骑出，从人田间饮"。还至霸陵亭，霸陵尉喝醉了，大声呵止李广。李广的从骑说："你知道这是谁？这是原来的李将军！"可是，醉酒中的霸陵尉根本不买账，硬邦邦地顶了回去："今将军尚不得夜行，何乃故也！"最终，"止广宿亭下"。

过了没多久,"匈奴入杀辽西太守",大败韩安国将军。于是天子乃召拜李广为右北平太守。"广即请霸陵尉与俱,至军而斩之"。你看这讷口少言的飞将军,也会睚眦必报,不杀霸陵尉,不足以泄私愤。比较而言,韩信才真有君子之风,将相之度。——当然,诛心一点,也可以说他是在刻意显示自己的大度,在示恩,在做给别人看,而且也对二人实施了言语的暴力羞辱。心中毫无芥蒂,迹近圣人英雄,而韩信,绝对不是圣人,也称不上英雄。以此苛求,未免过分了。

知恩图报,捐弃前嫌,韩信身上,确实有古侠士之风,一种浪漫天真的淳朴。

然而,这也是他最大的悲哀!

他之对待刘邦,最能体现这一点。

楚汉相拒,韩信与其鼎足而立。无奈之下,刘邦封韩信为齐王,项羽也派武涉前往游说。武涉的游说之词,可谓入木三分:"今足下虽自以与汉王为厚交,为之尽力用兵,终为之所禽矣。足下所以得须臾至今者,以项王尚存也。当今二王之事,权在足下。足下右投则汉王胜,左投则项王胜。项王今日亡,则次取足下。足下与项王有故,何不反汉与楚连和,参分天下王之?"

可是韩信是怎么回答的呢?

韩信谢曰:"臣事项王,官不过郎中,位不过执戟,言不听,画不用,故倍楚而归汉。汉王授我上将军印,予我数万众,解衣衣我,推食食我,言听计用,故吾得以至於此。夫人深亲信我,我倍之不祥,虽死不易。幸为信谢项王!"

言听计用,深亲信我,倍之不祥,虽死不易——韩信之言,天可怜见!

武涉已去,又有蒯通,神神叨叨的蒯通神秘兮兮地对韩信说,我会相面,"相君之面,不过封侯,又危不安。相君之背,贵乃不可言"。其实和武涉一个意思,你做刘邦的臣子不过封侯,而且还功高盖主,不安全;你如果背叛刘邦,自己扯一杆大旗,完全能自立一方天下!紧接着,蒯通就给韩信描绘了一下未来:"夫以足下之贤圣,有甲兵之众,据强齐,从燕、赵,出空虚之地而制其後,因民之欲,西乡为百姓请命,则天下风走而响应矣,孰敢不听!割大弱彊,以立诸侯,诸侯已立,天下服听而归德於齐。案齐之故,有胶、泗之地,怀诸侯以德,深拱揖让,则天下之君王相率而朝於齐矣。"你天时地利人和都占全了,"天与弗取,反受其咎;时至不行,反受其殃",此时不动手,还要待何时?

然而,韩信说,汉王对我韩信实在是太好了!车同载,衣同穿,饭同吃,"吾闻之,乘人之车者载人之患,衣人之衣者怀人之忧,食人之食者死人之事",我怎么能够为了利益而背叛德义呢?

对于如此天真的想法,蒯通自是嗤之以鼻,他告诉韩信,第一,"患生於多欲而人心难测也"。人就是一个欲望,没有永恒的友谊,只有永远的利益。第二,"立功成名而身死亡,野兽已尽而猎狗亨"。忠而被疑信而被谤,以忠信无以立身。过河拆桥,卸磨杀驴,这是铁律。第三,"勇略震主者身危,而功盖天下者不赏"。势在人臣之位,而名高天下,不危而自危,天下已定,其谁能信之,其谁能不恐之,其谁能不欲先除之而后快?

反复陈述厉害之后,韩信确实有些忧虑了,他对蒯通说,先生您给我点时间,让我冷静冷静,好好思考思考吧!

毕竟,韩信只是个有大志之将相,而非一个有野心之帝王,他最终"犹豫不忍倍汉,又自以为功多,汉终不夺我齐,遂谢蒯通"。蒯通长叹:"夫迫於细苛者,不可与图大事;拘於臣虏者,固无君王之意。"蒯通终于看清楚,这个韩信不过将相之材,根本就没有称帝为王的胆识和魄力,跟他谋划这些,实在是扶着赖狗上墙,搞不好,还得氽自己一脖子稀屎。于是,"详狂为巫",逃命去了。

事实无可辩驳地证明了蒯通的预见,高鸟尽良弓藏,狡兔死走狗烹。

韩信由齐王而徙为楚王，由楚王而降为淮阴侯，由淮阴侯而被骗到宫中，以莫须有的罪名处斩，且夷灭三族。当其在长乐钟室，方斩之时，仰天长叹："吾悔不用蒯通之计，乃为儿女子所诈，岂非天哉！"

悔不听蒯通，韩信是多么天真！

回头看韩信，他令人悲哀的东西，恰恰是他人性中保留的那些还称得上美好的东西。看来，悲剧就是把美好的东西毁灭给人看的罢！

打字至此，不禁心酸手软，为何这历史，非要如此血淋淋地让我们看到美好的被毁灭，孤独的追求者为世人所误解，天真的淳朴心为邪恶所粉碎。为何这历史，非要是一部又一部的阴谋诡计大获全胜的葵花宝典呢？

这恐怕，不是韩信一个人的悲哀。

（2009年7月18日14点50分）

三、韩信与陈平

韩信与陈平，一个大将，一个谋臣，才具各有所擅，命运大有不同，拿来一比，颇可玩味。

两人的出身和自持都很相似。

韩信少时，贫且无行，甚至连做个小吏的资格都没有，而又一无所长，不事劳作也不会做买卖，填饱肚子都是问题，连朋友的老婆都羞辱他，胯下之辱，更是他一生中最为人所诟病的污点。但是韩信并不因此而丧失对未来的期望，哪怕在依漂母为食时，仍然自信地许诺："我将来一定要重重地回报您！"母亲去世，家贫而无法下葬，却仍然千方百计营谋"高敞"之地，以"令其旁可置万家"。

陈平，少时家贫却喜交游，不但别人笑话他吃白食长这么肥美，连自家嫂子也痛恨他游手好闲，说"有叔如此，不如无有"。穷嫌富不爱，老婆都娶不上，最后娶了五嫁而夫皆死以致无人敢娶的富人张负的孙女，才过上了好日子。做个社宰，给父老乡亲分肉食，被人称赞分得均匀，陈平却不乏自傲地说："嗟乎，使平得宰天下，亦如是肉矣！"

你看这俩人，忍辱负重并放眼未来，所谓贫贱不能移其志者也！

两人都是几经辗转，背楚归汉，对项羽和刘邦在为人与才具上的判断也所见略同。然而，两人与刘邦的关系，却大有不同。

韩信先是仗剑从项梁，在其麾下，"无所知名"。项梁败，又属项羽，虽然做了郎中，但是屡献计策，均不被用。刘邦入蜀时，亡楚归汉，"未得知名"，仅做个小小的司马，还犯罪当斩，已斩十三人，轮到韩信，他看到夏侯婴，于是大喊："上不欲就天下乎？何为斩壮士！"夏侯婴"奇其言，壮其貌，释而不斩"。一通谈话，向刘邦举荐他，官拜治粟都尉，刘邦还是没把他当回事。韩信又想办法结识了萧何，几番交流，"何奇之"。韩信一直等着萧何的好消息，可是直到跟随刘邦抵达南郑，诸将中道逃亡者已达数十人，还是音信杳无！韩信等得花儿也谢了，心想夏侯婴萧何等人都不知道跟刘邦说过多少次了，看来这刘邦不是我韩信的明主啊，走吧！于是才有了萧何月下追韩信，刘邦设坛拜大将。

这一段萧何和刘邦的对话，饶有趣味。

听说萧何也跑了，刘邦震怒，如失左右手。过了两天，萧何又回来了，刘邦且怒且喜，骂道你小子为什么逃跑？萧何说，我哪敢逃跑啊，我是追逃跑的去啦！刘邦说，谁跑了你还去追？萧何说是韩信啊！刘邦又大骂你这不忽悠我吗，逃跑的大将少说有几十个了，你都不追，偏偏追韩信？胡说八道！萧何终于得到机会了："诸将易得耳。至如信者，国士无双。"你如果只想在汉中为王，不必用韩信，你如果想杀回中原争天下，除了韩信没人能帮你办成这事！你自己看着办罢！一句戳到心窝子上，刘邦说："吾亦欲东耳，安能郁郁久居此乎？"萧何说："想东归就重用韩信，你不重用,他早晚还要走!"刘邦说,那好吧,看在你的面子上,我就给他个将军做做。萧何说一个将军留不住韩信!刘邦一咬牙,那就大将军!萧何说这还不错!刘邦说,你把他叫过来,我拜他为大将军。萧何说:"大王一向简慢无礼,现在要拜人家做大将军还跟使唤小孩儿似的,这就是韩信离开的根本原因!如果真想拜韩信为大将军,要郑重其事:择良日,斋戒,设坛场,具礼。"刘邦还真这么办了,诸将皆喜,人人都以为自己要被拜为大将军了。届时,却是韩信,一军皆惊。

陈平虽然不像韩信这么仕途多舛,富有戏剧性,却也几易其主,屡经变迁。他先事魏王咎,为太仆。魏王不听其计,又有谗人,则亡去投归项羽。跟随项羽,破秦入关,赐平爵卿,有职无权。直到殷王反楚,项羽才封陈平为信武君,统领魏王咎在楚的那些旧部,击降殷王,然后,项羽派项悍拜陈平为都尉,"赐金二十溢"。可惜好景不长,不多久,"汉王攻下殷。项王怒,将诛定殷者将吏。陈平惧诛,乃封其金与印,使使归项王",自己佩一把剑,从小路逃命去了!这一跑,就跑到修武,投降了汉王。

靠魏无知的推荐,陈平见到了刘邦。一行七人,赏了一顿饭后,刘邦说吃饱了各位歇着去罢!态度相当傲慢。陈平不肯走,说:"臣为事来,所言不可以过今日。"一席交谈,刘邦深喜,马上就问陈平在项羽那何职何权,于是"拜平为都尉,使为参乘,典护军"。诸将皆怨,"绛侯、灌婴等咸谗陈平",什么盗嫂受金,什么反覆乱臣,总之是无德无行,不忠不信,外表虽如冠玉,"其中未必有也!"满腹狐疑的刘邦,责问魏无知,无知说我推荐的是有才能的人,您责问的是他的德行,他如果像孝己那么有孝行,像微生高那么讲信用,可是不会出谋划策、无能取胜,您要他何用?当今之时,楚汉相争,用人之际,我举荐奇谋之士给您,只要有利于国家大计,他就算是盗嫂受金又能怎么样呢?刘邦再问陈平,陈平也直言以对,魏王不听我的,项王不信任我,我听说您能用人,才来投奔,"臣裸身来,不受金无以为资",如果我的谋略您觉得可以采用,您就用,如果您觉得不可用,那钱都在这,我原物璧还,立马走人!"汉王乃谢,厚赐，拜为护军中尉，尽护诸将。诸将乃不敢复言。"

其实，萧何是最了解韩信的人，韩信是个骄傲的人，他重赏识，在乎地位与权势，对于尊重、平等、礼遇、信任等，都很在意。而这，也是韩信与陈平最大的区别。这个区别，导致一个三族夷灭，一个善始善终。陈平是很了解刘邦的，在刘邦这里，陈平求信，求用，求利，而不求尊重与平等，更不要权势。

说白了，在刘邦这里，陈平，从始至终，都很清楚自己几斤几两，自己想要什么，刘邦能给什么。而韩信，却始终没有摆正自己的位置，没有找准自己和刘邦的关系。

刘邦对韩信，有知遇之恩，但是，韩信觉得，自己对刘邦，一报还一报，完全可以扯平了。何况想当初，韩信就是抱着此处不留爷自有留爷处的心态，来投奔刘邦的。韩信认为自己和刘邦是平等的，面对诱惑乃至蛊惑，我都没有离你而去，你至少应当感念我的情义。所以，在刘邦用陈平之计，假"游云梦"之名，从韩信的封地楚，绑缚韩信到洛阳，降为淮阴侯之后，他的心理就无法平衡，"日夜怨望，居常鞅鞅，羞与绛、灌等列"，甚至觉得与樊哙交往都是一种耻辱，面对跪拜送迎、受宠若惊、言必称臣的樊哙，韩信非但没有一丝感动，反而出门之后，仰天大笑曰："生乃与哙等为伍！"

樊哙是谁？在韩信看来，他不过是个车右武士，有点匹夫之勇，闯闯帐，推倒俩卫士，吃吃生肉，忽悠忽悠项羽而已，他怎么能和"功无二于天下，而略不世出"的我韩信相提并论？

可是在陈平看来，樊哙却是皇亲国戚，得罪不起。

天下已定，刘邦大破黥布而还，半路旧伤复发，徐行到长安。燕王卢绾又反了，刘邦于是派樊哙以相国的身份前去剿匪。樊哙走后，有人说他的坏话，说一旦没了刘邦，樊哙就会帮助吕后，除掉戚夫人及赵王如意。刘邦大怒："原来樊哙就盼着我死啊！"于是，把陈平和周勃叫来，派陈平火速传旨让周勃取代樊哙，并命令陈平到那之后，立马将樊哙斩首！二人

第二辑 通向一切高度和深度的东西就是爱

受诏,快马传旨,未到军中,商量了一下:樊哙是皇帝的故人,"功多",而且又是吕后的妹妹吕媭的丈夫,"有亲且贵",皇帝一时生气想杀了他,恐怕以后会后悔,不如把他抓回来,皇帝想杀自己杀。"即反接载槛车,传诣长安。"

这还不够,半路上,陈平得知刘邦的死讯,担心吕太后及吕媭谗怒,立即快马加鞭先行赶回。"驰至宫,哭甚哀,因奏事丧前。吕太后哀之,曰:'君劳,出休矣。'"如果换作别人,大概就回家睡安稳觉去了,可是陈平不,他怕自己一走,谗言马上就到,于是坚决请求在宫中宿卫,寸步不离吕太后。太后非常感动,"乃以为郎中令",让陈平做了新皇帝孝惠帝的太傅。从此之后,信赖尤加,吕媭的谗毁从来都没有发生过作用。甚至有一次,吕太后当着吕媭的面对陈平说:"俗话说得好,小孩儿和妇人的话不可用,'顾君与我何如耳。无畏吕媭之谗也'。"当然,樊哙押到之后,立刻就被赦免,"复爵邑"。

正所谓打狗还得看主人,陈平就是如此小心谨慎。而自视甚高的韩信,别说樊哙了,就是刘邦,他又何尝放在眼里呢?

有一次,刘邦和韩信聊天,聊到了诸将的才能,逐一品评,各有高下,刘邦就问韩信:"你看像我这样的,能领多少兵呢?"韩信不假思索:"陛下最多不过能领兵十万。"刘邦心里一翻个,我才领兵十万?接着问:"那你呢,你能领多少兵?"韩信张口就来:"我多多益善啊!"刘邦笑了,忍不住反唇相讥:"你多多益善,怎么还为我所擒呢?"韩信大概也觉得自己有些过分了吧,便说:"陛下您虽然不能领兵,但是您善于统率将领,这就是我辈之所以为陛下您所擒的缘故啊!"可惜的是,韩信终是韩信,话说到这里他不肯作罢,又说了一句,这一句听起来很美,咀嚼一下,滋味并不受用:"且陛下所谓天授,非人力也。"

这是什么意思?

表面上,是在恭维刘邦是真龙天子,天命所归。实际上,韩信这是在说,你刘邦实际上没有多少才华,是老天帮助你,你这一切都是天力为之,是上天给的,不是你凭借你自己的能力得来的!你刘邦,根本没有我韩信的才能!

要知道,这一席对话,就发生在他被降为淮阴侯之后。

也许,这就足可以解释,为何刘邦一定要授权吕后和萧何,必欲除韩信而后快了吧。

其实,韩信从来就没有背叛谋乱的想法,如果有的话,他做齐王时,做楚王时,都可以谋反,那时他都不谋反叛逆,怎么会在"天下已集"之时,"乃谋畔逆"?就是被降为淮阴侯,但凡有一点谋反之心,他也会心怀戒备,不可能上萧何的当,中吕后的圈套,自己进宫去送死。所谓与陈豨谋动,"部署已定,待豨报",则更不是精于运兵、善于谋划的韩信之所能做的蠢事。还是司马迁看得透彻:"假令韩信学道谦让,不伐己功,不矜其能,则庶几哉,于汉家勋可以比周、召、太公之徒,后世血食矣。不务出此,而天下已集,乃谋畔逆,夷灭宗族,不亦宜乎!"记录当朝历史,司马迁只能就此点到为止。

我们倒不妨明言:将韩信比陈平,两者清楚分别。皇帝眼中,只有两种人,敌人和仆人。如果你不想做他的敌人,那就做他的仆人,缩颈藏头,夹起尾巴,做个好奴才,他给你官做,给你饭吃,代价是你的自由与尊严。如果你不想做他的敌人,也不肯做他的仆人,你想和他做朋友,一个跟他一样自由的人,一个和他平等的人,一个甚至和他可以谈判、可以比较、可以互相妥协的有尊严的人,那么对不起,你就已经是他最大的敌人,因为你已经威胁到了他江山社稷千年万年维稳的根基了——这个游戏里,不能有平等,不能有尊严,不能有谈判,不能有妥协。

你想要?

拿命换。

(2009 年 7 月 19 日 23 点 27 分)

四、文帝之幸

汉文帝刘恒是个幸运儿。

汉高祖刘邦共育有八子：长子刘肥，孝惠兄，其母曹姬，被封为齐王；其余都是吕后所生孝惠帝的弟弟；戚姬的儿子刘如意被封为赵王；薄夫人的儿子刘恒被封为代王；其余乃诸姬之子——刘恢被封为梁王，刘友被封为淮阳王，刘长被封为淮南王，刘建被封为燕王。

这八个儿子中，最幸运的，就是刘恒了。

先是戚姬所生的赵王如意，因为先前废立太子之争，深为吕后所恨。碍于惠帝每日起居饮食不离如意左右，吕后无法下手。直到惠帝元年十二月，得知惠帝晨起出射，如意独居，"使人持酖饮之"，用毒酒药死了。然后，淮阳王刘友被徙为赵王，不爱吕氏诸女而爱他姬，诸吕女妒恨交加，跑到吕后处谗毁揭发他的反动言论，惠帝七年正月，吕后召至长安，他被活活饿死了。然后，梁王刘恢又被徙为赵王，太后让吕产的女儿为其王后。从官皆诸吕，擅权，监视赵王，赵王的爱姬，被王后派人酖杀。王乃为歌诗四章，令乐人歌，心甚悲。二月徙赵王，六月即自杀。同年九月，燕王刘建去世，有美人子，吕后使人杀之，以无后之名，国除。

除了惠帝之外，仅有齐王刘肥、代王刘恒和淮南王刘长未被吕后加害。

事实上，齐王刘肥也险些丧命。惠帝二年十月，齐王与惠帝在吕后前燕饮为乐，因为齐王是兄长，惠帝未执君臣之礼，而是按照家人之礼，使肥坐上坐。吕后大怒，令人斟了两杯毒酒，让齐王祝酒，惠帝见势不妙，也端起酒杯要和哥哥一起祝酒，吕后大恐，一把夺了惠帝的酒杯。齐王吓得不敢饮酒，装醉离去。一打听，原来自己差点就被毒死了。于是日夜恐惧，觉得自己恐怕不能活着离开长安了，他的内史献计，把城阳郡献给吕后的女儿鲁元公主为汤沐邑，这才讨得吕后的欢心，平安回到了齐国。到惠帝六年去世，儿子刘襄被立为齐哀王。

唯独没有遭遇不测之险的，除了因为生母自杀而由吕后抚育长大的少子淮南王刘长之外，就是代王刘恒了。不过，在连杀三赵王之后，吕后也曾经派人告诉刘恒，说打算把他内迁，徙为赵王。刘恒辞谢说："臣愿意戍守在边远的代境。"吕后也就作罢了。大概刘长和刘恒，一个"得幸无患害"，一个老实无患害，她觉得不必为了这两个孱弱之辈，再往沾满鲜血的手上增添血腥了吧？亦或许，此时亲生儿子惠帝也病死了，自己年事已高，身体也越来越差，不想再杀人了吧？连齐哀王的弟弟硃虚侯刘章，在燕饮时，以耕田歌讽喻"深耕概种，立苗欲疏，非其种者，鉏而去之"时，她也竟默然不应，想必闻言后，想到自己子女俱逝，吕后心中，也是一片凄凉吧？

与文帝相比，惠帝是个很不幸的人。

造成他一生不幸的，不是别人，正是他的父母。

其父刘邦，彭城兵败，被项羽追杀，马疲车慢，为了减负逃命，竟然屡次将惠帝兄妹推下车去。幸亏夏侯婴，屡堕屡载，一手抱着一个，直到把俩孩子安置到丰。这一路上，刘邦因为受牵累，跑得慢，还怒气冲天，竟然有十几次急得要杀夏侯婴。

在这样的逃亡和遗弃中成长起来的孩子，该是多么渴望人间的真情，渴望亲人之间的爱与温暖啊！

果然，惠帝就长成了这样一个人。他心地善良，仁慈温柔。乃至刘邦经常感叹"不类我"，竟然因此而一直意欲废掉其太子之位。刘邦宠爱戚姬，生子如意，立为赵王。如果不是大臣张良叔孙通等力争，有好几次差点就取而代之了，直到惠帝用张良的计策，卑词安车，请来了商山四皓，刘邦才终于决定不再废太子。

然而，就是这样，惠帝即位后，还竭力保护赵王如意。如意死后，吕后为了泄愤,将戚姬活生生做成"人彘":"断手足,去眼,煇耳,饮瘖药,使居厕中"。并且,叫上儿子惠帝一起"观人彘"。惠帝知道是戚夫人之后,"乃大哭,因病,岁馀不能起"。派人责备太后说:"这种事不是人能做得出来的!我作为您的儿子,绝不可能将天下治理好了!"

"孝惠以此日饮为淫乐,不听政,故有病也。"

一个无情的父亲:视骨肉如包袱,遇难随时可以丢弃。一个无义的母亲:视人命如草芥,谋杀手段层出不穷。不幸的孝惠帝,就生在这样的帝王之家。童年,颠沛流离心惊胆战;少年,惴惴不安朝不保夕;青年,目睹一个个兄弟死于非命、所爱的女子没有善终——唯有日日饮宴淫乐,以消弭心中的哀痛。仅做了七年皇帝,就病死在一个凄凉的秋天,时年23岁。

惠帝一死,吕后的全部谋杀成果,捐付东流,为人作了嫁。如果吕后知道,一俟她死后,诸吕即被大臣菹醢,"支孽芟夷",取而代之君临天下的,竟是薄氏所生的代王刘恒,不知与九泉之下的戚夫人相会后,将作何感想?

诸吕被诛之后,大臣们一起谋划天下大势:少帝及梁、淮阳、常山王,都不是孝惠帝的亲生儿子。齐王肥是高帝的长子,现在他的嫡子为齐王,这就是高帝的嫡长孙,可立为王。然而,殷鉴不远,外戚吕氏专权几使社稷倾覆,齐王的母家也不是等闲之辈,"恶",如果立了齐王,恐怕又有第二个吕氏。欲立淮南王刘长,一则年少,二则"母家又恶"。相较之下,唯有代王最合适。第一,他是高帝在世的儿子中最年长的,仁孝宽厚;第二,其母"薄氏谨良"。立长则顺,以仁孝闻于天下,最适宜不过。

就这样,刘恒成了维系汉室江山的不二人选。

心动,行动,赶紧拥立大汉天子。

谨摘录《吕太后本纪》中的简略叙述,以窥一斑:

众大臣"使人召代王";"代王使人辞谢";"至长安,舍代邸。大臣皆往谒,奉天子玺上代王,共尊立为天子";"代王数让,群臣固请,然後听"。

在《孝文本纪》中，详细记述了其戏剧性的过程，仅举其"至长安，舍代邸"之后一段则可。

丞相陈平、太尉周勃、大将军陈武、御史大夫张苍、宗正刘郢、硃虚侯刘章、东牟侯刘兴居、典客刘揭都再拜请求道："弘等诸子都不是孝惠帝的儿子，不当奉宗庙。臣等谨请您的伯母阴安侯、列侯顷王后（即高帝刘邦的大哥刘伯和二哥刘仲的两位夫人，即代王刘恒的两位伯母）与琅邪王、宗室、大臣、列侯、吏二千石共同商议决定：'大王您是高帝长子，宜为高帝嗣。'希望大王即天子位。"

代王回答说："奉高帝宗庙，这是重大的事情啊。我无才无德，不足以称宗庙。希望你们请楚王再来商议吧（楚王名交，高帝弟，最尊），我不敢当。"

群臣皆跪伏固请。"代王西乡让者三，南乡让者再。"

这里的"西向让"与"南向让"，是值得玩味的。古代，宾主位是东西面，君臣位是南北面。故西向坐，三让不受，这是宾主之位。代王刘恒，在代王官邸以主人身份辞让。而群臣犹称宜，乃回坐以示渐变，改为南向坐，两让而不受。此时，刘恒面南背北，辞让群臣，这就是君臣位了，其实，既已示意将"即君位"也。

丞相陈平等见状，赶紧再次表态："臣伏计之，大王奉高帝宗庙最宜称，虽天下诸侯万民以为宜。臣等为宗庙社稷计，不敢忽。愿大王幸听臣等。臣谨奉天子玺符再拜上。"

代王曰："宗室将相王列侯以为莫宜寡人，寡人不敢辞。"遂即天子位。

这一幕戏剧性的即位表演，很有其先父之风。

在《高祖本纪》中，是这样描述高祖当年即皇帝位的：

"正月，诸侯及将相相与共请尊汉王为皇帝。汉王曰：'吾闻帝贤者有也，空言虚语，非所守也，吾不敢当帝位。'群臣皆曰：'大王起微细，诛暴逆，平定四海，有功者辄裂地而封为王侯。大王不尊号，皆疑不信。臣等以死守之。'汉王三让，不得已，曰：'诸君必以为便，便国家。'"

刘恒在即天子位时，确实深得乃父之精义，退让再三，不肯受命，愈是如此，愈显德义，唯是不居，是以不去，陛下不居，如苍生何？于是——

"代王立为天子。二十三年崩，谥为孝文皇帝。"

代王刘恒，不对，是孝文皇帝讳恒，韬光养晦保性命，守得云开见月明，在刘邦这八个儿子中，确实是最幸运的了。

而他的幸运，完全是建立在与其他人不幸的对比之上的。如果没有吕后大肆杀伐，连杀三赵王，灭掉赵、梁、燕三国，同时使亲生儿子惠帝抑郁而终的话，焉有名不见经传的代王刘恒称孤道寡的机会？虽然吕后是无心插柳柳成荫，但仍无改于刘恒一人称帝万骨枯的事实。

"虽有亲父，安知其不为虎？虽有亲兄，安知其不为狼？"作为帝王家的刘氏，其血雨腥风、骨肉相残的程度，在浩浩中国帝王史中，实在不能说是最凶残、最惨不忍睹的例子。他们总还是没有兄弟相残吧？他们总还是没有父子相残吧？他们总还是没有夫妻相残吧？……

抚今追昔，掩卷深思，这幸与不幸的缘由，究竟是什么呢？

这种如嗜血附膻般地追名逐利、钩心斗角、弱肉强食、无视亲情爱情友情的例子，也并非只发生在帝王之家。在这一部又一部从头到脚几乎都"流淌着血和肮脏的东西"的竞争史、格斗史、残杀史、阴谋史里，为什么人性中的真、善、美，总是成为利益的牺牲品、陪葬品、奢侈品呢？

最令人夜不能寐的是，如今帝王将相是没有了，可是，这种权势、利益大于一切的悲惨，是否绝迹？

（2009 年 7 月 20 日 23 点 56 分）

五、权利之毒

柏杨先生在他的《丑陋的中国人》里，曾经这样写道："以权势崇拜为基石的五千年传统文化，使人与人之间，只有'起敬起畏'的感情，而很少'爱'的感情。"若说中国人，人与人之间充满了敬畏与恐惧，确实不夸张，但若说一点没有爱，也是有些委屈了中国人。只是这爱，不管是夫妻之爱、父母之爱还是手足之爱、朋友之爱，过于变态，往往充满了血腥。

中国历史上，女人没有地位，很少被当作独立的个体来看待（当然，这一点，中国历史上的男人们也并没有优越性）。在这样的观念之下，政治斗争中，"美人计"不但大行其道，而且被视为佳话。吴越春秋有西施，汉末乱际有貂蝉。"和亲"之策，亦将社稷托妇人，昭君出塞，鸿雁伤心；文姬归汉，泪洒大漠……

名利场上的男人们，妻妾如衣，权势官爵，一以置换，则拱手相送。吕不韦之献赵姬，就是一个鲜活的例子。酒宴上，子楚见绝色赵姬，心甚悦之，乃祝酒相请，吕不韦怒则怒矣，但"念业已破家为子楚，欲以钓奇"，还是把她献给了子楚，连同她肚子里的孩子。这个孩子，娠十二月方生，时在正月旦日，因名为政，十三岁而为秦王，后来的秦始皇是也。奇货可居的吕不韦，经营了如此一桩大买卖，"立主定国"，偷梁换柱，让自己的儿子，拥有了整个天下。可谓赢利无数矣。

然而，他和秦王——这对父子，其亲安在？他和赵姬——这对离偶，情何以堪？

嬴政少年为王，不韦为相国，尊称"仲父"。赵姬为太后，仍念旧情，时时私通。吕不韦怕事发及祸，乃献嫪毐。嫪毐拔其须眉诈为太监，入宫与太后私通，生二子，横暴天下，号称皇帝假父。秦皇发觉，夷嫪毒三族，杀太后两子，迁太后于雍。"欲诛相国"，因其功大，且游说者众，不忍致法，免职遣归。

一年之后，秦王恐不韦生变，发书问罪："君何功於秦？秦封君河南，食十万户。君何亲於秦？号称仲父。其与家属徙处蜀！"你有何功，受河南之封？你又有何亲，称仲父于秦王？恩断义绝，不容辩驳。言语厉辣，耐人寻味。于是，吕不韦饮酖而死，其宾客数千人窃葬之于洛阳北芒山。秦王将其子孙登记造册，皆没为徒隶，禁不得仕宦，连其舍人也分别夺官迁徙。可谓罪大恶极，法不容情。

其实，不韦之死，无可避免。

秦室之王子皇孙，数以百千，根正苗红者大有人在，嬴政对自己的身世，怎能不讳莫如深？吕不韦不惜血本破家失业，借光大在赵国做人质的秦王子异人（即子楚）之门，而光大自家之门，所求者，就是权势利益。一献美人，偷天换日，江山易姓，已归吕氏，子孙后代，歆享不尽，其赢利不可谓不大。为保证权势的最大化与利益的永久性，饮毒酒身死，塞天下幽幽之口，保后世万年永昌，这真是求仁得仁又何怨。岁月静好，现世安稳，含饴弄孙，阖家欢乐，恐非其所求，在他们看来，大概这才是燕雀安知鸿鹄之志吧！除非他们视权势如粪土，倘视权势真如粪土，又何来这一段历史？

有其父必有其子，凭借沙丘之谋矫诏登基的二世胡亥，因为诸公子大多是其兄长（始皇有二十余子，胡亥排行十八），害怕诸公子与己争夺，为了建立权威，严法刻刑，罪者连坐收族，灭大臣远骨肉，于是，"公子十二人僇死咸阳市，十公主矺死於杜，财物入於县官，相连坐者不可胜数"，更无一点手足之情。

相比之下，汉武帝刘彻简直可以说是仁孝之至、手足情深了。

据《外戚世家》记载，武帝母王太后，先嫁为金王孙妇，已生一女，而其母卜筮，卦云女儿当贵，乃从金氏处强夺女儿，纳于太子宫，生三女一男，男即武帝。武帝即位后，从一个妃子处偶然得知太后仍有女在长陵，立刻派人前去确认，然后"乘舆驰至长陵"，亲自迎取，金氏女不知其然，亡走不见，不得，即令"左右群臣入呼求之"。家人惊恐万状，其女藏在屋中床下，被搜索出来，扶持出门，武帝下车哭道："嚄！大姊，何藏之深也！"于是，"回车驰还"，"引入至太后所"："今者至长陵得臣姊，与俱来。"太后与女相认，泣不成声。"武帝奉酒前为寿，奉钱千万，奴婢三百人，公田百顷，甲第，以赐姊。"

无论是对母亲还是对同母异父的姐姐，武帝此举可谓感人至深，读之不免令人唏嘘。

类似的，还有汉文帝为其窦皇后寻找失散多年的幼弟窦少君的故事。

窦姬年少时，被选入宫侍奉太后，被赐给代王刘恒，得幸，育女生男乃至为后。而其弟少君四五岁时，因家贫被卖为奴，闻窦皇后新立，上书自陈。窦皇后言于文帝，召见，言其县名及姓并与姊采桑堕之旧事以自证，尤其回顾姐弟分别时的情景，催人泪下："姊去我西时，与我决於传舍中（即窦后初入宫时，别其弟于传舍之中也），丐沐沐我（谓后乞潘为弟沐），请食饭我，乃去。"于是姐弟相持而泣，泣涕交横下。文帝"乃厚赐田宅金钱，封公昆弟，家於长安"。

在满是父子相残、夫妻反目、兄弟成仇、卖友求荣的血腥历史中，读到这样的段落，会觉得人性复归，不禁为之动容。然而，历史深处一凝眸，浩叹即刻生胸臆。

同样是汉武帝刘彻，对自己的后宫佳丽，是何态度？

"诸为武帝生子者，无男女，其母无不谴死"！钩弋夫人之死可证其言。

夫人姓赵，河间人。得幸武帝，生一子，即后之昭帝。

武帝晚年，太子薨。居甘泉宫，召画工画周公负成王之图。于是群臣知武帝意欲立少子为嗣。其后数日，武帝谴责钩弋夫人。夫人恐慌，叩头请罪，簪珥皆尽脱落。帝曰："引持去，送掖庭狱！"夫人泪眼回顾，武帝说快走,你是不能活命的!死于云阳宫,时暴风扬尘,百姓感伤。使者连夜持棺前往安葬,"封识其处"。后有记载,说武帝思念钩弋夫人,为之在甘泉宫建造通灵台,经常有一只青鸟飞落到通灵台上来,"至宣帝时乃止"。仿佛武帝无故杀人,一场思念,一个台阁,就可以寄寓深情,那无辜而死的钩弋夫人,其魂魄还要化作青鸟回宫,答复这一片深情。"蓬山此去无多路,青鸟殷勤为探看",好一个"情深深雨蒙蒙,多少楼台烟雨中"。"闻道汉家天子使,九华帐里梦魂惊",这真是比白居易的《长恨歌》还要感人。

可是,如果了解了武帝杀钩弋夫人的缘由,任是何人也不会再感动!

后来武帝闲居时,询问左右:"人言云何?"左右回答:"大家都说将要立其子为后,为何要杀掉其母呢?"于是,武帝发出如下宏论:"正是如此。这不是你们这些愚蠢的人所能够明白的啊!往古国家之所以出现混乱,大都是因为国主年少而其母年壮,主母独居宫中,骄蹇淫乱,恣意妄为,没有谁能够禁止得了。你们难道不知道吕后的事情吗?"

可怜的钩弋夫人,貌美如花,青春正好,不容分说便被武帝以伟大光荣而正确的名义,就地正法了。代价是,武帝年七十而崩,其子昭帝,年八岁即皇帝位。

同样是一个汉武帝刘彻,为何对其同母异父流落民间的姐姐可以顾念手足之情、一往情深?而对自己年幼的儿子、年少的妻子,却如此狠毒,剥夺一个人的母亲,剥夺一个人的生命呢?

原因仍然是:权势,利益。

为母寻亲(或者像文帝,为皇后寻弟),不但无损于自己的权势,反而有益于树立自己的嘉言懿德。且贵重外戚,以自家之亲,协理自己之天下,肥水不流外人田,高枕无忧心也甘。无损有益,何乐而不为?

然而,一旦外戚(或者父母兄弟、王子皇孙)之势,有可能威胁到自己的权势地位,不管他是谁,斩尽杀绝,不留后患,这无疑是上上之选。始皇帝之于吕不韦、嫪毐及嫪毐与太后所生二子;二世之于公子扶苏及其他二十余公子王孙；武帝之于钩弋夫人；以及刘邦之于韩信，吕后之于刘邦的诸位皇子……再向后世推演，大唐帝国，宣武门之变，李世民之于其父兄；大宋江山，深宫斧影，赵光义之于赵匡胤；大明王朝，燕王朱棣，屠戮南京之血腥，郑和七下西洋之目的；至于有清一代，康熙王朝诸皇子的血雨腥风、咸丰皇后慈禧效法吕后的种种劣迹———代代数来，一步一个血脚印，争权夺势，追名逐利，杀死多少是不必以为惊奇的，惊奇的倒应该是，在中国历史上，怎么还会有伯夷叔齐这样的人存在？然而，却是三代之士，遽成绝响！

张爱玲说，权势，是春药。这是从男欢女爱的角度而言。

莫非对中国人而言，权势与利益真的是一剂毒药吗？为了权力，丧尽天良，丧心病狂，人性泯灭，唯有嗜血的兽性，无所不用其极？

这，实在是太可怕了。

此刻，窗外夜雨潇潇。

在这样的雨夜里，千年前，唐明皇避乱蜀中，一路上，霖雨不止。因追念马嵬坡下自缢而死的杨玉环，乃创制《雨霖铃》以寄恨。不知道，在唐皇的心中，对为保其权力而替罪殒命的杨玉环，可有一丝愧疚？

（2009 年 7 月 24 日 23 点 40 分）

六、滑稽之悲

在《滑稽列传》里，太史公如此感叹道："淳于髡仰天大笑，齐威王横行。优孟摇头而歌，负薪者以封。优旃临槛疾呼，陛楯得以半更。岂不亦伟哉！"

对齐威王时身长不满七尺滑稽多辩的齐之赘婿淳于髡、楚庄王时身长八尺常以谈笑讽谏的乐人优孟和秦皇帝时也善为笑言然合于大道的侏儒优旃,司马迁都给予了极高的赞誉:淳于髡仰天大笑,可使齐威王励精图治,横行诸侯三十六年;优孟摇头而歌,可以让楚庄王幡然醒悟,续封故相孙叔敖的后代;优旃临槛疾呼,亦可让始皇帝心生善念,使冷风苦雨中的陛楯郎轮流休息。地位卑贱的小人物,"言谈微中",竟能使主上为之动容改过,难道不是很了不起吗?

齐威王沉湎于长夜之饮,不理朝政。"百官荒乱,诸侯并侵",国之将亡,在旦夕间,而"左右莫敢谏"。淳于髡以鸟儿做隐语,批评齐威王在其位不谋其政:"不知此鸟何也?"于是,齐威王这只大鸟不飞则已,一飞冲天,奋兵而出,诸侯震惊。

楚国大举进兵,齐威王派淳于髡到赵国求救,"赍金百斤,车马十驷"。淳于髡仰天大笑,竟笑得系帽子的带子全都断了。然后,以贪鄙奢求的农夫讽喻齐威王持狭而欲奢。于是,齐威王"乃益赍黄金千溢,白璧十双,车马百驷",淳于髡才请来赵之精兵十万、革车千乘,楚国"夜引兵而去"。

齐威王大悦,后宫摆宴,赐酒淳于髡。淳于髡又以饮酒为喻,讽谏齐威王"酒极则乱,乐极则悲""言不可极,极之而衰"。于是,齐威王"乃罢长夜之饮,以髡为诸侯主客"。

这是淳于髡与齐威王的佳话。

楚庄王爱马成癖,"衣以文绣,置之华屋之下,席以露床,啖以枣脯",营养过剩,"马病肥死"。悲痛万分的楚庄王使群臣为爱马治丧,竟然"欲以棺椁大夫礼葬之"。左右争之,楚王下令谏者死。优孟入殿,仰天大哭,请求以人君之礼葬马,用反语指摘楚庄王"贱人而贵马"的荒唐举动。于是,楚庄王把马交给太官,葬于人之腹肠。

楚相孙叔敖病死数年,其子穷困负薪,路逢优孟,以父亲遗言相告:"我死之后,你必贫困,去找优孟。"优孟穿上孙叔敖的衣服,抵掌谈语模仿孙叔敖，一年之后，庄王"以为孙叔敖复生也，欲以为相"。优孟即假借妇人之言回绝，批评楚王对"尽忠为廉"至死的故相孙叔敖体恤不足，致其"妻子穷困负薪而食"，乃使天下人以为"廉吏安可为"。于是，楚庄王"召孙叔敖子，封之寝丘四百户，以奉其祀。后十世不绝"。

这是优孟与楚庄王的美谈。

秦始皇置酒宫中而天下大雨，陛楯郎冒雨侍卫在殿前，优旃"见而哀之"。当群臣于大殿上，举酒祝寿高呼万岁之际，他临槛大呼"陛楯郎！"。众郎应声曰在。优旃说："汝虽长，何益，幸雨立。我虽短也，幸休居。"于是，始皇帝使陛楯郎轮半更替。

秦始皇曾计划扩大苑囿，东至函谷关，西至雍、陈仓。优旃闻言说道："很好。在里边多养禽兽，敌寇从东方入侵，让麋鹿抵御就够啦！"于是，"始皇以故辍止"。

二世时，又想漆其城。优旃说："好。主上您即使不说，我也要请求漆城了。漆城虽然会花费老百姓的人力物力，但是城漆出来是多么漂亮啊！……"于是，二世也笑了，"以其故止"。

这是优旃与秦皇帝的趣闻。

齐威王，视贤臣为宝，以照千里，强于天下，称雄战国；楚庄王，问鼎中原，退一舍而礼郑，大败晋师，称霸春秋；秦始皇，包举宇内，并吞八荒，囊括四海，灭六国而一统天下。战国七雄，春秋五霸，秦始皇帝——这三位都是赫赫一时且彪炳千秋的君王。

而另外三个：淳于髡，齐之赘婿，身长不足七尺；优孟，虽有八尺之躯，不过楚之优伶；优旃，侏儒而为秦之倡。在中国古代，此三子之身份、职业和外貌，都是为人所不齿的。

正是这巨大悬殊所带来的反差，使他们三个小人物和那三个赫赫君王之间的故事，成为佳话、美谈和趣闻，以至令司马迁情不自禁，发出赞叹:"岂不亦伟哉!"

历史,是一面多棱镜。当你正为其耀眼的光芒而感叹时,换一个角度,冷不丁,折射出来的寒锋,会刺得人心痛。

三个小人物所言之事,全都是正义之事。于公,利于黎民百姓;于私,利于江山社稷(当然,在他们的时代,这个私才是公,天下就是他们君王家的嘛)。然而,三人言事的方法,毫无例外,所谓言谈微中,讽喻隐语。

一个方法是比喻。淳于髡在齐王面前,拿鸟和农夫说事。大王您如若不领情,我不过在给您讲个故事听,也不至于惹您生气,治我的罪。大王您若是领情,那我们都很相宜,您是从谏如流,我也见着聪明。

一个方法是托辞。淳于髡托饮酒之辞,就酒中事而言大道,当回事,那就"万事皆然",不当回事,酒肉穿肠过,戏言而已,嘻哈何足留。优孟则托妇人之辞,以妇人之见讽为政之道,正是言者无罪,妇人之见,何足道哉?而又闻者足戒,君若会意,则诚我心哉!

一个方法是反语。楚王葬爱马,优孟说反话,大夫之礼尚不足,要用人君之礼!秦始皇无视陛楯郎的疾苦,优旃以话讥讽,你们长那么高大还不如我这个侏儒!至如为扩大苑囿叫好,为漆城而称善,优旃也都是在用夸张的反语,讽刺秦王。反语之妙,在于半真半假,可真可假,是非不定,进退自由。您若当真,那我这是在顺杆儿爬,取您的欢心;您若识破,不以为然,也不过一笑置之,深以为然,那您就圣意钧裁。

再看三人言事的情貌:

或则仰天大笑,笑得鞋脱帽断;

或则仰天大哭,哭得君臣皆惊;

或则借酒假醉,醉后才吐真言;

或则乔装打扮,扮像乃说真情;

或则大呼小叫,出乖卖丑以讽谏。

以方法论，比喻托辞反语夸张，极尽委婉含蓄之妙，进退之间，绝不会有半点纰漏，两可皆由，断不会有逆圣听之可能；以情貌论，非哭即笑，亦醉亦痴，摇头晃脑，装疯卖傻——谋诈机巧几乎用尽。而没有一个人，以凛然之正气，郑重其事地，仗义执言。

朕即是父母，朕即是国家，朕即是真理。
臣即是孝子，臣即是妻妾，臣即是奴才。

在掌握着生杀予夺大权的君王面前，作为孝子贤孙的臣妾奴才，谁先扔掉人格尊严，谁就先占了一份便宜。这份便宜，至少可以保命，往往还能增福增禄，搏名获利，换得个封妻荫子，泽被后世。于是乎，揣摩圣意曲意逢迎成为常态，据理力争面折廷争日益稀少。面折廷争的下场，比干菹醢，屈原自沉，伍子胥鸱夷裹尸浮于江……举不胜举。文死谏，武死战，在中国历史上，向来就不乏这样不怕死的人。大明朝，有多少臣子因触怒龙颜，被施以廷杖，按倒在朝堂上，打得皮开肉绽气息奄奄？然而，纵死犹见奴才相，他们之死（或求死），不过是一种竭忠尽智的手段而已。即便是屈原，也多次在诗文中，自比芳草美人，仍是臣妾的心态。无怪乎鲁迅会说，屈原的不平，不过是不得帮忙的奴才的不平而已，实在是没有多少高贵独立的人格在其中！

因此，位在弄臣之列的淳于髡、优孟、优旃等人，还能够心怀社稷，情系黎民，为天下事而设法讽喻，为万民命而滑稽多辩，既能保证自己的身家性命，又能在力所能及的范围里做些有益之事，已是难能可贵。就是朝中用事的大臣，如邹忌者，不也是靠鼓琴之讽喻而得到齐威王的赏识吗？任政于齐后，不也是以闺阁枕中语、比美私谈事，类比国家大事，来讽喻齐王纳谏的吗？

难能可贵也罢，不得已而为之也罢，不得帮忙的不平也罢，这其中，又有何伟哉？这其中，岂不亦悲哉！

然而，是否可以穿越历史的书简，倨傲地，把鄙夷的目光投射在这些臣子们卑贱的脊梁上呢？用生命（甚至所有亲族乃至几代人的生命）作为代价，换取正义与尊严，这个要求，用以律己是一种高尚的选择，值得敬畏，如果用以责人，未免太不近人情。更何况，这种专制制度所形成的千载赓续不绝的专制思维方式，绝不是哪一个圣君贤相所能够抵拒和改变得了的。谁该承担这罪责？而谁又是无辜的？

千载而后，我们依然笼罩在这个思维的怪圈下，家庭，单位，乃至社会，许多地方仍充斥着不可一世的威权和奴颜婢膝的媚骨。托物言志，借古讽今，比喻反语……这些巧妙的辞令，因其滑稽多辩，机智风趣，还是最受欢迎、最发达的一种表现手段，你看鲁迅的杂文、钱钟书的散文、网络上的各种文章，都一个个栩栩如生，历历在目——一如我这篇读史笔记。

（2009年7月22日21点24分）

小于一的傲慢与偏见

一、初读《小于一》：失望

我是带着极其渴慕的心情购买黄灿然先生所翻译的布罗茨基的经典散文集《小于一》的。当当网上几次下单，都因为存量不足而失败。一个记者朋友告诉我，这本书印数并不多，得抓紧时间买，迟了怕买不到了，他就买了多本，预备送人。于是，当我在京东网上发现可以预订时，便买了两本。一本给我，一本给女儿。同时下单的，还有黄灿然先生翻译的《卡瓦菲斯诗集》。

1999年，中央编译出版社出版了刘文飞等翻译的布罗茨基论诗文集《文明的孩子：布罗茨基论诗和诗人》，其中收录《小于一》《哀泣的缪斯》《文明的孩子》《诗人与散文》《析奥登的〈1939年9月1日〉》等文章。前面所列《小于一》等5篇文章，亦出现在黄灿然先生翻译的《小于一》一书中。

2014年11月，《新京报》在推荐《小于一》时，恰好也提到了这一点："当年《文明的孩子》里收入的文章已经让热爱他的人反复阅读，只求能再有布罗茨基的其他文章加入进来解渴。十多年后，黄灿然译本的《小于一》出炉，这是曾经并且现在依然是'文青'的一批人的集体回忆，当然让人渴望又激动，而书里的内容也并没有让我们失望。"

黄灿然先生，是我所钟爱的诗人、评论家、翻译家。我读他的诗文，已经有十多年了。他的书，我所读过的有：《在两大传统的阴影下：香港文学评论精选》（天地图书有限公司，2005），《约瑟夫·布罗茨基：诗四十一首》（2009年副本制作，供学术研究与内部交流），《格拉斯的烟斗》（上海人民出版社，2009），《我的灵魂（诗选1994—2005）》（天地图书有限公司，2009），《奇迹集》（广东人民出版社，2012）。

他的译著，读过的有：《诗的见证》（切斯瓦夫·米沃什著），《卡瓦菲斯诗集》（卡瓦菲斯著）。

他的微信公众号"黄灿然小站"，也是我所喜爱的订阅号之一，每有更新，必认真阅读。

因此，这本《小于一》，吸引我的，除了布罗茨基本人，还有译者黄灿然。

然而，当渴慕已久的《小于一》终于到手之后，我最初的阅读体验，却是——失望。

在拿到书的第一天晚上，我像往常一样，在卧室内，打开这本新书，开始读第一篇文章《小于一》。读了不到3页，却有好些段落，反复读了几次，而且，最不可思议的是，读了10页还不到，我就睡着了。

二、比较《小于一》：差异

当然，我最终，还是读完了这本《小于一》。收获，也确实很大。

我一直耿耿于怀：为什么我所信任的、喜爱的甚至崇拜的翻译家黄灿然先生翻译的《小于一》，其最初的阅读体验，竟会让我纠缠反复、昏昏而睡呢？

通过将此书与1999年版刘文飞等的译本《文明的孩子》对比，我找到了答案。

先以《小于一》开头的文字为例，将黄灿然的译文与刘文飞的译文对比一下：

跟一般失败比较，试图回忆过去就像试图把握存在的意义。两者都使你感到像一个婴儿在抓篮球：手掌不断滑走。

我对我的生活的记忆，少之又少，能记得的，又都微不足道。那些我现在回忆起来使我感兴趣的思想,其重要性大多数应归功于产生它们的时刻。

(黄灿然 译)

回忆往昔的企图,和探究存在之意义的尝试一样,终将归于失败。这两种努力都让人觉得像一个去抓篮球的婴儿:他的手掌总是要滑脱的。

我对自己生活的记忆相当之少,我所记忆的也多属无关紧要。我此时追忆的这些思想,大部分是在它们出现时就因其重要而曾使我本人产生兴趣。

(刘文飞 译)

我将这两段文字,分别读给当时在念高二的女儿听。

黄灿然先生的翻译,她要求我读了两遍,每一遍都皱着眉头听;而刘文飞先生的翻译,则均只读了一遍。我问她喜欢哪一种表达,她毫不迟疑地选择刘译。我问为什么,她说因为刘氏译文流畅不生硬,而黄氏译文则让她感觉是为了翻译而翻译。

比较这两段译文,从中文的角度看,的确是这样。

比如第一段关于"失败"的表述,黄灿然先生的翻译,给读者的感觉是,这句话没有说完,或者说,没有说清楚。"试图回忆过去"与"试图把握存在的意义",这两种失败,是在与"一般失败"比较吗?那它们与"一般失败"比较有什么结果?是两者相同,都像"婴儿在抓篮球"吗?——那为什么之间要用句号?还是,在拿"试图回忆过去"这种失败,与不一般的失败——"试图把握存在的意义"进行比较?那么句号后面篮球的比喻,又说明了什么?

而刘文飞先生的翻译,就明白晓畅:"回忆往昔的企图"与"探究存在之意义的尝试"一样,终归于"失败"。关于婴儿抓篮球的比喻,十分明显,"滑脱"与"滑走"相比,刘氏的翻译更有动态感,更形象,而用"他的手掌总是要滑脱的",来表达它们"终将归于失败"这个意思,也更加准确。

在第二段文字中,黄灿然先生的翻译尤其给人以生硬之感。"我对我的生活的记忆",与"我对自己生活的记忆"相比,将"我的"换成"自己",不止少掉一个"的"字,更使语句流畅、贯通如行云,而不拗口;至于"那些我现在回忆起来使我感兴趣的思想,其重要性大多数应归功于产生它们的时刻"与"我此时追忆的这些思想,大部分是在它们出现时就因其重要而曾使我本人产生兴趣"这两句话的差异,就更无须赘言分析了。

以我的阅读体验来看,这篇《小于一》,不只这样的论说性文字如此,即使是抒情性的文字,也多不尽如人意。比如在文章结尾处,布罗茨基以细腻的笔触,类似于挽歌一般,回望从前,回望从前那个"小男孩"。

读黄灿然先生的译文,我无法体验到那种属于古老俄罗斯的忧伤情调,只觉得是在读外文翻译,甚至无关痛痒,多有拖沓冗长。而读刘文飞先生的译文,却迥然不同,内心深处,涌满情愫。

兹分别录之,请读者体味鉴别:

很久以前,有一个小男孩,他生活在世界上最不公正的国家。那国家被一群生物统治,这群生物用所有的人类标准来看,应被视为退化的生物。但没有人作如是想。

还有一个城市。地球表面上最美丽的城市。有一条巨大的灰河,悬挂在其遥远的底部之上,如同巨大的灰天悬挂在那条灰河之上。那条灰河沿岸耸立着宏伟的宫殿,其正面的装饰是如此美丽,如果那个小男孩站在右岸,那左岸看上去就像一个叫作文明的巨大软体动物的压印。那文明已不存在了。

清早,当天空还闪耀着群星时,那小男孩起床,在喝了一杯茶和吃了一个蛋之后,便沿着那条白雪覆盖的花岗岩河岸奔向学校,一路上陪伴他的,是收音机宣布的炼钢新纪录,紧跟他的,是军队合唱团向领袖高唱的赞歌,那领袖的画像就挂在小男孩还温暖着的睡床边的墙上。

那条宽阔的河呈白色,冻结着,如同一个大陆的舌头伸入寂静,那座大桥向暗色的蓝天弓起,如同一个钢铁上颚。如果小男孩有额外的两分钟,他会在冰上滑行,再走二三十步,来到河面中央。这时候他只想着鱼在厚冰下干什么。接着,他会停下来,转身一百八十度,跑回去,一口气奔向学校入口。他会冲入大堂,把帽子和外衣扔到一个挂钩上,然后飞也似的跑上楼梯,进入教室。

那是一间大教室,有三排桌子,教师座椅背后的墙上挂着领袖的画像,一张有两个半球的地图,只有一个半球是合法的。小男孩坐下来,打开公文包,把钢笔和笔记本摆在桌面上,抬起头,准备听胡说八道。

(黄灿然 译)

从前,有一个小男孩。他生活在世界上一个最不公正的国家里。其统治者,从人类的各种观念来看都可以被称为堕落者。但是从没有人这样称呼过。

还有一座城市。这是地球上最漂亮的城市。一条无尽的铅灰的河流覆盖着这个城市,如同那无尽的铅灰的天空覆盖着这河流。河的两岸,耸立着许多带有精雕细琢之立面的雄伟宫殿,如果这男孩站在右岸,那么左岸看上去就像那被称之为文明的巨形软体动物的标记。那文明已停止存在。

每天清晨,当天空还挂满星星,这个男孩就该起床了,喝下一杯茶、吃下一个鸡蛋后,伴着广播里传出的关于新的炼钢纪录的通报,跟随着士兵们为领袖(这领袖的画像就挂在男孩那还留有体温的床铺上方的墙上）所合唱的颂歌，这男孩沿着白雪覆盖的花岗岩河岸向学校走去。

宽宽的河流静卧着，白茫茫的，覆着冰衣，像是大陆向静谧伸出的舌头，一座巨大的桥在深蓝的天幕中形成一道弯弓，像一幅钢铁的腭。如果那男孩有两分钟多余的时间，他会走上冰面，向河中心走上二三十步。在这段时间里他会想象，鱼儿在这厚厚的冰层下正在做什么。然后他会停下来，转个180度的弯，回身跑去，脚步不停地一直跑到学校的门口。他会冲进楼厅，将他的帽子和大衣挂在挂钩上，然后飞跑着上楼，冲进他的教室。

这是一个很大的教室，有三排课桌，领袖的画像在教师座椅后面的墙壁上，还有一张由两个半球构成的地图，其中只有一个半球是合法的。小男孩坐在他的座位上，打开他的书包，将他的钢笔和笔记本摆在课桌上，抬起头，静下心来准备听那胡言乱语了。

（刘文飞　译）

三、小于一：傲慢与偏见

当然，他们的翻译对象，都是布罗茨基的英文版散文集《小于一》。刘文飞先生的译文，要早于黄灿然先生的译文发表。而我在对两位翻译家对同一作家经典文本的译作的比照阅读中，发现了一丝耐人寻味的刻意：后者，刻意将文本翻译得与前者呈现差异。

在著名的《文明的孩子》这篇文章中，也有类似的刻意之差异：

刘文飞先生译的开头是这样的：

由于某一奇怪的原因，"诗人之死"这一说法听起来总是比"诗人之生"要更为具体些。这也许是因为，"生"和"诗人"两个词就其实际的模糊性而言，几乎是同义词。而"死"，即便是作为一个词，也和诗人自己的产品,即一首诗那样是确定的。一首诗的主要特征在于其最后一行。一件艺术作品,无论其内容如何,它总是奔向那赋予其形式并否定再生的结局。在一首诗的最后一行之后,除文学批评外再无他物。所以,当我们阅读一位诗人时,我们是在参与他或他的作品的死亡。在曼德尔施塔姆这里,我们参与了两者。

黄灿然先生的翻译则是这样的:

> 基于某种奇怪的理由,"诗人之死"这个说法听上去总是有点儿比"诗人之生"更具体。也许这是因为"生"和"诗人"作为词语,其正面含混性几乎是同义的。而"死"——即便作为一个词——则差不多如同诗人自己的作品例如一首诗那样地明确,因为一首诗的主要特征是最后一行。不管一件艺术作品包含什么,它都会奔向结局,而结局确定诗的形式,并拒绝复活。在一首诗的最后一行之后,接下去便什么也没有了,除了文学批评。因此,当我们读一个诗人,我们便参与他或他的作品的死亡。就曼德尔施塔姆而言,我们参与两者。

我们无须去阅读英文原文,便可以发现:两者的差异,不在于他们对原文的理解,而在于其遣词造句的选择。

从"听起来总是比'诗人之生'要更为具体些",到"听上去总是有点儿比'诗人之生'更具体";从"实际的模糊性"到"正面含混性";从"而'死',即便是作为一个词,也和诗人自己的产品,即一首诗那样是确定的",到"而'死'——即便作为一个词——则差不多如同诗人自己的作品例如一首诗那样地明确";从"在一首诗的最后一行之后,除文学批评外再无他物",到"在一首诗的最后一行之后,接下去便什么也没有了,除了文学批评"……所有这些变化,在我读来,都不太自然。我感到黄灿然先生为了刻意与人不同,或用力过猛,或弄拙扮巧,而使自己的翻译受

第二辑　通向一切高度和深度的东西就是爱

到伤害。

为什么这么说？

首先，这基于我对黄先生的了解。如前所述，我读黄先生的诗文也不算少，对于他驾驭语言文字的能力，我绝不怀疑。就诗歌而言，我认为他是当代汉语诗人中的最杰出者之一，而在文学批评中，他文字的洗练克制，也足以让读者在阅读中，不断地收获滋养与惊喜。而他对于翻译的虔敬与严谨，我也深有体会。如果读者诸君不熟悉他对于翻译的态度，可以去读一读黄老师写的那篇文章《给未来的译者——谈翻译的十个条件》。

何以在他翻译这本陪伴他"已经二十多年了"的《小于一》时，会出现如上所述的一些不该出现的问题呢？

我的第二个发现，更加佐证了我的推测。

《小于一》这篇文章，在1999年版《文明的孩子》一书中，第3页倒数第二段后，是一行省略号，在此，译者刘文飞有一条注："此处略去作者关于列宁的一段话"。而在2014年版的《小于一》一书中，非常凑巧，也是在第3页，正数第一段之后，当年略去未译的这一段话（其实是三段文字），被黄灿然先生翻译了出来："所有这一切，都与列宁无关（All that had very little to do with Lenin）……我想，这个态度，演变成某种可怕的加速度，穿过各种事件的灌木丛，也连带伴随着某种肤浅（This attitude, I think, made for awful acceleration through the thicket of events, with an accompanying superficiality）。"我在阅读时，对于这一段文字，读来便毫无生硬涩滞之感，就像我读黄灿然先生的其他文字一样，流畅隽永，自由从容。（限于篇幅，这段补译文字不再完整列出。）

再比如，《小于一》文集中的最后一篇文章，那篇有45节的长篇回忆性散文《一个半房间》。就我的阅读视野，除了黄灿然先生的译文，还没有读过较有影响的关于此文的译文，除了同名同题材的影片。这篇长文，我从第1节，读到第45节，都没有出现读那同样是回忆性散文的第一篇——《小于一》时的黏着不畅的感觉。

因此，读《哀泣的缪斯》时，当我看到，在第一段叙述阿赫玛托娃笔名的来历，黄先生把在其他译者那里译作诸如"不要玷污一个出色的、受人敬重的姓氏"（刘文飞译）、"以免玷污一个受尊敬的好人家的姓氏"（王希苏、常晖译）等句子，刻意译作"不要玷污一个受尊敬的好名字"这样的句子时，我就更加坚定了我的推断——刻意的差异，妨碍了翻译的自由，损害了翻译的品质。（在《诗人与散文》《析奥登的〈1939年9月1日〉》两篇中，也有诸多类似刻意的差异，不再枚举，感兴趣的读者，可以自己比较。）

当经典之作的翻译大于二时，它的翻译，尤其在极为珍视自己翻译生命的杰出翻译家那里，便形成了一种障碍，这障碍阻碍了翻译的自由，甚至使原本可能合二为一的杰出翻译，小于一。

这是一种自信，抑或，也是一种自卑？这是一种偏见，抑或，也是一种傲慢？

（2014年12月13日22点56分）

汪国真：一个时代的青春符号

一

获悉汪国真死讯的时候，我刚从诊所里出来，靠在地铁的栏杆上，左手打着绷带，右手刷着朋友圈。看到这个消息，怔住了。再一次意识到，我已人到中年，各种病痛的不期而至，就像死亡之于汪国真一样，那么理所当然。

中午，我和女儿一起去小区附近的汉江园吃韩国料理，她点了一份冷面。我说："你知道吗，妈妈像你这么大时，我和同学们最爱吃的，是一家餐馆的朝鲜冷面。每当我们要庆祝什么的时候，比如哪个舍友过生日、拿了奖学金或者稿费，我们就会一起去这家餐馆吃一顿朝鲜冷面。"女儿不可思议地摇摇头，继续吃她的韩国冷面。我则蓦地，想起去世的汪国真。

"你知道吗，妈妈像你们这么大时，我们都会读的一个诗人，他今天去世了。他叫汪国真。"

女儿没吭声。

"哦，你肯定不知道，他的诗，妈妈从来没有给你们推荐过——"

"汪国真？这个名字我知道。"

"你怎么知道？"

"好像是我们教材里选过他的诗，不过，我没有印象了。"

教材里竟然选了汪国真的诗歌，这真是超出我的意料。汪国真的诗，我能想起来的就是那几句经常被印在笔记本扉页以及贺年卡上的金句："既然选择了远方／便只顾风雨兼程"；"只要热爱生命／一切都在意料中"……

二

回顾我的读诗历史。

在汪国真盛行的 20 世纪 90 年代,我所喜欢读的,是郭沫若的"我是一条天狗",戴望舒的"我用残损的手掌",李金发的"长发披散于我两眼之间",穆旦的"痛哭吧悲哀就在眼前",普希金的"爱情惹得我春心荡漾",狄金森的"为什么我爱你,先生",泰戈尔的"我胆小的奉献,不抱永存谁心中的奢望",惠特曼的"啊,船长!我的船长!",以及莎士比亚、白朗宁夫人那优美的十四行诗……是的,现在我写下这些诗句,也全凭记忆,而不需查找任何资料。记得曾有段日子,我和舍长张慧,每天中午和晚上,奔跑于校园的操场,大声朗诵着《天狗》:"我把月来吞了,我把日来吞了……""我在我脊髓上飞跑……"而操场上,总会有一个英语系的男生,拼命地在那里踢足球,一个人运球射门,一次次奔跑着,呼应着我们的《天狗》。我到现在依然固执地认为,他和我们一样,是以此来排解单相思之痛苦。我还记得手抄普希金的《致凯恩》"我记得那美妙的一瞬 / 在我的面前出现了你 / 有如昙花一现的幻影 / 有如纯洁之美的精灵"时,内心深处激荡起的甜蜜与忧愁;更记得,在相册的扉页上,小心翼翼地写上泰戈尔的诗歌,送给即将离去的那个人,却反反复复翻翻覆覆,终于还是把自己的一帧照片,撤了下来——"说是寂寞的秋的清愁 / 说是辽远的海的相思 / 假如有人问我的烦忧 / 我不敢说出你的名字……"

再看一下我的书架。

我有许多许多或者享誉世界广为人知或者虽负盛名而并不大众的伟大诗人的集子。

而这其中,没有汪国真。

二十多年来,我从没买过汪国真一本诗集,也没有摘抄过他一首诗。我也从没有向我的学生和我热爱诗歌并写诗十一年的女儿推荐过汪国真,甚至，哪怕给他们读过一首，他的诗。

三

可是，这个我并不钟爱——甚至一点都不喜欢（重视）的诗人，他的去世，为什么却让我产生如此多的感慨？让我在一瞬间，把自己的青春回想了一遍，想起了朝鲜冷面、陕西大刀凉皮、正宗徐水驴肉火烧，想起了初恋和告别。甚至，想起了20世纪80年代末，读高一时我创办过的"小小文学社"、风靡全国的《春笋报》《少年文艺》等报刊，以及，突然在某一天，就再也听不见他们唱歌的侯德健、童安格……

对我而言，汪国真，他不是一个人，也不是诗歌，而是一个时代。一个青葱而贫瘠的时代，一个稚真而蒙昧的时代，一个单纯而幽闭的时代，一个可能不只属于我而是属于"我们"的时代。

20世纪90年代，那是汪国真铺天盖地的时代，只要你是读书识字的人，想不读到他的诗歌，都是不可能的。就像你只要会写字，在那个时代，你就不可能不知道一个叫作庞中华的人一样。

昨天，在微信群里，一个朋友说："汪国真，太熟悉了，我还练过他的钢笔字呢！"我知道，他把汪国真和庞中华合二为一了。我一点不觉得可笑，因为这确实是我们"70后"所经历的青春：用庞中华的字帖，练汪国真的诗，并且，唱毛阿敏的歌。

四

还是在韩国餐馆的双人桌上，在回想了自己的前半生后，我凝视着眼前清丽明媚的女儿。她正在读高二，刚结束了江苏省"臭名昭著"的小高考，正在为考大学而孜孜奋斗。生活对她是未知的，也是残酷的，但是，此时的她，知道自己处在一个什么样的时代，也知道自己能够改变的是什么。

她的时代，是一个充满了变数的时代，也是一个逐渐变得丰富多元的时代。将来，在他们的回忆里，会有些什么呢？会有辣条，会有一条一条买不尽的红领巾，会有韩剧英剧美剧，会有《速度与激情》《魔戒》《霍比特人》，会有《猫和老鼠》《海绵宝宝》，也会有《我爱我家》《喜羊羊与灰太狼》，会有韩寒、郭敬明、《盗墓笔记》，也会有宫崎骏、村上春树、奥威尔，还会有乔布斯、比尔·盖茨、奥巴马、金正恩……不对，可能是另外一些，一些我们闻所未闻的英文、韩文名称，甚或是暗号代码缩写，那里面，埋伏着他们各自的青春密码，他们的世界太丰富，丰富到我们无法去识别、定义和想象。

当年届不惑的我们，借着一个青春时代符号性人物之死亡，缅怀我们逝去的青春的时候，会有多少人意识到我们的青春是被设置的呢？

在最应该享受精神、心灵以及肉体的自由的青春时代，我们被全面地幽闭了。以至如今，无论当时是身处一线城市，还是边陲小镇，是长江以南，还是太行以北，我们的青春记忆，竟然如此雷同！

我不得不庆幸，我当时读的是中文系，从而使我有机会接触了更多的诗人、更多的诗歌，才从审美上建立起了对汪国真式诗歌的免疫力。但是，我依然耳濡目染了他大量的诗歌，总在不经意之间，附体还魂。譬如，在鼓励孩子时，会信手写下"没有比脚更长的路，没有比人更高的山"。

五

"我不知道我所经历过的，是真实地存在过呢，还是只是一场梦。"我吃下最后一口冷面，对女儿说。

她放下手中的《查拉图斯特拉如是说》，悲悯地看着我，"妈妈，你怎么了？"

是啊，我怎么了？这种近乎矫情的感伤，好像得自席慕蓉（我曾经大段大段地抄录过她的散文）。

我们这一代人的青春，像极了"楚门秀"的梦工厂，日月星辰皆从调度，每个固定的时间段，会发生什么事情，都可以一眼望见。被分配的工作，被允许的恋爱，一样的歌曲，一样的流行读物，一样的电视剧——好比被上好闹铃的钟表，时间到了，自动震响。窦唯出来，我们会被唤起共同的摇滚记忆，汪国真去世，我们会追忆共同的青春年华。我们的梦，几乎都是一个模样。

是的，我一点都不矫情，如此贫瘠，如此悲剧。

我们的青春，是真实地存在过呢，还是被设置的一个程序？

六

那么，趁机爬梳一下那贫瘠的土壤吧。

席慕蓉、余秋雨、周国平和林清玄，他们对我所产生的作用，都远远大于汪国真，他们都曾经慰藉过我的心灵。在孤独中，《文化苦旅》曾给我振奋，《人与永恒》曾给我力量，在那些极度阴郁的日子里，是林清玄的文字，将我从垂死中拉出，使我从苦闷中获得解救。它们对于我的精神和心灵，所产生的作用，固然不及《简爱》《约翰·克利斯朵夫》《安娜·卡列尼娜》《堂吉诃德》等来得持久和深刻，但却实实在在地对我发生过影响。而实际上，他们与汪国真，又是多么地相似。

我不无悲伤地，再次审视自己瘠薄的青春。正因为我读的是中文系，在遇见传世不朽的经典的同时，也遇到了不少的糟粕。

这曾经的相遇与之后的暌异，如实地印证了我作为一个人的曲折艰辛的成长。

从懵懂混沌之中，步履蹒跚地走来，到逐渐张开属于自己的眼睛，看到捆绑在自己身上的绳索，再到锤炼心智胆魄，锻炼技巧能力，培育出勇气力量，一次次试图为自己松绑，却一次次失败，再一次次重来。

自由，是多么宝贵又是多么可怕的东西。

王小波笔下，冲出护栏的那头猪，在摆脱了被设置的生活之后，如果长不出勇猛的獠牙，练不就健硕的四肢，又如何面对未知的恐惧，在荒野中生存？

而渺小的一个人，从旧程序中逃逸，进入一个新的世纪，需要经过多少次的转身、否定，再接纳、原谅，才能够走出历史的沉疴，成长为自己想要的，独一无二的模样？乃至，终于拥有属于自己的，独一无二的梦？

七

作为诗人的汪国真，离开了这个世界。

他以他的突然辞世，让世界再次想起了他——不得不承认，在过去的十几年中，他以及他的诗歌，早已被人遗忘——而这再次的谈论，关于他到底是不是一个真正意义上的诗人，以及他的诗歌到底应该给予怎样的评价，大约是最引人瞩目的争论。

死者长已矣，也许，他本不该承受如此之多的非议。正如，二十多年前，他原本也不该承受那么多的荣光。

汪国真，作为一代人青春的符号，此生不自由，此生已完成。

谨祝愿作为个人的汪国真先生，在另一个世界，可以获得自由自在。

而生者，亦应自勉。

（2015年4月27日21点50于苏州）

历史的 A 面与 B 面

——读《蒋碧微回忆录》

一

我将独自一个留在这幢屋子里,这幢曾经洋溢着我们欢声、笑语的屋子里,容我将你的躯体关闭在门外,而把你的影子铭刻在心中,我会在那间小小的阳光室里,沐着落日余辉,看时光流转,花开花谢,然后,我会像一粒尘埃,冉冉漂浮,徐徐隐去……

2009 年 6 月的某一个深夜,我从《万象》(那时,《万象》还没有转为学生期刊)的一篇文章里,读到上面这段文字。彼时,正心有所伤,穷居陋室中,不禁凄然同感,记录于 QQ 空间。

这是蒋碧微写给张道藩的书信。

蒋碧微,是谁?张道藩,又是谁?也许会有人对这两个名字感到陌生。

二

蒋碧微,是徐悲鸿的发妻,江苏宜兴人,原名棠珍。

13 岁时,由父母做主,与苏州查家公子查紫含订婚。后听闻查紫含企图考试作弊,对其失望伤心。却与常来蒋家做客、深得父母欣赏的年轻画家徐悲鸿渐生情愫。18 岁时(1917 年),得知即将与查家成亲,便在徐悲鸿一干朋友的帮助下,与徐一起私奔日本。

那一夜，我戴上了那只刻着"碧微"两字的水晶戒指，从此我的名字也改成了"碧微"。

——《蒋碧微回忆录》(《我与徐悲鸿》)

1919年，徐悲鸿获得官费留学资格，两人又同赴法国。在法国，与留学生张道藩等人组织"天狗会"，徐悲鸿是二哥，张道藩为三弟，作为唯一的女性会员，身材高挑、雍容华贵、气质不凡的蒋碧微，被称为"压寨夫人"。1926年，张道藩曾向蒋碧微表达爱意，为其拒绝，后张道藩与法国女郎结婚。

1927年，徐悲鸿与蒋碧微两人先后回国。回国后，徐悲鸿声誉鹊起，儿子伯阳和女儿丽丽也陆续出世，家庭生活不再像留学时那般常处于穷愁困顿的状况了，但是二人的分歧却逐渐拉大。1930年，徐悲鸿与孙多慈发生了师生恋，又引起各种轩然之波，两人感情终至破裂，无可挽回。1937年始，蒋碧微与时为国民党要员的张道藩，也开始了地下恋情。

1945年，徐、蒋离婚，徐以100幅画作和50幅古画（金钱若干）为补偿，儿子徐伯阳与女儿徐静斐为蒋碧微抚养。1946年1月，徐悲鸿、廖静文结婚。

在此期间，蒋碧微始终与张道藩扶持与共，后二人南渡海峡，而她与徐悲鸿的一双儿女，却先后离开母亲，投身到革命洪流中去。赴台后，张道藩任"立法院院长"，将妻女送往澳洲，与蒋碧微在台湾共度十年光阴……

三

我对蒋碧微和张道藩的最初印象，要追溯到十七八岁读大学时。那时痴迷人物传记，尤其是古今中外的文学艺术届的名流大家，他们的传记，凡是学校图书馆里可以读到的，几乎都有涉猎。与徐悲鸿相关的人与事，自然也在其中。

而蒋、张二人，给我留下极为深刻之印象，却是在 2005 年。

当时，一个志在考取中央美院的学生，将他的一本书借给我读。书名为"徐悲鸿的一生"，作者是廖静文。

在这本书中，徐悲鸿是一代艺术大师，善解人意，体贴入微，献身艺术鞠躬尽瘁死而后已；蒋碧微是一个庸俗虚荣的悍妇，抛夫弃子狠辣凉薄，徐悲鸿的死她难辞其咎；张道藩是一个风流反动的政客，色厉内荏阴险狡诈，徐蒋二人的婚姻破裂他是罪魁祸首。

或许正因为这个印象太深刻了，才使我在 4 年之后，偶然读到蒋碧微写给张道藩的这段至情文字后，产生了强烈的愿望：进一步了解他们，从另一个角度。

几年来，断断续续地读过一些《蒋碧微回忆录》的文字。《蒋碧微回忆录》包括《我与徐悲鸿》和《我与张道藩》，1964 年 10 月由中国台湾《皇冠》杂志首次刊行，1966 年 11 月由皇冠杂志社正式出版。但是，1995 年 3 月，在大陆由江苏文艺出版社出版的这套书，已很难买到新品，相比于网络阅读与电子阅读，我更钟情于纸质阅读。直到 2015 年 1 月，华东师范大学出版社重新出版了这套回忆录，我终于得偿所愿。

手捧书卷，从头至尾，细细读来，唏嘘，感慨，赞叹，太息……种种感怀，纷至沓来：一段历史，几个人物，从 A 面，翻到了 B 面。

《蒋碧微回忆录》，不仅讲述了她和徐悲鸿、张道藩二人的种种离合际遇，还给读者呈现了一幅幅优美的宜兴风俗画卷，刻画了一段段民国时期的政治、经济、文化乃至战争的历史风貌。至于她笔下的徐悲鸿、张道藩，也都饱含复杂的况味，而于其身，耐人寻味之处，在在是也。

悲欢爱恨离合，多少无奈，情事家事国事，多少纠葛。

1953 年，徐悲鸿病逝于大陆。如果天假以年，徐悲鸿也可以为自己言说，他会说什么？原名韵君，而亦为徐悲鸿所改名，以多慈行世终生，嫁作他人妇的孙多慈，1953 年的秋天，在台湾中山堂画展展厅门口，巧遇蒋碧微，待蒋碧微告知她徐悲鸿病逝的消息后，泪不能禁，却为何直到1975年春病逝，始终没有记述过她与悲鸿的故事？而张道藩的回忆录《酸甜苦辣的回味》中，是否写到了蒋碧微……

其实，历史，不仅只有 A 面与 B 面。

四

本文开头所录文字，出自蒋碧微写给张道藩的最后一封信，一封诀别信。

十年，我们尽了三千六百五十日之欢，不顾物议，超然尘俗。我们在小园斗室之中，自有天地，回忆西窗赏月，东篱种花的神仙岁月，我们对此生可以说已了无遗憾。

欢迎素珊和丽莲的万里归来，祝贺你们乔迁新居，重享天伦之乐。素珊的细心熨帖，将会使你的桑榆晚景，过得舒适安逸，请你平抑心情。恢复宁静。不必再惦念我，就当我已振翅飞去，永不复回。

1959年，张道藩接回妻女，蒋碧微与张道藩分离。

宗，天下无不散之筵席，我还是坚持那么说：真挚的爱无须形体相连，让我们重新回到纯洁的爱之梦中。宗，我请求你，别再打破我这人生末期的最后愿望，我已经很疲累了，而且我也垂垂老矣！

——《蒋碧微回忆录》(《我与张道藩》)

（在书信中，蒋碧微与张道藩以宗、雪相称）

1964年，蒋碧微发表回忆录：

> 我以真实为出发点，怀着虔敬之心，一个字一个字写下我半生的际遇，因此我会说："我一心坦荡，只有忠诚感恩之念，毫无睚眦必报之心，我在我的回忆录中抒写我所敬、我所爱、我所感、我所念的一切人与事，我深信我不会损害到任何一位与我相关的人。"

1966年，分手7年以后，已经受洗为基督徒的张道藩，致信蒋碧微述说离别之情：

> 最近十一个月以来（自从你发表《回忆录》起），更使我每月都有几次缅怀往事，深宵不寐，尤其是刚开始读你的《我与道藩》几期以后，越是如此。

并请求再见一面：

> 我有许许多多的话要和你说，也有许多关于我们两人的文字——我所写的文字要给你看。还有一件最重要的事必须与你商量。

蒋碧微答应了这次见面。张道藩感谢蒋碧微终于完成了他32年前的心愿——将二人的恋情写出来，使之流传后世。他想从他的视角来写续集。

1968年，张道藩病逝于台湾，续集终于没有完成。

台湾《传记文学》一卷六期刊载张道藩回忆录《酸甜苦辣的回味》第一部分《我怎样地参加中国国民党》，1968年传记文学出版社再版。

1969年，蒋碧微整理发行《张道藩书画集》。

1970年，蒋碧微整理发行《张道藩戏剧集》。

1978年，蒋碧微去世。去世前两个月，她收到了从大陆辗转寄来的，儿子徐伯阳的信，希望能够到台湾，承欢于母亲膝下。

  人生是悲痛的，但是悲痛给予我很多启示，使我受到了教训，得着了经验，认清了途径，增强了勇气，而没有被它所摧毁。

——蒋碧微

  据说，蒋碧微辞世时，房间里依然挂着徐悲鸿当年在巴黎为她画的肖像《琴课》。而徐悲鸿的衣兜里，则至死都揣着蒋碧微当年在巴黎为他买下的那块怀表。

（2015 年 3 月 5 日 15 点 40 分）

鉴往知来，以人为镜
——2015年度个人荐书

荐书，是个苦差事。我经常给学生荐书，那是因为我了解我的学生们。而给不知道的读者对象推荐书，就很惶惑。思忖多日，在自家书堆中，搜寻又筛选，最后，选定了10本书。

1. 《论语集注》

朱熹/著　版本众多

据传，北宋赵普，半部《论语》治天下。《论语》中，有这个民族的文化基因。研读《论语》，了解历史，认识自己，有助于更好地理解教育。朱熹集注的《论语》，犹能助读。建议与李泽厚的《论语今读》对照阅读，会有更开阔的视野。

2. 《中国文化的深层结构》

孙隆基/著　中信出版社　2015年11月

作者孙隆基，祖籍浙江，1945年生于重庆，在香港长大，在台湾受大学教育，后赴美国深造，获博士学位，曾在美国、加拿大等多所大学任教。因为这种经历，作者熟谙中国文化，又能跳出中国去分析。

这是一本极有价值的书，虽然书中有些拖沓冗长的内容，但瑕不掩瑜。"中国文化的深层结构"是什么？相信你读过此书后，会对《论语》有更深刻的理解，并且对自己及周边的人与事，有更加深刻的认知与反省能力。

3. 《标竿人生》

【美】华理克/著　PD翻译组/译　上海三联书店　2014年1月

这是一本关于上帝的书。但是,即使你没有信仰,对神一无所知,阅读这本书,也同样会得到精神上的洗礼。按照本书的设计,你只需要一天读一章,当你用 40 天的时间,读完它之后,对于人因何而生,或许会有不同于 40 天之前的认识。这是一本足以改变心灵的书,建议每夜睡前读几页,然后,在平静澄澈的心境下入睡。

4.《万物简史》

【美】比尔·布莱森 / 著　严维明、陈邕 / 译　接力出版社　2005 年 7 月

这是一本趣味横生的书。不管你教文科还是理科,都建议阅读它。本书还有少儿版与精装铜版纸彩图版的,都是值得收藏的好书。书中讲述了什么内容?我相信当你打开第一页,读下去之后,你就一定会读完它。我相信,读完它之后,对于我们生活的这个奇妙的世界,你会有更丰富的认识与体验,对于那些传世不朽的伟大的科学家们,诸如达尔文、牛顿等,会有更加亲切的感受。

5.《爱·恨与修复——梅兰妮·克莱因与琼·里维埃演讲录》

【美】梅兰妮·克莱因、琼·里维埃 / 著　吴艳茹 / 译　中国轻工业出版社　2014 年 2 月

这是一本很薄的书,也是一本需要用心体验,从而把它读厚的书。当你阅读此书时,关于人的情感起源和发展的潜意识规律,关于人的爱、恨、攻击、性欲等复杂心理过程的产生和演变,这些关乎每个人终生幸福的东西,都会在你脑海中,不断翻滚涌现。对于教师而言,首先认识那个从婴儿、儿童以至今的自我,才更能够胜任教职。

6.《情感堵塞：民主德国的心理转型》

【德】汉斯-约阿西姆·马茨/著　徐珺/译　中央编译出版社　2013年11月

这是一本让人读来感慨万千的书。一个特殊的国家，一个典型的民族心理转型案例。阅读此书，你必会将目光从遥远的德意志，摇向自己身边。鉴往知来，以人为镜，阅读历史，是个增益心智的过程，也是一个痛苦更生的过程。唯其如此，一个人，一个民族，才能真正地成长。建议与哈耶克《通往奴役之路》共读。

7.《登天之梯：一个儿童心理咨询师的诊疗笔记》

【美】布鲁斯·D.佩里、迈亚·塞拉维茨/著　曾早垒/译　重庆大学出版社　2015年7月

这是一本儿童心理咨询师的诊疗笔记。

有人说，人的一生都走不出童年。这话未免太悲观，却发人深省。童年的经历，的确会影响人的一生。儿时经历的恐惧、虐待、创伤和被忽视可能会直接影响大脑发育，从而影响孩子成年后的性格和行为。本书的案例，可谓触目惊心，教师阅读，裨益非常。它可能会使你对自己的工作更加充满敬畏与虔诚。

关于心理学的书籍，我个人以为，还是多读一些国外的著作为好。

8.《思痛录（增订纪念版）》

韦君宜/著　人民文学出版社　2013年1月

这本书得以再版，实在是出乎意料。

11年前，读这本书的电子稿，让我彻夜难眠。11年后，我买到了它的增订纪念版，黑色的封面，封面上，一副眼镜，默默地凝视着历史。韦君宜先生晚年在病榻上完成的这本回忆录，是继巴金《真话集》之后又一本说真话的书。作者所回忆的从延安"抢救运动"以来的大大小小的政治

运动，是中国人无法回避的历史。在读高二的女儿，整个周末都在阅读此书。边读边感叹，认真做摘评，用了一个晚上。

此书，可与李洁非所著《文学史微观察》一起阅读。

9.《重建师生关系》

史金霞 / 著　中国轻工业出版社　2012 年 10 月

这是我所写的一本谈教育的书。

"今天读完了您的《重建师生关系》，心里好暖和……喜欢老师的文字、智慧、真诚。好老师的存在，让我觉得教育有自己的力量，并努力去做好自己。"这是 2015 年 11 月 24 日，我在新浪微博上收到的一条读者消息。所谓内举不避亲，之所以推荐这本书，是因为我了解我为什么写这本书，以及有太多的读者（包括我的同事、家长和学生）对我说，应该让更多的人读到这本书。

如果你读了这本书，欢迎跟我交流一下。

10.《20 世纪思想史》（上、下）

【英】彼得·沃森 / 著　朱进东等 / 译　上海译文出版社　2005 年 12 月

阅读这本书，我最痛彻的感受是，泱泱中国，缺席于世界。这本书共四大部分，42 章，上下册共 900 多页。在这本记述 20 世纪思想史的书籍中，关于中国的记载，只有 3 处。其一，是中国的新文化运动，不足 3 页；其二，是中国的"五四"运动，不足 3 页；其三，是中国的"文化大革命"，不足 2 页。中国之缺席于诺贝尔，与中国在世界思想史上的空白，也不无关系。呜呼，我说不出话！唯将此书推荐给教育同人，希望读了它，我们大家能更清楚该做些什么。

读书，与更好的自己相遇

——2016年度个人荐书

这是我从自己在2016年度所读（或重读）的书中选出来的，仅代表我个人；因此，这些书不都是新书，有些是很早出版的书（可能要去淘）。欢迎大家也推荐属于你个人的年度11本书（或者1本、5本，或者更多本），我们一起分享。

1.《一掷千金的上帝》

【美】提姆·凯乐/著　吕允智/译　新世界出版社　2012年11月

提姆·凯乐，1950年生于美国宾夕法尼亚州，被誉为"21世纪的路易斯"。

这本书诠释了《圣经》中一个著名的浪子的故事，不管你对《圣经》是否熟悉，不管你对基督教信仰持什么态度，这本书中关于父亲与两个儿子的诠释，都会让你有所收获。

此书，可以和C.S.路易斯的《返璞归真》《四种爱》共读。

2.《孩子是个哲学家》

【意】皮耶罗·费鲁奇/著　张晶/译　上海社会科学院出版社　2016年10月

这是我2016年10月17日，写在朋友圈里的一段话：

"一本让我随身带了几天，有时间就读，却还没有读完的书——常常一行字，就让我沉思良久，感慨万千。再次推荐给大家，不管你是不是有一个孩子，也不管你的孩子有多大。这不仅仅是一本育儿书，更是一本关于人的成长的书。"

有很多已经做了父母的朋友，读了这本书油然而生一个想法：必须要再生一个孩子。也有正在犹豫要不要带一个孩子到这世界上的朋友，读了这本书后决定：要生几个孩子……

此书，可以和《独生小孩》（郭婧/绘著，中信出版社，2016年9月）共读。

3.《有效思考的5大元素》

【美】爱德华·伯格、迈克尔·斯塔伯德/著　邹智敏等/译　科学出版社　2014年4月

这是一本适合教师、家长与孩子共同阅读的书。

书很薄，但的确如封面所说，值得反复多读几遍。

一个为孩子学习苦闷的朋友在经我推荐，读过此书后，喜悦地告诉我："找到了解决问题的办法！一定要多读几遍！"

此书，可以和美国天才少年乔希·维茨金的《学习之道》一书共读。

4.《什么是科学》

吴国盛/著　广东人民出版社　2016年8月

这本书，是我去深圳参加年度华文领读者大奖颁奖典礼时，从深圳弘爱人文阅读推广中心的创始人邓运清先生手中夺的宝。彼时，此书塑封未启。启封之后，我便被吸引，放下了手中在读之路易斯的《卿卿如晤》。从深圳回苏的路上，一直手不释卷。

在读此书时，不禁联想到孙隆基的《中国文化的深层结构》一书，联想到胡适先生于1960年所作的关于中国文化传统与传统文化的著名演讲《中国的传统及其将来》，联想到刘文荣先生发表于《书城》的一篇讲话《西方文化与当今世界》。

这的确是一本明白晓畅、独特、有趣，有情怀又很及时的科普读物。

5.《斯通纳》

【美】约翰·威廉斯 / 著　杨向荣 / 译　上海人民出版社　2016年1月

这是一本让我一口气读完并从内心深处迸出泪水的书,曾推荐给许多人,却难以用简洁的话语,概括它给我的影响。

希望更多的人读到它,并从中获益。

此书可以和罗伯特·M.波西格的《禅与摩托车维修艺术》一书共读。

6.《里尔克诗全集》

【奥】赖纳·马利亚·里尔克 / 著　陈宁 / 译　商务印书馆　2016年1月

毫无疑问,里尔克是个伟大的诗人。

他也是我和女儿所共同喜爱的诗人。

这套书,是我"双十一"送给女儿的礼物,此时正摆在她的床头。

这套从德语直译过来的《里尔克诗全集》,感受相当不同,值得阅读。

建议与里尔克的传记《里尔克:一个诗人》和里尔克的书信集《给年轻诗人的信》以及《男人的天使,自己的上帝——莎乐美传奇》一起阅读。

7.《埃莉诺·罗斯福:私生活和公众生活》

【美】J·威廉·T.杨斯 / 著　张小英、张懿 / 译　上海社会科学院出版社　2016年8月

读这本书很偶然,因为寻找埃莉诺的自传而不得,便代偿购了这本传记。

如编者前言所说,这本人物传记就像一部精彩的小说一样,让人欲罢不能。

而附在书后长达19页的《资料来源》,又足以支撑其为传记。

传记作者用了50多页的篇幅来讲述埃莉诺的父母(也即其童年),也的确耐人深思。

此书可与梅兰妮·克莱因与琼·里维埃的《爱·恨与修复》共读。

此外，鲍勃·迪伦的《编年史》一书，也很不错。

如果喜欢莱昂纳德·科恩，那本《我是你的男人》也挺好看。

对了，《毛姆传：毛姆的秘密生活》（赵文伟译）和《奥威尔传：冷峻的良心》（孙仲旭译）也都不错。

8.《致D情史》

【法】安德烈·高兹/著　袁筱一/译　南京大学出版社　2010年4月

"很快你就八十二岁了。身高缩短了六厘米，体重只有四十五公斤。但是你一如既往的美丽、优雅、令我心动。我们已经在一起度过了五十八个年头，而我对你的爱愈发浓烈。我的胸口又有了这恼人的空茫，只有你灼热的身体依偎在我怀里时，它才能被填满。"

这样的情话，不是用文字写成，是用心血，用爱。

给好几个年轻的朋友推荐了这本书，为了证实真正的爱情真的有，以及，真正的爱情，是对等的，是需要经营的。

这本书，是几年前朋友小猪送给我的，那时候她还没结婚，如今，她的小灰公主，都会讲述哲理了。那时候，我希望遇到那一个人，这时候，我仍然希望。

有哪些书，可以和它共读呢？王小波和李银河的《爱你就像爱生命》？朱生豪的《朱生豪情书全集》？抑或理查德·耶茨的《革命之路》？

9.《明亮的对话：公共说理十八讲》

徐贲/著　中信出版社　2014年1月

这本书相信大家已经很熟悉了，我以前推荐过很多次。之前，在音频分享平台喜玛拉雅电台上，我还打算将此书全部读完（当然，并没有读完，只是开了一个头）。

可以与之共读的书，有很多。比如，机械工业出版社出版的《批判性思维》，徐贲老师的《统治与教育：从国民到公民》（中央编译出版社，2016年1月）。

10.《人之初：现代蒙学四十六课》

王尚文、郭初阳、颜炼军/编选　东方出版社　2016年10月

这是一本专门为青少年编选的现代人文启蒙读物，采撷天下经典，探寻成长路标，的确是一部让孩子受益终生的蒙学作品——假使读这本书的人（孩子或者师长）能够按图索骥，由一字一句而至一本一篇地读进去，读出来。

我尤其喜爱此书对于诗歌的选择。

从这本书里，孩子会认识这些诗人，比如博尔赫斯、惠特曼、沃尔科特、曼德尔施塔姆、奥登、茨维特耶娃、张枣、里尔克、阿多尼斯、荷尔德林……

对，把它当作一个索引，一把钥匙，也是很不错啊！

我这么说，但愿郭初阳和颜炼军两位仁兄，不要来打我。

这本书和什么共读，你翻开书就知道了，它可以把你家的书柜填满。

此外，这本书，还是我的"网络个人微校"的基本课程之———《跟史金霞老师从小学读到大学》课程的第一、二、三期教学用书。

11.《蜜蜂的寓言：私人的恶德·公众的利益》

【荷】伯纳德·曼德维尔/著　肖聿/译　中国社会科学出版社　2002年1月

这本书，是苏小和推荐给我阅读的——对，就是写《百年经济史笔记》（东方出版社2016年出版，三卷本经济史，上溯1820—1911年晚清的中国市场与企业，下至建国以来的经济和企业的双向叙事，揭示了过去近200年中国经济的走势）的苏小和。

经济学是研究什么的？经商？借贷？挣钱？花钱？

经济学是研究人性的，经济学是与政治息息相关的，经济学是与我们每个人的生活息息相关的……

曼德维尔的"蜜蜂的寓言"是现代自由主义经济学和经济伦理的基本隐喻。其理论主旨是弘扬私欲，相信市场对私人恶行具有神奇的转化和净化力量，认定出于道德情怀的行为不仅不可行而且可能危及公共利益。

我的朋友阿信老师，曾经在邮件中这么描述他阅读此书的初体验：

> 我这两天读曼德维尔的《蜜蜂的寓言》，如醍醐灌顶。很久没有这样对我冲击力如此巨大的书了。从书的副标题"私人的恶德·公众的利益"，就可以看出（如果没有看出，就是水平需要提高，各位）。
>
> 在该书第二部分的开始有一句话更牛："自知者如此之少，其最重要的原因之一是：大多数作者都在教导读者应该做怎样的人，却几乎很少想到去告诉读者他们实际上是什么样的人。"
>
> 这些写于1705—1715年的作品，正值英国崛起之开始，在那时掀起的这场商业大论战为"商业文明"奠定了"人性论"之基础。也即"个人自利是社会发展的动力"。出版之后，作者遭到英国舆论的一片谩骂，说他是"败类""社会渣滓""专门教导人做坏事"的人，但好在言论自由的传统在英国根深蒂固。
>
> 这使我想到从孔子开始的中国"人性之辨"，也即对人性的认识。孟子讲"性善"，后来宋儒提倡"存天理，灭人欲"，陆九渊的"义利之辨"，阳明讲"致良知"，都把"自利"和"社会公义"截然对立。认为允许"自利"的存在，则"公义"必然消亡。
>
> 在这样的思想基础之上，商业文明无从谈起。这就是至今中国有商业，而无商业文明；中国有企业，而无企业家的原因。同理，中国有教育，但没有教育家。
>
> ……

当时，为了证明我的水平足够，我赶紧表态：

　　阿信兄对《蜜蜂的寓言》中那句感触最深的话，我也深有同感。不过最近看的书比较多，《蜜蜂的寓言》是其中一本，还没看多少。我会努力的。

你敢不敢检验一下你的水平？哈哈哈！

第三辑

谁此时孤独,就永远孤独

主啊!是时候了。夏日曾经很盛大。
把你的阴影落在日规上,
让秋风刮过田野。

让最后的果实长得丰满,
再给它们两天南方的气候,
迫使它们成熟,
把最后的甘甜酿入浓酒。

谁此时没有房屋,就不必建筑,
谁此时孤独,就永远孤独,
就醒着,读着,写着长信,
在林荫道上来回
不安地游荡,当着落叶纷飞。
——里尔克《秋日》

第一章 | 为什么需要批评

"语文味"是个伪命题

一

评议语文课,常会有人以"语文味"作为衡量标准。也常有朋友问我怎么看,我每每笑而不语,被问急了,便会说:"语文味是个伪命题。"

"语文味"怎么是个伪命题?

且听我慢慢道来。

"语文味"原来也是一个流派。2001年,深圳的程少堂老师正式提出"语文味"教学流派:

> 所谓语文味,是指在语文教学过程中,在主张语文教学要返朴归真以臻美境的思想指导下,以共生互学(互享)的师生关系和渗透教师的生命体验为前提,以提高学生的语文素养、丰富学生的生存智慧、提升学生的人生境界和激发学生学习语文的兴趣为宗旨,主要通过情感激发、语言品味、意理阐发和幽默点染等手段,让人体验到的一种富有教学个性与文化气息的,同时又令人陶醉的诗意美感与自由境界。
>
> ——摘自互动百科"语文味"词条

其后,"语文味"三个字广为流传。

问一下"百度","为您找到相关结果约 882,000 个",不可谓不壮观。尤其是近几年,一些卓有建树的名家与特级教师,在论及语文教学时,也指点江山,慷慨陈词,频频以"语文味"一词来表达对语文教学基本标准的理解。而关于"语文味"的各种诠释也越来越多,著名特级教师王崧舟这样说:

"语文味"就是守住语文本体的一亩三分地。语文的本体是什么?显然不是语言文字所承载的内容,即"写的什么",而是用什么样的语言形式来承载这些内容,即"怎么写的"。语文要学的就是"这个",语文味所指的就是"这个味"。具体来说,语文味表现在"动情诵读、静心默读"的"读味","圈点批注、摘抄书作"的"写味","品词品句、咬文嚼字"的"品味"。

——摘自王崧舟《好课三味》

甚至还有一些教师撰文说:"语文味就是善于咬文嚼字,语文味就是教给写作方法。""语文味是语文课堂的灵魂,更是语文教学所应该追求的一种境界。"越来越多的语文界人士,不断地大声疾呼:"让语文更有语文味!""语文课要上出语文味!"大有"语文江山"已不保、"语文国土"在沦丧的兴亡仓惶之感,语文界之仁人志士,必须举起"语文味"的战旗,痛心疾首抵御外敌,戮力同心保家卫国。

然而,侵犯语文神圣领地的,到底是什么?设若"语文"的疆土已被侵凌,那么,捍卫"语文味"就能救语文吗?

归根结底,提倡以及捍卫"语文味"的诸位同人,所探讨的无非就是"语文课应该怎么教"的问题。探究"语文课应该怎么教",是有意义的。但是,探究此问题应该有一个大前提,那就是,"语文课该教什么"这个问题已经基本达成共识,已经得到了妥善的解决。否则,置所设置的课程情况于不顾，置所教内容之良莠不齐于不顾，置所凭借教材之问题于不顾，置所奉行的考查考试形式于不顾，而长篇累牍、一谈再谈"应该怎么教"的问题，便是舍本逐末。譬如吃饭，吃什么肯定是首位的，假如吃的是腐坏变质的垃圾，再怎么煎炒烹炸，添油加醋，也无改于其腐坏的本质。

这样一来，仿佛又陷入了"先有鸡还是先有蛋"式的困境。肯定会有人说，你强调"教什么"比"怎么教"重要，与他人强调"怎么教"比"教什么"重要，其实是犯了同样的错误。因为，形式和内容是密不可分的，为什么就不能二者兼顾呢？

是的，我确实认为，研究语文教学，应该二者兼顾，"教什么"（包括用什么教，比如用什么教材、教具等）与"怎么教"同样重要。为什么"怎么教"也很重要？可以用胡适先生的一句话来回答："想怎么收获，先怎么栽。"教育活动中，教与学的过程、方法、角度、手段，绝对是不可以忽视之的，因为这些其实是构成教育的一部分，绝不仅仅是用以达成教育的、可有可无、随便怎样都可以的工具。

但是，倘若二者必须分出先后（这种思维也是挺折磨人的，本来就是一体两面，手心手背，为什么必须要割裂开呢）。我以为，首先应该关注"教什么"以及"用什么教"，这确实乃大是大非的问题，至于"怎么教"，只要基本原则确定，比如遵循教育规律、尊重常识、守护人的尊严与自由等，其具体方法，大可以八仙过海各显其能，是不需要也不应该有"定于一尊"的统治的。不妨干脆地说，凡是想以一种模式打遍天下无敌手的，都不过是圈定势力范围，试图控制话语权，为谋一己之私利而已。凡是见到与自己的主张模式不同便意欲剿灭而后快的，都是色厉内荏虚张声势，妄图守住一亩三分地，唯恐被人抢去了山头而已。"学无定法"，"教无定法"，以一法而欲法天下之法，不亦惑乎！

所以，我在这里也仅仅是借"语文味"这个提法做由头罢了。

从程少堂老师对"语文味"流派的定义而言，我非但不反对他的语文味,回顾自己的教学,我自认为在近 20 年的教学生涯中,十分自觉地践行着程老师"语文味"的宗旨,热爱语文,教书育人。

我的态度是:不管什么味,只要它只许自己这一味出位,而不许百味杂陈,都应该慎思之、审问之、明辨之、探究之、驳诘之、抗礼之。

须知,"若批评不自由,则赞美无意义"。

二

语文是什么,是语文的根本问题。忽视根本问题的正本清源,急扯白脸地争论语文课到底该怎么上,借用韩愈一句话,"吾未见其明也"。

其实,倡议所谓"语文味",就是在强调语文的专业性。作为一门学科,语文应该也必须有其专业性。目前,作为一门学科,语文专业知识体系的建立与完备,确实难以令人满意。

20 世纪 70 年代末,魏书生老师有感于当时语文教育考题泛滥、教学缺乏序列的现状,引导学生画过"语文知识树"。

它的由来主要基于语文课的两个特点:"第一,每篇课文,即使是最浅显的课文,人们都能够围绕它设计出成百上千道考试题。第二,即使是千古名篇,讲课时如果将其略去不讲,那么期末或升学考试成绩,优秀学生照样优秀。"(引自魏书生《引导学生画语文知识树》)从第二个特点,魏书生老师看到了"语文学科知识也有规律,也有稳定的结构方式"。掌握了这些规律,考试时就能以不变应万变,学生就可以不做大量的习题了。因此,1979 年,魏书生老师开始引导学生画语文知识结构图,他们选择了树式结构,通读初中 6 册语文教材,画出了"语文知识树"。基本确定为 4 部分 22 项 131 个知识点:4 部分依次为"文言文知识""基础知识""阅读与写作"和"文学常识"。"文言文知识"具体包括"实词""虚词""字"和"句式"4 项;"基础知识"包括"文字""句子""修辞""标点""语音""词汇""语法"和"逻辑"8 项;"阅读与写作"包括"中心""结构""语言""材料""表达"和"体裁"6 项;"文学常识"包括"古代""现代""当代"和"外国"4 项。每一项下面又包括众多小知识点共 131 个。

"语文知识树"的概念提出之后,影响巨大。小学、初中、高中竞相"植树",甚至每一本教材,都会有人做几棵知识树出来。在"百度"嵌入"语文知识树"短语,显示"为您找到相关结果约 5,430,000 个"。这个数字,比"语文味"要庞大得多,可见其影响之深远。

然而,如果一棵棵知识树就可以称为语文专业知识体系,这可真是太可悲了。因为,魏书生老师与他的学生构建语文知识树的初衷,即是如何更好地应对考试。通过对当时所使用教材的分类归纳——类似于将散乱在房间里的衣物鞋帽整理归纳,使之各就各位——使凌乱的语文知识变得清晰可认。目的是考试时能够以不变应万变,学习时则可以事半功倍,不至于陷入题海之中。这样的语文教学,目的指向再清楚不过:考试并得高分。在这种目的驱动下,通过对语文教材的梳理而整理出来的语文知识分类,远远称不上"专业知识体系"。

三十多年过去了,现在的语文课,不但没有超越魏书生老师那个时代(事实上,在那个时代——1978 年恢复高考,研究考试,是有其积极意义的)以更好地应对考试为研究动因的教学特点,反而进入了一个以考试为最终也是唯一目的的教学时代;不但没有走出魏书生老师当年所力图规避的题海怪圈,反倒在题目的沼泽中越陷越深难以自拔。而当初为应对考试而苦心孤诣研究出来的"语文知识树",非但没有解决考试的问题,反倒成了考试壁垒中的一棵树,试看各种考试宝典,都有历年来各个考点知识的详细梳理。这都不仅仅是"可悲"二字能够形容得了的!

为什么我反复强调为语文科画知识树这一行为的目的呢?英国著名历史学家汤因比博士曾经指出:目的不能使手段正当化,目的和手段在伦理上必须有一贯性。在第一阶段做坏事,而在第二阶段想要做好事,这从心理上说,也是不可能的。出发点错了,绝不会达到正确的终点。即使目的宏伟,手段与目的相悖,目的本身就变成了欺骗的口号。

合理的顺序应该是，教材按照专业知识体系以及不同学段的特点，科学有序地编排，呈现出清晰严谨的脉络，而知识与能力的考查，也遵循这两者的规律，而不是像现在这样，怎么考，怎么教，考什么，教什么，本末倒置。

如此说来，语文学科自身尚没有建立一个值得人尊敬的专业知识体系，却嚷嚷着要捍卫"语文味"，这个"语文味"能是什么味？

可能有人会说：好，你倒是建立一个语文专业知识体系出来给我们看看呢！

这是一种非常不合逻辑的反驳攻讦。只要面对批评，就回应你来做做看。打个比方，市民对城市排水设施不满，向有关部门提出意见，对方如果说，你倒是来建设一下给我们看看呢！我想，十个人得有十个人对这样的反馈表示愤怒。按照如此逻辑，我们根本就不需要专门的工作人员，所有事情，必须自给自足。有意见？不许提，自己去做，如果你不会做，做不好，就给我闭嘴！这种逻辑，只能是强盗逻辑。

作为一个才疏学浅、先天不足的普通语文教师，我只能就我的认知，提出我的意见。希望语文学界的饱学之士、专家学者，能够下大力气研究这些问题，从根本上，让我们的语文学科，更有专业自信，更有专业尊严，而不是这么一门，谁都能教、教不教都一样、却又不得不设的尴尬的课程。

作为一个执教近20年的语文教师，我衷心希望，能够有专家学者像王荣生教授为语文课课程进行意义非凡的匡定那样，完成这一项艰苦卓绝的工作：站在历史与现实的高度上，将语文课的知识体系，重新进行一下科学系统的梳理，建立一个能够与孩子的生长相协调的、从小学到高中相对完备有序列的语文学科的知识体系。

三

现在，不妨再来试着探讨这个问题："侵犯语文神圣领地的，到底是什么？捍卫'语文味'就能救语文吗？"

2012年10月21日晚8点30分，我的一个准备出国读大学的学生黄亦冬在网上跟我交流：

> 其实美国高考的阅读内容都非常好。有一篇就分析过，为什么"以别人身份对自己进行评价"往往能写出很好的文章。他们的课文，都是思考很深刻的，语言却一点也不矫情，其实看得很享受。比中国课本真不知道好了多少了。

几年前，我曾经读过一套书，美国著名中学语文课文精选：《美国语文》（全二册）。以我的阅读比较之所见，不得不认同这个孩子的论断。正如该书的介绍所说：这套书是美国当代中学语文教程，选编的课文以美国历史的发展为线索，取材于不同时代的具有广泛社会影响及文学代表意义的文章，完整体现了语文教育的人文性、综合性及开放性，尤其课后问题的设置、编配极具趣味性、现实性，对学生文学综合素质的培养有很强的启发意义。教程很好地平衡了知识的教学和学生综合能力的发展，在强调学生多元化思维的同时，更加注重其个性思维的独特经验，既是语文教程，也是历史人文教程、思想实践教程。

比较我们所使用的中学语文教材，其选编课文的狭隘粗疏——有些教材，选课文的标准竟然为是否本土作家，甚至是否与编者有渊源，编辑板块的随心所欲——板块之间缺乏逻辑关系，板块内的文章也多有拼凑之嫌，凡此种种，实在是令人痛心。一个有着两千年灿烂历史文化的国家，对于自己的母语，对于自己的文学史，竟然缺乏最基本的尊重，从小学到高中，十二年的语文课，竟然不能在语文教材上，体现出文学史的基本发展脉络，这是选编教材者的无能还是无畏？是执教者的幸运还是不幸？不管怎样，这都是语文学科的悲哀与耻辱。

2012年10月29日早8点48分，一位在北京从事知识产权代理事务的网友，通过新浪微博发私信给我：

> 史老师，我的工作是帮助技术人员为发明创造申请专利。通常发明人是理工科毕业的，写专利的也是理工科毕业的。最强烈的感受就是，汉语水平太差了，很少有人能清楚、有层次、符合逻辑地说明一项技术。看了孩子的语文课本，觉得说明文这块非常弱。再看看中国的那些产品说明书，没几个写得明白无误的。我们新招来的员工（都是理工科毕业的），要经过训练才会对汉语的表达和理解开始敏感，真是很悲哀的事情。

作为一个语文教师，我又不得不承认，他说的确实是事实，他分析得也极有道理。

这真是很悲哀的事情。我们的语文教材，既缺乏对历史的担当，又缺乏对现实的关注。

诚然，教材是开放的，它只是教师执教的一个依据，不是唯一的，教师完全可以建设自己的课程体系，解构教材甚至抛掉教材。但是，揆之于整体，能够这样做的教师，想必是少数，对大部分人来说，是不具备这方面的条件和能力的。因此，教材的问题，就是一个非常重要的问题。也因此，近年来才会有一批民间学者，致力于小学语文教材的研究与批判，不断有人推出小学母语读本。而对于中学语文教材，虽有批评之声，但远未形成规模体系，大约在中学，都为中考高考所指挥，教考相合，教材的问题便不再引人注目了。这是一个多么凉薄的功利的现实。

事实上，糟蹋语文的，不是别人，正是我们这些语文人！

我不得不再一次重申，在我看来，"教什么"与"怎么教"，同等重要，本来就不应该区别轻重，分什么先来后到。我之所以分而述之，甚至一再强调"教什么"与"用什么教"，是因为当今人们只关注"怎么教"，而忽略了"教什么"以及"用什么教"。

我们不能等着建立好一个完备的体系之后，再去解决具体的操作问题。因为，在语文学科专业知识体系完备的过程中，编选教材的专家们，一线实践的教师们，在"用什么教"与"怎么教"等方面，不断地钻研探讨，反复地论证比较，也是可以推动学科专业知识体系的完备的。

当然，即使语文学科的专业知识体系得以确立，语文教材得到了科学的完善，作为从事教育工作的语文教师，也必须明白这个道理：语文特有的学科知识只是语文课程的一部分，绝不是全部。因为，一个教师，不管是什么学科的教师，其首要的责任与最终的目的，不是授业，更不是考试，而是教育。学科课程的内容是以师生的生命体验为基础的，那种打着"语文味"或者其他什么教学模式、教学法等旗号，无视丰富多姿的生命体验，强行按照成年人的某种需要而规定教学方式方法的行为，是一种极为荒唐的做法。把师生的生命成长，作为语文课程的中心，既要关注学生对于考试的需求，更要解决师生在成长中的问题，这是一个语文老师应该具有的意识，应该承担的义务。

作为学者专家，应该努力做好研究工作，正本清源，以敬畏的虔诚，建树学术的敬畏；作为普通的教师，应该努力做好教育教学，坚守常识，以尊严的实践，捍卫教育的尊严。正如《新京报》记者朱桂英女士在《我们时代的学术生态》一文中所言："即便在最糟糕的环境中，人仍须有所担当，时代无所谓好坏，重要的是人自己有担当有坚守，用自己有限的自由，去改变可以改变的，不哀怨不软弱，执此一念，择善固执，各尽本分。"

（2012年11月11日22点32分）

背诵和默写：古诗文教学头宗罪

一

这天，学习李密的《陈情表》，讲到"读诸葛孔明《出师表》而不堕泪者，其人必不忠；读李令伯《陈情表》而不堕泪者，其人必不孝……"，孩子们纷纷喊道："初中背默《出师表》，堕泪！高中背默《陈情表》，堕泪！"

说到古诗文的背诵与默写，每一个中小学生，恐怕都是一把辛酸泪。

几个同事的孩子，都在读小学。每有古诗背诵的任务，咿咿呀呀背完了，问孩子们这首古诗是什么意思，小脑袋摇得拨浪鼓似的。职业病发作起来，说给你们讲讲吧，小脑袋摇得人头晕眼花："不要不要不要啊，老师只要求背过来！"

闲时大家交流，原来莫不如此。

目前，小学教材中的古诗文篇目，可谓不少矣。仅以苏教版为例，小学生有配套教材《古诗文诵读》(拼音版)，小学阶段，必背75首古诗。小学语文教材中，共有古诗54首，一年级8首，二年级7首，三年级11首，四年级10首，五年级7首，六年级11首；小学教材上没有古文，不过据我了解，有部分小学语文老师自己会略有补充。很多学校，对于必背的75首古诗，会要求课前诵读，会有古诗擂台赛，甚至会有考级。

然而，孩子们在小学阶段学古诗，只要能背出来，背得越多越流利，古诗考级、三字经汇演，书声琅琅，最是极好，至于诗句含义，以及品味鉴赏，这些就不考虑了。谈到小学的古诗文教学，北京师范大学语文教育研究所所长任翔老师的观点，很有代表性："在这个阶段主要是诵读，感受文字的优美，慢慢地就可以体会古诗文的含义了。"(《京版小学语文教材古诗文将达到 100 篇》，北京青年报，2014-09-11）事实上，大部分中小学的语文教师，也确实是在这样教授古诗文。

  考试就是指挥棒，考什么教什么，怎么考怎么教。考试又不考诗句的含义，只要能准确地写出来，填空默写，上下句完美衔接，就能拿到分。大部分地方的中考，除了默写之外，是不考古诗鉴赏的。即便有些地方中考有古诗鉴赏，也不过是对高考题的模仿，考一些用了什么手法、表达了什么感情之类的模式化考题。答这种题目，甚至不需要读懂诗歌，只要知道答题套路，用练就的模板一套，即可八九不离十，拿到分数。既然有捷径可走，也就没有多少人会费力不讨好，花费精力，教孩子们如何去品读鉴赏古诗词了。比如，苏教版的初中配套教材《古诗文诵读》，共6册，初中三年，一年2本，由于中考的原因，初三2本，多不做要求。1—4册共古诗文315首（篇），也是只要求背诵而已。再比如上海，初中是4年制，六年级也属于初中序列。上海并无古诗文诵读的配套读本。教材每个单元有2首每周一诗，四年共120首，只要求背诵默写；此外，从六年级到八年级有唐诗单元2个，宋词单元2个，元曲单元1个，每个单元4首左右，共20首。编排在其他单元，与现代文主题配伍的古诗，大约不超过10首。所有这些，也是只要求背诵默写。

  "慢慢地"，孩子们读到了高中，提起杜牧的《山行》，都会背，却没有几人知道"坐"是"因为"的意思，问起"小扣柴扉久不开"的出处，几乎都能答出是叶绍翁的《游园不值》，却几乎谁都不知道"值"的含义。多年的机械背诵，使孩子们早已养成了生吞活剥死记硬背的习惯，背诵一首古诗或者一篇古文，像小和尚念经一般，一字字一句句哼哼唧唧，重复又重复，唧唧复唧唧，背诵时，一口气从头哼到尾，千万不敢喘气，一喘气就会中断，一中断必须从头再来。孩子们背诵，凭借的不是悟性灵性，更不是逻辑关系梳理、意群归纳分析，更不要说揣摩回味涵泳体会，主要是靠——"惯性"。背诵，成了一个物理运动，而不是思维活动，更没有情感体验。

中小学的古诗文教学，可谓层层欠账。小学应该是培养兴趣的阶段，机械的背诵，让孩子视背诗为苦役，只为完成任务，追求量的积累，鹦鹉学舌，食而不化；初中本应该是学会审美的阶段，严苛的默写，让孩子见古诗文而生厌，以得分为目的，急功近利，不求甚解；面对这种情况，高中老师，别无他法，只得从头教：培养阅读兴趣，教授背诵方法，乃至理解字词，介绍作家生平，讲述时代背景……可是，九年所遗漏的知识，三年时间能弥补多少？九年所养成的陋习，更非一朝一夕所能改变。更何况，高中阶段的古诗文教学，重点本来就不应在此。以苏教版高中语文教材为例，除去必修1—5中的35篇（首）古诗文外，还有《唐诗宋词选读》《唐宋八大家散文选读》《论孟选读》《史记选读》四本教材，其古诗文教学任务量大且难，如果重点都放在填补基础知识上，真真是煮鹤焚琴！而事实上，高考除了有10分左右的古诗鉴赏题，还有10分左右的古诗文默写题、10分左右的文言翻译题、10分左右的实词虚词题，比较而言，古诗文默写比鉴赏可更容易抓住分数，甚至，只要你以抓出血来的力度抓，抓个满分也不是问题。其次，就是盯紧翻译的实词虚词和特殊句式的识记和梳理了！所以，以识记实词虚词特殊句式为主导的古文学习与以背诵默写为要务的古诗学习——这种焚琴煮鹤的现象，也便在高中古诗文教学中蔚然成风。

二

那么，造成中小学古诗文教学唯背诵默写为要义之现状的罪魁祸首就是考试吗？

其实，考试可以成为指挥棒，也可以成为挡箭牌。在此问题上，它既是指挥棒，又是挡箭牌。甚至，更多地，是一块挡箭牌。

江苏教育出版社出版的《古诗文诵读》丛书（《古诗文诵读》编写组，2002年1月）的内容简介，这样写道：

古诗文是我们民族文化的精华，千百年间，万口传诵，哺育了一代又一代人，成为祖国文化的命脉。很多卓有成就的学者，在回忆自己成长历程时，都感慨得益于早年的启蒙教育，尤其是古诗文的诵读。坚定的人生信念以及扎实的语言表达能力和鉴赏能力，影响了他们的修身与治学，这就是所谓的"底子"。现今的人文教育常常提及的"一辈子"的概念，也许正是先人在有意无意间落实了的教学原则。

多年来，我们的语文教学一直有游离民族语文特点的倾向，对语文教学的传统否定甚多。其实，传统的蒙学教育能在漫长的两千多年中有生命力，必有它的合理之处。比如说记诵，"读书百遍，其义自见"，强调熟练，以理解为最终目的，这在早期教育中是切实可行的方法。现在流行的模式是"教师讲书，学生做题"，读书读少了，背诵则更少。其实，与其让学生去死记硬背那些应试的东西，不如让学生背一些古诗文。

这套丛书的编写者所持之观点，与前面所引北京师范大学语文教育研究所所长任翔先生之观点，如出一辙。按照这种观点，孩提时代学古诗文，就应该以熟读成诵为要务，"讲书"是不必要的，因为"读书百遍，其义自见"，这可是我们两千年的传统蒙学教育之精髓。只要大量地读，反复地背，熟能成诵，自然就能受到熏陶，自然就能体会到美，慢慢地，就能够体会其含义了。

这种观点，源远流长，散布甚广，影响巨大。可是，事实真的是这样吗？

首先，这种强调熟读的蒙学教育法，是否有两千年之久？这可真是要打个大大的问号——别的不说，至少这些年一些学校所热衷的《百家姓》《三字经》《千字文》之类所谓国学经典，都没有两千年历史。《百家姓》是一本关于中文姓氏的书，成书于北宋初。《三字经》应成书于南宋，据传为王应麟所写。南朝时期，梁武帝命人从王羲之书法作品中选取 1000 个不重复汉字，由周兴嗣编纂成文，是为中国历史上第一篇《千字文》。

是的，《论语》。《论语》可是有两千年之久了，可是，读过《论语》的人应该都知道，《论语》所记录的，正是孔子与其弟子的日常学习交流之对话。学生有问，孔子有答（如"子游问孝。子曰：'今之孝者，是谓能养，至于犬马，皆能有养，不敬，何以别乎？'"）；学生有不解，孔子有诠释（如"求也退，故进之；由也兼人，故退之"）；学生有怠惰，孔子有批评（如"宰予昼寝。子曰：'朽木不可雕也，粪土之墙不可圬也，于予与何诛？'"）；学生有不满，孔子有辩白（如"子见南子，子路不说。孔子矢之曰：'予所否者，天厌之！天厌之！'"）。有时，则是孔子问，学生答（如"颜渊、季路侍。子曰：'盍各言尔志？'"）；孔子责备，学生辩解（如"季氏将伐颛臾"）。翻遍《论语》，也没看见孔老师挥舞教鞭让学生背诵名言警句的情景，更没有孔老师挥汗如雨批改默写的记载。

不过，《论语》中所记录的，好像又并非蒙童教育。

三

那么，古往今来，那些"卓有成就的学者"，他们"早年的启蒙教育"，到底是怎样的呢？是不是如方家所言，幼时以熟读成诵为主，慢慢地，参透了含义呢？

我们不妨选几个名家鸿儒的童学纪闻，做案例解剖。

《欧阳公事迹》中记载，欧阳修，四岁丧父，家贫无资。其母以荻画地，教以书字。稍长，家无书读，便借读、抄录。废寝忘食，唯读书是务。由此可知，欧阳子幼时读书，绝非以背诵为旨归，讲读实乃必须，否则，不可能"自幼所作诗赋文字，下笔已如成人"。

《宋史·苏轼列传》中记载，苏轼，十岁时，父亲苏洵游学四方，母亲程氏亲自教他读书，听到古今成败得失，常能"语其要"。程氏读东汉

《范滂传》,慨然太息,苏轼问道:"轼若为滂,母许之否乎?"程氏说:"汝能为滂,吾顾不能为滂母邪?"读者诸君,其母当如何教他,这个十岁的孩子方能与母亲进行如是之对话?

胡适,在其《四十自述》里记述,他三岁即被送进私塾读书,其他小孩蒙馆学金每年两块银元,先生只教学生念书、背书,不给讲解,那些孩子便只会背书而不知其意。而胡母的束脩却特别优厚,第一年送六块银元,以后每年增加,最后一年加到十二元。对先生的要求是,要给胡适讲书,每读一字,须讲一字的意思,每读一句,须讲一句的意思。据胡适回忆,有个孩子,《四书》都背过了,字也认得,可是一次偷读家信,看到"父亲大人膝下"一行字,却不知道是什么意思!

所以,当我读到《南方周末》2014 年 9 月 4 日的报道《十字路口的读经村》中所记述的情况——一些从小读经的孩子,可以将经典读得烂熟,但是五六年后,有些家长却发现他们的孩子认字都有问题,更不用说理解经典的含义——便一点也不会吃惊。

鲁迅的散文《五猖会》,想必大家都读过。

每当看到那些死记硬背古诗文的孩子们,那些形如偶人般,着汉服画浓妆,登台演出,琅琅背出"狗不叫,姓乃迁"之类词不达意句子的孩子们,我都会想起《五猖会》那催人泪下的最后一句:"我至今一想起,还诧异我的父亲何以要在那时候叫我来背书。"也就难怪鲁迅会对古书有那么巨大的仇恨,以至在《二十四孝图》中,他不惜用最黑最黑最黑的咒文,诅咒道:"只要对于白话来加以谋害者,都应该灭亡!"背诵古诗文,对鲁迅能够产生如是影响,恐怕也是当年五猖会前,责令一个雀跃的孩儿必须背出《鉴略》的父亲,所从来不曾想到的吧!而鲁迅,终其一生挥之不去的怨毒之气,是否也是蒙童时期所受教育打下的"底子"呢?

四

至于默写对师生的摧残，更是字字句句都是血。

古诗文流传下来，各种版本尚不一致，教材选编者在选择版本时，固然有其考量，可是，要求学生必须按照教材这一个版本，一字不差地背默出来，并且，列在中考、高考的考纲之中（比如苏州中考语文，必背古诗文为《义务教育语文课程标准》推荐背诵篇目 50 篇，每年中考前会有一个当年选定篇目，2014 年共 28 篇，其中古文 6 篇、古诗 22 首；江苏高考语文，2014 年必背古诗文 42 篇，其中古文 17 篇、古诗 25 首），成为一个硬指标，其目的意义何在，真是有些令人匪夷所思。

有多少初高中语文教师，面对花样翻新、出其不意攻其无备的默写考题，为了应对考试，唯一分而必争，狠抓古诗文默写，滚动式复习，地毯式批默，一个错别字，重默三遍五遍，已是心慈手软，订正七遍十遍，才是家常便饭。老师累，学生苦，效率低，乐趣无，师生都成了默写的奴隶。

由是观之，机械的古诗文背诵，近乎变态的默写要求，与填鸭式的应试训练，本质并无区别——默写，本身就是应试之一部分。把孩子当作工具，孩子怎么会成为一个有知觉的人？把孩子当作机器，孩子就只会刷作业；把孩子当作容器，孩子就只能成为传声筒。

所以，不要再打着传统的旗号，说"读书百遍，其义自见"了！连文化自觉都不能养成，遑论什么文化传承！

衷心希望，我的同人们，能够遵循认知的基本规律，潜心研究古诗文的教学方法，把孩子当作可以交流的活生生的人，关注孩子真实的情感体验，洞察孩子丰富的心灵世界，和孩子一起步入古诗文的园圃，观看一朵花的开放，嗅闻一瓣落英的馨香，让孩子在愉悦中吟诵体悟，在体悟中铭记成长，慢慢地读，缓缓地背，带着憧憬和想象，一句一句，微微陶醉地，写下诗行。

　　我尤其希望，我们能够让孩子们，从小学、初中以至高中，通过古诗文的学习，对中华民族的语言文学，能产生衷心的热爱，能沉入其中，发现她的美丽与绚烂，涵咏体会，以她的博大丰富浸濡自身，更能够有理性的反思，能跳出其外，承认她的丑陋与畸形，审视拷问，努力从因袭的沉疴中睁开双眼，迈步前进，哪怕步履艰难。

（2014 年 9 月 18 日 22 点 14 分）

那些反智的作文题

一

2015年的江苏语文高考作文题，用一组关于"智慧"的排比句，给十八九岁的青年画了一张人生智慧图："智慧是一种经验，一种能力，一种境界。同大自然一样，智慧也有其自身的景象。"

这个图景，细思极恐。

所谓经验，不过是穷己一生，活成别人的懦弱；而能力，则是成王败寇，丛林法则的残忍；至于境界，乃模糊界限，巧辩如簧的狡黠。而且，"自然"与"智慧"有什么干系？景象又是个什么东西？这两样，就更不堪追问了。给十八九岁的青春少年，画出如此一幅市侩气息浓厚的智慧图，尚且不够，还王顾左右而言他，打这么一个不伦不类的比方。也难怪人家隔壁浙江的老王，要哂笑一声"没智商"了！

唉，这个打着"智慧"名号的作文题，确实真够反智的。

二

反智的作文题，绝非始于今日，更非仅此一题。

先说个段子，解解闷儿。

段子的名称是"我苏2002—2015作文全集"：

有一个江苏人，他2002年去登山，遇到种种困难时，做出《心灵的选择》，后来，他回到家却不得不面对《感情的亲疏与对事物的认知》。无奈之下，他重新踏上征程，一路上，感受到《水的灵

动　山的沉稳》，他变成了一个吃货，写了一部关于《凤头，猪肚，豹尾》的著作。到了2006年，经过上下求索，他已经十分成熟，开始思考人生的真谛，写下了《人与路》。但是，他仍能够《怀想天空》，抱着自己的《好奇心》，闯入时尚界，呕心沥血，写出《品味时尚》，在追求理想的同时，也不忘享受《绿色生活》。就这样，拥有传奇一生的他，《拒绝平庸》，带着对家人的《忧与爱》，踏上新的征程，闯过《山洞》，抓过《蝴蝶》，大声呐喊:《青春不朽》！回首往事，他说，这是属于他自己的人生《智慧》。

跟随这个网上流传的段子，回首"我苏"十几年的高考作文，真是令人——无语啊！

《心灵的选择》和《感情的亲疏与对事物的认知》两题，尚为全国统一命题，从《水的灵动　山的沉稳》开始，就是江苏省单独命题了。

这些作文题，朵朵都奇葩。

水有水的性格——灵动，山有山的性情——沉稳。

水的灵动给人以聪慧，山的沉稳给人以敦厚。

然而，灵动的海水却常年保持着一色的蔚蓝，沉稳的大山却在四季中变化出不同的色彩。

请以"水的灵动，山的沉稳"为话题，写一篇不少于800字的文章。

这是2004年的作文题，又是"灵动"，又是"性情"，又是"聪慧"，又是"敦厚"，云里来，雾里去，脂粉气浓得化不开。是啊，常年保持一色蔚蓝的海水，怎么就灵动了呢？四季中变化出不同色彩的大山，怎么就沉稳了呢？可是，你不是说水的性格是灵动，山的性情是沉稳吗？可是，性格和性情，有什么区别呢？

人人头顶一方天。每个人的生活都与天空紧密相连,每个人的心中都有一片天。明净的天空,辽阔的天空,深邃的天空,引人遐思,令人神望。

请以"怀想天空"为题写一篇不少于800字的文章,立意自定,除诗歌外,文体不限。

这是2007年的作文题。这湿哒哒的气息,氤氲着才子气的词句,引人瞎思,令人神慌。

而那一年,法国的高中生,在写什么作文?

2007年法国高中生作文(据网上所见)

文科作文题目(三选一):

(1)若有所悟是否就是对于思想桎梏的解脱?

(2)艺术品是否与其他物品一样属于现实?

(3)解释亚里士多德在《尼各马可伦理学》中有关"责任"的论述。

理科作文题目(三选一):

(1)欲望是否可以在现实中得到满足?

(2)脑力劳动与体力劳动的比较有什么意义?

(3)解释休谟在《道德原则研究》中有关"正义"的论述。

经济社会学科作文题目(三选一):

(1)人们是否可以摆脱成见?

(2)我们可以从劳动中获取什么?

(3)解释尼采在《人性的,太人性的》中有关"德行"的论述。

在反智的行列里,2013年这道题目必不可少:

几位朋友说起这样一段探险经历：他们无意中来到一个人迹罕至的山洞。因对洞中环境不清楚，便点燃了几支蜡烛靠在石壁上。在进入洞穴后不久，他们发现了许多色彩斑斓的大蝴蝶安静地附在洞壁上栖息，他们屏住呼吸，放轻脚步，唯恐惊扰了这群美丽的精灵。数日后再来，他们发现这群蝴蝶早已不在原处，而是远远地退到了更深的洞穴。他们恍然大悟，也许那里环境更适宜吧，小小的蜡烛竟然会带来这么大的影响。

这种改编自不知哪里的小故事的作文题，可谓源远流长，颇受命题者喜爱。以文人笔法，写科学故事，缺乏最基本的思考与求证，信笔胡来，谬种流传。

同年（2013年）法国高中生文科两道作文题，倒像是跟这个山洞探险遇蝴蝶相呼应似的：

（1）语言是否是工具？
（2）科学是否只是在确认事实？

彼之所欲探究，与我之所向壁而构，也确是相映成趣了。

哎呀呀，真是恨不得撞墙！同在一个地球上，这题与题的差距，怎么这么大！

三

对，这些反智的作文题，多有四气：市侩气，脂粉气，才子气，文人气。

市侩气者，再如2015年北京的作文题，"假如我与心中的英雄过一天"，让人一下回到了20世纪50年代。命题人的头脑里，如果装着整个天下，这可着实吓煞人。把作文题出成国旗下讲话，或者入党申请书，或者新闻述评，看起来满满正能量，其实是农民式的狡黠，投机迎合，挟考生以媚天下。除了讴歌和赞美，还想做什么？

脂粉气与才子气，多半在江南，富庶繁华之地，莺歌燕舞之美，几多玩味，几多欣赏，或缅怀，或沉醉，就是不能好好说话。唱个小曲儿，讲个故事，诠释一下生活的美好，怀想，品味，搔一搔痒处，吟弄几篇美文，此亦语文之味道也！思考？多么累！辩驳？什么鬼！批评？我不听！创造？天下作文一大抄看你会抄不会抄！

文人气的作文题，散布更为广泛，反智倾向也更为严重。

文人气的作文题，没有逻辑，无视科学，生拉硬扯，想当然耳，各种混乱。

举三个例子，看看没有思考力的文人，要给你讲人生大道理，要编起故事来，会有多么吓人。

其一

阅读下面的材料，根据要求写一篇不少于800字的文章。

小和尚跟着老和尚出来化缘，满心不情愿，看见几尾逆水而游的鱼，便借题发挥："这些鱼真傻呀，逆水而游，多费力，多辛苦！"

"可它们正在享受奋斗的快乐呢！"老和尚说，顺手一指河面上的落叶，"你看见那片黄叶了吗？只有死去的东西，才会享受这种随波逐流的安逸和舒适啊！"

要求选好角度，确定立意，明确文体，自拟标题；不要脱离材料内容及含意的范围作文，不要套作，不得抄袭。

唉，可怜的小和尚，他一定不知道，老和尚是他原来读高中时的班主任乔装打扮的。

其二

泉水在地下蓄积。一旦有机会,它便骄傲地涌出地面,成为众人瞩目的喷泉,继而汇成溪流,奔向远方。但人们对地下的泉水鲜有关注,其实,正是因为有地下那些默默不语的泉水的不断聚集,才有地上那一股股清泉的不停喷涌。

请根据你对材料的理解和感悟,自选一个角度,写一篇不少于800字的文章,文体自定,标题自拟。要求:立意明确,不要套作,不得抄袭。

出题的老师傅们啊,你们在编纂这个题目时,有没有去了解一下,喷泉到底是怎么形成的呢?你们难道真的以为,只要有默默不语的地下泉水的不断聚集,就会有地上那一股股清泉的不停喷涌吗?

其三

阅读下面的材料,根据要求写一篇不少于800字的文章。

最短的莫过于时间,因为它转瞬即逝,最长的也莫过于时间,因为它永无穷尽。

要求选好角度,确定立意,明确文体,自拟标题;不要脱离材料内容及含意的范围作文,不要套作,不得抄袭。

这个前半句的时间,跟后半句的时间,都是时间,却不是一个时间,您这么命题,非让学生们去跟这两个时间,要一个三长两短,这不是害人吗?

作为"文人"的命题者们,为什么会命出如此漏洞百出的作文题而不自知呢?

主观上说,这是一种超拔自身的努力,文人们想拓展自己的知识领域,比如,向科学进军。可是,读几篇似是而非的科普趣闻,甚至《读者》之类杂志上的小短文,肯定是不够的啊!靠这些破锅灶,做出来的饭,不夹生才怪。

客观上说，这是先天不足、后天营养不良的必然结果。20 世纪 50 年代、60 年代、70 年代的人们，在上学时，文理过早分科，导致文科生理科知识严重匮乏，缺乏最基本的生活常识，尤其是缺乏实证求真的精神，而我们传统中，又把读书窄化为读文学读历史读艺术，视数理化生，不过操持生计牟利的工具而已。

还有一点，逻辑思维，的确是国人思维之短板。最基本的推理判断，最朴素的理论架构，对于大多数人来说，常常视为畏途。比如，搞课程基地的专家，竟然对于课程论一窍不通，非但不以为惭，反而扬扬自得，大放厥词说理论是唬人的，只要会做就行了。无知者无畏，即使贻笑大方，也完全不自知。

四

如果有足够的耐心，诸君可以回顾一下 60 多年来的高考作文题，会发现，60 多年来，高考作文题一直在来来回回转，其中，有很多耐人寻味的对比和联系。

比如，1989 年的高考作文题，是写一封信：

你的好朋友××是某重点中学高三年级中上水平学生。他对历史特别感兴趣，从高一开始，就立志报考某重点大学历史系。现在毕业在即，班主任李老师动员他报考一般院校，认为这样录取的把握比较大。他父母认为学历史"出路"窄，由于他外语成绩好，所以坚决主张他去报考外经、外贸专业，将来容易找到工作，待遇也比较优厚。

他为此感到困惑和苦恼，给你写了一封信，想听听你的意见。请给他写一封回信。

2015 年的高考作文题中，也有要求写信的题目：

因父亲总是在高速路上开车时接电话，家人屡劝不改。女大学生小陈迫于无奈，更出于生命安全的考虑，通过微博私信向警方举报了自己的父亲。警方核实后，依法对老陈进行了教育和处罚，并将这起举报发在官方微博上。此事赢得众多网友点赞，也引发一些质疑，经媒体报道后，激起了更大范围、更多角度的讨论。

对于以上事情，你怎么看？请给小陈、老陈或其他相关方写一封信，表明你的态度，阐述你的看法。

1989年的那封信，探讨的是理想与现实的问题，2015年的这封信，探讨的是伦理问题——情与法。

对于这两个作文题，你觉得孰优孰劣呢？

五

其实，我本来是想痛痛快快吐个槽。

可是，竟然越写越严肃，写到这里，我发现我已经严肃地写不下去了。

因为，这反智的作文题，其实，根本原因，不是应试作文题的导向问题，不是命题者的个人学识素养问题。譬如，讲个道理，讲不通了，就会设法打比方。打比方，其实，就是王顾左右而言他，王顾左右而言他的根源，是没有思考力。那么，没有思考力的根源，又是什么呢？是智商的问题吗？是勇气的问题吗？

为什么市侩气会流行？为什么脂粉气、才子气可以获得好评？文人气的原因，除了我前面所分析的几条，还有哪些？小小作文题里，有大乾坤，它体现了社会价值的走向和民族性格的变化。

因此，反智的作文题，也许会越来越少，也许会永不绝迹。

（2015年6月7日23点22分）

为什么要批评高考作文题

一

《那些反智的作文题》一发出,读者反馈很热烈。除了大量的点赞之外,质疑商榷中比较有代表性的观点,有五。

其一,作文题无所谓好坏,不过是给个由头,关键还是看考生怎么写。

其二,假如出成类似法国、美国或者我国台湾那样的作文题,别说学生,让你们中学语文老师去写,你们能写什么?

其三,难道命题组的老师们就不想把题目出好吗?可是众口难调,命题组的老师那么辛苦,却还要承受网络批判,太不公平。

其四,谁不会批评呢,逞口舌之快罢了,站着说话不腰疼,要是让你们这些抨击者去出题,你们能保证没人批评吗?

其五,批评有什么用,年年批评高考作文,简直成了网络狂欢,也没见它有改变,很无聊。

看来,关于作文题好坏的问题,很值得继续深入讨论。

二

首先,为什么需要批评?

我们来谈谈批评的意义以及应该如何对待批评。

批评——火力猛一点的批评,可以称为抨击,但是,绝不是恶毒攻击。举一个例子,指出 2015 年安徽卷那道显微镜下看蝴蝶翅膀的作文题没有常识,再进一步分析,命题人知识结构不完善,没有科学精神,有可能从来没见过显微镜，这便是合理的批评。而假如据此大骂命题人缺心眼儿，那就是人身攻击了。

批评必须要摆事实讲道理，不可以泼妇骂街，更不该占据智识的制高点，以智力优越感而挖苦讽刺。

因为，批评的目的，不是为了泄愤，套用一句曾经很流行的话来说，这里面不应该有"私人恩怨"。批评是为了创造美好，让错的改正，让假的求真，让丑的爱美，让无力的变强大，让孤单的有信心。凡是见到批评就恼火的人，都是误会了批评者的一片赤诚。

既然批评不可以泼妇骂街，面对批评，也不该撒泼打滚。也就是说，不可以耍赖。人家批评你，你不服气，那么好，不服来辩。而不是，只要面对批评，就回应"你来做做看！"。这其实，就是在耍赖。当然，有时候，围观辩论的人，更热衷于怂恿耍赖。

"你来做做看！"这是一种非常不合逻辑的反驳攻讦。打个比方，我是中学语文教师，我的本职工作是教书育人，如果学生或家长对我的工作不满，他们批评我，提出各种意见或建议，我却梗着脖子对他们说，你厉害，你来上课吧！你牛，孩子领回去自己教吧！我想，是不会有人支持我如此奋勇维权的吧？这其实就是蛮不讲理的强盗逻辑。

面对批评耍赖的，蛮横混不吝，多半是有恃无恐。此中根由，不在本文讨论范畴，按下不表。

而不那么有势的，会采取另一种柔软的方式，回应批评——撒娇。

说命题组的老师们太辛苦，闭关命题，苦心孤诣，还要承受这么大的心理压力，还要被这么多人无情地批评，真是太不公平了云云。这种思维，就是在鼓励撒娇。

如果一个演员，当观众批评她演技差时，她却晒她熬夜的黑眼圈，吊威亚受伤的胳膊，为了符合戏中人物而剪掉了满头长发，不断地在微博上对着粉丝么么哒么么哒，亲们你们看我已经如此努力辛苦啦，就怜香惜玉同情一下吧。有些辨别力的"粉丝"，多半都会粉转路人乃至粉转黑了吧？当然，肯定也会有些"粉丝"，爱的就是这撒娇的小气息、小滋味儿，至于戏演得好还是不好，反正也是看不出来的。

当然了，高考命题，关系到千家万户，莘莘学子十几年寒窗苦读，绝不是一场戏，可看可不看，好坏都无所谓。关注高考命题质量的万千民众，也绝不是狂热"粉丝"。所以，怜香惜玉之温柔，大可不必。大家都是成年人，我们交流是在分析问题，我们分析是为了解决问题，我们是为了促进高考作文命题向良好的方向发展才来年年谈论这个年年都要谈论的话题的。

是的，短时期内，还没有见到批评的效果，那说明正有继续批评的必要，不是批评没有意义，而是批评得还不够，若因此放弃批评，实为不智。

为什么需要批评？

批评是一个理性公民在行使自己的权力，也是一个有存在感的知识分子在尽自己的职责。

三

谈完"批评"之后，再来谈作文题，想必持不同意见的各方，都会更心平气和一些，可以比较客观理性地一起思考这个问题了。

高考是选拔性考试，在语文试卷中占大比重的作文，要选拔什么样的人才？

从这些高考作文题，无法得出明晰的结论。它不像美国、法国那样，题目直截了当，视域开阔，重视思辨能力，而是经常会搜集一些名言集锦、编纂一些新材料，让考生去审题立意，横看成岭侧成峰。

高考作文，真的太文艺了，评分标准的设定，也过于重视文学性。这是在选拔文学人才吗？面向全体考生的作文题，旨在选拔文学创作之才，明显是不应该的，特殊人才选拔，更适合院系的自主招生。可是另一方面，即使对于文学的态度，高考作文题也是暧昧不明的，文体要求上，不限制小说，有时限制戏剧，基本都限制诗歌。

既然是为高等学府选拔人才，想必目标应该是不拘一格选人才。

逻辑思维强，能思善辩者，做严谨之论文，能破能立，理据分明，宜也；洞察人生者，于一草一木中可以发现美，从身边人事上能够体验爱，描摹人生百态，寄寓独特之思，亦宜也；那么，编剧写诗，用纯文学的方式，展示自己的思想见识，具备创造才能者，不亦也宜乎？机会理应均等，不该对于有特别才能的孩子特别设障。如果设限是因为批卷的难度——诗歌和戏剧，毕竟不是人人皆可评价（甚至读懂），那么应该设法去解决这个问题，比如，在评卷人中，特别增加一些诗人剧作家，以专门批阅此类高考作文，而不是因噎废食，干脆不许孩子们写诗编剧。

于是，不得不问：高考作文题的命制与批阅标准是怎么制定的？

在一线，每年都会有这样的信息流传：今年是某大学的某教授命题，他不喜欢故事型作文题，今后要多练习名言类题目；或者是，某教授今年是作文评卷组长，她最喜欢记叙文，她认为中学生根本不会写议论文，要教学生好好练记叙文；某特级教师主持命题，他最喜欢出关系型的题目；某文学教授批卷，她最喜欢一个事例文中多角度剖析……

到底是规则说了算，还是个人说了算？决定万千考生命运的命题与批阅，如果系于某一人之喜好上，不是太可悲吗？

不得不说，高考作文题的命制和批阅与中小学的作文教学，已经陷入了"囚徒困境"（当然，这也是一个比喻。所以，无须插播亚当·斯密"理性经济人"的观点与约翰·纳什的"纳什均衡"等经济学常识）。双方互不信任，非但不换位思考，反而互相敌对，呈博弈状态。

一线的老师，千方百计想猜度上意，上面的专家则想方设法攻其不备出其不意。结果就是这样，高考题目一出来，师生各种吐槽悲叹，成绩还未出来，关于几十秒批一篇作文的愤愤不平，已经铺天盖地。

大学教授指摘中小学老师不会教书误人子弟，中小学老师抨击大学教授眼高于顶恣意妄为。而学生,一进考场,就发现之前备考复习的全都没有用。

大学教授说,你们教的有问题,中学老师怒,你们这是乱出题!

四

如何走出这个以防备、猜忌、指责、背叛为形态的"囚徒困境"?

怎样才能建立一个以合作、交流、换位思考为模式的双赢局面?

作为一线教师,立足于我执教高中语文22年的切身感受,以我走过大江南北,体验了河北和江苏两种结构不同的语文试题的经历来判断,这个决定权,的确不在一线老师手里。

在高考这个食物链里,一线教师甚至比广大考生还要低,处于最底层。一些可以在高考中取胜的教师,也不过是身经百战,获得了戴着镣铐跳舞的能力罢了。好比双方交战,人家在暗处,而你在明处。防备尚且头尾难顾,哪里还有什么还手之力。

改善双方关系的决定权,的的确确,掌握在上层。

而居于上层的专家学者们,恕我直言,回顾这60多年来我国高考作文命题的历史,我不得不遗憾地说,真的没有一点改观。命题者的思路一直在循环,非但摆脱不了"四气"(市侩气、脂粉气、才子气、文人气),而且落伍于中小学的实际教学,落伍于新世纪学生的智识。

为什么每年作文题出来,你们都会被批评,甚至被嘲弄,被一遍一遍拉出来,与港台地区、日本、美国、法国乃至民国时期的作文题相比较?因为时代在前进,而你们却故步自封,一直在绕圈子,始终没有在作文命题上开出一个新的气象。

2002年,"心灵的选择",那个改编自一篇散文的小故事,写登山者按摩抢救"冻僵的人",被质疑违反医学常识。可是,这并没有阻挡命题人改写小故事的热情。2013年,山洞里色彩斑斓的蝴蝶;2015年,显微镜下没有色彩的蝴蝶……这两只蝴蝶，难不成是庄周幻化而来，告诉我们"彼亦一是非，此亦一是非"？

别说我冤枉诸位，我们一起来看看这些年的作文命题吧：

1953年，作文题是"写一个你所熟悉的革命干部"。
2015年，北京卷作文题是"假如我与心中的英雄生活一天"。

1954年，作文题是"我的报考志愿是怎样决定的"。
1989年，作文题是"给某重点中学读高三的苦恼于志愿到底该怎么选的同学写一封信"。

1988年，以"习惯"为题写文章，诗歌除外，文体不限。
1994年，以"尝试"为题写记叙文。
2008年，江苏卷以"好奇心"为题写文章，诗歌除外，文体不限。
2010年，全国卷以"路径"为题写文章，诗歌除外，文体不限。

2001年全国卷

有一个年轻人跋涉在漫长的人生路上，到了一个渡口的时候，他已经拥有了"健康""美貌""诚信""机敏""才学""金钱""荣誉"七个背囊。渡船开出时风平浪静，说不清过了多久，风起浪涌，小船上下颠簸，险象环生。艄公说："船小负载重，客官须丢弃一个背囊方可安渡难关。"看年轻人哪一个都不舍得丢，艄公又说："有弃有取，有失有得。"年轻人思索了一会儿，把"诚信"抛进了水里。

寓言中"诚信"被抛弃了，它引发你想些什么呢？请以"诚信"为话题写一篇文章，可以写你的经历、体验、感受、看法和信念，也可以编写故事、寓言，等等。所写内容必须在"诚信"的范围之内。立意自定，文体自选，题目自拟，不少于800字。

2008 年北京卷

课堂上，老师说："今天我们来做个小实验。"随后，他拿出一个装满石块的玻璃广口瓶，放在讲台上，问道："瓶子满了吗？"所有学生答："满了！""真的？"老师从桌下拿出一小桶沙子，慢慢倒进去，填满石块的间隙，"满了吗？"学生们若有所思。老师又拿来一壶水倒了进去，直到水面与瓶口持平。"这个实验说明了什么？"老师问道。课堂活跃起来。一个学生说："很多事情看起来达到了极限，实际上还存在很大空间。"一个学生说："顺序很重要。先放这桶沙子，有些石块肯定就放不进去了。"

一个学生说："对，得先放石块。有些分量重的东西就得优先安排。"

一个学生说："也不一定，先沙子和水就一定不行么？"

……

请就以上材料，展开联想，自定角度，写一篇文章。题目自拟，文体自选（除诗歌外），不少于 800 字。

2015 年四川卷

一次班会课上，同学们围绕"学会做人，我看老实与聪明"展开讨论。

甲：老实就是实诚、忠厚，聪明就是机智、敏锐。

乙：老实和聪明可为一个人兼而有之。

丙：老实是另一种聪明。聪明不一定是真聪明。

自选角度写一篇不少于 800 字的文章，标题自定，文体自选，不得抄袭，不得套作，用规范汉字书写。

枚举数例，亦已足矣！夫复何言，夫复何言！

所谓见贤思齐焉，见不贤而内自省，广大网友们年复一年地推荐那些古今中外的作文题，年复一年毫不留情地批评这些悖谬于常识、逻辑上不能自圆其说、粗糙幼稚的作文题，无奈，任尔东西南北风，"我题"岿然不动。这是得有多么强大的自信啊！

五

坏作文题必然有坏影响。

最直接的影响是，作文题目的思维僵化、窄化、二元对立，导致评卷组在审题立意的范畴上设定狭隘。比如，作文题是批评黑暗与讴歌光明的对比，评卷时就极易把最佳立意（或说核心立意）——立意还有最佳与核心，这恐怕诸位看官听听也醉了——确立为对二者分别旗帜鲜明地拥护或反对，而倘若有孩子的观点是：批评黑暗也好，讴歌光明也罢，都是个人选择，自由的社会应该允许其各自存在，而不是非此即彼。那就有可能被判为观点模糊不清，态度暧昧不明……

较为深远的影响，便是对教与学的坏导向。

为了适应高考作文的特点，教师在教学中僵化保守、猜度圣意、投机取巧，必然成为上选。比如，让学生熟背诸如汪曾祺、林清玄、王开岭、余秋雨、筱敏、祝勇、曹林等人的文章，考场上打组合拳，遇到合适的题目，即可套作上去，夺取高分。假如江苏省的一个老师是这么做的，那么他的学生肯定会发现，写 2015 年"智慧"的作文，易如反掌。其做法，也将因为高考成绩的突出而被奉为一地法宝。

至于学生，在十几年如一日的格式套作、模仿抄袭、练审题、练立意、练点题、背诵名言警句以塞入等的所谓作文训练中，误入歧途，还奢谈什么自我、风格、灵性、才华？怎么会有能力创造？即便是一些侥幸得到了保护的孩子，面对高考作文题，又怎么有勇气创新？十年寒窗，他们赌不起啊！

当年，陈丹青批评大学，叹息"一格一格都是格"，环顾我高考作文，题目中的僵化幼稚，评分标准里的"健康向上"，那不是格，是枷锁。扛着这重重枷锁，孩子们尚未年轻便已老去。即便能培育出鉴赏力，也发展不出创造力，知道什么是好的，那也没有什么用，自己并无能力做出好的东西，脑袋里堆满了别人的创意，却没有自己。以新闻专业为傲的复旦大学，在校庆宣传片上的四联抄事件，便可以作为一个注脚。

六

为什么要批评高考作文题？

因为，无论是命题者还是评卷人，大家都是读书人。

读书人，自古以来，就是有情怀的，有理想的，是愿意以一颗温柔心来款待这个世界的。

那些按照自己的心意命题的学者专家，也是煞费一番苦心，想出几道流芳百世的题目，让有才华的学子可以鱼跃龙门而无憾。可是，情怀操作失当，会如康夏卖书一样，本是为自己所爱之书寻找可托之人，却惹得天怒人怨，无颜见江东父老；理想不能与现实接壤，便是水月镜花，只能用来贩卖良知，玩弄文字游戏。古人云，术业有专攻。一个研究文学的教授，对于植物学、经济学、医学、法学乃至数学，很有可能并不比一个高中生知道得更多。然而，在探求真理、严谨治学、健全制度的道路上，"闻道"还是应该"有先后"的吧？

作为知识分子的读书人，应该勇于将情怀变成现实规则，把理想栽种到现实的土壤里。

解放一代孩子的思想，激发一个国家的创造力，推动社会价值观的改造，健硕一个民族的精神骨骼，请自高考作文始！

（2015年6月8日21点53分）

第二章 | 教师的尊严与幸福

为什么需要班干部

作为一项制度,班干部制度是我们大家一直以来都习以为常的学校管理制度。在学校的班级管理和建设工作中,班干部制度,总是作为一条组建、管理和考评班级工作好坏的基本制度出现。

一

但这是非常可怕的一种制度,因为它设计的初衷,不是为了服务于人的发展,而是为了便于实施对人的控制。

为什么这么说?

我们不妨先了解一下这个制度的源流。

传统的班干部制度,源于前苏联。马卡连柯曾说,"班集体并不是单单聚集起来的一群人",而是"由于目标的一致、行动的一致而结合起来的有一定组织纪律的统一体"。这个"统一体"运转的主要核心就是由班干部组成的班委。马卡连柯在捷尔任斯基公社的学校里设有班长制度,"这些班长受校长的指挥,是班主任的助手"。

中国的班干部制度,一方面,师从前苏联,受"教师中心观"和马卡连柯班集体建设思想的影响；另一方面，官本位文化的传统观念，则是使这种制度为人所喜闻乐见的滋生土壤。

作为一种组织细胞的班干部，其组成一般是这样的：或者是有家庭背景的孩子，或者是成绩优异的孩子，或者是听话并有"管人"能力的孩子，往往是兼而备之。虽然，随着时代的进步，任命型班干部也在逐渐地向选举型班干部转化。表面上看，已采取"民主"之途径。可是，寻根究底不难发现，小学（乃至幼儿园——因为随着应试教育的如火如荼发展，幼儿园小学化已经十分严重了）伊始，那些班干部成员，还是由班主任钦定的，而这种钦定，无异于罗森塔尔的指定，随着时光的流转，这些班干部骨干成员，就成长起来了。在这种情况下，所进行的选举，其结果可想而知。诸君都是教育中人，可以翻看学生履历，小学到中学乃至大学，班干部是不是有这种代袭的特点，一目了然。

分析完班干部的组成，这种制度对成长中的孩子所人为造成的不平等地位、不公平待遇、不均衡发展，也同样一目了然。

二

也许有人会说，让学生管理学生，一则可以锻炼学生，二则可以减轻班主任与科任教师的负担，这样的管理制度，一举两得，何乐不为？

思考管理的意义，小到一个班级，大至一所学校，首先必须厘清的问题即是：管理，目的何在？任何一项制度的出台，出发点不外两方面，一是有利于管理者实施管理，一是有利于被管理者幸福生活。

而从有利于管理的角度出发，是我们制定制度者所最习惯的思维，怎么利于调度，怎么便于协调，怎么适于统一，怎么合于尺度，总之，方便的、整齐的、省力的，就是高效的、出成绩的，因而，就是好的。管理者，是从管理者自身出发来制定政策的，其目的，就是为了简便易行、操作顺当。

倘使决策从有利于被管理者角度出发来制定，恐怕大多数决策者都会感觉许多很简单的问题，原本挥手之间就能解决的，忽然就难缠而棘手起来。因为被管理者总是多于管理者的，其个体需求之繁多、其个性差异之巨大、其个别情况之庞杂往往令管理者应对乏术、不堪其扰。

像这种学生管理学生的班干部制度，在美国、澳大利亚、加拿大、新加坡等大多数国家都不存在。日本的班级里没有班长和其他班干部，任何孩子都无权要求别的孩子做什么。一些必要的协助班级运转的委员会是存在的，但不是权力机构，而是以服务为目的。在美国，学校班级里有"班代表"，是由全班同学民主选举出来的同学，要代表全班把同学们对学校、教师、教学、生活等各个方面的意见反映给学校领导，服务于学生，对话，维权，类似于班级发言人的角色。这样的班级管理，是自主管理，类似于学生自治，既无协助教师管理同学之行政权力，更不会以向"上级"汇报同学的各种动向为己任。

这与中国的"管理工具型"的班干部有本质上的区别，也与我们现在一些发达地区的学校所执行的"学生会制度"大异其趣，因为这些所谓的学生会不过还是班委的扩大化，协助管控同学的高级化，换汤不换药而已。

至于中小学要不要保留这种班干部制度，我这里还有一个问题：班主任是干什么的？

曾经在《校长》杂志微博上看到这样一段话："当班主任的过程，就是一场和学生斗智斗勇的战争，是一场敌众我寡、力量悬殊而且你还必须赢的持久战。因此，大凡班主任，一定都有一些独门秘籍，才能把几十个经历不同、性格迥异的孩子治得心服口服。"

这真是一个让人毛骨悚然的回答。

那么，现在请回答：我们为什么需要班干部？

女儿筱寒在读初二时，曾写过如下文章：

我不想当班干部
蒋筱寒

你问我想不想当班干部?

我笑,当然不。俗话说"无官一身轻",我才不想当班干部呢!

我不需要成为重点人物,那样我的自由就不会葬送给无聊的会议与报告。我不想受到老师的赞美,我只想做最好的我自己。我觉得,每天知道自己接下来要做什么,不受任何人的约束感觉很好。

人啊,总会犯错误,孔子不是说有错不算罪过,而有错不改才是错吗?但这在班主任口中要做同学的榜样的班干部身上就失效了。身为班干部,你犯一点小错,同学们就会议论纷纷:"连班干部都犯错了,我们有什么不能的?你做班干部都犯错了,有什么资格管我们?"

当然,如果班干部是通过自己的努力而竞选出来的,还是会很有成就感的。

记得小学三年级,通过轰轰烈烈的竞选,我成功当选了中队长。可是,因为我年龄小管不了人,老师仍然任命了一位副队长。不久,我也变成其中一员——转学后,成绩优秀,我被老师任命为大队委。

老师会放心地把任务交给我去完成,在不断追求完美结果的同时,也锻炼了我的胆量,主持升旗仪式,检查各年级卫生,为刚入队的学弟学妹系上红领巾……我变得善于与陌生人打交道,并且随着老师对我的器重而变得气焰嚣张起来。我开始对朋友大呼小叫,开始指挥他们做事,做的不满意还要数落他们两句。我变得强势起来,周围的人都必须要听我的,有种统治者的风范。

在这三年中,有个男生仰慕着我,整个年级闹得沸沸扬扬,班主任便对其他班干部交代:如果那个男生送我什么小玩意儿、小纸条都一定要向她报告。我真的很反感这种电视剧里的"奸细"角色。老师一边教我们大家要团结和睦,一边又教我们学会怎样打小报告,做"奸细"。难道这就是老师用来教育孩子的方式吗?

时间一晃,我就上了初中,往日灿烂辉煌的成绩没有保持下去,自然而然,"班干部"这个东西就离我远去了。我无官无职,两袖清风,不受任何人约束,可以免受开会培训之苦,乐得逍遥自在。然而,作为平民百姓的我,却又发现了一个问题——公平。

那些班干部们,老师会不断地给他们机会去锻炼,他们的胆量、他们的能力、他们的智慧。随之而来的,就是各种奖励和荣誉。而平时,为班级默默奉献的人,却失去了……哦,不,不是失去,是根本没机会!那些默默无闻的人啊,却不知道这已经是不公平了,一次次机会无声地滑过,而大部分人却浑然不知。

我们都是来学校接受教育的学生,为什么要分出高下等第呢?为什么要互相统治着呢?我不想统治别人,所以我不想当班干部,其实,我也不想被人统治。

(2012年2月12日20点10分)

该取消的何止是"三好生"

晚饭时跟当时上初二的女儿聊天,说到"两会"上沈鹏先生关于取消"三好生"评选的提案,问她怎么看。她不假思索地说:"当然应该取消!'三好生'把我们学生分出三六九等,评上的人开心,那只是少数。"我故意问她:"不是还有其他各种优秀星吗?"她哧的一声笑了:"谁不知道那是安慰呢,最好的,还是'三好生'嘛!"

看了关于这个提案的新闻报道,作为一线教师,感觉好怪异,为什么仅仅选取了几个老师的言论,就得出了"一线中学教师对于该提案均持保留态度"这样的结论呢?作为从教近20年的一线中学语文教师,我就对此提案持支持态度。

一

回答为什么要取消"三好生",只消解读一下:评"三好生"有什么好?

可以激励学生——那么几十个孩子里选出三五个孩子予以表彰,这到底是打击的力度大还是激励的意义大呢?中小学教育,旨在普及,是为了让所有适龄孩子都接受同等的教育,并非是精英教育,只要一将功成,不惜万千枯骨。

可以树立榜样——那么榜样的标准到底是如何确定的呢?何以在某些方面表现出色的几个孩子,就可以成为或许在其他方面表现也很出色的更多孩子的榜样呢?殊不知,"参差多态乃幸福之本源"(罗素语),学校教育本来应该是引导孩子朝向多元的可能性去生长发展的自由舒展的成长过程,难道是一个生产固定产品的流水线车间?

可以引导学生全面发展——那么请冷静地回顾历史，环顾周边，自从1982年教育部、团中央发出通知，明确要求在学校评选以"学习好、思想好、身体好"为主的三好学生以来，所谓德智体全面发展的愿景，非但从未实现，"三好生"评选中，所体现出来的"分数至上""乖巧为美""特权指标""暗箱操作"等不公正，却日甚一日地扭曲着一代代孩子们的身体和心灵！

同样是20世纪80年代，1983年，美国哈佛大学教育研究院的心理发展学家霍华德·加德纳却提出了"多元智能"理论。加德纳指出，传统上，学校一直只强调学生在逻辑——数学和语文（主要是读和写）两方面的发展。这并不是人类智能的全部，不同人会有不同的智能组合，例如，建筑师的空间感（空间智能）比较强，运动员的体力（肢体运作智能）较强，公关的人际智能较强，作家的内省智能较强等。

可悲的是，时至今日，我们仍然要把本来应该属于教育领域内部规律的问题，在共商国是的"两会"中，由代表联名提案后，再经由各路媒体，方才引发轰轰烈烈的讨论。至于结果如何，还尚未可知。

二

事实上，在教育领域，该取消的何止是一个"三好生"？

比如，班干部制度。上文已详述，此处不再赘言。

其实，与评选"三好生"、选拔班干部同样荒谬的事，也发生在教师身上。

许多省市的教育行政部门，越来越热衷于在教师中评选"名师""特级教师""学科带头人""教授级高级教师"等，以至形成一种制度。著名特级教师王栋生先生（笔名吴非，著有《不跪着教书》等），曾多次对这种制度提出批评，也曾多次呼吁取消在教师中评选"特级教师""名师""教授级高级教师"。春节前，我与王老师通电话，他还再次跟我说起此事，表示只要有机会，还要不断呼吁。

"有些教师，特别是一些学校领导，境界不高，免不了弄虚作假；有的想尽办法评上特级，然后就不上课了；有的一旦评上便像是得了筹码，闹起待遇来了；有的评上后自以为权威，走到哪里都教训同行……而很多辛辛苦苦在一线奋斗的优秀教师却难有机会。现在各省区特级教师中，还有多少人在一线上课？"王老师在2007年1月13日接受《中国教师报》记者采访时所说的这一席话，切中要害。

确如王老师所言，在各省市的特级、名师、教授级高级教师中，一线教师的比例确实是非常之少的。它们已经成为一项特殊待遇，专属于更容易得到它的一部分人，甚至其所拟定的评聘标准，也有量体裁衣之嫌。

教育，本来应该是一个远离功利的环境，充盈着自在自由，洋溢着生命活力。可是，各种变异的行政指令，对教育横加干预，将师生桎梏捆绑，胡萝卜加大棒，加速了人的异化和物化。于是，这一个最应该飘扬着理想旗帜的领域，却从学生到教师，都透露出蝇营狗苟的褊急和喧嚣。

（2012年3月7日）

为什么越来越多的老师不愿意评职称

和朋友说起中小学教师职称改革这个大新闻，朋友一哂："呵呵，现在，越来越多的老师都不愿意评职称了。"

这的确是事实。

为什么越来越多的老师不愿意评职称？这个问题，让我想起了12年前。

一

12年前，我写过一篇题为"他们为什么不愿当老师"的文章。

源于那年（2003年）暑假，与在读哈尔滨工业大学的学生小林的一席对话。我问在暑假办班授课颇有成就的她，为什么报考大学时，不选择师范院校——她很适合当老师，热情，活泼，有责任心，智商又高。

她一脸真诚地答道："小时侯，我真的想过当老师。可是后来，我就不想了。老师，你看，你看你，还有我们班主任，还有英语老师，嗨，就说咱们学校所有的老师，你们活得多累呀，自己病了不歇着，家里有事也管不了，连自己的小孩儿都没时间带，还从来没有节假日，可是你们一个月还挣不到1000元。真的，老师，我可不想过这样的生活，太苦了。"

……

小林2002年高中毕业，当年我所任教学校是河北一所县中，上重点线171人，其中，600分以上人数为76人，考取清华北大各一名，最高分688分，列河北省第14名；本科二批上线359人。在上重点线的这171人里，报考电力大学10人，报考航天航空及军事类大学13人，报考科技类大学 30 人，报考工业类大学 33 人，报考综合类大学 49 人，报考交通邮电类大学 15 人，报考财经农大矿业石油等类大学 15 人，而报考师范院校的共计 6 人。这 6 人里，一名学生以 615 分考取华中师范大学，一名学生以 584 分（文科）考取东北师范大学，一名学生以 574 分考取西南师范大学，其余 3 名分别以 539 分（文科）、577 分、573 分的成绩，考取河北师范大学。粗略计算一下，重点院校中报考师范类所占的比重是百分之四！而本科二批上线学生报考师范类院校的竟然是零！

12 年过去了，据我所知，当年那些学生确实有做了老师的。不过，一个是大学老师，一个是在国际学校，学生都出国留学，一个专门在北京做培训，没有一个在中小学做老师的。

常常听见许多老教师这样评价自己那少有的几个当了老师的学生说："难怪不受学生欢迎，上学时，他也不是那出色的学生，不过是中等偏下的……"必须承认，优秀学生的素质和能力的确高于一般学生（这不是唯分数论，这是事实），而教师这个职业，对于人的才智能力的要求也的确是很高的。

优秀学生都不愿意当老师，长此以往，教师的素质能力会下滑到一个怎样的低谷？愈是在升学率高的重点中学，愈鲜有报考师范院校的，即使报考了，拿到通知书时，往往都说"我一定考研！"。是呀，考了研，就不用辛辛苦苦当中学老师了，至少可以到大学混口饭吃。

12 年前的那篇文章，我在结尾时写道：

> 即将收笔之时，看到了两则新闻，一则说是北京已经开始有博士生进入中学担任教师了，并且说，这将是今后一个发展趋势。一则是专家预测，今后师范专业有望成为热门报考专业。看完后，不禁有些欣喜，虽然北京作为首善之区，它的许多特例都是外省难以企及的，但毕竟透露了一线曙光；虽然专家对于今后的报考，也不过是预测而已，至于怎么报，还取决于考生和家长本人的意愿（今年我们的高三

学生已经把自己的高考理想贴上了墙,我依然是望穿秋水,不见师范),但这至少说明,今后的路(不管是多长时间以后),还是越走越光明的。

作为一个奋斗在第一线的中学教师,我用我的已经受损的健康和正在逝去的青春祈祷:特例,能够成为普遍;时间,不会过于漫长……

二

12年过去了,现在,我在江南教书,2013年,我校本科一批升学率为百分之八十七,本科二批升学率为百分之百,16名学生考取国外大学(自然无人选教育学),87名学生被国内重点高校录取,其中,5人被南京师范大学录取(据我所知,中有一男生,专业为非师范)。是的,选择做教师的,多数为女生。每年招聘教师时,都要感慨男教师越来越少了。

为什么我们呕心沥血、苦心栽培出来的优秀的学生,排斥、拒绝做教师?不愿意"长大之后我就成了你"?

孩子们是不应该被责备的。如果你问一个小学生长大了干什么,十有八九张口就说长大了当老师。为什么会发生这么大的变化?除了和个人的志趣爱好有关外,12年前小林的话,便是答案。

做教师,意味着清贫一世、奉献一生、辛苦劳累一辈子!不但自己终身不能享乐,没有荣华,自己的父母,也不能得到悉心的料理护养,自己的孩子,也不能受到体贴入微的照顾,甚至学习成绩都不如别人!当老师真不容易啊!你不能生病,你家里不能有事,你不能有情绪,你不能有八小时以外!你自己的孩子从上了学,身为教师的家长也只能给别人的家长开家长会……至于年幼的孩子托付给父母照看,年迈的父母拜托给兄弟姐妹照料,更是天经地义。所谓"师德"报告会,往往是诉苦大会，充满了各种不人道的辛酸！教师苦，教师累，教师待遇低，教师没地位，教师是背负着太阳的光辉，却独自隐藏在阴影里的步履蹒跚、心力交瘁的役马！因为全世界的女性受压迫，于是有了"三八"国际妇女节；因为儿童是弱者，需要保护，于是有了"六一"儿童节。那么，教师节呢？

在这样的商品社会、经济时代里，做一名教师，是多么愚蠢的选择，而没有献身甚至殉道精神的人，根本当不好教师。在这种时代里，鼓励、教诲年轻人去献身殉道，于心何忍？

教育也是一种事业，教师也是一种职业，教师也是平凡普通的人，不讲人情地一味要求教师去奉献，却很少想到教师也要有正常人的需求，也要有等值的回报，也要健康的身体，也要养家扶老，也要快乐幸福，也要从头到脚地被人真正地尊重！

如果有一天，"教师"这一称号，不再让人联想到斑白的两鬓、紧蹙的额头、简朴的衣食、疲惫的身影、喑哑的声音，或许，我们就有底气对孩子们说，长大后，像我一样，做教师吧，这是最骄傲的职业！

把教师当成跳出三界外不在五行中的不食人间烟火的特殊群体，好像教师求名了，便不高尚；教师求利了，便不伟大。这种怪圈一日不冲破，教师名节的牌坊一日不推倒，社会对教师的回报一日不能公平，那么在这个社会中，教师队伍之充实壮大之优秀纯洁之稳固坚定，便一日不能实现！

现在，是时候回答这篇文章题目中的问题了：

"为什么越来越多的老师不愿意评职称？"

人家优秀的肯吃苦的有能力的压根儿就不愿意当老师啊！

人家本来做老师就是无奈之选，现在之所以选择当老师就是为了少吃点苦，图的就是一个旱涝保收吃不饱撑不着，就是为了安逸啊！

所以，对于职称评定改革，我一点也不乐观。

如果我国的教师地位现状不改变，不管职称评定的标准如何改，恐怕它也不能激发教师的职业倦怠之心。

如果我国的教师也像日本一样"三高"（社会地位高、工资待遇高、师资水平高），应聘教师资格的人，肯定也会络绎不绝；如果我国的教师也像德国的教师一样，经过严格的国家考试，受到众人信赖，社会地位高并享有国家的高福利，他们也会如德国教师一样，认真对待四年一次的综合评价，"人尽其才，才尽其用"；如果我国的教师……

像12年前那篇文章一样，此文还是这样结尾吧：

> 作为一个在第一线工作了22年的中学教师，我用我受损的健康和逝去的青春祈祷：特例，能够成为普遍；时间，不会过于漫长……

（2015年8月8日）

也说教师的尊严与幸福

——读《重寻教师尊严》有感

作为一个从教近 20 年的中学教师,我曾经在北方一所在当地颇有名望的县中教过 6 年高中,在苏南的一所私立名校,带一届学生,从高一到高三,如今,又回归体制内,任教于苏州一所相当有名的学校。

读茅卫东先生的《重寻教师尊严》,每每废卷无言:近 20 年的教学生涯,河北江南,体制内外,教过的学生,同事过的老师,待过的若干个学校,他们竟然,都从字缝里,让我看见!这部教育评论集,让我读出了我们教师的孱弱与卑微,读出了我们学生的无助与愤慨,读出了我们学校曾经的荒诞与现在的迷惘,读出了我们教育的沉疴与希望……

一

"这些年头,谁不该谨慎小心啊!"作为教师,我很能理解这种无奈的喟叹。

我想,大部分中国的教师,并不知道这个句子是出自美国诗人艾略特的诗歌《荒原》。这是一首对非人性化的现代性反映并抗衡的诗歌,自 1922 年出版以来,几乎在欧美家喻户晓。而这一句 90 年前异国他乡的叹息,却非常适用于如今的我们这些教师。

是的,"这些年头",教师得不到基本尊重的现象举不胜举。

远的不说,2008 年汶川地震之后,很多地方就出台了这样的法规:

> 昨日下午,新华网发布了一则消息,称陕西省汉中市勉县教育局 6 月 2 日出台了一条新规定,今年高考期间,碰上余震发生时,在场

的3名监考老师要负责考场内考生的疏散工作，不能先于学生撤离考场。勉县教育局更强调，不论当时的情况多么危险，监考老师都要保证将全部学生疏散完毕后方能离开，违反规定者将遭到停职或开除的处理。勉县教育局的有关负责人昨日接受时报记者采访时强调，"教师有职责保护学生的安全"。

——摘自"浙江在线"2008年6月4日报道

这一规定当即引来了广大网友的争议，有网友质疑这一规定"强人所难"，不顾老师生死。虽说老师有特殊的职业操守和道德，保护学生是一个老师的责任和义务，但也需根据当时的情况而定，"生命面前人人平等"，老师同样是人，与学生一样也有生存的权利。更有网友质疑，这样的规定是否意味着，勉县教育局认同"学生的生命价值"大于"老师的生命价值"？而据说，"当地大多数老师则对该规定表示理解"。

其实，类似的规定，在很多学校早就存在，只是没有引起这样的轩然大波而已，比如这一条：

上课期间教师不得让学生离开教室，包括学生去厕所，更不得在上课期间让学生出去办事情，撵出教室罚站。上课期间，因为任课教师的原因造成的学生伤害事件及伤亡事件由当事教师负全责！

——摘自某校2007年《学校安全工作责任状》

分析这条责任状，不难发现其强硬粗暴的心态，随心所欲，一拍脑袋，就给教师戴上紧箍咒。

除了这样蛮不讲理的，还有更加荒唐可笑的，它们给教师的心灵，带来的都是屈辱。

2010年，曾有这样一则报道：

教育：一场惊人的旅行

邵东县杨桥镇大塘小学原校长申忠文猥亵两学前班女学生，被家长揭发后失踪，此事被披露后引发关注。事发后，邵东县教育局发布"八项禁止"，其中规定严禁男老师和女学生单独沟通，以防止"禽兽教师"再现。

——摘自《潇湘晨报》2010年4月23日报道

当时读到这条报道，我就不禁苦笑，想起2004年，我还在河北工作时，因为国内时有报道"禽兽教师"的事件，河北省也曾经组织广大教师专门开会学习，闻者足戒，交流体会，并要求人人都写心得报告，保证不做"禽兽教师"。记得那时，一个同事愤怒地说："这是什么逻辑，他们做禽兽教师，我们来检讨保证，还有没有对人的尊重！"

二

那么，"这些年头"的种种，是不是使一个教师丧失尊严的全部理由呢？

茅卫东老师在他的《重寻教师尊严》一书中，硬着心肠，对期期艾艾的教师们，大声说："不！"

教师的生存现状，确实是现实存在的荒谬。但是，"是不是到了教育者必须出卖自己的良心才能工作，非违背自己的良知无法生存的地步"（引自《教师成长中的自我与现实问题》，下同）？茅卫东的询问，发人深思。

"我所说的改变自我，是改变自己对学生的期待，改变自己对校长的期待，改变自己对当前教育大环境的期待，不陶醉于自己构想的美好却是虚幻的教育氛围，直面教育现实。尽管这个教育现实可能与我想象的很不一样，很让我失望，但，这就是我所处的教育环境。我的工作，不能是基于梦幻，更不是在想象中进行，而是在当下的教育环境中，面对现实的校园、现实的学生开展的。"茅卫东的主张，平和理性。

"对一个有所追求的教育者来说,停留于对现实事物的喜恶还不够,还要努力去了解事物背后的东西,了解社会百态以及其发展演变。对社会的了解,就是对教育的理解,就是对人性的把握。一个成熟的教育者,不会轻易用道德的标准去评判处于转型时期的社会现实,更不会轻易给学生贴上什么标签。他在坚持自我的同时,会对自己所不满的社会和他人抱有一种真切的理解之同情,同时也会对社会和教育的未来充满热情而又理性的期待。"茅卫东的建议,振聋发聩。

2011年3月23日13时左右,合肥工业大学团委副书记陈刚,以决绝的方式,从12楼上"纵身一跃,凛然赴死"。

时年34岁。

他是在竞选学校团委书记落败后自杀的。

有人说他当官的欲望一再受到打击,才绝望赴死。

但他在遗书中自述,是因为有人设置了种种反常的程序,用不正当手段拉票,才把他排挤出局。

他要用死亡来讨个公道:"我会让任何一个胡吹乱侃、投机取巧、不认真做事、完全为了做官的人胆寒心惊,成为工大一个传说,我的价值就实现了。"

陈刚这份遗书长达四千多字,题为"为理想中的工大而献身"。

我是在2011年4月11日的《南方周末》报道《合肥工大团委副书记陈刚之死》中,了解到这个事件的。当时,这本名为"重寻教师尊严"的教育评论集,就放在我办公桌上。

我真希望,时光之轮能够倒转,希望陈刚在他决意尸谏的时刻,能够有幸读到这本书,读到这书中的那些篇章,那些话语。比如《教师成长中的自我与现实问题》中的那些铿锵之声,比如《我们应该追求什么》中那一连四段的"我希望他们能够醒来!",比如《让我们都有尊严地活着》和《再谈生存的压力与生命的尊严》那两篇字字都能敲击灵魂的文章!

死者长已矣。"亲戚或余悲,他人亦已歌"。街市从来都是太平的,时间永远是流逝的，而悲剧也总是不断上演的。在得知陈刚自杀事件之后的第二天，腾讯网上，又出一个新闻：

> 4月11日上午8时25分，淮安市某中学发生一幕惨剧，一名老师用刀砍伤一女生后，从5楼坠下身亡。目前关于此案的具体情况，淮安警方正在调查之中。不过，网络上对于事件的起因已经众说纷纭。有人说，此前老师曾对女生有骚扰行为，被学生家长教训后愤而砍伤女生，后畏罪自杀；而也有人称，性骚扰的事情是该女生编造出来的，老师是在满腹委屈中选择了结束自己的生命。
> ——摘自2011年4月12日腾讯网新闻

又是一个扑朔迷离的案件，而且一死一伤。

沉重，悲凉，一起袭上心头，我再次打开茅卫东这一本《重寻教师尊严》，翻到第174页，我多么希望，他，不，是他们，不，是我们，所有的我们，都能够意识到，一个教师的尊严，首先是一个"人"的尊严！"我们应该成为一个'人'，我们能够成为一个'人'，我们也必须成为一个'人'！"（《让我们都有尊严地活着》）

在此，我也想对诸位慨叹步履维艰、生存不易的教师同行们说："成为一个人，守护自己做人的底线，捍卫自己做人的尊严，非不能也，请勉力为之！"

三

我们追求成为一个合格的教师，首先，应该追求成为一个人，一个具备独立精神、自由思想的完整的人。

与其说教育者应该去培育一个怎样的人，毋宁说教育者应该追求自己做一个怎样的人。

我们所做的一切都是为了追寻一种状态，一种自我的满足感和幸福感，不要害怕什么，这世上可供害怕的事太多了，你是害怕不完的。一想到生活的胁迫，就自动缴械投降，并且，会懦懦而有理地，圆睁着无辜的眼睛反问：你不信倒要试试看，他们的力气好大啊！这是多么卑贱的一种生活态度啊。

　　生活的主动权应该掌握在自己手中，未来的生活，对于每个人都有多种可能。因为不完美我们才要追求完美，追求完美，先要面对其残缺与丑陋。这样做有什么意义呢？其意义就在于，我们要知道，我们所热爱的世界，就是这样的一个世界，它不单有鲜花、阳光和雨露令人陶醉迷恋，它也同样有欺诈、丑陋、野蛮令人痛苦愤怒……我们就是爱着这样的世界，我们生在其中，我们长在其中，我们构成了它，我们也改变着它，唯有直面了它的真相，我们才能用热爱去努力把它变得更美好一点，而不是相反。

　　尽我们每个人的力量，让这个世界变得更可爱一些，更美丽一些吧！以各样的术数，来达到收买收服收降学生的目的，而实施"教化"之功；借各种的理由，为自己的不作为无能无奈甚至无良无耻，开脱罪名，以获取安慰与满足；更有甚者，凭借极端手段，虐人乃至自虐自残自杀，去寻求什么支持保护理解，伸张什么"正义""公道""天理"……这样的所谓"教育"，不但学生无法在其中获得成长，教师自身也同样陷入恶性循环。在这样的"教育"之中，教师怎么可能获得神圣的尊严感，体验愉悦的幸福感呢？

　　不能再重复这样的模式了！

　　我们不能因为某些体制、某些机制，甚至某些人的不良影响，而把自己的精力无端地消耗掉。我们也不能因为某些自己感到不公平的境遇而把怨尤转嫁到无辜单纯的学生身上、发泄到神圣不可亵渎的教育上还振振有辞地说"我是被逼的"而心安理得。

　　教育，必须是真实的、有勇气的，她必须能够连接教师和学生的心灵与思想，她必须能够开启教师和学生的情感与智慧，她必须能够让师生在人的平等的层面上真正地达到"教学相长！"

最后，我想对我的同行们再说几句：

直面现实，需要勇气，而勇气，来自良知。

作为一个有良知的教育人，请千万记住：不要把自己弄成一个大便样，还在大便池里扬扬自得。尊严不是求来的施舍，而应靠自己赢得！作为一个有勇气的教育人，请一定坚信，我们会从彼此的关爱、坚守的信念中获得无穷的力量：努力地向往、争取着伟大！

做一个真正的教书育人的教师，不但是有尊严的，而且是幸福的！

（2011年4月29日15点03分）

第三章 | 为了生活是桩美好的事而生活

寻找生命的意义
——史金霞对话蔡朝阳

一、关于生命：可贵的是在多年挣扎之后，拥有了一定的理性

史金霞（以下简称"史"）：我家14岁读初二的蒋筱寒同学很喜欢你这本《寻找有意义的教育》，自从得到此书，便成了她的桌上、枕边必读书。读你写范美忠等人的文字，又欢笑又忧伤，读《在鲁迅路口》一文都落了泪，最喜欢读的是你写菜虫从无到有到长大的那些文字。一个晚上，她突然对我说：阿啃叔叔这本书名，我感觉应该叫"寻找生命的意义"。我发现，她的话很有道理，你以为呢？

蔡朝阳（以下简称"蔡"）：感谢筱寒同学的阅读与指导。能够说出"生命的意义"五个字，筱寒"童鞋"了不起。包括筱寒在内，包括菜虫，以及所有我们这些朋友的孩子们，他们总是让我产生一种乐观情绪：未来的世界会好的。梁漱溟先生的父亲梁济当年的深沉提问，我常报以浅薄的乐观。因为，新的一代人，他们吸收的养分更充足。而涉及我们成年人自己的写作，如果这种书写始终直面自己内心的话，那么，哪一种书写不是在寻找生命的意义？现在，我恰好是一名中学教师，我所不得不面对的，便是教育，所以透过对教育的谈论，无非也是在寻找我生而为人的意义。

若我们爱教育，视之为自由的传递，那么，我要寻找的，便是教育生命的意义。

史：在这本《寻找有意义的教育》中，我所看到的，是一个逐渐以自觉意识完成教育使命感的、追求自由的教师形象，一个随着生活的延展而努力做好丈夫、好父亲的男人形象和一个坚守底线、追求美好、热爱生活、乐于思考、享受友谊的日渐趋健全的知识分子形象。在某种意义上，这本书可以看作你个人的精神、生活、事业的成长史，草蛇灰线，散布其中。你是否认同我这个观点？

蔡：哎呀，金霞你真是不吝赞词啊，令人汗颜。其实我是一个笨拙的中年男人，总是处在被人嘲笑的境地。但我理解，他们善意的嘲讽，是对我的宽容与爱。所以你这么高的赞扬，我首先是不习惯，其次，也真没你所说的高度。

至于你所说的成长史，恐怕是有的吧。因为我确实很在意书写中的真实感受，如果写作不忠实于自己的内心，那么写作并无意义。我自认是一个"修正主义者"，不同时间段的想法会有改变，这些改变的逻辑都在我的写作中，所以一定程度上，我认同你的观点。虽然就主观意图而言，我并没这么设计。但既然书已经出版，如何评说，要由读者决定了。

史：呵呵，啃兄莫要谦虚，我确实不是夸奖你，是由衷地赞美。我是个比较自私的人，看你写对妻子孩子之爱，对自己的反省，自惭愧疚。

蔡：让我们赞美上帝吧。郭初阳给我写了个书评，彰显上帝之大爱。我们都是不完美的，比病人好点，可贵的是我们自身在多年挣扎之后，拥有了一定的理性。

史：从微博上观察，你这本书受众面极广，可谓老少咸宜。我家读初二的筱寒爱读，我教初中的同事从中受益良多，我有一怀孕5个月的朋友,她购到此书后也一口气读完。因为受众面广,所以它的意义也极大。能够吸引如此广泛的读者,不知是否在你的意料之中?

蔡:这真令我意外,会不会是你的误判?我从来不觉得这会是一本老少咸宜的书,也没有特别架构,只是把2006年之后关于教育的文字集合起来,略为分类而已。就我的想法而言,多少有点离经叛道之嫌。而我在文章中表达的观念,包括价值观、人生观,也跟主流较远,与成功学无关,怎么可能老少咸宜?所以我很感激编辑有决心出版我的书,我很担心出版社的盈利情况,然后过几天,就进特价书店了,比如新青年书店。

二、关于教育:教师不应有知识的倨傲,更不应自以为垄断了真理

史:作为教师,最重要的关系是师生关系。在书中,你也特别提到了一些你教学生涯中比较关键的学生,比如朱桂英。本书中,你只记叙了学生时代你对她的观察,她令你的反思。我想了解一下,为你此书作序的朱桂英,你们又是如何互相影响的?

蔡:是的,我认为我们之间远远超过师生的关系,而同属于一个精神共同体。并且这不是我教育的成果,而是小朱自我寻觅的过程。她的善良和清晰的理性很好地结合在身上,寻求光,寻求真理。于是多年以后,我们发现彼此依然在同一条道路上。

小朱天资聪颖,对未知的整个世界充满了好奇,她在很久之前就已经超过我了。早在2008年我们一起研究小学语文教材时,她就已经能给我很多启发。在我们关于小学语文教材的研究报告中,小朱的文章是我私下里认为最棒的。

现在的她,作为《新京报》最出色的记者之一,思考立足点很高,关注面很广,我有时候看她的博客和微博,看看她现在读什么书,然后也去找来读读。

史：诚如你不久前在朱桂英婚礼上所发表的演说，她是青年才俊，在自己的领域内，属于既勤勉认真又优秀杰出的那一类人，可称之为"得意门生"。但也必定会有更多学生，他们受了你的影响也影响了你，却并不是世俗所谓的成功人士。然而，因为彼此的相遇，他们依然可以生活得很有意义，或者，努力让自己的生活有意义，就像我们这些做老师的人一样。但是，有没有另一种学生，有着另一种生活哲学，不认同或者反感你的教育教学？

蔡：朱桂英也不是世俗所谓的成功人士吧，没升官，也没发财。在绍兴时，想考一个在编的教师职位，还考不进。当然，这不是因为她不杰出，而是太杰出了，小城才没有能容纳她的空间。朱桂英其实是我全部学生中的异类，因为稀少，所以我们才珍惜，可能我这样的人也不算多吧。更多的是无动于衷的孩子，若能反感我，那就很不错了，至少这位同学在思考。

这里，我想我们要理解教师的无能为力。这是我的一个看法，我们教师必须认识到自己的限度，我们对学生做不了什么，我们对他们生命的影响，极其有限。这是其一。其二，教育最根本的，是让他们成为他们自己，这是最好的结果，而非单向传递教师的观念。若做不到成为他们自己，那还有一个底线，就是尽力保有善良和同情能力。

我希望多数孩子，能够成为有同情之心的人。至于另一种生活哲学，那是显然的，因为每个人的人生都将由他自己规划，老师能做什么？而不认同甚至反对，也是常态，教育的民主，就在这里，教师不应有知识的倨傲，更不应自以为垄断了真理。

史：2004年春，在《教师之友》主办的徐州"青年教师论坛"上，我们第一次见面，那时你给我的印象，就是"狂狷"。你大概还记得一个网友清唱了几句《青藏高原》，你便闻声落泪而不能禁。那时，是你刚写完"那一代"批判文章之时，我想，那时，也是你对教育真正开始了思考和关注之时。你能回顾一下这个关键时期吗？

蔡：你说的很准确，这是我"误入歧途"的开始，所以我说，李玉龙误我。你可以想见，一个多年来孤独地待在一个小城市的人，遇见一群跟他气味相投的人，会怎么样。

那次我回来写了一个文《徐州三日》，引用了海子的诗作为献词："夜里，我听见远处天鹅飞越桥梁的声音，我身体里的河水，呼应着她们。"有人说过一个词——精神兄弟。我想这是散落在民间的精神兄弟相遇的喜悦。尤其是，我们这一些朋友，相互闻名已久，终于能在一起纵酒高论，真是一种高峰体验。确实如你所言，我是在那之后才开始写一些有关教育的文字。之前，教书是我的职业，我自己主要写的是散文与书评。所以这正是个关键时期，如你所言。

史：在本书第一辑"以自由看待教育"中，第三篇为《语文是公民教育的通路》，你提出"时刻贯彻'四个现代化'的意图，即：文化的现代化、社会的现代化、政治的现代化、经济的现代化"。我相信，会有很多人看到这些便激动地跳起来要跟你拼命了，手里还挥舞着"语文味"的菜刀，大叫你这哪里是语文课，分明是思想政治课，是历史课，是哲学课，是……关于这个分歧，你怎么看？

蔡：他们所想要的"语文味"，在我看来，充满了老陈醋的味道。语文跟所有其他科目不一样，语文是母语。母语，意味着，必须承载母语所该承载的全部。

三、关于家庭：关心这个世界，应该从关心自己身边的人开始

史：作为一个孩子的母亲，我在读此书第二辑"教育从孩子开始"时，也有个想法，觉得题目是不是换一下——哈哈，我们母女好像都在给你挑刺，比如，换成"用一生学做父母"。我从自己的亲身经验感受到，我们

太多人，在还不具备做父母的学养时，便做了一个孩子的父母，给孩子带来了各种伤害。意识到之后，也只能学中做、做中学，不但过去的失误无法弥补，还不断出现新的过失。在这方面，请谈谈你的反思和建设。

蔡：是，你们母女挑的刺很准，我确实太过自我，经常忘掉这个孩子的母亲，所以有人说，阿啃，你在微博上看着像单亲家庭呢。我经常在阅读中，或者了解别人的育儿经验时，发现自己做错了很多事情。要命的是，往往是菜虫已经过了这个时间段，才发现问题的根源所在。所以经常觉得很对不起菜虫。

不过呢，自生命的奇迹来看，每一个孩子都如天使般完美，而就性格养成而言，每个孩子都各有其特点。这些特点，也可能恰是他的缺点。我们应宽容地看待孩子的缺点，可能，这就是孩子的特点。所以，我的反思就是，要不断地学习做父亲，这是一辈子的事情。

至于建设，我想不出来，就是不断学习用更好的方式去爱孩子吧。比如，永远能俯下身倾听孩子在想什么。

史：菜虫马上要读小学了，记得在一次访谈中，你曾表示过焦虑和担忧。你是否想过，和志同道合的朋友一起，办一所类似"华德福"式的学校，按照自己的理念，编写教材，设置课程，教育孩子呢？

蔡：想过啊。并且，绍兴有一群孩子妈自己做成了一个华德福学校。在起初阶段，我也参与过几次聚会。后来，因为菜虫比她们的孩子大，等到幼儿园建立，已经来不及了。所以，我很功利地淡出了。她们还在继续，幼儿园也已草创，并有固定的读书会。我很为她们骄傲。

但我还是会把菜虫送去公立学校上学，因为对孩子来说，教材什么的，还是其次，最重要的是同龄人群体，他们将会互相影响。在7周岁之后的阶段，到青春期，同龄人的自组织，才是影响他们自身最重要的因素。

史：因为热爱这一个孩子，因而热爱了整个世界。是不是可以做这样一个猜想：随着菜虫的成长，接下来，你将把教育研究的目标从小学上移到初中、高中乃至大学，甚至国外的教育？

蔡：不一定吧。诚然孩子是父母一生的志业，我们陪伴他成长，自然会随着他的年龄而关注不同的年龄段。但其实，每一个年龄段，我们都有无数的疑问期待解决。而我现在最感兴趣的，还是童年的奥秘。相对于成年人的世界，我们对童年了解太少，这个领域，若要研究，怕穷其一生都无法深透。所以我们不可能成为教育界的百科全书式的人物，没有能力去研究全部，能做到对某一年龄段的了解，就不错了。

另外，这些年，确实也感觉到教育是最富有灵性的事业，教师是除牧师之外最主要的跟人类心灵打交道的差使，所以，认识到这一点之后，我就很爱教育。

史：在《孩子，你慢慢来》一文中，有个细节让我非常感动。你回顾自己这个丁克主义者发生改变的那一瞬："我为何就不关心我身边的这个人，她跟我息息相关，我因为她而高兴，也因为她而沮丧。"你说"关心这个世界，对于一个个人，应该从关心自己身边的人开始"。这段文字，让我几乎也"热泪盈眶"了。倒不完全是因为这击中了我心底最柔软的那个角落，更多的是感动，感动于你的一片深情，感动于你对爱情、家庭、权利、责任的深挚而温柔的守卫。书中你在回答童蓓蓓关于怕老婆的问题时，也"沾沾自喜"地描述了你的妻子汤泓，你们之间是一种怎样的爱？

蔡：互相扶持，彼此理解，共同进步。很多人认为这是一句空话，但我以为这三个短语每一个都指向切实的问题。比如，我们现在回头来看，为什么我跟我的妻子，经常觉得跟一些过去的玩伴说不上话了？因为，我们与他们，在想法上，已经是两个世界的人。有些玩伴还在看国产连续剧《甄嬛传》，而虫妈支持我取消有线电视，她看《越狱》，用经济学视野分析问题，很多时候比我更理性。十年过去了，我跟虫妈还是一个世界的人，这就是彼此理解，共同进步。精神世界在同一个水平面，这是最重要的爱的基础。

四、关于未来：希望能写出一本更为儿童本位又有人文视野的育儿手记

史：婚姻，让你成为一个爱妻子的好丈夫；孩子，让你成为一个负责任的好父亲；职业，让你成为一个心怀理想、紧贴大地的好教师。你是个内心充满爱愿的人，一个温暖的人、善良的人、有趣的人，你加入了生活，生活也成就了你。你肯定会再次感谢你的妻子、孩子、学生和朋友，但是，我想请你为大家分享，在这成长的过程中，你自己都做了哪些努力？也许，这对于很多想拥有这种能力的人来说，更有意义。

蔡：史老师你又表扬我，受不了啦。我没觉得自己做了什么特别的事，一直任性而已。

前段时间在饭桌上虫妈说漏嘴，有史以来第一次肯定我还是有优点的：乐观、善良、天真。说完又觉得不对，40岁的老男人很天真，这算表扬吗？于是又补充：哈哈哈，这不是麦兜嘛！

史：这就是"永远年轻，永远热泪盈眶"啊！体制之外，你被称为"麻辣教师"，也曾入选《时代周报》影响中国社会进程100人，你有没有想过在体制内的教育平台上拓开一个更大的领域，争取更多话语权？比如，争取诸如"特级教师""教授级高级教师"之类的称号？

蔡：不会的。我在《寻找有意义的教育》的后记中说，不想被世界改变，其中有一点就是，不能成为自己年轻时反对的那种人。如果我们要话语权，那么可以通过不断地阅读、思考、写作，来加强自身的能量，还可以通过博客、微博等自媒体将之放大，不必以屈从体制的方式去换取。

比如，我曾通过竞选担任学校中层，任职期间，也只能是尽量不按照潜规则做事而已。这段贴近基层权力的生活经历，是一次亲身体验体制运作的机会，使我更真切地看到体制之弊，也因为这段经历，在论及中小学教育体制等问题时，我获得了新的观察角度。为什么不想干了呢？因为实在太无聊了，我的时间不能浪费在这里。

史：你的好朋友郭初阳离开了体制，与朋友一起开设"越读馆"，你也与朋友一起开了一家"新青年书店"，这些年，还不断在绍兴一带举办各种文化、文艺活动。关于个人的未来，你有没有一个规划，或者说，你的人生的下一个航标是什么？实现这些愿景的最大困难是什么？

蔡：我务虚的能力超过做实务的能力。所以我希望能写出一本足够好的育儿手记，超越龙应台的《孩子你慢慢来》。她这本书尽管流传很广，却只是一个人文学者的育儿手记，尽管龙很民主，字里行间充满了爱，但其中还有很多对儿童的误解和不解。

我希望能写出一本更为儿童本位的，其中又有人文视野的育儿手记。但困难很多，最大的困难便是，我有限的水准，跟我无限的理想很不匹配。

【补记】

此对话作于2012年。如今，蔡朝阳老师和我，都已于2016年下半年辞职离开体制，成为独立教师，开展网络教学。

"人文讲座",通向何方

——史金霞对话樊阳

一

史金霞(以下简称"史"):樊老师,我是从2010年通过新浪微博了解你的,也陆续在网上看了关于你的一些报道。如果向一个对你一无所知的人,介绍一下你的"人文讲座",你会选取哪几个关键词呢?你为什么要选取这几个关键词?

樊阳(以下简称"樊"):我首先选"人文"。这是我讲座的立意所在,是包括自己在内的现代人可能特别欠缺的。

第二是"阅读"。阅读伴随的人生才是立体的、丰富的,也才会使讲座构成时代、作品、作者、读者(师生)间多重对话关系,构成动态的永远未完成的状态——人生的戏剧呈现状态。这本身就是一种无以言说的美。

第三是"人类文明文化视野"。文学作品是主体,但不是全部。讲座立足在中西文化视野中,使我们的阅读有更高的品位,直至人文的积淀。

第四是"跨学段多年延续"。初二到高二是学生思想启蒙转变飞跃的黄金时间,形成阅读习惯,一两次片段式的讲座是难以达到效果的。有一定体系的阅读与体验的积累更可以发挥阅读的集团效应,包括不同书目的相互参照,不同年龄学生的相互启发。

第五应该是"交流"。在多向的交流中才能促进心灵的进步。保持促膝谈心式的交流,可以打破传统课堂流水线式的教学方式给学生交流带来的障碍,构成师生共同体验成长的情感氛围。

史：促使你搞人文讲座的直接原因是什么？

樊：做老师不久，我就发现了中学人文教育的空泛与教条。我教的第一篇课文是全国统编初二年级教材中的鲁迅的《一件小事》。"教参"、课本练习上讲的都是"劳动人民的高贵品质"，不用阅读你就可以得出这种概念性的结论。我没有师傅（名义上的师傅从不管我，退休前只听过我一次课，我从来没能听到过她一节课），也没上过师范，不知该怎么上语文课。我就按我的理解，想让大家讨论看了文章的真实感受，但学生显然惊讶于我的问题，他们早已习惯按书上、老师的暗示回答了。我于是给学生补充"五四"以降的知识分子如何受"劳工神圣"观念影响的背景，以及鲁迅所谓"多疑""自我解剖"等。而像《荔枝蜜》这样的课文，我也不会按当时"共知"的认识和教法教，我引发学生试着去发现问题，学会质疑。但课堂上对于一篇篇课文的教学努力，我总感觉是片段式的，那时学生接受的东西与学术的隔膜太深，经常处在"一问三不知"的地步，但他们非常欢迎我这种新奇的课堂，我课堂的活跃与深度很快为学生所共知。

我是读到大学，在广泛的涉猎和学习文明史后，才重新建立起自己真正的精神世界。但是，很多学生可能考不进像我这样好的大学，甚至都考不进大学，而且中学阶段是一个思想飞跃期，高中时世界观就差不多形成了，应抓住这宝贵的读书时光。而课内教材本身的文学份额有限，不成系统。"教参"的理念如此陈旧，和学术前沿相差太远。我想到大学时同学间围坐讨论的快乐，就像孔子讲学的那种氛围，觉得将我之所学分享给大家不是非常愉快的事吗？

于是，在1991年11月的一个下午，我开始课外讲座的尝试，当时名为"语文小组"。

史：这么算来，你的人文讲座就有20余年之久了！能让你即使几次更换生活和工作的地点之后，仍然坚持下去的因素有哪些？

樊：首先，是基于学生的需要。在现行教育氛围之下，学科教学都偏向功利化，人文素养的养成停于口号。学生囿于分数的争夺、功利目标的达成，甚至变成不会思考、缺乏独立人格与创新意识的做题机器。但学生内心其实涌动着探究的天然好奇、表达评判的热情、求真的热望，每次讲座碰到困难，总有学生以各种方式积极响应，努力解决。学生的热情和需要是我战胜困难，坚持下来的最大动力。

然后，是一个教师的职业道德使然。我从一开始做教师时，就觉得大环境和教育的小环境都使语文教师有特别的人文思想启智的责任。站在讲台上不能尽兴，做老师的趣味减半，若言不由衷或说谎，那就是害人。面对社会浮躁功利的现实、民族国家的问题，不忍心无动于衷。

二

史：现在回顾一下20余年的人文讲座，你能不能给自己的讲座历史勾勒出一个成长变化的坐标图？

樊：我的讲座大致可以分为四个历程。

在陕西：1991年至1996年，起步自由发挥时期。以文学文化讲座结合交流讨论为主，名为"语文小组"。但那是大语文概念，包括中国民族史、军事地理、地名文化、"美的历程"系列，文学讲座有古希腊神话悲剧、但丁的《神曲》、诺贝尔文学奖获奖作品、现代主义文学介绍、《诗经》、屈原、鲁迅等，不成系统。学生讨论自由热烈，情谊深厚。1993年开始有文化行走的雏形，带领语文小组骨干骑车去西安、咸阳原顺陵等。讲座地点一般在教室，平时的某个下午放学后，那时的学生和教师都有相对现在宽松得多的时间和空间。

上海再起步：1998年至2004年，开始叫"文学文化讲座"，是艰辛探索阶段。我带1999届、2003届初三毕业生，从他们初二下学期开始到高二暑假，按西方文学序列，从古希腊讲到现代主义兴起，中国文学讲到陶渊明，还有儒释道思想概要等。开始重视书籍阅读的质量，更重视学生交流读书的感受，但2003届后期坚持下来的只有3个人。讲座地点从复旦大学曦园、单身宿舍到我买房后一个小间（孩子们叫它"太太的客厅"，虽然我那时还没有娶太太）。风霜雨雪，生活打拼，消费大潮，初露峥嵘的应试氛围，异常艰辛。

全面而多年级共学的尝试：2005年至2010年，形成讲座、网页讨论、文化行走三位一体的人文讲座形式。此间，带出2005届、2006届、2007届、2009届学生。因为从2005年开始，我几乎年年在初三，于是就形成了多年级共上课的局面。中国古典文学也形成了序列，从《诗经》到《红楼梦》。文化讲座也做了拓展，增加语言文化系列与近现代历史系列。2007年形成讲座网页，文化行走形成上海市区十条线路，比较成熟的如鲁迅旧地游学、上海博物馆雕塑馆看中国文化的演变、文庙追寻失落的儒家传统、苏州河到外滩源———一座城市的演进等。

新阶段：2011年至今。因为媒体的报道，有更广泛来源的学员，人数也一下子增长到80人，地点从家里走向茶室和教室，建立讲座微博，希望运用新的形式，让更多的人受益。

史：20余年中，有没有对你个人的成长和人文讲座的组织，产生过比较重要影响的人与事？

樊：第一个应该是1995届高三毕业生这个群体，当时的我与他们的年龄只差6岁，却给他们带来了学校无人替代的启蒙作用。这届的教学经历，无论对他们还是对我，都影响巨大。他们上大学，我在上海打拼，那一两年的每天晚上，我都在给他们回信。多少年后，我们依然将讲座的经历作为我们人生的一个新起点。

第二个影响讲座的事大约是上海讲座的源起。1995年底到1997年，在上海打拼，一下从高三到六年级，全身心投入初中班主任琐细繁忙的工作，讲座无法进行。为生活所迫，业余不得不靠上门做家教辅导补充家用。多少次冰冷的夜晚骑车经过都市的繁华，眼望高楼，心叹不知何时才有自己的一窗灯火。1997年底到1998年，因为工作太劳累，两次查出肠息肉。在医院做手术时，和癌症病人住在一起。一天晚上，眼看着身边的肝癌病人，在窗外五角场的灯火中痛苦呻吟，直到死去。我深深地感到生命的脆弱与短促。那一夜辗转难眠，逼使我不得不考虑人生的价值，我在陕西的经历让我觉得不应让讲座只停在记忆里。期间，我的一个学生身患脑癌，因为我率领学生对其的关爱以及受我的影响其对语文的喜爱，使他不断创造生命的奇迹。听说我第二次住院，他哭着叫父亲背着来看我。这段爱的故事后来被上海电视台拍成了专题片。这些经历促使我重新把讲座开起来。

第三个难忘的是1999届、2003届、2006届、2009届的几个讲座骨干。他们在我生活艰难、无人理解的困境中，始终坚持参与讲座，在力所能及的情况下，给予我支持。他们自己建立起讲座网页，一次次被关，就一次次凑钱想办法维护网页的安全运转。他们录下那时的讲座录音，帮我做成课件，作为历史记录。他们将之称为"零点计划"——零点才能开始行动。我评高级职称时，被我家楼下的外校教师告发为搞家教，差点职称批不下来。孩子们动员家长写证明信，从此以后的讲座就像秘密工作一样，分批到小区，蹑手蹑脚地上下楼，对任何无关人等一律不说讲座之事。还有些孩子必须与不支持的家长、班主任等"作斗争"，他们必须像我一样用业内的出色成绩赢得反对者的认可。甚至有学生不得不和家长说以补课的名义来坚持讲座。因为他们的懂事、努力，让讲座度过了一次次艰难时刻。

第四个重要的人是在北京中央电视台技术部门工作的1995届学生任志刚和在北京大学、中国人民大学学习的2007届学生。2010年11月，任志刚在和我两位2007届学生交往的过程中，惊喜地发现这两位学生和他这些年接触的大学生大相径庭，他们有思想，有活力，更有胸怀。他激动地打电话做我的工作，让我考虑讲座形式的推广，让更多的学生受益。因此才有我和各届著名媒体人的交流，以至引起广泛关注的事发生。

第五个重要的人是珠海的张若楠老师。她身在体制外，身患重症，但心系人文教育，特别是对应试教育的所谓"失败者"，通过每晚的教导影响他们。当她了解讲座的情况后，毅然飞赴上海来学习，并将人文讲座带到珠海。她的精神深深地感动着我。

三

史：通过报道，现在的你，也算是一个有些名气的语文教师了，组织人文讲座的环境发生了哪些变化？

樊：名气算不上，可能只是某方面特色的知名度。语文届圈内的很多老师并不知道我，包括我所在的区里，因为这种人文讲座的形式和内涵可能并非大多数老师所追求的。

关注的原因，开始是不少人惊奇于义务不收费，坚持20年等。当然，我在年初接受采访，是基于自己理念的变化，希望让讲座发展得更好，能让更多的学生受益。所以我觉得在目前的教育环境下，只有走进学校，跟体制内的拓展型课接轨，才会让普通的孩子受益。同时我也希望对教育改革、对教育环境的改善起到点作用。

现在看来，变化总是有的。积极来看，参与讲座的人数几乎翻倍了。年初时面临的场地问题，也得到一定程度的解决。学校成立了人文阅读工作室，跟拓展型课的接轨有望。我的事件也曾引起部分人的讨论和思考。

当然，新的问题又接踵而至。人员的庞杂、场地的扩大，使学员管理变得困难，讲座的氛围与形式都在向传统课或中型公益讲座靠近，让老会员和我痛失促膝谈心似的交流。不断有"新人"加入和记者、社会人士的"观摩"，让讲座内容不断受限。

史：在新浪微博上，我曾看到你写了这样一条微博："昨天担任重要任务的几个控江中学的高一学生在关键的时刻却莫名不到，到的也几乎都未做好阅读准备，几乎所有高中版主都不做事，全由我来做。我感到非常悲哀。"我想，这条微博应该与你的人文讲座有关。目前，从整个大的环境而言，学校、家长和社会各个方面综合起来看，你搞这个人文讲座主要面临哪些困扰，有些什么忧虑和遗憾？

樊：这个"悲哀"事件的发生，既有大环境的问题，也有目前讲座转型探索的原因。

首先是大环境应试教育的氛围愈演愈烈。功利的世风让家长、教师都跌落在分数的追逐中，超大量的作业，永远做不完的题目，上不完的补习班，学生的业余时间被这些占用殆尽，读书越发成为一种难得的奢侈，学生思想的启蒙越发变得困难。从讲座网页留下的同一部作品感受评价来看，质量在不断下降，以前2005届、2006届、2007届学生的评价显然高于现在同一年级的学生。学生坚持讲座的困难也越来越大，本来初三中考结束后的暑假是孩子读书的大好时机，可去年很多重点高中办起数理化英"提前班"，初中办起物理、化学提前班，高中的各种补习班如火如荼。不在外面补课的学生日益减少。有的媒体说，我总在和家长"斗争"，其实孩子也在进行艰难的斗争，不少家长也在这个过程中与内心、环境斗争。

就学校来说，当时绕开学校，自己坚持补充性的教育，就考虑到学校教学改革的困难。我认为教育者不能等、靠、要，我还是相信自下而上的推进才更有意义。现在，学校通过成立人文阅读工作室给予支持，这就是一个很大的进步，尽管实质性的推行很难，但有了起步总是好的。

同时，自去年暑假以来，学校提供支持场地，讲座更注重普及，人员来源更广泛，平时学生都要到六七十人，促膝谈心似的交流难以展开。如果老会员的失望蔓延，讲座的一些本质的东西就会丧失。在普及和精品之间，是个两难。因为个人的力量毕竟有限，但目前还难有人顶替或支援我的工作。

加上,自己身在体制之中。学校的需要,让我连续七年在毕业班,还身兼数职,无穷多的琐事和巨大的压力,使自己身心俱疲。

史:20余年来,你一直坚持利用自己的业余时间义务做人文讲座,这一点确实令人钦佩。但是,作为同行,我比较关心的是,你有没有在你的人文讲座与你的语文课堂之间,搭建一个桥梁?都做了哪些尝试?

樊:其实,我一直在做这个桥梁工作。

我的语文课与讲座的很多内容是相通的。

对于语文课里的文学课程,我的课堂就和讲座的精神追求是一致的。哪怕在初三,我非常珍惜对课文里一些文学课程进行深入的研讨交流,注意它们和现实生活的联系,挖掘它们在文化当中的意义。

而对于非文学课程,我会根据其文化价值进行详略的处理。对于考试型阅读,除了培养学生的阅读习惯、思维习惯,我也很重视文本的选择,从我认为有意义的文本进行合理深挖。学生也会很感兴趣,潜移默化就会受到影响。

由于我不是师范出身,工作早期没有什么教育理论功底,但我喜欢和学生交流思想的形式,生生对话,师生对话,这其实就是以学生为主体的理念,而我接受它,是讲座交流的过程给我的启发。

四

史:有没有想过,网罗志同道合之士,把你的人文讲座推广开来,做大做强?甚至,以人文讲座为主业,拓展另一片生存空间?比如,像杭州郭初阳的"越读馆"、深圳蔡兴蓉的"另类家教"?

樊:很希望推广,希望在体制内有所推进,在课堂中成为语文拓展课。原以为,通过近30篇的报道、评论,讲座的公开课(听说那节课也得到有关领导的肯定），实现这一目标应该并不难。但目前，在学校开成真正的拓展型课的设想还在努力中。

我对郭初阳的"越读馆"很感兴趣，很想有机会和他交流一下。他是志同道合之士，您也是。希望有更多和大家的交流机会！从本意上，我希望让所有学生都能受益，而且教育改革不可能一蹴而就，大家从不同方面的努力都是有意义的！

史：你对于自己的人文讲座的前景，有一个什么样的预期或者规划？

樊：在目前的教育环境下，只有走进学校，跟体制内的拓展型课接轨，才会让更多普通的孩子受益。而这需要教育管理者给予更多的支持和帮助，需要大批的老师参与其间，需要其他所有学科的老师认识到养成阅读的习惯、培养学生的人文底蕴，不仅是语文老师的责任，认识到做题补课不是学习的唯一形式。目前，我周围的老师直接愿意参与其间的极少，本来区里教育局有领导希望将人文讲座变成区里的特色课程，但目前看还没有下文。

我也希望大家注意讲座形式上的一些突破意义，如在"跨学段多年延续"的尝试中，我发现，初高中整体影响对孩子的教育更有利。目前，初高中的分离，对初中教育走出应试中考的怪圈，提升初中教师的师资水平很不利。讲座的经历让我深深地感受到初高中教师应该携手瞩目学生的成长，因为十三四岁的少年到十七八岁的青年，这段人生突破发现的黄金时间，仅仅是一两年的好老师的影响是远远不够的。

我希望人文讲座大受瞩目，因为我希望，这样能引起人们对我们教育的思考，特别是对语文教学内容及教育理念改进的思考。比如，"阅读书籍"的必须，文明史的序列对单篇教学的意义，时文的引入，学生为主体的讨论交流的贯穿等。在这点上，史老师您走在了我的前面，您的《不拘一格教语文》，我非常喜爱。其中的思想理念，我们一致，很多形式方法，我也在课内或讲座中运用过。但我没有您深入，更缺乏您在课内教学上的胆识与能力。我当然盼望能从日常的一些事务性工作中有所解脱,对讲座进行深入的研讨,能有时间、机会向您和其他探索者学习。

人文讲座从它诞生之日起,就是一种不得已而为之的产物。20 余年对我个人而言是艰辛,也是快乐,现在也因此带来些荣誉。但对我们整个教育来说,它依然被拿出来说事,不得不说是一种悲哀,从某个侧面说,解决我们教育的问题实在是任重道远!

因此,规划它的未来,其实是期盼它消亡,如果我们的学校教育能达到人文讲座的目的,它或许就没必要以这样艰难的形式存在了。

【补记】

此对话,作于 2012 年。樊阳老师和我,于 2015 年和 2016 年先后获得"华文领读者"大奖。

为了生活是桩美好的事而生活

一、生活在何处

结识了一批新朋友，苏州寒舍书友会，这天下午3点到5点，聊了两个小时，教育、文化、历史、政治、经济、心理学、电影、文字、方言、香港、美国、钓鱼岛……内容可真丰富。

书友会的创始人海丹，是个东北姑娘。她还在筹建一个人文书店，信心满满的，坚信小切口深挖掘，定位准确，读者群固定，立足苏州没问题。我问她书友会创办多久了，她说2011年才创办。

2011年？不过才一年。

活动结束，网名为"Raymond"的友人开车送我回家。能结识这些人，全归功于他。他读了我的书，给我发邮件，希望我能参与书友会。

他告诉我，他来苏州两年半，一年前在教会结识了一个女孩子，半年前结婚买了房子。我笑笑说，那挺好的。他也腼腆地一笑，说是挺好。

在苏州，我也生活两年了。

活动范围，以居所为圆心，半径不超过500米，衣食住行全都就地解决。购物走小区北门，一个红绿灯，就是商场；吃饭买菜，出小区南门，便是餐饮一条街、生鲜菜场、社区门诊、药房与超市等；瑜伽馆就在小区里；单位与小区仅隔一条河。除了单位同事，不认识几个人，也听不懂几句吴侬软语，对这个城市知之甚少，也没什么感情。

来苏州前，有三年时间，我都处于不系之舟的漂泊状态，身心不安定。我努力构建人际关系网络，从外界固定住自己，寻找存在感。在那个人生地疏的小城里，形成了稳固的朋友圈子，无论生活中遇到什么，彼此支撑度过。虽然表面波澜不惊，谈笑自若，淡定地让人以为，这个女人好强大。而内心深处,不安惶恐,害怕失衡。那时,生活在他处。

辗转流离,告一段落。当我终于安放下自己的心,平静地翻过一直翻不过去的那痛苦纠结的一页,我将生活,定义为"清晨早起七件事,柴米油盐酱醋茶"。不再寻求归属感,不再渴求感情,不再梦想一见钟情,不再奢望梦想成真,肉身的安顿成为核心,写字读书课业教子,平平淡淡才是真。多么容易就从一个极端跳到另一个极端了,即使我已年近不惑。

这两年,我的生活,好听点儿,是宅;犀利些,是自闭。

按照我这样的生活方式,在苏州生活,与在北京、保定、上海、深圳,大致不会有什么区别。我是在生活,还是在生存?一方水土一方人,一个不关心所在之地的人,恐怕会一直水土不服吧。

每隔一段时间,就需要审视自己的生活。从他者,观望自我,站在自己的对面,评价衡量,是个好办法。

决定生活质量的,应该是大脑、心灵和肉身三者的结合度,匹配越合理,便越融洽,便越能够发自内心地热爱生活。能将自己摆平了的人,或许会生活在佳处,有声色,有滋味,有情调。

"妈妈,明天教师节,我要去看计老师。"女儿突然对我说。计老师是她初一、初二的班主任,教地理;初三之后,不再任教,班主任也另换他人。

女儿眼睛亮晶晶,额前刘海油黑油黑,唇红齿白,睫毛弯弯,不是岁月没伤害她,是她一直都热爱生活。

(2012年9月9日)

二、熟悉的陌生地

昨天下午,去苏州桐泾北路附近的彩香新村办事,这地方我第一次去。

出了地铁，打听了一个巡警，沿着干将路找过去。见红绿灯右转，进入了彩香路，也就进入了彩香新村。

沿途不少月亮门，路旁有许多叶子宽大的玉兰树、已经开过花的桂树，还有黄橙橙的银杏树。楼房都不很高，树木蓊郁，马路两边铺了鹅卵石的人行路，蜿蜒在树行间，安静，宁谧，有一种自然的亲切之美，不同于园区尤其是湖东的高楼大厦，也不同于十全街、平江路上那种雕琢刻意的园林亭榭，这里是属于平民的。

办完事，穿过街区，回往地铁口。

依旧是宁谧的路途，没有车声。一弯弯的月亮门，透出遮挡不住的舒泰，小汽车都停在月亮门外面，里边，只能人行，干净，宁静，树影掩映，楼高不过六层，窗户大大的，楼间距也很宽敞，偶尔一两辆车子驶过，也都开得很慢，而且，很少鸣笛。

这样走着，不禁心生感慨：如果我住在这该多好啊。

鹅卵石铺就的小路上，每隔十几步，就有一把木制的铁靠背座椅，偶有人坐，有的上面，还分明有灰白的鸟粪，突然，想：这茫茫的世界，匆匆的行色，尚未遇到的我的他，此时在哪里呢？

这样想着，环顾四周，不禁对路上的每个人都心生好感。也许，他就在其中，我们擦肩而过，此时还不能认识彼此，但终有一天，会在正好的时间相遇。这世界，这么大，世上的人，这么多。每个小小的角落里，不知道掩藏了多少人，没来得及认识的人，还在彼此寻觅的人，每一个人，都无法预知未来的生活，有多美！

大路边一个男人拎着一袋冰糖橘，边走边吃，迈着大步。他一定是向家走的，家里或许有个小女儿等着他，见到爱吃的冰糖橘被爸爸吃了一半去，一定会嘟起小嘴。一个老婆婆，迎面走来，她大概是这里的老住户，好奇地打量着我，大约是我太面生了。我冲她微微一笑，飘了过去，老人笑也不是不笑也不是，略有些呆了。她怎么知道，此时的我，心里装满了希望呢。

猛然发现，这里像极我生活过三年的那个小城的某个地方，也是叫什么新村的。名字想不起来了，每次我骑自行车，带着女儿从那新村边上过，都好希望，能够在那里有自己的一套房子，不，是有自己的一个家。有一段时间，我四处看房子，也曾经在那小城的城中城北，看过各种名叫某某新村的老房子。不过，最终，我还是离开了那里。一晃也快四年了，已经有一年多没回去过，许多地方都变了样，许多新村都被拆迁了，当年所居住的地方，据说也拆变了很多。

一转眼，在这里生活的时间，已经超过了那个小城。

慢慢地熟识了许多人，慢慢地有了属于自己的家，慢慢地开始越来越熟悉市区、园区甚至新区，慢慢地，发现许多熟悉的陌生地。几乎每个陌生的地方，都会勾起一缕熟悉的相思。就像，几乎每个陌生人，眉眼之中，总会看到某个故人。

这世界，真广大，真幽深，有多少人，等待着我去认识。

这个陌生的地方，却有着熟悉的气息和情节。这是不是一种昭示？

（2013年12月15日）

三、生活是桩美好的事

2012年认识的那一批寒舍书友会的人，之后再也没见过面。

东北姑娘的人文书店有没有建起来，也不知道。因为，连Raymond，后来也失去了联系。在后来的一个暑假，我们还一起吃过饭，连同几个读了大学，回来看我的学生。在一家咖啡店，我们几个大人聊天，几个男孩子教筱寒玩三国杀。我还送了我的《重建师生关系》给他。也许，他们夫妇现在已经有了孩子吧。

我打开QQ好友，找到了他，对话框一片空白，自从换了手机，没有聊过天。点开他的空间，最近的信息是2014年3月，竟有几条都是提醒大家他的QQ被盗，警惕不要被骗钱。

那个熟悉的陌生地，以后也再没去过。

几年间，去过很多大的小的地方，结识了天南海北男的女的不少新朋友，依旧尚未遇到我的他。

不过，遇不遇到，对我来说，已经的确没有什么重要了。

细读过去那两篇文字，总是有着一缕愁怨，我没有撑着油纸伞，没有彳亍在丁香树下。哀怨，惆怅，却结打在字行。

爱情与婚姻，对我而言，仍然是不可分割的整体。我不会为了婚姻而结婚，也不会接受没有婚姻的感情。归根结底，我还是相信着爱情。

但是，相信并非信仰。

爱情于我，不再是空气，没有它就不能呼吸；也不再是水，没有它就日益干涸；也不再是盐，没有它生活便没有了滋味。

爱情于我，不再是必需品，而成为一种装饰。像头饰，可以用来束缚装扮，也可一任秀发自舒自卷。像礼服，可以在辉煌的灯光下，袒露洁白的手臂和胸口，也可以悬挂在衣橱中，再也不去碰它。

我的生活，不再是为了爱情。爱情，不再是我的信仰、我的追求、我的目的地。

我的生活是否幸福圆满美好，爱情，不再是衡量的标尺。

我，为了生活是桩美好的事而生活。爱情，只是其中之一，不再是唯一。没有爱情，生活不再缺憾。拥有爱情，生活也未必圆满。

在苏州，我已经生活了5年了。

即便我还是不能听清楚苏州话，但是，在我的北方味道的普通话中，唇齿间，尾音里，已匝了软玉温存。我会自然地说"好的呀""是的哇"，我会习惯性地在菜肴里放糖，我爱上了吃鱼，也开始煲汤……

不过，我依旧爱吃馒头与大饼，喜欢白菜远胜于茭白，梅雨季节，我还是会爆发严重的湿疹——我不可能成为一个苏州人。哪怕，此生我将终老于此。那只是因为，相比于我那日渐沦丧的故园，这里，更适宜人的生存。在我的梦里，我还是一次次回到那个种满我童年记忆的故乡，漫山遍野的青草野花，杏花梨花苹果花枣花山楂花葡萄花石榴花玉米花和雪花，准时开放。

我的故乡，已经不可能再回到 80 年代欣欣向荣的景象了。她日益凋敝衰败，越来越像一个弃妇。绿树环绕的小村庄，被无人清理回收的垃圾包围，到处都是生活垃圾，白的粉的红的黑的各种颜色的塑料袋，飞起来的，埋了一半在垃圾堆里的，满目疮痍。

故乡，还成为各种小作坊生产的假冒伪劣日用品的倾销地，留守的孤雏妇老，日用所需，从头到脚，入口的，出腹的，无不是假货。

但是，生活，对于他们而言，仍然是一桩美好的事。

我那钟情于土地的母亲，对于播种和收获的痴迷，有时令我无奈，有时令我敬佩。为了充分地理解她，我只好把她看作大地的诗人，耕作收割，碧绿金黄，都是她献给大地的诗句。

我那被病痛折磨的父亲，对于生命和死亡的惶恐，有时令我心疼，有时令我同情。面对死亡的恐惧，理性的分析劝慰，甚至医生的敦劝开导，于他而言，都不及一泡屎一碗饭来得实在而有说服力。

当每日的生活，压缩成吃喝拉撒睡，煎药吃药，通便辨便，生活对于我来说，还是否谈得上美好？

忽然，想起那将要读高三的女儿筱寒，写于上周月考的作文。

快慢有时
蒋筱寒

上了发条一般，准时睁眼。眯着眼穿戴好，起身洗漱。拎起书包蹬上鞋飞快奔出门。赶车。

公鸡也在这当儿报晓，老人悄悄起身。清扫院中落叶；再绕到后院里喂鸡，打开笼子放它们出来；园中的小蔬菜罩着一层露珠，老人挑几棵嫩的摘下，回到厨房下一碗清汤面，趁热下肚。

早读，匆匆解决早饭的同时还要提防领导的视线；带着倦意上不同的课，40分钟、40分钟地连接整个上午……

老人吃饱喝足，骑上老式轻巧的捷安特自行车，穿过大街小巷来到地里。绿油油的麦田，在蓝白的天空下生长着，风悄悄掠过，麦田如浪潮翻涌。

老人回到家中。拿出缝到一半的被褥，铺在炕上，做起了针线活儿。老伴儿带着古琴去朋友家吃酒尽兴了。

知了在树上鸣，直到光斑洒在地上有些耀眼，晌午的风吹进屋，老人起身做饭。老伴儿的脚步声从走廊上传来。

赶向食堂匆忙的脚步声覆盖了一声声蝉鸣。排队，拿餐盘，吃饭，倒饭，赶回教室，写作业。

原本困得脑袋昏沉，但瞧见周围全在奋笔疾书，一下子睡意全无。

老人吃饱了饭，睡下了。沐浴着午后的温暖，两阵呼噜声均匀地起伏着，演奏着一场舒缓的交响乐……

睡醒已是午后三点，老人拿着蒲扇，走到大门口，与街坊邻居话家常。男人们穿着大背心，露着大肚皮，图个风凉；女人们扇着扇子，赶走猖狂的蚊虫。

到了饭点儿，都陆陆续续回家做饭或者吃饭了。

太阳西沉，肚子饿得咕咕直叫，急步走出校门，走向站台。急驰的回家的汽车，不停闪变的红绿灯，一直响的电话铃声，间断的咳嗽声……

深夜，写完最后一门作业，伴着一天的疲惫与第二天的忧虑，躺下。也带着充实的欣慰。

而另一边，蟋蟀在墙角等待萤火虫的光亮，隐藏在花丛中的小蛇等待粗心的老鼠。老人拉了灯，伴随着夏日夜晚的风，入眠。
　　不同的年岁，不一样节奏的生活。
　　享受快节奏的充实，享受慢节奏的安逸。节奏不能刻意改变，时候到了，属于你的节奏自然会呈现。

这一天，或迟或早，总会来到每个人的眼前。
不管，生活走向哪一站，我都要携带美好同行。
唯其如此，才对得起冥冥之中上天所安排的美意。

（2015年6月21日父亲节）

山长水阔知何处

——追念李玉龙

> 天高地迥　第一线腾蛟起凤
> 山长水阔　几百回披荆斩波

玉龙兄，可能除了你我，没有人知道，"第一线"的这一副对联，上联是你出的，下联是我对的。

十年前（已经不记得是哪一天），你发消息给我，让我对一下"天高地迥　第一线腾蛟起凤"，说"第一线"要用。我给了你这句"山长水阔　几百回披荆斩波"。后来，你真的用了，一直到现在，你已经飞升天国，我们还在这世间，披荆斩波。

这一次，真的是再也见不到你了。

凌晨，我从梦中惊醒，摸手机，看到几个朋友的留言，看到朋友圈满屏的泪水和悼念。回想自结识你的这十几年，相见竟然那么少，记忆竟然那么多，泣不成声。

2015年9月16日，我告诉晃悠我的父亲去世了，她告诉我她在医院陪你。沉浸在丧父之痛中的我，竟然以为你不过是又一次累病了，住几天院，休息休息，就又能到群里发红包了。

因为几个月前，2015年5月31日，你还在叮嘱我，当今正是你用人之时，让我兑现承诺，等筱寒高考后，去成都，跟你大干一场。我现在多么后悔啊，如果我知道那是你和我的最后一次聊天，我肯定会爽快地答应你，而绝不会说："你得找年轻人，像我这样的，没有力气干活儿了，不行了。"

你没有回复我，你是不是很失望——"月明同志啊！你又在浪费自己的天分！"

十年前，《教师之友》被"倒掉"的那一天，惊闻噩耗，我拨通你的电话，刚一开口，就哽咽不能语，你却反而安慰我："月明同志，不要哭了，只要我们人还在，一切都不是问题！"

十年后的今天，我却不能够再拨通你的电话，听你说："月明同志，不要哭了，只要我们人还在，一切都不是问题！"

2002年，与你相识在"教育在线"。2003年，你在《教师之友》上为我做了"行者"《十年磨剑录》。2004年，于徐州论坛上第一次见到你，是年，在宝应新教育年会再次见面。2005年，新都研修班，度过那终生难忘的十几天。2006年，邀请你和玫瑰到我县做报告，你还去过我在徐水的家。你对我孜孜以求地研究高考、命制高考模拟卷、编写高考全程总复习的种种痛心疾首，深表愤慨，说我是在逃避，是在浪费自己的才华和天分。那一次，你给了我帕克·帕尔默的《教学勇气》，你说读这样的文字，才过瘾，这才是在研究教育！2008年，你一次次地，主动要借钱给漂泊的我安家，一次次地逼着我写文章，痛斥我写的文章太啰唆，还比不上筱寒。你跟我们视频，说宿舍虽小，还很温馨，母女俩要好好地生活。2010年秋天，我从重庆转成都，去看你和晃悠，一夜畅谈后，你们送我赶飞机。2011年夏天，你在苏州开校长研修班，累倒住院，我做好饭菜送到九龙医院。2013年春天，你飞来苏州找我，在苏州我的租住屋，你夸我做的菜好吃。在走廊上，看着楼下万家灯火，你问我为什么不学吸烟。那一次，你希望我跟你去成都创业。我们在咖东餐馆里边吃边谈，谈我们的青春岁月，谈我们的教育理想，谈办学的宏伟蓝图，第二天，你扔下一句话："筱寒高考后，你必须跟我一起干！"便打车无锡，飞回成都。

2014年，你让我帮你联系苏小和，请他去第一线校长研修班上做讲座，我对小和说："李玉龙是我们的老大，你就从了吧，去做造福教育的事。"……

　　玉龙兄，回想与你相识的十几年，相见竟然那么少，记忆竟然那么多！

　　玉龙兄，我是辜负了你的期望吗？

　　2011年，请你给我的第一本书《不拘一格教语文》写推荐语，你竟仍然批评我是在浪费自己的天分和才华。我不开心，没有用。之后的几年中，每次联系或见面，你都会向我申诉，说你给我的评价是最高的，让我去问问你可曾说过哪个人有教师天分，说好好干活不要再浪费自己的才华！说要认真做事，不要干把薄的扯厚的事情……

　　玉龙兄，你曾经几次离我那么近，无锡、杭州、温州，可是又那么远，我都没有办法脱开身，去赶到你的身边，去给你讲一讲，这些年，我一直努力所做的是什么，与十年前相比，我又有了哪些进步，十年中，我一直在坚持的是什么……

　　玉龙兄，你在世的时候，我从未对你说过一句感谢的话，甚至有时候，还会对你心怀不满——为什么我的努力你看不见？为什么你总是忽略我？为什么你说话不算话？为什么你不好好保养自己的身体……

　　如今，你已经再也听不到了，无论我对你说什么。

　　多想再和你一起唱一曲《梅花三弄》，多想再为你献上一束花，多想再为你煮一碗粥，多想再与你畅谈，谈教育、谈理想、谈现实、谈技术、谈爱情、谈信仰，多想再走一遍那漆黑的楼梯，一步步一层层，让你紧紧拉着我的手，爽朗地大笑着，调侃着，你说"哎呀！拉着月明的手——"，我说"就像左手拉右手"。然后，我们一起哈哈哈哈哈哈哈大笑着走到大街上……

　　如今，你再也听不到了吗？玉龙兄！

　　不，不对。你已经身在天国了。

　　你一定不愿意看到我哭红的双眼，你一定在哗哗哗地笑着——筱寒经常会模仿你的笑声，每次模仿我们都开心地想到你——你一定在说："月明同志，不要哭了，只要我们人还在，一切都不是问题！"

玉龙兄，此时此刻，我不愿意把你看作中国民间教育的第一人、侠士，也不愿意歌颂你的理想主义、礼赞你的才华、感佩你的激情、崇念你的睿智、惋惜你的英年早逝，甚至，不愿意像十多年以来一贯地那样，骄傲自豪地说你是我们的老大。

此时此刻，对我而言，你就是你，一个鼓励过我、鞭策过我、影响着我、关心着我、期望着我，甚至等待着我的，我的兄长，我的大哥！

2015年10月18日23时15分，你离开了这个世界。

我不能前去送你，只能请冰川替我给你鞠三个躬。

玉龙兄，你知道吗？10月18日是礼拜日，那一天上午，我出门去古城区给我刚刚辞世不久的父亲买祭品，因为20日是他的五七祭，我不能回家，只能遥祭。阳光很好，气氛诡异，一瞬，我突然很想去苏州独墅湖的基督教堂。

慕道多年，我从未进过教堂，那一天同样，我并没有去。

下一个周日，希望你能在天国听见我为你祷告的声音，玉龙兄。

谨以此文遥奠。

（2015年10月19日14点28分于苏州）

玉龙兄，这张照片，是坐在你的办公桌前拍的，你一定看到过吧。

从今以后，看到它，就会想到你，想到与你有关的，每一个熠熠生辉的时刻，每一丝温暖，每一点快乐，每一分你给予我的爱与支持。

谢谢你，玉龙哥。

（2015年10月19日14点35分）

父亲周年祭

一

我站在那里，愣住了。

面前是一排水果罐头。父亲临终的日子，最爱吃的食物。

我的第一反应，是想去挑几瓶水果罐头，买给父亲吃。然后，才想到：父亲已经不在了，他再也不能吃了。我便站在那一排罐头面前，愣住了。

星湖花园站附近的九华路，是父亲在苏州居住时，和母亲两个人经常一起去买药的地方。之前，我倒是不常来。父亲去世后，我一个人散步走过几次，总会想，这里或者那里，父亲曾经怎样走过，他看到过什么，看到什么后，他会说什么，以及他是怎么和不礼貌的药店服务生理论的。为什么，我竟然一次都没有陪父亲，走过这些地方呢？他和母亲，游走这附近的街铺时，到底是一种怎样的神情呢？

一年前，他们俩第一次乘106路公交车跑去欧尚超市购物时，在超市里，父亲按捺不住激动，给我打电话，那股子兴奋骄傲，如在昨天。

春节前，为了找到理想中的理发小店，他们俩又乘47路公交车，到葑门菜场，在横街上逛了一逛。在苏州生活了5年多，我第一次去葑门横街，竟然是上个月，为父亲的五七祭日买纸钱。

这样深秋的季节，父亲是不曾在苏州居住过的，而且，再也没有可能了。也许，他会以另一种方式来到苏州，来闻闻桂花香，来看看银杏叶，再在小区的健康跑道上走上几圈。健康跑道，自父亲离开苏州后，已重修过。在他病重的时候,保持着奇迹能够发生的强烈愿望,我以各种方式激励父亲与病魔斗争,鼓舞他活下去的意志。其间,我把小区里重修了的跑道照片和开放了的喷泉照片,一遍遍给他看,对他说,快点好起来,好起来再回苏州,跑道上健身,看美丽的喷泉。

然而,父亲终于是没有好转起来,他再也不能亲临这里了,以我所能够感受和看到的形式。

是的,我无比地希望,父亲并没有真正地消亡——他应该以另一种形式存在,永远不消亡。总有一天,我们会在另一个空间里,再次团聚——"在天有灵""泉下有知",这样的词语,是古人的愿望?猜想?还是见识?

本来想写的很多,觉得我可以平缓地叙述,乃至思考,表达我因为父亲的离世,对灵魂的事、死亡的事、精神的事、活着的事、存在与消亡等的理解。

写了几行,发现我并不能做到。

眼泪仍然不受控制地滚滚而出:父亲确实不在了。

在这个活色生香的世界上,我再也不能看到父亲了。我的父亲,无法触摸,无法听闻,无法感受,他成了只能缅怀的对象,成了死者,成了一个词语,而不再是一个活生生的人了。

一想到这些,泪如雨下。

几十年来,我无数次写到过、谈到过、思考过甚至经历过死亡,唯有这一次,父亲的死亡,我才认识了死亡。

(2015年11月5日)

二

农历十月初一，是"寒衣节"。

在河北老家，按风俗，这一天祭奠先亡之人，谓之送寒衣。冬季的寒衣节，与春季的清明节、秋季的中元节，并称为一年之中的三大"鬼节"。

一早，妈妈和弟弟就乘车从县城赶回老家，为父亲送寒衣。我不能回去，告诉妈妈替我多烧些纸钱，送上几句话。

这天，苏州一直在下雨，下午批作业，开会，结束后已傍晚5点半了。下班回家路上，同事小王的小女儿琪琪在车内玩手影游戏，和琪琪玩着手影，我给她做大雁飞。便想起父亲来，儿时夜晚，用来照明的是蜡烛或煤油灯，父亲常常做手影给我和弟弟玩，他会做大雁飞，会做兔子觅食，会做骏马奔驰……手边做，边以口技摹声。墙上，父亲的手影，屋内，我们的笑声，炕上，母亲的温暖。那些个欢乐的夜晚，隔着寒夜，隔着冬雨，隔着雾霾，隔着生与死，仍然清晰。

昨夜9点50分，饮泣写下这些文字，发给弟弟，仍泪流不能禁。

是夜10点04分，弟弟看到，隔着手机屏，姐弟二人相对而泣。

第一次感到父亲尸骨独存于大地的冷寂凄苦，是在2015年10月1日凌晨，长假回家时。那夜，我们一行四人（阿姨、姨父、女儿筱寒和我），冒着秋雨，从北京连夜赶回老家。下高速时，已过子夜，阒无行人，迎着釜阳山一路向西，渐行渐近安卧于太行山脚下的小村落。秋夜的凉冷，隔了车窗依然可以感受到。想到此时，在家中等着我们的，只有母亲，听闻车声赶来开门的，再也不会是父亲。而群山之中，有父亲的坟茔，一座新坟，孤零零，一个个漫长的夜晚，一天天向着寒冷。第一次，我想到父亲会不会夜夜寒冷、孤独，会不会想念我们。

我们还在一起，说着他，或悲或喜。

有时候，其中哪一个做了什么可笑之事，其他人便会说："老史看到了，在骂你这个笨蛋呢！"然后，大家笑起来。有时候，翻看保存的照片或者视频，一直看到泪流满面，之后好多天，都不敢看父亲的影像。有时候，翻检二十几年前的信件，我和弟弟读大学时，父亲写给我们的信，还有一些得以保留，比较他对我和弟弟各自不同的叮嘱和期望，以及每封信末都一样的"我工作很忙，你妈身体很好"……有时候，一遍遍凝视墙壁上、挂历上，甚至烟卷盒上、痒痒挠上，那些父亲写下的春联、记下的账单、油然有感而写下的诗词，一一拍下。

我们姐弟儿时，父亲最爱写的一副春联是"桃花梨花结硕果，男孩女孩栋梁材"，写完，骄傲地贴在正门上。来客每每一边赞叹父亲的毛笔字潇洒遒劲，一边称赞我们姐弟俩才貌双全，父亲则满怀自豪，全部领受。如今，我们姐弟，按照农村人的标准，的确都成了栋梁材，老家真成了老家，那副对联早不见，母亲也搬到城里和弟弟同住，唯有父亲年年写的"人口平安"，还在墙壁上，照看着老家。

所有这些，有一个词，叫缅怀。

缅怀的目的，是为了纪念还是为了忘却。

有时候，我也想不分明。

每一次缅怀的结果，都有力地证明了一个事实：父亲已经不在了。

再有三天，是 11 月 16 日。也就是说，再有三天，父亲就辞世两个月了。

这两个月，对我而言，如此漫长深远。父亲的一生，我的四十多岁，好像都抵不过这两个月的长。与母亲和弟弟，是保定到苏州之遥，与在外求学的女儿和阿姨一家，是苏州到北京之远。这些遥远，在与父亲的天人永隔面前，也都不算什么。

（2015 年 11 月 13 日）

三

  我还是不能平静地讲述父亲,不能平静地诉说对父亲的思念。不能够只是心痛而不泪流。

  一想到,父亲活泼泼的这个人,已经被孤独地幽闭于地宫;一想到,殓入棺中时,面色安详如熟睡的父亲,他的面容会被虫蚁侵蚀,会化而为白骨,会再也不能成为他了;一想到,"三七"日到父亲的坟上,看到圆坟时,他的孙女筱伊围着坟头洒下的五谷已然萌蘖发新绿,而坟茔周围,蝼蛄纷纷;一想到,"五七"之夜,我独自一人,在苏州的星湖街口,焚化纸钱,朔风野大,焰影幢幢……一想到这些,我便有彻骨的寒冷,彻心的悲痛。

  然而,又不能不去想。

  去到父亲曾去过的地方,会想这个地方父亲曾经来过,而他再也不能来了;去到父亲不曾去过的地方,会想这个地方父亲竟然还没有来过,而他再也没有机会来了;吃到父亲吃过的东西,会想这些东西父亲爱不爱吃,而他再也不能品评,再也不能一边嫌贵一边大口大口地吃一边很配合地给我们摆造型任由我们拍摄了;吃到父亲从未吃过的东西,那种难过,使我吃这些东西,都成为一种罪过。

  没有任何一件东西,一个场景,一处地方,不能够与父亲联系在一起的。因为,睹物思人,本来不取决于物,取决于睹物的人与所思的人,取决于这二者之间的关系。因为,2015年9月16日辞世的人,是我的父亲。我是她的女儿。他是我唯一的父亲,我是他唯一的女儿。

  而我们,从那一天起,便再不相见。

  物理学和化学,可以告诉我,父亲并没有消失,他已经或者正在转化成另外的形式,他仍然存在于这个世界上。哲学也可以告诉我,父亲并没有消失，生与死都是可以思考的问题，灵魂的有无，意志与肉体之间，所有这些，都是值得思考的问题。宗教也可以告诉我，父亲并没有消失。佛曰一切都有因缘，生与死，聚与散，都是因缘，都是同一；《圣经》说，"他必蒙耶和华赐福，又蒙救他的神使他成义"。

然而，那个属于我的父亲，实实在在的父亲，无论是科学哲学还是神学佛学，都只能解释而不能保存，只能安慰而不能复活。医学，也并不能医治。不管是父亲的病痛，亦或是我们的心痛。

父亲就是去世了，没有了，消失了。这个世界上，我再也没有了父亲。他仅仅存在于我的并不完整并不清晰的记忆中了。翻看父亲的照片，越是隔了时间久远的照片，越是看着陌生，三四十岁时候的父亲，其实我已经不大能记得清楚他的模样了，甚至五十多岁时候的父亲，他的照片，倘若细看，也不能与记忆中的重叠。

在父亲正当人生壮年的时候，我还是个连自己都看不真切的孩子，心里想念着的都是离奇古怪的梦，何曾仔细端详过父亲！当父亲白发丛生，步履日益沉重，年过半百之后，我心心念念的，是我的事业，我的孩子，我的现实与理想的冲突与挣扎，即使在十一年前，父亲独居家中，脑溢血突发，险些瘫痪在床，疾奔归家的我，第一次为父亲洗脚，第一次感到父亲老了，第一次害怕永远失去父亲，甚至几个月后，在石家庄培训时，念及于此，深夜不寐，失声痛哭……即使是这样，我其实还是没能仔细地珍视我的父亲！

11月16日，农历十月初五，弟弟的生日，父亲离开我们整整两个月了。

弟弟在朋友圈写道：

> 今天我生日，吃了妈包的饺子，一家人围着看女儿弹琴，想起上学时过生日不在家，爸爸给我捎了一瓶白酒。如今，寒夜老家荒野坟

茔前，只有三个酒杯两个酒瓶和他做伴了。

半个月后，12月1日，农历十月二十，是父亲的生日。去年他生日时，第二次来苏州躲霾，天极冷。我上完课，下午去苏州高铁北站，接他们回家，晚上只简单煮了面条吃。之前想过给父亲买个生日蛋糕，点上蜡烛，唱生日歌。又想他血糖高，不能吃甜的，买了他也不吃，还会多嫌我乱花钱，就没买。于是，这就成了终生的遗憾——我再也没有机会为在世的父亲买一次生日蛋糕，点一回生日蜡烛，唱一回生日歌了，哪怕他并不吃，哪怕他真的会嘴上说蛋糕太贵你净瞎花钱。

四

公元2015年6月21日，父亲节。

我写了一篇题为"为了生活是桩美好的事而生活"的文章，发布于我的个人微信公众号"体验大地"上。文章落笔于父亲的病痛，我写道：

> 我那被病痛折磨的父亲，对于生命和死亡的惶恐，有时令我心疼，有时令我同情。面对死亡的恐惧，理性的分析劝慰，甚至医生的敦劝开导，于他而言，都不及一泡屎一碗饭来得实在而有说服力……

于时，尚不知，两个多月后，公元2015年9月16日，父亲就撒手人寰，永远地离去了！阖棺前，我将父亲平日喜欢把玩的两个小葫芦、一个串佛珠还有春节我为他买的福字金戒指，一一给他放在手中、戴在指上。父亲的手指苍白冰凉又柔软，父亲的面容安详恬静如睡，想必再也没有痛苦了。而我却无法因此释怀，这世上虽然每天都有人离去，唯有这一次，父亲的离去，让我真正体会到何谓生离死别。父亲的去世，使"死"这个词，不再是一个词语，而成为一个具体实在的打击。我的世界，缺失了重要的一块，再也无法补上。

　　父亲，今天早上／我站在那朵牵牛花面前／几十年的记忆，扑向花瓣／紫色的容颜，如笑脸

　　父亲，今天上午／我穿行在陌生人中间／瓜蔬果菜，赤橙青黄蓝／味蕾饱满，如少年

　　父亲，正午阳光艳丽／柿枣杨槐的小院，中间／十八捆香，搭起来的山／火舌冲天，在我面前

　　父亲呵，你是不是在那时刻／感到浑身松懈，重新睁开眼／这个世界，重新扑到你面前

　　父亲呵，一朵花一个世界／我从你的全世界里／凝视这一朵花，整个春天／我的心愿，你一定听见

2015年9月11日上午，我去县城南边一个小村子，寻一位年近八旬的老婆婆，为父亲烧香叩拜，送神祈福，寄望于万一。

9月13日，辞别忐忑不安的母亲，为高烧不退的父亲擦了面，我乘早上第一班2路车，经县城，到北京，再次返回苏州上班。

9月14日夜，查《圣经》。我睁开眼，看到我的手指指在此句"他必蒙耶和华赐福，又蒙救他的神使他成义"，泪流满面。

9月15日晨，想着昨夜经文与昨夜的梦，神情恍惚，第一次用洗面奶刷了牙。

9月16日下午1点10分，拿起手机，弟弟来电，父亲辞世。

是日，奔丧回家路上，流泪写下这些文字：

　　爸爸，从今以后，我只有在梦中，才能看到你对我笑。请您在天堂，也要这样幸福地笑。感谢您给了我生命、爱以及世间一切您所能够给予的美好，我们会照顾好妈妈、自己和孩子，好好生活，请您在

天堂，一定要这样幸福地笑。

9月18日，安葬父亲，晚上9点，写下这些文字：

> 这好像一场梦
> 午后的大太阳，风从眼前刮过
> 远处的青山和脚下的玉米地
> 这是一个梦吧，爸爸
> 当我睁开眼睛
> 你正噔噔噔走上台阶
> 甩开帘子，推开门
> 献宝一样，把手里的一把酸枣
> 放在我手心里：
> "吃吧，霞！
> 这是你爸爸特意去给你摘的，
> 我们闺女最爱吃了！"
> 这是真的，爸爸
> 当我醒来你就在那里

安葬父亲之后，最为触目惊心的是，死去的父亲，成了荒野里的一座新坟。

我不能接受事实，却必须承受事实，我无法改变现实，却必须改变自己。

五

此时，文字的意义，格外鲜明。

文字是一种魔法，它可以赐予亡故者新的生命，赐予后死者永久的慰安。

写作的过程，如同放映，父亲便在我的文字中复活。

三天圆坟，我写下《祭父文》："父兮生我，四十二载／七十而殁，欲养不待／哀戚无穷，梦寐求之／求之不得，泪涕泗之／瞻顾遗迹，如在昨兮／苍之天兮，曷有竭兮／去乡八岁，聚少离多／而今诀兮，追悔莫及／父兮父兮，音容宛兮／墓如丘兮，纸成灰矣／往事历历，来日尽矣／养育之恩，终难报矣／父兮父兮，鸟在檐兮／日之将出，母在庭兮／弟兄其侧，靡室劳矣／父兮父兮，鸡在栏兮／日之夕也，母在室兮／弟兄其侧，靡有朝矣／父兮父兮，入我梦乎／生时记忆，当不泯乎／父兮父兮，佑我母兮／黄土青山，万古为一！（乙未年八月初九，2015年9月21日）"

"一七"上坟，我写下《一七祭父》："尤畏人定时，草虫复嘤嘤／北窗临远山，秋意砭我心／冰棺闻父唤，殓柩指犹寒／叩首墓灰前，蝼蛄窸窣纷／念念去千里，怅怅归故居／晓看经行处，湿露冷一村／吞声别慈母，回首泪沾襟／萧萧禾稼地，簇簇土茔新。（2015年9月22日）"

秋分日，我写下《秋分夜有感》："世事如梦，难辨真伪／恍惚若醉，不知死生／荦确角列，茫荡浩渺／依稀仿佛，呜呼哀哉／涕之泗之，祈之祷之／忧兮怜兮，中夜叹兮／思不见兮，梦非梦兮／天地万物，为刍狗兮！（2015年9月23日）"

"三七"立碑，我写下《三七祭父》："莽莽渺渺兮，旷野无语／蜿蜒嵯峨兮，峦黛岑寂／五谷生新绿兮，一喜一泣／四时仍交替兮，寒暑易节／酸枣如珍珠兮，采之谁遗／山楂似玛瑙兮，掇之何藏／举箸向盘飧兮，心有所感／酹酒临秋风兮，目有所视／碑默默而无言兮拭如有待／野茫茫而无尽兮望如有情／夜归闻犬吠兮，不见父景／日出迎朝晖兮，唯与母别／夫天人远隔兮，痛何如哉／痛定之日其必至兮／而无痛之苦其谁知！（乙未年八月廿四，公元2015年10月6日泣笔返京途中）"

寒露夜，我写下《寒露听风有怀》："虎啸龙吟动地哀／风狂雨骤惊天渊／夜静人定心难定／秋深露寒神亦寒／南窗遥睇楼遮目／不见故园恨无边／太行麓处青黄冢／纸灰燃尽生紫烟。（2015年10月8日）"

……

写下来，就是说出来，我将疼痛哀戚怀念梦忆愧悔呼告，都化成屏幕上的文字。

借助语言文字，记忆中的父亲，变为实在。

父亲在世的光景，记得最清楚的，还是自2013年圣诞节那天父亲被确诊为癌症晚期后的这一年多。尤其是，2015年6月底，父亲病危后朝夕相处的这两个多月。而这两个多月里，因为癌细胞转移到大脑，迅速发展，父亲其实并不能说是完全清醒的。这两个多月，也许是父亲自患病以来，过得最无忧虑的两个月。有时候，连我们都不认识，甚至也不知道自己是谁，身在何处。

即使如此，神志不清的父亲，他求生的意愿和意志力还是鲜明强烈顽强的。

一年多中，我们没有告诉父亲他的病情，父亲也很配合，并不要求看自己的病历。他愿意相信他的病是可以治好的，他一直希望自己的病能够治好。

2014年元宵节后，父亲和母亲第一次同来苏州，那几十天，是最快乐的。几乎每个周末我都会带他们去吃大餐，游苏州，吃了西餐、火锅、韩国菜、日式料理、苏式小吃，赏玩了虎丘、拙政园、平江路、观前街、金鸡湖、李公堤、东方之门、科文中心和我的学校。父亲心情舒畅，以为病情大好，甚至还胖了些。回家时，生平第一次坐了飞机，父亲站在候机大厅时，手把行李车，四顾之态，俨然实现了儿女成为栋梁材的梦想，悠然自得，其乐何如！回乡后，父亲逢人便讲苏州的美，描述他飞在天上的感受，每每与人应道："这回死了也不冤了！"然后，哈哈大笑。

随后的一年多，父亲还是精气神渐渐衰弱下去，各种不适症越来越多，越来越严重。所有的不适，我们给他解释说是肺气肿，是糖尿病，是前列腺肥大,是便秘,是安眠药的副作用,凡此种种,他都愿意相信。

一年多中,不管药有多苦,剂量有多大,不管发现了什么秘方偏方,父亲都愿意去尝试。即使是在最后的日子里,父亲也很配合地吃药,只要告诉他吃了药就会好转,哪怕他不知道自己是谁,他也会听话地把药吃下去。

如何面对垂危必死之人的生与死?

生的尊严与死的尊严,生的勇气与死的勇气,在父亲垂危之日,面对挣扎求生的父亲,我一次次思考这个问题。

父亲只有一天断食,在最后昏迷的几日,稍有清醒,甚至并不清醒,只要喂食喂水,他都会张嘴吃下去,哪怕那时候,他已经丧失了吞咽的能力。

父亲对生之留恋热爱,让我满怀敬意。

父亲是最热爱生活的人,喜欢美食美酒,尤其对儿女的好意,从来热诚领受,热烈炫耀,生怕辜负了儿女的孝心。给他买电动车,他会配合地摆拍,给他买了金戒指,他会在拍照时特意把戴戒指的手露出来,给他在城里买个小房子,他会遍告老伙计:"我老了老了还要去住楼了!"带他去游山玩水,他会做出各种憨态,扮猴子扮熊猫,攀树登岩吃竹叶,即使在弥留于病榻之时,用吸管给他吃啤酒红酒白酒,他还会艰难地露出笑容,每一次,两个大人为他翻身,双膀较力,"一二三!"再放到充气垫上时,他也都会咧开嘴巴笑一笑。有一次,我和弟弟两个人为父亲换床垫,我怀抱着父亲,他使劲地抬起头来,看看我,然后,将头枕在我的胳膊上,脸上露出了幸福的笑容。

世界的广大迷人,生活的痛苦丰富,家的温暖羁绊,都值得活着的人,为之努力奋斗,为之忍受,为之煎熬。

我不知道父亲去了哪里,是泉下有知,还是在天有灵,还是只存在于我们的记忆中。生活是残忍的,命运是冷酷的,单个的人,是没有还手之力的,我只能一遍遍告诉自己:为了生活是桩美好的事而生活吧,爱这世上,还属于我的亲人和朋友,爱我自己吧。

我知道,父亲是希望我们都能像他一样,努力并热爱地,好好地拼命活下去。

(2015 年 11 月 23 日)

六

止庵的母亲去世后,他写了《惜别》,一本书。张大春的父亲去世后,他写了《聆听父亲》,一本书。

我周二晚上(或者是周一)曾经做梦,梦见父亲临终的情景。梦中,我亲眼看着他离开人世,拼命拍他的脸,想把他叫醒,他听到我叫他了,也感受到我在拍打他,他使劲睁眼,想动,使劲地抖动面部肌肉,但是,眼睛还是没有睁开,还是没有醒过来……快一百天了,我们觉得这一百天很漫长,其实,才只是一个开始。

我最怕看到老人。如果是年岁很大的老人,就会想,为什么父亲不能活这么大,他的人生中都没有活到步履蹒跚白发苍苍的时候,就去世了。看到和他差不多的老人,就会想,为什么他们还都健在,还能坐公交车买菜,还能早起遛弯,可是我的父亲却不在人间了……

父亲生日那天,我还和母亲以及弟弟视频,我们都没有提那天是父亲的生日。人生有许多种假设,我常常想,假设父亲从工商所回家之后,这些年,到北京跟着王大枪干点事,或者在外面再找个什么差事,也许他就不会这么快离世,因为他有事情可做,有外面的世界,而不是局限在这个狭隘陈陋的小村子里,可能心情会好些?假设给父亲换一种治疗方案,即使不进行放疗化疗,在他生命的最后一个春天,也去尝试一下传说中的靶向药，会不会他的病情恶化得会慢一点，生命可以再多延长一些时日？但是，谁又知道呢。所有的假设，都不可能去模拟，生命虽然有无限可能，而选择只有一种，唯有落棋无悔。

也许这就是他的命运，我们都长大了，每个人都不再需要他做什么了，没有他遮风挡雨我们也都可以独当一面了，然后他作为支撑这个家庭的支柱的使命完成了，他就该走了。也许这就是父亲的命，他就没有享福的命。因为他接下来活下去的日子，就是应该要享受筱寒筱伊长大成人，四世同堂承欢膝下之福。父亲对我们最无私了，他要求的很少，享受的很少，受到的呵护关注也很少。

（2015年12月20日）

读唐诺的《眼前》，读到关于子产的一句话："生命只此一回，你的生命却无法完全归自己所用，这感觉很寂寞。"父亲的一生，浮现眼前。

父亲生于丙戌年（1946年）己亥月（十月）辛卯日（二十日），公历1946年11月13日，殁于乙未年（2015年）乙酉月（八月）乙未日（初四），公历2015年9月16日。父亲的一生，少多磨难，中历艰辛，到晚年，终于可以享受人生了，却因癌症，撒手尘寰。

童年时，因父母婚变导致的家庭变故对他们兄弟姐妹的影响自不必说，少年时，遭逢"文革"学业中辍也是他们那一代人的宿命。年轻时的父亲英俊多才，艺术天赋极高，爱写作善书法，吹拉弹唱无师自通，并且组织能力超群，18岁就开始做生产队长，之后有过多次机遇，比如招工进城、应征入伍、选拔考试……都被人从中作梗，一次又一次，硬生生地掐断了改变命运的风帆。

有时候，我跟他聊一聊这些，聊他的文学艺术梦，聊他青年时代与曲艺家、京东大鼓演员董湘昆通信的故事，聊他在电影公司的时代，总是能拿到最热的片子每个村子连映十几场的辉煌业绩，聊他屡次接手片区最棘手的市场管理工作而与人结下金兰之义，父亲脸上便会闪过一缕温柔的笑意。然后，摸一把脸，扭头问母亲晚饭吃什么，偶尔，也会轻叹一声，然后很用力地咳嗽，巨响打雷一样，撩开母亲亲手卷的门帘，大步流星，走到院子里，抓起扫帚，清扫满院的落叶。

　　父亲天生不应该是一个农民——我并不是鄙视农民，一个合格的或者出色的农民，应该是母亲那样的人，或者大叔那样的人，他们对土地有着一种深深的迷恋，对耕种与收获有着能工巧匠一样的热爱与诗人一样的深情。而父亲，虽然他18岁就做生产队长，年富力强时还做过村主任，但他并不是一个好的农民，他并不擅长也并不享受他作为农民所要经历与面对的一切。

　　父亲天生应该是一个艺术家，或者是一个政治家，或者，是一个外交家。可惜，父亲的命运，无法掌握在他自己手中，他的生命完全无法归他自己所用。晚年的父亲，常常陷入沉思，母亲数落他时，常说他是在发呆发傻，我则认为那是父亲经历了一生的偃蹇之后，回顾往事时必然而又难言的寂寞。在这样的时刻，唯有沉默。

　　事实上，父亲的一生，放在农民中，或者说，放在我们的小县城里，并不是乏善可陈的一生。甚至，很有些丰富精彩。方圆几十里，父亲的名字一直是响当当的，无论是我和弟弟，还是堂弟堂妹，在我们的童年、少年乃至青年时代，父亲的名字，常常给我们带来许多关照，许多骄傲与自豪。更不用说，在我们那个小村庄了。

（2016年8月24日）

七

　　回顾一生，几多感慨？父亲从来没有说过。

　　父亲一生的经历，或得自母亲的讲述，或得自我的记忆。

父亲倜傥英俊，爽朗豪迈，一向不乏爱慕之人，因之，青年时代感情经历丰富。

记得年幼时，母亲经常打趣父亲过去的那些恋人，其中有一个青梅竹马的同村姑娘，因为父母坚决反对而致分手，反对原因则是"文革"时双方父母不是一个营垒。那位姑娘婚后生活并不如意，父母每次提到她的不幸，都未免唏嘘。

在我 15 岁那年暑假，家里翻盖新屋，一家人借宿邻家，老房子里的东西悉数搬到邻居家。收检西屋时，我在炕席下面发现了厚厚一沓信纸，娟秀的笔迹，流利的语句，深情的倾诉，密密麻麻写满几页纸。其时已读高一的我，很快就读懂了：这是一封写给父亲的情书！信中记述他们共同在玻璃厂上班的经历，写女孩子望穿秋水地盼望在一个个偶然的瞬间——比如晾晒衣物的一转身、车间里交工的一刹那——可以看到心上人英俊的面庞、潇洒的身影，可以听到"亲爱的哥哥"那爽朗的笑声或者动人的歌喉，此外，还记述了某些领导意图阻止女孩子与父亲的恋爱以及她的矢志不渝……

可惜，现在我只能凭借记忆来概述信件内容，因为当时的我，实在是被吓到了！我能够看出来这封信是父母结婚以前的，可是为什么它埋藏在这里？这意味着什么？如果母亲看到会怎么样？于是，我义无反顾地，把它塞进了灶膛。直到十几年后，我才跟父母提起此事，母亲却笑道："那信我看过，那个女子我见过……"

母亲常说，老史这一辈子，在外面，他谁也不怕，在家里，谁也不怕他。记忆中，从小到大，父亲只拍过我一巴掌，吼过我两三声。倒是我们姐弟常常依仗着母亲，不把父亲放在眼里。父亲这一生，最爱的女人，最离不开的人，毫无疑问是母亲。母亲比谁都清楚这一点，所以，凌晨哭灵时，母亲才会拍着父亲的灵柩嚎啕大哭："史文林呐，你谦让了我一辈子了啊，你怎么这么狠心扔下我一个人走了啊……"

三十多年前,一个冬天的夜晚,一个姓孔的叔叔和一个伯伯,顶风冒寒来到我家。父亲照例让母亲张罗了一桌酒菜,几个人边吃边聊,孔叔叔一口一个大哥大嫂,那位伯伯也不断地说文林你是好人有好报,以后还有机会……那是 20 世纪 80 年代,文艺复兴的年代,各地建立文化站,父亲和孔叔叔都参加了那一次文化站站长的选拔考试,父亲考取了第一名。那位伯伯和孔叔叔到我家登门求告,希望父亲把这个名额让给排名第二的孔叔叔,因为孔叔叔虽然也是一表人才(我依然能想起孔叔叔的样貌以及他的名字),但是家境不好,大龄未婚,如果能够得到这个机会,就可以改变他的命运。于是,父亲就真的把这个机会,这个可以实现他命运(也包括一家人的命运)转折,甚至实现他文艺之梦的机会,让给了别人。之后的三十多年,父亲再也没有碰到这样的机会,虽然有过其他的机会,但因为各种人为的因素,都没有变成现实。后来,他们都老了,孔叔叔在文化站站长任上退休,每个月有几千块钱的退休金,父亲一无所有。

父亲一生大部分时间从事工商管理工作,是一位名副其实的老工商。父亲一生的至交也多半在工商系统,我和弟弟的干爹,就分别是两个工商所的所长。父亲担任过市场管理员、工商所办公室主任、个体协会主任、片区负责人等各种职务,在我们县城以西的四个最大的工商所里,父亲都曾是其中骨干。然而,父亲一直都以临时工的身份从事这些工作。在 20 世纪 70 年代末 80 年代初,市场经济刚刚开始,绝大多数从事工商税务管理工作的人员都是临时工,其后陆续几十年中,大部分都转为了合同制或者国家正式工作人员。而父亲,阴错阳差地,一次次都失去了机会,而且每次都不是因为他自身的问题,几乎每次都是领导层内部权力互相倾轧的牺牲品——也许恰恰是因为他太能干,太出色,太引人注目,而成为被选中的目标?也许,是因为他太卑微太渺小太不足畏也,所以才会成为领导层中角力争斗时的一颗小棋子?又有谁知道呢?

我记得一个傍晚,父亲从县城回家,从兜里把一叠钱交还给母亲。母亲问他为什么又带回来？父亲说送不出手去。是因为那局长是父亲的中学同学，父亲送不出去吗？还是因为那钱是母亲一年到头辛辛苦苦一勺一勺喂猪换来的，父亲送不出去吗？这些，我就不记得了。我只记得父亲无言地端起水，默默地喝了下去。

后来，因为政策变化，清退所有临时工，父亲因为工作能力突出、工作业绩好，屡次被几大工商所的所长返聘回去，继续委以重任。此后，为了退休之事，父亲曾和有共同遭遇的一批人，一起去局里、县上讨一个说法。局领导给那些返聘父亲的所长施压，所长们亲自登门，劝父亲退出上访，说如果继续下去，会影响到他们的仕途。于是，父亲就真的不再纠结此事，靠每年在大队里做一些杂事，赚取零花钱。十几年后，父亲卧病在床，他们多数都来探望，父亲辞世后，他们也都敬献了花圈挽联。

父亲当然不是完美的人。青壮年时，父亲常常不醉无归，归家必有一场战争。一则是工作上的应酬之必须，无论是工商管理还是电影放映，都需要与人应酬交际（这一点，是我长大之后才理解了父亲）；二则是父亲嗜酒常醉，并不是被人灌醉，而是自己把自己灌醉。1985年或1986年的春天，读初一的我们在老师的带领下，去水库沿途植树造林。我在堑坝之上，一眼看见我英俊潇洒能干的父亲骑车从下面经过，我刚要骄傲地跟同学说"看，这是我爸爸！"，却听到邻村一个男同学说："就是这个人，昨天晚上在我们村放电影，喝多了，撒酒疯……"我扭头便离开了那里。直到二十多年之后，父亲已经不再嗜酒，每天走路健身，重视养身之道，我才在一次闲聊中，告诉他这个童年的"伤害"，父亲则抹一把脸，咳咳两声笑。

父亲不是一个优秀的农民，他不热爱农业劳动，准确地说，他不擅长农业劳动。他的天赋，放到农田里没有用武之地，土地和庄稼不能理解他，母亲也往往会在农忙时节迁怒于他，斥之奸懒馋滑。儿时深刻的记忆便是，每到农忙时节，也是家庭战争（通常，是母亲对父亲的战争）最频繁激烈的时节。到后来，便形成了母亲做主力父亲搭把手的局面，以至我们甚至一度认为父亲是可有可无的。

事实上，父亲一直都是家里的一座山，如果没有母亲的坚持与激励，以我们姐弟少年之后的贪玩疏放，我们可能都会失学，而如果没有父亲的影响和支持，我们姐弟的才华禀赋又从哪里得来呢？

父亲结交三教九流，我记得曾有少林俗家弟子来过我家，教我和弟弟练拳脚，练骑马蹲裆式；我记得曾有剧团的班头来我家，说我是唱戏的好苗子，教我喊嗓子，跟父亲说再过几年可以跟他们剧团学戏；我记得有民营企业家来我家，先是让我们叫叔叔后来又让我们喊舅舅，14岁初中毕业，我还差点被父亲安排到该企业去做宣传部长；我还记得，父亲拉扯着老叔一起，创建了我们当地第一个兄弟放映队，也是电影公司业绩最好的一支，公司里的经理雅好文艺，善书画，送给父亲一副字画，高山流水图，上联是"春花秋月多佳趣"，下联是"高山流水报知音"，一直挂在家中主卧室内。至于，在合作社解体之际，父亲通过自己的人际关系，帮助大叔承包了合作社，最终使大叔走上了开商店经商的道路，养活了五个儿女；后来，在村里电工换届时，又帮助老叔发挥其所长，如愿以偿做了电工，最后到了乡里的电管站，使其老有所养，以及其他的叔叔姑姑们，莫不在其人生的道路上，有过父亲的帮扶举助，父亲对于外人尚且如此，何况他是这个家族的大哥呢？

至于我和弟弟，在我们并不顺利的求学路上，每一次遇到问题，都是父亲站出来给我们开路搭桥，而且，从不埋怨，从不诉苦，从不祈求回报。父亲好像生来就是为了给我们解决问题的，小到儿时五日一个集市上他必定会带回家的那个热腾腾的火烧夹肉，大到失学辍学失业就业结婚离婚种种足以焦头烂额的糟心事，都没有难倒过他。

直到有一天，他自己病了。他才发现，原来自己的儿女都已长大成人，可以独当一面。儿子可以给他在没有床位的北京大医院里，找到床位，安排他住在条件还算优越的病房里。女儿可以为他询南问北讨药求医，购买大屏电视，入住豪华宾馆，还带他乘高铁坐飞机游遍苏州。

所有这一切,父亲心满意足。

八

然而,我并不能因为父亲的心满意足而原谅自己。

然而,我却再也没有机会可以弥补,因为父亲已经不在人世。

肉体,是多么美好的东西。因此,穆旦才会在春天里,歌唱20岁紧闭的肉体。那是生命,那是等待伸入新的组合的生机。而死亡,之所以令人悲伤、恐惧,也是因为它会让肉体成为尘土。

这个夏天,北方大雨,多地成灾。父亲的坟茔也因暴雨而受到了损坏,母亲说可能棚板石断裂了,可能会有泥土乃至雨水灌入墓中。村里的老人们说,所有的坟茔都会这样。是啊,所有的坟茔都会这样,即使他是我的父亲。他的坟茔,在山野之中,与其他的,并没有什么不同,大自然对待他们一视同人。一转眼,父亲已经去世快一年了。临终时,体格魁梧的父亲,已经为癌症折磨得皮包着骨头,如今的父亲,他的满面红光,他的风流倜傥,他的欢声笑语,只有向梦中寻觅。

母亲还是一个人住回了老家。她挑选了几张她最喜欢的父亲的照片,洗了大的小的几个水晶片,放在屋中,与她作伴。与母亲视频,她说每天仿佛父亲仍然在身边,她饭后出门纳凉,总会对着照片说:"老史你看家吧。"她说她在外面和人聊天说话,仿佛父亲就在家里等着她。她这样说着,我把视频对着天花板,泪流不已,母亲不再作声。长久地,母女二人隔着几千里,视频中只有空白的墙壁,各自哭泣。

第二天,我做了一个很长很远很欢乐的梦。梦里,一家人在一起,包饺子,做游戏,聊天。父亲在唱京东大鼓,我说你别唱了,别累着;父亲又点了一根烟,我说你怎么还抽烟。父亲说放心吧,我知道自己。筱寒说要去上课了,去学英语,筱伊拿着一杆旗说这是她做的……我要出门,问父亲母亲还需要买什么常吃的药。我们都想不起来一种药的名字了,里屋外屋地翻找,一边找一边聊天。我想幸亏这一切都是真的,父亲的身体还好,还可以再吃灵芝孢子粉,还应该再买点五味子止咳,想起做过的父亲已经去世的梦,庆幸那只是一个梦,而梦是为了提醒我们,更好地相处相爱。我从梦中醒来,发现梦中的梦才是事实,梦中的事实才是梦。

我是多么希望,现在的我是生活在梦中,等有一天醒来,父亲就在家里,铿锵矫健地在院子里走来走去。

打开手机的日历,那天是 8 月 16 日末伏,第二天就是农历七月十五中元节。

九

过去的三百多天中,我多次梦见父亲还活着,又次次都是被梦中的自己道破实情——父亲已离开——而惊醒。

复　活
2015 年 12 月 27 日

前日,又梦见父亲。

老家,大约是傍晚。

母亲做好饭,让我去叫在家门口山上干活的父亲回家吃饭。

我沿着山路向上,遇到了大叔家的几个妹妹,艳兵,老二,老五,在一块场地上,带着孩子玩儿,场地边,林荫茂密。

她们说,大姐,你去干吗?我说,去叫你大大回家吃饭。她们说,我大大还没下班?我说,你大大热爱劳动……我便停下来,与她们聊天,逗弄孩子。姐妹们说话间,见父亲骑着自行车,从我的来路上过来了,他身体强壮,既不肥胖,又不瘦弱,精神抖擞,满面红光,穿着那件土黄色的短袖衫。

我说爸爸我妈叫你回家吃饭。

父亲说我已经在外面吃过了。

这时,一辆瓜果车,停在我们面前,里面的瓜果个个都很新鲜。父亲说,挑几个,拿回家给你妈吃吧。挑拣中,有一个掉到地上,滚向地边,父亲顽皮地伸脚去踢,它滚向我,我注意到这果子竟有一块腐坏的,赶紧弯腰去拣拾,父亲爽朗的笑声在耳边,我心想:千万别让父亲看到这果子烂掉了一块儿……看他现在这么健康快乐,谁又能相信,前段时间,才将他安葬……

于是,霍然醒来。

父亲去世,已过百日。

我不得不接受他已不在人世的事实。

而这个梦,是我的另一种心愿。

我的父亲,健康快乐地,在某处复活。终有一天,我们还会相聚。

宗教信仰,能够给人安慰与力量,皆因为,相信复活,相信永生,相信人死后还有另外一个世界。

记 梦

2015 年 10 月 18 日

"噔!噔!噔!"

沉重有力的脚步声

爸爸迈上了台阶

"啪嗒!"

门帘甩动,爸爸进屋来
"嘿!还在睡觉呢!"

爸爸又走向厨房
"怎么还米着呢?
锅怎么没开火?"

我睁开惺忪的睡眼
"不知道,你问我妈。"
"怎么还不做饭,
你们真是行喽哇!"
"刚吃了早清儿的,
饿死鬼儿超生的吧……"

我从炕上坐起来,
爸爸妈妈都在屋里
一个在圆桌旁
一个在穿衣镜边

"这不是我爸爸吗!"
爸爸突然变成了妈妈
"妈—!"
两个妈妈合成了一个

梦　见

2015 年 10 月 17 日

刚过完一个假期
我们都要去上班
往来的亲朋纷乱

妈妈希望我多吃点
房子是最老的那栋

你站在炕沿边
摆弄着你的那些小东西
穿着那件灰色的秋衣

我和妈妈在外间屋
房子是现在的这栋

一个假期过去了
我们又要去上班

"真好，他又熬过了
一个暑假……"
"嗯，没准儿真能坚持
十年八年！"
"平时小事儿别和他计较，
省得以后，留下遗憾。"
"我们几十年就是这样生活，

谁也离不开谁,放心吧……"

睁开眼,想了一会儿
意识到,原来是梦见

我已经很久不给您写字了,爸爸
2016年6月27日

不是我把您遗忘了,而是我始终不能
不能控制自己的眼泪和心痛

父亲节的前一天,我和筱寒在云南
大理桃源人家吃晚饭,饭桌在庭院
树影在夕光中漾来,"小时候……"

话未说完我的眼泪便夺眶而出
筱寒拍拍我的手,一言不发,
她知道妈妈想起了姥爷的事。
结账时,柜台上摆着几盒火麻仁特产
我刚要开口问多少钱,才意识到
您已经不用再吃这种东西……

我相信这世界上有灵魂的存在
我相信您从未离开我们
我相信您从不记恨儿女的怠慢粗心
我相信您无论在哪里都如以前一样
爱着我们祝福着我们,我的父亲!

太多的遗憾，比如美食佳酿
总有我今日方吃到而您已无缘
再如人事变迁，碧落黄泉何处报
自从您离去，妈妈开始写日记
从片言只语，到现在引经据典
自从我上网课，妈妈几乎天天都听
还会写课评，假如您能听到我的课
听我讲西西弗、里尔克、卡夫卡、卡尔维诺、王小波
不知道您又该是多么开心！

我已经很久不为您写字了，爸爸
您一定知道，您从未离开我的心
在我的心里，您又成了神一样的存在。
每当生活中有什么烦忧，我会告诉妈妈：
"跟爸爸祷告祷告吧，他会保佑我们！"
就像儿时一样，不管遇到什么事，
我和弟弟都认为，没有我们的爸爸解决不了的。
事实也是如此啊，爸爸，我们从小到大
遇到的艰难，没有一次不是靠了您的护佑！
您生时如此，您去后依然。

2015年6月26日，我和筱寒一路从苏州疾驰回乡，父亲已卧床不起，从昏睡中唤醒他，父亲说："霞，你怎么才回来？你要是早回来，我早就好了！"

——已经过去了整整一年！

这生命世界的奥秘，终究无法参透。所梦与所思所历，终究脱不开干系。灵命是否隔阴阳两界而能彼此寻到？抑或生命轮回，每一个死者都有大能？既不能因此认识生，也不能识别死，所谓不惑，是圣人才能抵达的境界。

唯有珍惜每一个亲人朋友，好好地爱自己。

只要我们还活在世上，父亲便可以不断地，在我们的话语中，想念中，记忆中，梦境中，文字中，复活。

十

卡夫卡有一篇短篇遗作，写于1922年，发表于他去世以后，全文如下：

> 我叫仆人把我的马从马圈里牵出来。他没有听懂我的话。我便亲自走近马圈，给马鞴上鞍，然后跨上马。远方传来了号角声，我问仆人，这是什么意思。他一无所知，也一无所闻。在大门口，他拦住了我，问道："主人，你骑马上哪儿去？""我不知道。"我说，"我只想离开此地，只想离开此地。经常地离开此地，只有这样，才能达到我的目标。""那么你知道你的目标？"他问。"是的，"我回答他，"我方才不是已经说了么：'离开此地'。这就是我的目标。""你还没有带上干粮呢。"他说。"我不需要带什么干粮，"我说，"旅途漫长得很，假如我一路上得不到任何东西，我非饿死不可。干粮是救不了我的。值得庆幸的是，这确确实实是一次惊人的旅行。"

死亡，是什么？

是一种离开吧。

离开在世的此地，达到哪里？或许，如卡夫卡所说，离开此地，就是目标。至于死亡以后,将达到哪里,那可不是我们这些后死之人所能够知道的。不过,可以让我们安心的一点是,我们每个人终究要死去,也就终究都会离开在世的此地,抵达那一个未知。或许,隔开生死的,也许真的是一扇无形的门。

死去的亲朋好友们,终将在另一个空间里,以同样的另一种形式,再相聚。教书的教书,种地的种地,唱歌的唱歌,演戏的演戏。

生命,是什么?

是一场惊人的旅行吧。当一个生命呱呱坠地,生命的号角便吹响了,生命的旅程,就是经常地离开,不断地离开,从这里到那里,只有经常地离开此地,才能达成生命的过程,直到最后一次离开——死亡,才得以完成这一次在世的惊人旅行。

每个人生命的旅途,漫长而又短暂,每个人都曾像亡命之徒一样,想拼命攫取点什么,又不得不无奈地,徒劳一场地放弃点什么。直至最后,放弃全部,整个生命,整个世界。旅程结束,彻底退场。

我的父亲,他度过了他卑微而劳碌的一生。在这个夏末秋初的时节,回顾父亲的一生,我不能说他一无所有,我不能说他两手空空,他的一生,确确实实是一次惊人的旅行。他并未虚度此生。

以此,告慰父亲在天之灵。

(2016年8月25日)

今天,是丙申年八月初四,去年今日,乙未年八月初四日(2015年9月16日)下午1点10分,父亲溘然长逝。

这几日,又两次梦见父亲。

9月1日晚上,梦见父亲病危之际,突然地动山摇,狂风呼啸,整个屋宇院落乃至村庄都被吞噬。俄顷风定,瓦砾残垣中,却见父亲已变成一个婴孩,咿呀于废墟之上。

昨夜,梦见我得炼丹之法,炼出神药,父亲吃下,起死回生。他们说这药只能使用一次,母亲说面要吃完了,父亲说食欲大开……

一年过去了。这一年中,每当节祭,总会梦见父亲,我不知这是父亲在天有灵眷顾着我,还是我日有所思念系深致。亦或,兼而有之。

此时,母亲和弟弟他们,正在给父亲上坟,坟茔野草披覆,四野禾稼葱茏,秋空如洗,青山如祭。看着弟弟发来的照片,想起这两个梦,我愈发愿意相信,人的死亡是另一种开始,此世的旅程结束,抵达另一驿港,再度出发。可以选择相信的有很多:能量转化,无处不在,草木皆可以有情;生死乃轮回,一个老人下山去,一个孩子上山来;天国里不再有病痛,此世所爱所乐,悉数带去,此世所恶所惧,全部成空……

不管是哪一种,我们的父亲,此生已经完成。他给了我们生命、爱以及世间一切他所能够给予的美好,我们会照顾好妈妈、自己和孩子,好好生活,热爱,守护,珍重,以完成自己的生命。

仅以此文,遥祭。

(丙申年八月初四,2016年9月4日)

后记　我追求拥有诗意的世界

史金霞

王小波曾写过这样一句话："一个人只拥有此生此世是不够的，他还应该拥有诗意的世界。"

作为一名普通的教师，我特别喜欢这句话，而且，自认为拥有了诗意的世界。

一个教师，怎样才能拥有诗意的世界呢？

一

诗意，首先来自对现实生活努力建设、创造的勇气，去创造一个不应该注定重复被设置的现实。

不满于现实生活，这几乎是人之常情。

经常有年轻老师对我说："史老师，你所在的学校一定人文环境非常好，我也想到你的学校去，因为我的学校、地域生态环境实在是太恶劣了！"

对自己的现实生活不满，然后，想换一个满意的地方，到一个满意的环境去开始崭新的生活。——这也是人之常情。但是，这其实是一种不切实际的幻想。因为，这个世界上，根本就不存在一个会令你满意的现实生活环境。

做教师24年，我换过大大小小6所学校，从乡村到城市，从北方到南方，从公办到民办又回到公办，没有任何一个环境是非常美好的。一般情况下，美好都是存在于距离中的。在中国，没有任何一所学校，会不要求老师满足其对分数的追求，也没有任何一所学校的家长群体，会不要求老师能够让孩子分数考好。因此，一个教师，如果总是想着："我必须要有一个理想的环境，我才能够做一些理想的事情。"那么，你可能永远都做不了什么理想的事情。

你的现实生活是不尽如人意的。在现实生活中，你会遇到各种各样令人抓狂的问题。你如何在坚守自己底线的基础上，得寸进寸，去改变你的现实生活，你如何去给自己营造一个相对而言可以尽力去施展你自己才华的环境，你如何去创造一个不应该注定是重复的、不应该是被设置的、有尊严有乐趣的生活——这才是一个成熟理性的人，值得致力于其中的。

就像王小波笔下那只特立独行的猪一样，若不想被别人设置你的生活，你就要自己明白你想要过什么样的生活，你就要自己清楚如何实现你的理想，你就要有能力抵抗、捍卫并且创造。当你想做一件事情时，不是去想，有一万条理由使我不能做这件事情，而是去想，我可以做什么，排除千难万难，把这件事情落实，把这件事情做好。

就像加缪笔下的西西弗一样，面对巨石，承认"这是我的石头"，"这是我的命运"，我要怎样把它滚动上前，我要怎样一步步地走向我未知的，甚至可能是我已经预知注定要失败的那个结果——但是，无论成败，这个过程我一定让它有意义，一定让它有价值。

人的一生非常短暂，活到一百岁的都很少；一个人的一生只有一次，这一次还是不可逆的，不管你在童年、少年、青年、壮年、老年经历了什么，哪怕再后悔都不可能重新来过。

所以，一定要负责任地过好现实生活的每一天！

后记　我追求拥有诗意的世界

二

　　诗意，还来自对不可预知、不可把控生活的渴望，勇敢地迎接一个不可测的充满无限可能的未来。

　　这样，才可以实现一个人生命的多样化。

　　既然一个活生生的人，只活一生一世是不够的，而一个人又的的确确只能活一生一世，那就应该让自己这一生的生活多一些变化。

　　一旦生活多了变化，就会多出很多不可预知、不可把控的危险，变得不安全，但是，这种不可测的危险，也会带来无限的可能，带来无限的梦想。因为变化，我们的未来才充满希望。在变化之中，我们不知道将来会身处何方，不知道未来会变成怎样，但是，我们知道，未来肯定是要发生变化的。——这是多么迷人！

　　就像我经常对我的学生讲的那样："不要总是给自己画一条线——我的人生到此就止步了，我这次小高考没考好我的人生就结束了，我高考没考好我的人生就结束了，你的人生没有那么轻而易举就结束。你不要以为，你上了一个什么样的大学，你的人生就定型了，老师现在在这里给你们上课，我不认为我会永远在这个教室里给你们上课，可能我不会永远在这个学校，有一天，我还会离开这里。因为有更美好的未来，我可能还要去创造；因为没有尝试过的生活，我可能还要去尝试。"

　　每届学生都会问，老师你是不是要辞职啊？他们总认为，一个人说这话的时候，肯定是要辞职了，其实，不是要辞职才说这样的话，这话反映的是一种人生态度。

　　这种人生态度就是，你要对不可预知、不可把控的生活有一种渴望，你要对蕴含无限可能的未来充满期待，你要有随时去开创它的勇气和信心，你要有激情，你要有梦想。

　　在人生的道路上，我们所追求的一切，财富、学问、家庭、爱情、事业等，其实，都是一种生命的激情，这种生命的激情就是，证明我在活着，我在认真地、努力地、勇敢地、充满诗意地活着。一个活生生的人应该有"一个人"的样子活下去，而不是像待宰割的牲口一样，在发臭的栏圈中屈辱地活下去。

正如获得普利兹克奖的建筑师王澍在他的《造房子》一书中所写的那样："每一次，我都不只是做一组建筑；每一次，我都是在建造一个世界。我从不相信，这个世界只有一个世界存在。"

一个有诗意的人，注定拥有更丰富的世界。

三

我是一个对新生事物感兴趣的人。

从接触网络开始，上论坛，发帖子，写博客，用饭否，用推特，然后新浪微博、微信，然后微信公众号，然后喜马拉雅电台，分答，在线教育，到以"我辞职啦！人生苦短，及时行乐"的欢快声明辞职，以"天大地大，东西上下，任我行"的潇洒态度做网师，以"一个人，也可以办一所学校"的阔达气魄开办个人网络微校：所有这些，我都是勇于立向潮头、大胆尝试的那一个。

当一个新的东西，或者一个我不认识的东西，比如新的软件、新的技术、新的门类、陌生的世界，展现在我面前，我不会抗拒排斥，而是保持开放喜悦的心态，大胆了解，积极尝试。有的东西，可能尝试一下，"好，够了，我不感兴趣"，或者，"啊，这个我可学不会！"，那就放下。而有的东西，可能很吸引我，会给我一种找到一个新天地的惊喜，则跃身其间，载沉载浮，不亦乐乎。人生的多样丰富与美好，就在这一次次的尝试探索中，逐渐形成。

我现在做在线教育，源于 2009 年从互联网上了解到可汗学院，始于 2013 年在沪江教育网上开设的两节在线直播公开课，当时感受非常好，也非常深刻。其一是，我非常适合在线直播，天生就该上网课！其二是，在线教育前景无限广阔，其对学校教育的深刻影响，将很快显现！想必我2013年毕业的学生们，还能记得当他们教师节回校看望老师时，在办公室里，我为他们兴奋地描绘在线教育的美妙前景时的激动和喜悦。

因此，我之进入在线教育领域，是有备而来，尤其在2016年和2017年，成为国内首屈一指的网师，是我自己主动的拥抱使然。而这个拥抱，对于其时仍在体制之内的我来说，最重要的有两点：能力与勇气。

能力的问题，不消说，勇气的问题，说两句。

一个新鲜事物，你去尝试它，一定是因为你对它充满好奇，有热情，除此之外，你还要有勇气。特别需要指出的是，这个勇气，包括你必须能舍弃一些东西的勇气。其实，这是一个经济学问题。作为一个理性的经济人，你要考虑哪些东西，放弃它也可以，而哪些东西，拥抱它，对你更重要。

有勇气去争取，也要有勇气去放弃，有勇气突破困厄，也要有勇气面对自由。是的，自由是诱人的、美好的，也是惊险的、可怕的。

而在线教育，最大的特点就是自由。

它既给了教师自由，也给了学生（包括家长）自由，它已经并且还会对现在的教育的各个环节——无论是基础教育还是高等教育、职业培训教育——产生非常深远、非常巨大的影响。

如何了解在线教育？

最好的办法，是你自己去勇敢地尝试一下！

四

现在，该说说我的这本书了。

这是我辞职离开体制之后出版的第一本书。

阅读此书，您将看到我，作为一个人、一个教师、一个妈妈、一个女人,如何一步步走到如今。因此,所有篇目都保留了写作的具体时间,而且,全部保持当时写作的本来面貌(个别篇目,会有一些相同的语句,对于可以删除而不影响该篇表情达意的重复,我适当做了删节),不是出于敝帚自珍,而是为了诚实地面对真实的自己。每一个瞬间,都是构成我生命的历史,不管它是卑微、懦弱、愤激、痛苦、无助,还是喜乐、平和、阳光、勇敢、坚定……合在一起,构成了我。哈利路亚。

这是一本被我拖了几年才出来的书,所以必须要感谢我的责任编辑孔胜楠女士,没有她对我不离不弃始终如一的期望等待与温柔地耐心地坚定地催促以及兢兢业业地编辑校订,就不会有这场"惊人的旅行"。

然后,要感谢蒋筱寒、朱怡宁和杨静娴三位女士,感谢三位将她们的诗文赐我为序。

还要诚挚地感谢我的朋友,苏州名副其实的"最好的"画室——座落于姑苏古城桃花坞的明度画室的创办人钱仁杰老师,在百忙之中,几易其稿,为我设计封面,而且,也正是因为钱老师的提议,才有了他和我的女儿蒋筱寒,他们师徒二人联袂登场。

如您所见,本书封面和封底的两幅插图,都出自筱寒之手。两幅蜡笔画,相隔一年整,既体现了她在过去艰苦的一年中因勇敢承担而获得的灵命成长,也符合我过去十多年所历经的种种况味,是有生命力的艺术作品。亲爱的孩子,妈妈祝福你——道路漫长,充满奇迹,充满发现!

同样的,我也要继续走下去,因为只有不断离开,不断离开,不断离开,才能有这一场"惊人的旅行"。

是的,我所追求的,是卡夫卡《动身》中所说的,由"不断离开"而构成的"惊人的旅行"。

一般来说,人们喜欢追求成功,不管在哪个领域,一定要成功。而我却认为,一个人真的不应该追求成功,尤其不应该追求那种把别人都比下去的成功。就像约翰·威廉斯的小说《斯通纳》的主人公斯通纳一样,我所追求的,是我曾经认真地、实实在在地、负责任地、有情趣地生活过,是我这样一个真实的人，在这个世界上曾经真实地存在过。

用王小波的话说，我追求拥有诗意的世界。

最后，愿父亲在天之灵安息！感谢母亲无私的爱！感谢我所有的学生、家长和亲友！

感恩，铭记，祝福喜乐平安！

（2017年8月7日22点33分于苏州立秋雷雨中；
8月10日23点11分改定）